国学精粹中蕴藏着中华五千年的智慧结晶，维系着中华文化之根。

⊙品读国学精粹　汲取圣贤智慧⊙

图解

国学精粹

梦华　主编

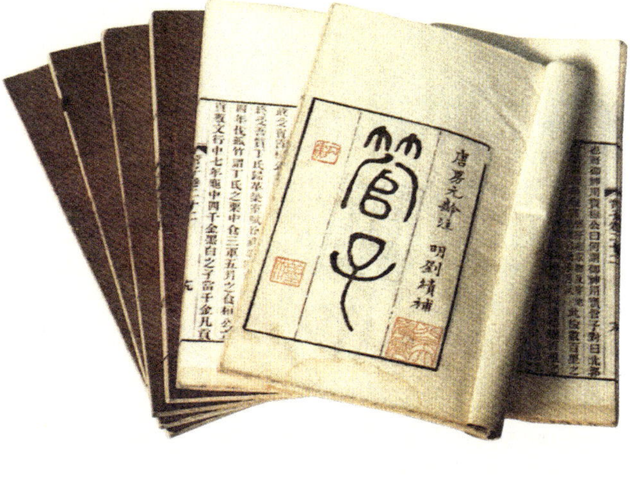

中国华侨出版社
北京

图书在版编目(CIP)数据

图解国学精粹 / 梦华主编. — 北京 : 中国华侨出版社，2016.12（2020.6重印）
ISBN 978-7-5113-6623-8

Ⅰ. ①图… Ⅱ. ①梦… Ⅲ. ①国学—通俗读物 Ⅳ. ①Z126-49

中国版本图书馆CIP数据核字（2016）第308804号

图解国学精粹

主　　编：梦　华
责任编辑：紫　岚
封面设计：韩立强
文字编辑：杨　君　黎　娜
美术编辑：李丹丹
经　　销：新华书店
开　　本：720mm × 1020mm　1/16　印张：29　字数：721千字
印　　刷：鑫海达（天津）印务有限公司
版　　次：2017年3月第1版　2020年6月第2次印刷
书　　号：ISBN 978-7-5113-6623-8
定　　价：68.00元

中国华侨出版社　北京市朝阳区西坝河东里77号楼底商5号　邮编：100028
法律顾问：陈鹰律师事务所
发 行 部：(010）58815874　传　　真：(010）58815857
网　　址：www.oveaschin.com　E-mail：oveaschin@sina.com

前言

国学是“西学东渐”之后，针对西方学术提出的名词。国学是中国传统文化的精髓，对中国历史、政治、文化、军事等方面影响极大，对于传承文明，增强民族自信心和凝聚力，为中华民族的伟大复兴起着重要作用。国学是中华民族共同的血脉和灵魂，是连接炎黄子孙的血脉之桥、心灵之桥。

任何一个民族，要想屹立于世界民族之林，必须拥有自己独特的文化，而中国的国学就具备这种特质。国学经典中蕴藏着中华五千年文明和智慧的精髓，维系着中华文化之根。千百年来，国学已经渗透到社会的各个方面，直接或间接地影响着国人的思想、伦理、道德和日常行为。学习国学，阅读经典，不仅可以帮助我们了解中华民族的优秀传统，更能从中学会为人处世的深刻道理。

在走向世界的今天，每一个中国人都应该有良好的国学素养。然而，中华五千年积累下来的国学典籍汗牛充栋，内容庞杂浩繁，即使穷尽毕生之力，也难通万一；而诸子百家的著述更是浩如烟海，且文字艰深，普通读者阅读起来费时费力。为了让读者在短时间内领略诸子百家的智慧，掌握其精髓，也为了传承经典，让更多的人与先贤交流，编者对浩如烟海的国学著作进行了适当的取舍，辑成本书。

本书精选了古代文化经典里的精华篇章，以古籍经典为基础，分为蒙学篇、经学篇、史学篇、诸子百家、集篇五大部分。《三字经》《千字文》《弟子规》作为蒙学启蒙读本，朗朗上口，适宜给初入国学之门的读者；《尚书》《礼记》《大学》《中庸》《论语》《孟子》《左传》《诗经》《周易》是经学中的精华；《国语》《战国策》《史记》《三国志》是古代史学的代表作；《孙子兵法》《老子》《庄子》《韩非子》《墨子》是辉煌灿烂的诸子百家著作代表；《楚辞》《菜根谭》《世说新语》《说苑》《文心雕龙》是古典文学史的精髓。每一部分都收录其中有代表性的经典文字，分为原文、注释、译文三部分，尽可能流畅、准确地翻译原典，体现经典的内涵，力图用优美简洁的文字将国学典籍中精华的思想传递给读者。

此外，本书还精选百余幅精美图片，与文字相辅相成，用直观的方式使读者如同身临其境，更好地理解文化经典之内涵。

目录

蒙学篇

经学篇

史学篇

诸子百家

集　篇

蒙学篇

《三字经》作者考证

王应麟晚年教育本族子弟读书的时候，编写了一本融会经史子集的三字歌诀，据传就是《三字经》。

王应麟小档案

姓名： 姓王，名应麟，字伯厚，号深宁居士。

年代： 南宋。

生卒： 1223 ~ 1296 年。

职业： 学者、教育家、政治家。

籍贯： 河南开封人，后迁居庆元府鄞县（今浙江鄞州区）。

作品： 著有《笠翁十种曲》《笠翁一家言》《十二楼》《闲情偶寄》等五百多万字。

成就： 著有家喻户晓的儿童启蒙读物《三字经》。

通古博今的大儒

人生简表

- 1223 年 — 出生 — 其父王㧑是楼昉学生，曾任温州知州。
- 九岁 — 通“六经” — 《诗经》《尚书》《仪礼》《乐经》《周易》《春秋》。
- 十九岁 — 中进士
- 二十一岁 — 在衢州任主簿，受到程朱学派王野、真德秀等人影响，任官同时勤于读经史。
  - 主簿：古代官名，各级主官属下掌管文书的佐吏。
- 三十四岁 — 考上博学鸿词科，官至礼部尚书兼给事中。
  - 博学鸿词科：封建王朝临时设置的考试科目，为制科之一种。始于唐代，是很少人能考上的困难科目。
- 1276 年 — 南宋灭亡，王应麟辞官东归，从此潜心学术，闭门著书立说，终成一代名儒。
- 1296 年 — 七十四岁，去世。
  - 隐居二十载，所有著作，只写甲子不写年号，以示不向元朝称臣。

三字经

人之初①，性本善②。性相近③，习相远④。

【注释】

① 人之初：人在刚刚生下来的时候。初，开始。② 性：天性，人天生具有的性情和气质。本：原来、原本。善：善良。③ 相近：相似。④ 习：积习、习染，这里包括主动接受知识和被动受到影响两种情况。相远：互相远离，差别越来越大。

【译文】

每个人在刚出生的时候，本性都是善良纯洁的。可以说，大家的天性十分相似。但由于后天所处的环境和所受的教育不同，每个人的性格和行为习惯便出现了差别。随着年龄的增长，最开始相似的本性越来越不同，使每个人逐渐往不同的方向发展，因此才有了善与恶、好与坏的分别。

苟不教①，性乃迁②。教之道③，贵以专④。

【注释】

① 苟：如果、假如。教：教育、教导。② 乃：于是、就。迁：改变、转变。③ 道：规律、法则。④ 贵以专：以“专心致志”最为重要。贵，宝贵、重要，值得重视；专，专一，专心致志，一心一意。

【译文】

一个人如果没有接受良好的教育和恰当的引导，那么，他生来就具有的纯洁善良的本性，就会因为外界的各种不良诱惑，导致最后迷失本性，逐渐变坏。

教育的根本法则就是“专心致志”，全心全意地教诲，一心一意地学习，可以让人真诚善良。

▲ 教之道，贵以专。

昔孟母①，择邻处②。子不学③，断机杼④。

【注释】

①昔：过去、从前。孟母：孟子的母亲。孟子是战国时代著名的思想家、教育家。②择：选择、挑选。邻：邻居。处：居住。③子：孩子，这里指孟子。④断：割断、折断。机杼：织布机。杼，织布的梭子。

【译文】

从前，孟子的母亲对选择好的邻居这一点十分重视，为了挑选到适合孟子学习的居住环境，曾多次搬家。

孟子一开始贪玩不爱学习。有次他偷懒逃学回家，母亲非常痛心，把织布机上的梭子折断了，严厉地训诫孟子："不能认真有恒心地学习，就像这梭子一样，梭子断了，就不能织布了，前面的努力都白费了，这样半途而废是不可能成为有用的人的。"

▲ 昔孟母，择邻处。

窦燕山①，有义方②。教五子，名俱扬③。

【注释】

①窦燕山：五代人，本名窦禹钧，由于他住在燕山附近，人们就称他为"窦燕山"。窦是人的姓。②义方：（教育孩子的）好方法、好办法。③名：名声。俱：全，都。扬：显扬、传播。

【译文】

五代的窦燕山有五个儿子，在他的严格教育下，都成了品学兼优的人才，每个人都很有成就，声名传播四方。

养不教①，父之过②。教不严③，师之惰④。

【注释】

①养：养育、抚养。不教：不教导、不教育。教，教育、教导。②之：的。过：过错、过失。③不严：不严格。严，要求严格。④惰：懒惰、懈怠，马虎不尽责，与"勤"相对。

【译文】

父母如果认为只要将孩子们抚养长大，满足他们的物质需求就可以了，却没有教给他们做人的基本道理，这是父母的过错。

而老师不能严格要求学生，导致学生因为放任自流而荒废了学业，这是老师怠惰，没有认真担负起自己的责任。

子不学①，非所宜②。幼不学③，老何为④。

【注释】

①子：子女、孩子。②非所宜：不应该。非，表示否定的意思；宜，合适、应该。③幼：年纪小的时候。④老何为：年纪大了能做什么。老，年老的时候；何，表示疑问的语气，什么；为，作为。

【译文】

如果父母和老师都尽到了自己的责任，创造了良好的学习环境，小孩子却不好好读书，这是不应该的。

一个人小时候不好好读书学习，等到年纪大了，什么都不懂、什么都不会，还能有什么作为呢？

玉不琢①，不成器②。人不学，不知义③。

【注释】

①玉：玉石。琢：雕刻加工玉石。②成：成为。器：器皿、用具。③知：知道，懂得，明白。义：义理，公正合宜的事，思想行为的规范。

▲ 玉不琢，不成器。

【译文】

璞玉刚开采出来的时候，看上去和普通的石头差不多，如果没有经过专门的雕刻加工，就不能成为珍贵的饰品和器皿。

人也是一样。一个人无论有多高的天赋，如果不学习，就不会懂得为人处世的正确道理，原本优良的天赋也无法得到充分发挥。

为人子①，方少时②。亲师友③，习礼仪④。

【注释】

①为：作为。人子：儿女。②方：正当。少时：年少、年纪小的时候。③亲：亲近、接近。④习：学习。礼仪：礼节和仪式，指应对进退的分寸，以恰当的方式来表达对他人的尊重。

【译文】

作为子女，应该趁着年少的时候，好好把握学习的机会。平时要跟老师多亲近，随时接受老师的言传身教，学习各种礼仪规范，了解如何待人处世；还要多结交好的朋友，在互相鼓励、互相帮助中一起成长。

香九龄①，能温席②。孝于亲③，所当执④。

【注释】

① 香：人名，指黄香，是东汉时著名的孝子。九龄：九岁。龄，岁数，指年纪。② 能：知道，懂得。温席：焐暖被窝。温，温暖、加热；席，用草或苇子编成的成片的东西，用来铺床或炕等，这里指睡觉用的被褥。③ 孝于亲：孝顺父母。孝，孝顺；亲，双亲、父母。④ 所当执：应该实行。当，应当、应该；执，执行、实行。

【译文】

黄香从小就非常孝顺，才九岁就知道在寒冷的冬天，自己先躺在冰冷的被窝里，用体温把被子焐暖和了，再让父亲睡觉。这种体贴孝顺父母的行为，每个做子女的都应该学着去做。

融四岁①，能让梨②。弟于长③，宜先知④。

【注释】

① 融：人名，孔融，东汉时著名的文学家。② 能：知道，懂得。让：谦让、礼让。③ 弟：这里和“悌”字意思相同，指弟弟敬爱哥哥。长：兄长。④ 宜：应该。先知：早点知道，这里是从小就懂得的意思。知，明白、了解。

▲ 融四岁，能让梨。

【译文】

孔融四岁的时候，有一天吃梨，他挑了一个最小的，别人问他为什么这么做，他说要把大的梨让给哥哥吃。这种尊敬兄长、兄弟之间要互相友爱的道理，是我们每个人从小就应该知道的。

首孝悌①，次见闻②。知某数③，识某文④。

【注释】

① 首：首先。孝悌：尊敬、孝顺父母，友爱兄弟。② 次：其次。见闻：指看到、听到的知识和学问。③ 某：一些。数：算术。④ 识：认识，掌握。文：文字。

【译文】

我们首先要培养尊敬、孝顺父母，友爱兄弟姐妹的良好品质，其次要学习的才是生活中的各种常识，懂得算术，认识文字，然后才能逐步充实自己。

一而十①，十而百。百而千，千而万。

【注释】

① 而：到，这里表示按照顺序递进。

【译文】

一是数字的开始，也是计算的起点，一到十是最基本的十个数字。

十个一是十，十个十是一百，十个一百是一千，十个一千是一万……这样一直计算下去，结果是无穷无尽的。

认识了一到十这十个基本数字，掌握了初级算术，就能继续学习难度更高的数学问题。

三才者①，天地人。三光者②，日月星。

【注释】

① 三才：天、地、人。才，这里与“材”的用法相同，泛指一切原料或资料，这里指构成宇宙世界的基本要素。者：语气助词。② 三光：日光、月光、星光。光，光明，这里指光明的自然来源。

【译文】

“三才”，指天、地、人，是构成世界的三种基本要素。天地共同形成了生存空间，而我们人类，被称为“万物之灵”，是最高级的动物。“三光”，指太阳、月亮、星星。

三纲者①，君臣义②。父子亲③，夫妇顺④。

【注释】

① 三纲：指君臣、父子、夫妻，君为臣纲，父为子纲，夫为妻纲。纲是渔网的总绳，抓住它就能拉起整张渔网，引申为要领，事物的关键部分，处在决定地位的事物。② 君：君王，皇帝。臣：臣子、大臣。义：正义，这里指行为公正，符合法律制度及道德标准。③ 亲：亲密和睦。④ 夫：丈夫。妇：妻子。顺：和顺、和谐。

【译文】

“三纲”，是指三种最重要的社会伦理关系，即君臣关系、父子关系、夫妻关系。君臣之间（在现代社会是上司与下属之间）要遵守法律制度的规定，认真履行职责；父母和子女之间要亲密融洽；夫妻之间要互相尊重、和睦相处。只有三纲之间维持应有的秩序，整个社会才能和谐欢乐。

曰春夏[①]，曰秋冬。此四时[②]，运不穷[③]。

【注释】

①曰：说，这里是叫作、称为的意思。②此：这，代词，这里代指春夏秋冬四季。四时：四个时序，这里指春、夏、秋、冬四季。③运：运转、循环。不穷：无穷尽，无终极，没有停止的时候。穷，终止、停止。

【译文】

一年分为春、夏、秋、冬四个季节，先从温暖的春季到炎热的夏季，再从凉爽的秋季到寒冷的冬季，每一年，四季都这样按顺序循环交替。

另外，春耕、夏耘、秋收、冬藏，万物的生长及活动也都随着四季变化不息。

曰南北[①]，曰西东。此四方[②]，应乎中[③]。

【注释】

①南北（西东）：方位名，指东、西、南、北四个方向。早晨太阳升起的方向是东方。②此：这，代词，这里代指东、南、西、北四方。③应乎中：与中心相对应。应，对应；乎，于；中，中央、中心。

【译文】

早晨起来面向太阳，前面是东方，后面是西方，左手边是北方，右手边是南方。南、北、西、东四个空间方位，都是对应于一个中心基准点而言的。

▲ 曰南北，曰西东。此四方，应乎中。

曰水火，木金土[①]。此五行[②]，本乎数[③]。

【注释】

①金：金属。②五行：金、木、水、火、土，古人认为它们是构成宇宙万物的五种基本要素，是总称各项事物的抽象概念。③本乎数：根源于天地自然的数理。本，根源；数，天地自然之数。

【译文】

金、木、水、火、土是构成物质的五种基本元素，宇宙万物的形成、变化都是来源于此。对古人来说，宇宙天地的道理及奥妙，都包含在复杂的五行生克的理论之中。

曰仁义[①]，礼智信[②]。此五常[③]，不容紊[④]。

【注释】

①仁：仁爱，仁慈友爱的善良之心。义：正义，正直、符合道义标准的行为。②礼：礼貌，表示尊敬的态度和动作，以及个人在待人接物时表现出来的道德修养。智：明智，明辨事理的智慧。信：诚实，不欺骗。③常：永恒不变的法则。④容：容许。紊：乱。

【译文】

仁、义、礼、智、信是五种为人处世的基本原则，就是一个人应该有仁慈友爱的善良心肠，为人正直，行事公正，对人诚恳有礼，有明辨事理的智慧，对人要诚实守信。它们体现的智慧和价值是恒久不变的，因此被称作“五常”。每个人都应该遵守五常，随便乱来的行为是绝对不容许的。

稻粱菽[①]，麦黍稷[②]。此六谷[③]，人所食[④]。

【注释】

①稻：稻子，去壳后称大米，南方人以稻米为主食，分水稻和旱稻，通常都指水稻。粱：高粱。菽：豆类的总称。②麦：麦子。黍稷：同类异种的谷物，有黏性的是黍，又称黄米；没有黏性的是稷，又称小米。③谷：谷物，粮食。④食：吃。

【译文】

稻米、高粱、豆类、麦子、黄米和小米，这六种谷物的果实颗粒饱满、产量丰富，是人类维持生存的主要粮食作物，合称为“六谷”。六谷既养活了中华民族的众多人口，又孕育了源远流长的中华文明。

马牛羊，鸡犬豕[①]。此六畜[②]，人所饲[③]。

【注释】

①犬：狗。豕：猪。②六畜：指马、牛、羊、鸡、狗、猪这六种家畜。畜，家畜。③饲：饲养、喂养。

【译文】

马、牛、羊、鸡、狗、猪合称为“六畜”。它们开始都生活在野外，但是聪明的古人将它们驯服后，喂养在家里，它们从各方面改善了人们的生活，有的还能帮助人类干重活，节省了人的力气和时间。

曰喜怒[①]，曰哀惧[②]。爱恶欲[③]，七情具[④]。

【注释】

①喜：高兴、开心。怒：生气、愤怒。②哀：伤心、悲伤。惧：恐惧、害怕。③爱：喜欢、

喜爱。恶：讨厌。欲：想得到某个东西或想达到某个目的。④七情：指喜、怒、哀、惧、爱、恶、欲这七种情绪。情，情绪、情感。具：具备。

【译文】

高兴、生气、悲伤、害怕、喜欢、讨厌、贪欲，这七种情感是人类共同拥有的，合称为“七情”。

这七种情绪是人类与生俱来的基本情绪，我们不能排斥或消灭它们，但是放纵或过分压抑自己的情感都是不健康的，我们要学会掌握理智与情感之间的平衡。

匏土革[①]，木石金[②]。丝与竹[③]，乃八音[④]。

【注释】

①匏：匏瓜，形状像葫芦，这里指匏瓜制成的乐器。土革：这里分别指用陶土烧制的“埙”，以及用皮革制成的鼓、二胡等乐器。②木石金：指用木材、玉石、金属制成的乐器。③丝（竹）：用丝弦（竹管）演奏发声的乐器。④乃：是。

▲ 丝与竹，乃八音。

【译文】

古人把制造乐器的主要材质分为：匏瓜、陶土、皮革、木材、玉石、金属、丝线和竹子，用它们制成的乐器合称为“八音”。

“八音”的主要代表分别为笙、埙、鼓、板、磬、钟、琴、箫，它们的音色各具特点，听的人很容易就能分辨出来。八音经过组合变化能产生多种优美的旋律，使音乐更加丰富。

高曾祖[①]，父而身[②]。身而子[③]，子而孙[④]。

【注释】

①高：高祖父，是祖父的祖父。曾：曾祖父，是祖父的父亲。祖：祖父，是父亲的父亲。②父：父亲。身：指自己。③子：儿子。④孙：孙子。

【译文】

从高祖父、曾祖父、祖父、父亲，再到我们自己为止，这样从上往下一共是五代，代表着家族中的长幼秩序，是家庭伦理的基础。中华文化非常重视伦理传统，因为血缘亲情就是这样直接继承下来的。

自子孙①，至玄曾②。乃九族③，人之伦④。

【注释】

①自：由，从。子孙：这里指儿子和孙子。②玄：玄孙，指孙子的孙子。曾：曾孙，指孙子的儿子。③九族：从高祖父到玄孙，一共九代人。④伦：人伦，指尊卑长幼之间的等级关系。

【译文】

从我们自己传到儿子、孙子，再往下传，就是曾孙与玄孙。从高祖父这一辈开始算起，曾祖父、祖父、父亲、自己、儿子、孙子、曾孙、玄孙，一共九代，就是“九族”。

古代家族往来十分密切，大家互相照应、祸福与共，因此特别强调长幼尊卑的伦理秩序，要求每个家族成员都要尽到自己的本分，共同维护家族的平安与荣誉。

父子恩①，夫妇从②。兄则友③，弟则恭④。

【注释】

①恩：恩情、慈爱。②从：顺从，和睦相处。③兄：兄长，哥哥。则：表示并列关系。友：友爱、爱护。④恭：恭敬、敬重。

【译文】

在家庭中，父母对子女要慈爱，子女对父母要孝顺，丈夫和妻子要和睦相处，兄弟姐妹之间要团结友爱，哥哥姐姐要爱护弟弟妹妹，弟弟妹妹则要尊敬哥哥姐姐。这些是家庭关系中最基本的道理。

▲ 父子恩，夫妇从。

家庭是社会的基本组成单位，只有每个家庭都和谐融洽，社会才可能安定祥和。

长幼序①，友与朋②。君则敬③，臣则忠④。

【注释】

①长幼：指年长的与年幼的。序：排列顺序，次序。②友：志趣相投，志向相同的人。朋：在同一个老师门下接受教育的人。③君：皇帝。敬：尊敬，敬重。④臣：大臣。忠：尽忠，诚心尽力做事。

【译文】

在人际交往中一定要注意长幼有序，不可以没大没小。朋友往来要讲信用，真诚相待。

身为君主（在现代社会是上司），要懂得尊重、体恤臣民百姓（在现代社会是下属）；身为臣子（下属）要忠于职守，尽心竭力地做事。这些是社会上人际交往的基本原则。

掌握了这些基本道理，在交往中才有所依据，不会无缘无故惹来麻烦。

此十义①，人所同②。

【注释】

①十义：指父慈、子孝、夫和、妇从、兄友、弟恭、朋谊、友信、君敬、臣忠十种美德。②同：共同遵守。

【译文】

古人认为上面提到的十种人伦关系是每个人都必须遵从的美德，于是称之为“十义”。

每个人都应该根据身份的变换，随时做出调整，努力遵循这十种人伦义理，因为这十义不是无理专制的规定，其可以帮助我们发挥人性善良美好的一面。

凡训蒙①，须讲究②。详训诂③，明句读④。

【注释】

①凡：凡是。训蒙：对小孩子进行启蒙教育。训，教育、教导；蒙，没有知识，这里指刚开始读书识字的儿童。②讲究：尽力做到精美完善。③详：详细。训诂：用通俗的话语解释古代语言文字或方言的字义。④明：明白。句读：标上标点符号，给文章断句。

▲ 凡训蒙，须讲究。

【译文】

教育刚入学读书的儿童，必须注意方式方法，尽量做到无微不至、面面俱到。文章中每一个字的读音和意义都要详细讲解；一句话到哪里停顿意思才是完整的，都要解说得明明白白，这样才能正确标注标点符号，使段落间层次分明，方便儿童了解文意。

为学者①，必有初②。小学终③，至四书④。

【注释】

①为学者：读书求学的人。为学，求学，研究学问。②必：一定。初：开始、基础。③小学：指研究字形、字音、字义，并学会使用的学问，这里指古人编的讲字音、字形、字义方面

知识的儿童启蒙课本。终：结束。④至：到，到达。四书：《论语》《孟子》《大学》《中庸》这四部书合称为“四书”。

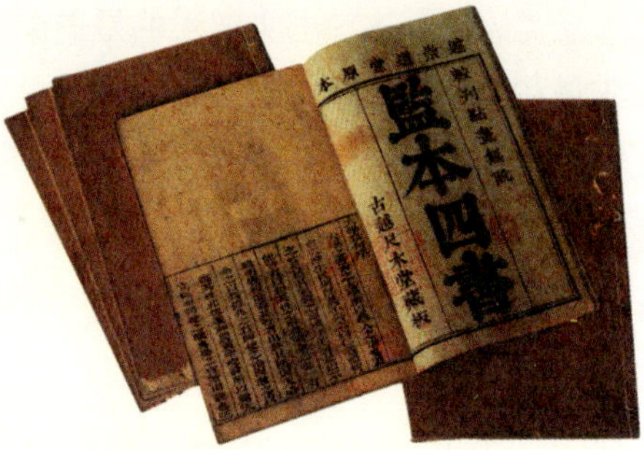
▲ 小学终，至四书。

【译文】

好的开始是成功的一半。每一个求学的人，都要打下坚实的基础。

刚入学的时候，必须先学习每个字的音、形、义。只有把小学里的知识学透了，才能开始研读经书。

《论语》《孟子》《大学》《中庸》是儒家的四部重要经典著作，合称为“四书”，它能让人了解并思考更深奥的道理。

论语者①，二十篇②。群弟子③，记善言④。

【注释】

①论语：书名，儒家的经典著作之一，是孔子的弟子及再传弟子对孔子及其弟子言行的记录。②二十篇：《论语》整部书一共有二十篇。③群：众多。弟子：徒弟，学生。④记：记录、记载。善言：有益的、有保存价值的重要语言。

【译文】

《论语》总共有二十篇，是儒家最有代表性的著作之一，直接体现了孔子的思想、学说及处世原则。

相传孔子有三千多弟子，其中以贤能著称的有七十二人。《论语》就是孔子的弟子及再传弟子编成的。他们将孔子的教诲、孔子和弟子相处时的情形、研究学问的内容，以及孔子应答当时人的言论等都整理记录了下来，孔子博大精深的思想和高尚的品德因此得以流传千古。

孟子者①，七篇止②。讲道德③，说仁义④。

【注释】

①孟子：名轲，战国时代著名的思想家、政治家、教育家，这里是书名，指记录孟子言行的著作。②七篇止：共有七篇的意思。止，结束、停止。③讲：讲述、阐述。道德：人们共同生活及其行为的准则和规范。④说：论述、说明。仁义：宽厚正直、仁爱正义的行为。

【译文】

孟子是儒家的另一位代表人物，他继承孔子“仁”的思想，创立了“仁政”学说。

《孟子》整部书共分七篇，文章气势浩然，长于辩论，言语犀利，说理透辟，充分阐述了儒家精神。

《孟子》这部书主要讲的是道德、仁义问题，主张个人修养浩然正气，希望君王实行王道和仁政，建设“老吾老以及人之老，幼吾幼以及人之幼”（对待别人家的老人、小孩和对待自己家的老人、小孩一样，一视同仁）的理想社会。

作中庸①，子思笔②。中不偏③，庸不易④。

【注释】

①作：写作、创作。中庸：书名，作者是子思。②子思：本名孔伋，字子思，孔子的孙子，是儒家学说的重要传承者。笔：执笔，写作。③中：中正，不偏不倚。不偏：没有偏差。④庸：平常。易：改变。

▲ 作中庸，子思笔。

【译文】

子思是孔子的孙子，相传他是曾参的学生，他的弟子是孟子的老师。他在儒家学派中承上启下，是儒学的重要传承者。

子思写了《中庸》。“中”就是坚持原则，不偏不倚、不走极端；“庸”是永恒不变。

作大学①，乃曾子②。自修齐③，至平治④。

【注释】

①大学：书名，原本是《礼记》中的一篇，作者曾参。②曾子：名参，字子舆，是孔子的弟子。③自：从。修齐：指修身齐家。修身，陶冶身心、涵养品德；齐家，治理家庭，使家族成员能够齐心协力、和睦相处。修，修身养性。④平治：治国平天下，治理国家，使天下太平。

【译文】

曾子是孔子的学生，他写了《大学》这部书。

《大学》的主要内容是，一个人要想有所作为，首先必须学习为人处世的道理，提高自身品德修养，广泛吸收知识。只有这样，才能管理好家庭；家庭和睦融洽，才能为国家发展做出贡献；最后推广到世界上的其他地方，使天下太平。

孝经通①，四书熟②。如六经③，始可读。

【注释】

①孝经：书名，记载了孔子和弟子曾子谈论孝顺的道理。通：通晓，了解，明白。②熟：熟悉，了解透彻。③六经：指经过孔子整理而传授的六部先秦古籍，分别是《诗经》《尚书》

▲ 孝经通，四书熟。如六经，始可读。

《仪礼》《乐经》《周易》《春秋》。

【译文】

《孝经》是儒家的重要典籍，它从头到尾只讲了一个问题：什么是孝。俗话说“百善孝为先”，孝是中华民族的传统美德，是每个人都应该具备的品质。把《孝经》的道理了解透彻，熟读《论语》《孟子》《大学》《中庸》四部经书，才算打牢了做学问的基础。

接下来就可以开始阅读更加深奥的六部经书了，它们分别是：《诗经》《尚书》《仪礼》《乐经》《周易》《春秋》。

诗书易①，礼春秋②。号六经③，当讲求④。

【注释】

①诗：这里是书名，即《诗经》。书：书名，即《书经》，又名《尚书》。易：书名，《易经》。②礼：书名，《仪礼》。春秋：书名，相传是孔子根据鲁国史书修订整理而成。③号：号称，称为。④当：应该，应当。讲求：仔细阅读、研究。

【译文】

《诗经》是我国第一部诗歌总集；《书经》又名《尚书》，中国上古历史文件的汇编，是我国最早的官方史书；《易经》讲述了宇宙和哲学，内容非常深邃；《仪礼》记载古代的典礼仪节；《春秋》相传是孔子根据鲁国史书修订整理而成。这五部书和早已失传的《乐经》合称“六经”，是儒家的重要经典。“六经”是了解古代政治、历史、思想、制度的重要资料，应当仔细阅读和研究。

有连山①，有归藏②。有周易③，三易详④。

【注释】

①连山：书名，相传是伏羲氏所作。②归藏：书名，相传是黄帝所作。③周易：书名，

相传是周文王所作，古人用它来预测未来、决策国家大事、反映当前现象。④ 三易：指《连山》《归藏》《周易》三本书。详：详细，详尽，完备。

【译文】

传说伏羲氏作《连山》，黄帝作《归藏》，周文王作《周易》，三本书虽然作者不同，但都是以“卦爻”来阐明天地万物生灭变化的道理，因此合称为“三易”。《连山》《归藏》已经失传，《周易》就是现在流行的《易经》。儒道两家都把《易经》尊为经典，其中所讲的阴阳之道及其变化规律，以及与时俱进、天人合一等哲学思想，对中国人产生了深远的影响。

有典谟①，有训诰②。有誓命③，书之奥④。

【注释】

① 典谟：古代文体，《尚书》中《尧典》《舜典》和《大禹谟》《皋陶谟》等篇的并称。典是立国、治国的基本原则，谟是计谋策略。② 训诰：古代文体，《尚书》中《伊训》《召诰》等篇的并称。训是臣子劝导君王的进谏之词，诰是君王颁发的号令、通告。③ 誓命：古代文体，《尚书》中《秦誓》《说命》等篇的并称。誓是起兵讨伐时的文告，命是君王对臣子下达的命令。④ 书：这里指《书经》，又名《尚书》。奥：精深奥妙的道理。

【译文】

《尚书》是夏、商、周三个朝代的历史文献汇编。它的内容分六个部分：一典，记载立国、治国的基本原则；二谟，记载计谋策略；三训，记载臣子劝谏君王的言辞；四诰，记载君王颁发的号令、通告；五誓，是起兵讨伐时的文告；六命，是君王对臣子下达的命令。《尚书》丰富翔实的材料、精深奥妙的道理，就是通过这六种特别的体式展现的。

我周公①，作周礼②。著六官③，存治体④。

【注释】

① 周公：姓姬名旦，亦称叔旦，是周文王第四个孩子。② 周礼：书名，最系统地记录了礼的体系，相传是周公所作。③ 著：写作、撰写。六官：《周礼》中以天官冢宰、地官司徒、春官宗伯、夏官司马、秋官司寇、冬官司空帮助君王掌管朝政，称“六官”或“六卿”。④ 存：保存，保全。治体：治理国家的纲领、要旨。

【译文】

周公在《周礼》一书中将周代的礼乐制度、行政官制与政府组织体系完整地记录下来，为后代留存了宝贵的资料。

▲ 周公像

周朝设立天官冢宰、地官司徒、春官宗伯、夏官司马、秋官司寇、冬官司空这“六官”，各自掌管不同的事务，帮助君王治理朝政，使国家发展迈入正式的轨道。

大小戴[①]，注礼记[②]。述圣言[③]，礼乐备[④]。

【注释】

① 大小戴：西汉今文经学家，大戴是戴德，小戴是戴圣，两人是叔侄关系。② 注：解释古书原文的意义。③ 述：记述，阐述。圣言：圣人所说的话。④ 礼乐：礼节仪式及典礼乐章。备：完备，完整。

【译文】

西汉学者戴德和戴圣叔侄二人，都曾仔细研究过《礼记》这部书。叔叔戴德编辑的称为《大戴礼记》，侄子戴圣编纂的称为《小戴礼记》。

《大戴礼记》与《小戴礼记》的篇章内容虽略有不同，但都整理并详细注解了《礼记》，忠实记载了圣人的言论，其中各种礼节仪式及典礼乐章的制度都记述得十分完整详细，使后代人充分了解了前代的典章制度及礼乐文化的精神与意义。

曰国风[①]，曰雅颂[②]。号四诗[③]，当讽咏[④]。

【注释】

① 国：这里指古代诸侯的封地。风：民间歌谣。② 雅：朝廷正乐，宫廷宴飨、朝会时的乐歌，分为大雅和小雅，多数是朝廷官吏及公卿大夫的作品，有一小部分是民歌。颂：宗庙祭祀的乐歌和史诗，内容多是歌颂祖先的功业。③ 四诗：指国风、大雅、小雅、颂。④ 讽咏：朗诵吟咏。讽，不看着书本念，背书；咏，唱，声调有抑扬地念。

【译文】

《诗经》是我国第一部诗歌总集，收入自西周初年至春秋中叶五百多年的诗歌共三百零五篇，又称“诗三百”，分为风、雅、颂三部分。

风，指国风，是各诸侯国地区的民间歌谣；雅，分为大雅、小雅，大雅多为西周王室贵族的作品，主要是赞颂天子功绩的乐歌，小雅是天子宴飨宾客时的乐歌；颂，分为周颂、鲁颂、商颂，是宗庙祭祀时赞颂祖先功业的乐歌和史诗。国风、大雅、小雅、颂合称为“四诗”。《诗经》的内容非常丰富，充满了浓郁的感情和生活气息，我们应该经常加以朗诵吟咏。

诗既亡[①]，春秋作[②]。寓褒贬[③]，别善恶[④]。

【注释】

① 诗：这里指周朝曾经实行的到民间采诗的制度。既：已经。亡：失去，消失。② 春秋：书名，相传是孔子根据鲁国史书修订整理而成。作：书写，创作。③ 寓：寄寓，包含。褒：

赞美，称赞。贬：批评，指责。④别：区分，辨别。善：好的。恶：坏的。

【译文】

自从把国都迁到东方的洛邑之后，周天子的势力逐渐衰弱，各诸侯国都不将周天子放在眼里，互相争夺霸主的地位，《诗经》的礼乐教化已经不再受到重视，逐渐没落了。

孔子看见当时纷乱的情形，根据鲁国史书修订整理了《春秋》，书中以隐喻的方式评论史事，或是给予赞扬，或是给予指责，辨明了各国行为的是非善恶。

三传者①，有公羊②。有左氏③，有穀梁④。

【注释】

①传：替经书做注解的著作。三传就是指解释史书《春秋》的三部书《左传》《公羊传》《穀梁传》。②公羊：指《公羊传》，也叫《春秋公羊传》或《公羊春秋》。③左氏：指《左氏春秋》，也叫《春秋左氏传》，简称为《左氏传》，通称《左传》。④穀梁：复姓，这里指《穀梁传》，也叫作《春秋穀梁传》或《穀梁春秋》。

【译文】

孔子撰写的《春秋》文字极其简练，却蕴藏精微深远的寓意，这样的微言大义不用功钻研是难以理解的。“三传”是解释《春秋》的三本书，分别是《公羊传》，相传为鲁国人公羊高所作；《左氏传》（《左传》），相传为鲁国人左丘明写成；《穀梁传》，相传为鲁国人穀梁赤所著。“三传”能帮助读书人更好地阅读、理解《春秋》这部书。

经既明①，方读子②。撮其要③，记其事④。

【注释】

①经：圣贤所作，具有特殊性和权威性的典籍，这里主要指儒家经典。既：已经。②方：然后，才。子：记载诸子百家及佛道宗教思想的书籍。③撮：选取，选择。要：要点。④记：记下，记住。

【译文】

“四书”“六经”“三传”这些重要典籍都读熟之后，就可以开始接触诸子百家的思想了。这些记载各家各派思想言行的书，统称为“子书”。

“子书”数量庞大，内容包罗万象，必须选择比较重要的来读，并且仔细分辨读过的内容，抓要点，记住每件事的因果本末，才能收到事半功倍的效果。

五子者①，有荀扬②。文中子③，及老庄④。

【注释】

①五子：这里指荀子、扬子、文中子、老子与庄子。②荀：指荀子，姓荀名况，著名思想

家、文学家、政治家，儒家代表人物之一。扬：扬子，名扬雄，西汉学者、辞赋家、语言学家。③文中子：指隋朝的王通，著名教育家、思想家。④老：指老子李耳，春秋人，我国古代最伟大的哲学家和思想家之一，道家学派的创始人，后被封为太上老君，在道教中被尊为道祖，著有《道德经》（又称《老子》）。庄：指庄子，名周，战国人，伟大的思想家、哲学家和文学家，道家学派的主要代表人物之一，与道家始祖老子并称为“老庄”，代表作为《庄子》，道家尊称此书为《南华经》。

▲ 老子骑牛图

【译文】

诸子百家的言论著作繁多，不胜枚举，其中比较重要和著名的有五位，即所谓的“五子”，分别是：荀子、扬子、文中子、老子、庄子。

荀子主张人性本恶，和孟子人性本善的观点恰好相反，著有《荀子》一书；扬子模拟《易经》作《太玄经》，模拟《论语》作《法言》；文中子著有《续六经》（又称《王氏六经》），众弟子在他去世后，仿效孔子门徒作《论语》编撰了《中说》，保存了他讲课的主要内容，以及他与众弟子、学友、时人的对话；老子与庄子是道家的代表人物，老子著有《道德经》，庄子著有《南华经》，他们的哲学思想体系被思想学术界尊为“老庄哲学”。

经子通①，读诸史②。考世系③，知终始④。

【注释】

①经子：经书和子书。通：通透，了解透彻。②诸史：指历代以来的历史著作。③考：探究，研究。世系：家族世代相承的系统，这里指朝代的系统次序。④终始：从头到尾，这里指国家从兴起到灭亡。

【译文】

熟读经书与子书，了解、掌握了各种思想之后，就应该开始阅读各朝各代流传下来的史书了。

研读史书的时候要注意历代王朝的次序，深入研究其中的关系与因果，才能明白国家兴亡盛衰的道理，掌握治国的方法和原则。确切地研读史书才能从中汲取历史教训，避免再犯同样的过错。

自羲农①，至黄帝②。号三皇③，居上世④。

【注释】

①羲：指伏羲氏，号太昊，中华民族的人文始祖，是我国古籍中有记载的最早的王。农：指神农氏，即炎帝，远古传说中的太阳神，被后世尊为农业之神。②黄帝：有熊氏，姓姬，名轩辕，他首先统一华夏族的伟绩被载入史册，也是华夏民族文明的始祖，传说中远古时代华夏民族的共主，五帝之首。③三皇：指伏羲氏、神农氏、黄帝。④居：处于。上世：上古时代。

▲ 神农氏采药

【译文】

上古时的人过着茹毛饮血的原始生活。伏羲氏发明了八卦，成为中国古文字的源头，结束了“结绳记事”的历史。他又结绳为网来捕鸟打猎，并在人类中普及了这个方法，他的活动，标志着中华文明的开始。后来神农氏播种五谷、尝遍百草，教导人们耕种饲养，以及如何使用火，人类至此开始定居的生活。黄帝统一华夏族，又率领族人打败外敌，保卫家园。他的功绩包括创造文字，制作衣冠，建造舟车，等等，在中华文明中起着承前启后的重要作用。

伏羲氏、神农氏、黄帝都是勤政爱民的首领，被尊称为“三皇”。他们是上古时代功劳最大、最受敬爱的伟大领袖。

唐有虞①，号二帝②。相揖逊③，称盛世④。

【注释】

①唐：这里指陶唐氏，也就是尧。虞：指有虞氏，也就是舜。②二帝：指尧帝、舜帝。③相：互相。揖逊：揖让，这里是禅让的意思，即古代帝王让位给别人。④盛世：安定兴盛的时代。

【译文】

黄帝之后，先是尧得了天下，国号唐；后来舜得了天下，国号虞，两位帝王都是古代贤明君王的代表，并称为“二帝”。

尧年老时，认为自己的儿子品行不好，不如德才兼备的舜，因此没有把帝位传给儿子，而传给了舜。舜果然不负尧所托，勤政爱民，到了年老时，就效法尧，将帝位传给比自己儿子更加优秀的禹。

尧和舜都是大公无私的优秀帝王，在他们的治理下，开创了安定繁荣、人人称颂的太平盛世。

夏有禹①，商有汤②。周文王③，称三王④。

【注释】

① 夏：这里指夏朝。禹：夏禹，传说中夏朝的第一个君主，因治理洪水有功被尊称为“大禹”。② 商：商朝。汤：指成汤，商朝的建立者。③ 周：周朝。④ 三王：指大禹、成汤、周文王。

【译文】

夏朝的开国君王是大禹，商朝的开国君王是成汤，周朝的开国君王是文王。这三个人都是德才兼备的好君王，勤于政事，爱护百姓，分别开创了一段太平盛世，因此被尊为“三王”。

▲ 夏禹王像

夏传子①，家天下②。四百载③，迁夏社④。

【注释】

① 传子：把王位传给自己的儿子。② 家天下：帝王把国家政权据为己有，作为一个家族的私有财产，世代相传。③ 载：年。④ 迁：变迁、改变，这里是结束的意思。社：社稷，“社”是土神，“稷”是谷神，古代君主都要祭祀社稷，后借指国家。

【译文】

大禹年老时，将王位传给了儿子夏启。从此，尧舜以来的禅让制度被父传子的世袭制度所代替，国家成为一个家族的私有财产，世代相传。夏朝先后历经了十七位君王，维持了四百多年，直到成汤起兵才宣告结束。

汤伐夏①，国号商②。六百载，至纣亡③。

【注释】

① 汤：指成汤，商朝的建立者。伐：讨伐，出兵攻打。② 国号，即国家的称号，或一个朝代的名称。国家或朝代创建后的第一件事就是确立国号。商：成汤的国号。③ 至：到。纣：指纣王，是商朝的最后一位君王。亡：灭亡。

▲ 商周战车模型

【译文】

夏朝最后一位君王——夏桀的统治非常残暴。汤是夏朝一个附属小国的国王，他率领人民起兵讨伐夏桀，最后灭了夏朝，建立了新的国家，取名“商”。

汤王建立的商朝相传一共维持了六百多年，直到商纣王即位，商朝才走向灭亡。

周武王①，始诛纣②。八百载，最长久③。

【注释】

①周武王：姓姬名发，周文王的第二个儿子，西周的开国君王。②始：开始，才。诛：杀死有罪的人。③最长久：指周朝是历史上持续时间最长的朝代。

【译文】

商朝最后一位君王——纣王是历史上著名的暴君。周武王是商朝属国的国王，他雄才大略，趁机率领军队讨伐商朝。最后，纣王烧死了自己，商朝灭亡。武王建立了新的国家，取名为“周”。周朝总共持续了八百多年。放眼整个中国历史，没有任何朝代能与周朝的历史长度相比。

周辙东①，王纲坠②。逞干戈③，尚游说④。

【注释】

①辙：车轮经过留下的痕迹，这里指帝王的车驾。②王纲：君王的政治法度纲纪。坠：落下，掉下，引申为崩溃、衰落。③逞：放纵，任意。干戈：干和戈是古代常用武器，故而以“干戈”用作兵器的通称，引申为战争。④尚：尊重，注重。游说：用言语劝服他人听从自己的主张。这里指战国时代策士们周游列国，劝说君主采纳其政治主张的一种活动。

【译文】

周平王将周朝国都迁到东方的洛阳之后，东周时代开始了。从此，周天子在诸侯中的权势威望和统治力日益衰落。诸侯们不再听从周天子的号令，为了争夺霸主的地位，相互间战争不断。在乱世动荡中，有才能的士人各凭本事四处向国君推荐自己，希望能说服君王采用自己的政治主张，从而施展才华、实现抱负。

始春秋①，终战国②。五霸强③，七雄出④。

【注释】

①始：开始。春秋（战国）：历史时期的名称。②终：结束。③五霸：春秋时期势力强大而称霸一时的五位诸侯，一般指齐桓公、晋文公、宋襄公、秦穆公、楚庄王。强：强盛，强大。④七雄：指战国时期秦、楚、齐、燕、韩、赵、魏这七个强大的诸侯国。

▲ 春秋五霸

【译文】

历史上将东周分为两个时期：第一个是春秋时期，从鲁隐公元年起，到鲁哀公十四年为止，总共二百四十二年；第二个是战国时期，从春秋时代结束，到秦始皇统一六国为止，总共二百六十年。

春秋时代称霸的诸侯君王依次是齐桓公、晋文公、宋襄公、秦穆公、楚庄王。战国时代则是秦、楚、齐、燕、韩、赵、魏这七个强大的诸侯国并立。

嬴秦氏①，始兼并②。传二世③，楚汉争④。

【注释】

①嬴秦氏：指秦国或秦王朝。秦国的国君姓嬴，故称嬴秦。这里指秦始皇嬴政。②兼并：大国吞并小国。③传：传位。二世：指秦始皇的儿子秦二世胡亥。④楚：这里指西楚霸王项羽。汉：指刘邦，他被封为汉王，最后建立了汉朝。争：这里指争夺王位。

【译文】

战国末年，秦国日渐强大，通过各个击破的方式吞并六国，统一天下，建立了中国历史上第一个封建王朝，秦国国君便自称为“始皇帝”。

秦始皇去世，他的儿子胡亥继承皇位。由于施行严刑峻法，加上宦官赵高专权，不过短短三年时间，秦朝的统治就被推翻了。

秦朝灭亡后，群雄并起，其中以西楚霸王项羽与汉王刘邦实力最强大，彼此争斗不止，各不相让。

高祖兴①，汉业建②。至孝平③，王莽篡④。

【注释】

①高祖：这里指汉高祖刘邦。兴：兴起。②汉业：指汉朝的天下大业。建：建立。③孝平：指汉平帝。④王莽：汉元帝王皇后的侄子，曾任汉朝宰相，后来自立为皇帝，建立了新朝。篡：特指封建时代臣子夺取君位。

【译文】

刘邦在楚汉之争中最后胜出，打败项羽，登上帝位，成了汉高祖，开启了刘家的天下大业。到汉平帝时，野心勃勃的王莽掌握了国家大权，他杀了平帝，篡夺了帝位，建立了新朝。

光武兴①，为东汉②。四百年，终于献③。

【注释】

①光武：东汉光武帝刘秀，东汉的开国君主。②东汉：刘秀恢复汉朝，建都洛阳。由于洛阳在东边，而汉朝以前的都城长安在西边，为了区别，后人就把光武帝之前的汉王朝称为“西汉”，把光武帝建立的汉王朝称为“东汉”。③终：终止，结束。于：在。献：指汉献帝，

▲ 光武帝涉水图

是东汉最后一位皇帝。

【译文】

王莽建立新朝后，人民无法安稳生活，于是国家重新陷入纷争局面。王莽在混乱中被杀，新朝灭亡。

刘秀沉稳冷静，又有谋略，最终打败其他势力，光复汉室，史称东汉。刘秀就是汉光武帝。汉朝到最后一位皇帝献帝为止，总共持续了四百年之久。

魏蜀吴①，争汉鼎②。号三国③，迄两晋④。

【注释】

①魏：国名，是三国中最强大的国家，曹操的儿子曹丕废除汉献帝后建立。蜀：这里是国名，刘备建立，定都成都，其国号“汉”意味着是汉朝的延续，又因其占据的益州俗称蜀地，也称“蜀汉”。吴：国名，孙权建立，定都金陵。②鼎：传国宝物，是王位和权力的象征。③三国：指魏、蜀、吴三个国家。④迄：到。两晋：指西晋与东晋。

【译文】

东汉末年，天下大乱，赤壁之战奠定了三国鼎立的局面：曹操占据了北方绝大部分地区，他的儿子曹丕取代汉献帝自立为王，国号“魏”；刘备占据西南，国号“汉”，史称“蜀汉”；孙权统治了长江下游地区，国号“吴”。魏、蜀、吴三分天下，史称三国时代。

公元263年魏军攻入益州，蜀国灭亡。司马炎逼迫魏王退位，改国号为“晋”。晋武帝司马炎灭吴，重新统一天下，结束分裂局面。之后，晋元帝往东迁都，定都建康（现在的南京），史称东晋。

宋齐继①，梁陈承②。为南朝③，都金陵④。

【注释】

①宋齐（梁陈）：南北朝时期南方的四个朝代名称。继：继续，继承。②承：承接，承继。③南朝：东晋之后建立于南方的四个朝代的总称，分别是宋、齐、梁、陈。④都：定都，

建都。金陵：地名，即现在的南京。

【译文】

刘裕灭了东晋，改国号为“宋”。六十年后，萧道成灭宋，改国号为“齐”。二十三年后，萧衍亡齐，改国号为“梁”。五十六年后，陈霸先灭梁，改国号为“陈”。三十三年后，陈的国运也最终宣告结束。

宋、齐、梁、陈四朝都把国都设在金陵，国土都局限于长江以南地区，统治时间又都非常短暂，于是历史上合称为“南朝”。

▲ 宋齐继，梁陈承。为南朝，都金陵。

北元魏①，分东西②。宇文周③，与高齐④。

【注释】

① 北：北方，北朝。元魏：北魏是拓跋氏建立，拓跋氏是鲜卑族，后改姓元，所以又称元魏。② 分东西：元魏后来分为东魏、西魏。③ 宇文周：指宇文觉所建立的北周政权。宇文，复姓。④ 高齐：高洋所建立的北齐政权。高，姓。

【译文】

长江作为天然界线将南方政权和北方政权隔开。拓跋氏在北方建立了魏朝，又称元魏。元魏到了孝武帝时，大臣高欢独揽大权，孝武帝向西投奔宇文泰，于是北魏分裂为东魏和西魏。

宇文泰的儿子宇文觉趁势夺取皇位，建立周朝，史称北周（宇文周）。高欢的儿子高洋同样趁机灭了东魏，建立齐朝，史称北齐（高齐）。

迨至隋①，一土宇②。不再传，失统绪③。

【注释】

① 迨：等到。隋：指隋文帝杨坚建立的隋朝。② 一：统一。土宇：土地和房屋，指国家、天下。③ 失统绪：亡国的意思。统绪，政权，统治。

【译文】

南北朝时期朝代不停变换，直到杨坚以武力再度统一天下，才结束了这段纷乱的历史。杨坚建立隋朝，史称隋文帝。可惜只传到隋炀帝就亡国了。

唐高祖[①]，起义师[②]。除隋乱[③]，创国基[④]。

【注释】

①唐高祖：指唐朝的开国皇帝李渊。②起：起义，兴起。义师：反抗残暴或为正义而战的军队。③除：去除，消除，平定。隋乱：指隋朝末年混乱的局面。④创：创立，开创。国基：国家基业。

【译文】

隋炀帝好大喜功、荒淫残暴，到处发动战争，大量增加税收，百姓们生活在水深火热之中，于是纷纷起义对抗朝廷。

最后，李渊率领的军队脱颖而出，逐个铲平各地势力，李渊登基为唐高祖，开创了大唐帝国的基业。

▲ 隋炀帝龙舟出行图

二十传[①]，三百载。梁灭之[②]，国乃改[③]。

【注释】

①二十传：指唐朝自建立到灭亡，一共传了二十位皇帝。②梁：指五代时后梁开国皇帝梁太祖朱温（全忠）。之：代指唐朝。③国：国号。乃：才。

【译文】

唐朝从建立到灭亡为止，总计历经二十位皇帝，统治将近三百年之久。

唐朝是一个文治武功都很有成就的大帝国，不过在“安史之乱”后，国势逐渐衰落，又经历了几次大规模的动乱，最后朱全忠掌握大权，篡夺了唐昭宣帝的皇位，改国号为“梁”，为了与南北朝时期的梁朝相区别，史称“后梁”。

梁唐晋[①]，及汉周。称五代[②]，皆有由[③]。

【注释】

①梁唐晋：分别指后梁、后唐、后晋。②五代：唐朝灭亡之后，在中原地区相继出现了五个朝代，即后梁、后唐、后晋、后汉、后周。③皆有由：都是有原因的。皆，全、都；由，原因、缘由。

【译文】

朱全忠篡唐建梁，史称后梁；李存勖篡梁建唐，史称后唐；石敬瑭篡唐建晋，史称后晋；刘知远篡晋建汉，史称后汉；郭威篡汉建周，史称后周，五个朝代合称“五代”。这些朝代最长的不过十几年，最短的甚至只有四年，是一个动荡不安的黑暗时代。

五代的开国君王都是篡夺了别人的帝位才当上皇帝，所以五个朝代的突然兴起和突然灭亡都是有原因的。

炎宋兴[①]，受周禅[②]。十八传[③]，南北混[④]。

【注释】

①炎宋：自秦开始，历代王朝为标榜自己是正统，取代前朝是天命所归，便用五行的转换来解释朝代的更替，宣称自己是五行之一。宋朝认为自己代表“火德”，因此称宋朝为炎宋。炎，是火的意思。②周：这里指五代中的后周。禅：禅让，古代帝王让位给别人。③十八传：一共传了十八位皇帝。传，这里是指传帝王权位。④混：混同，掺杂在一起。

【译文】

后周的恭帝七岁即位，大权便落入了禁军将领赵匡胤手中，他与部下合力演出“黄袍加身”的戏码，后周皇室知道大势已去，只好将帝位禅让给他。赵匡胤登基后，改国号为“宋”，赵匡胤就是宋太祖。

宋朝自建立至灭亡，总计经历了十八位皇帝，这时北方少数民族势力非常强大，经常南下袭击宋朝边境，造成南北混战的局面。

辽与金[①]，皆称帝。元灭金[②]，绝宋世[③]。

【注释】

①辽：契丹族人耶律阿保机建立，后为金所灭。金：女真族人完颜阿骨打建立，后为蒙古人所灭。②元：指元朝，蒙古族人建立的朝代。成吉思汗铁木真建立，初号蒙古，1271年忽必烈定国号为元，1279年灭南宋统一全国。③绝：断绝，消灭。宋世：宋朝的天下。

【译文】

宋朝建立前后，北方少数民族势力强大，契丹族人、女真族人与蒙古族人先后称帝，建立了自己的政权。他们都野心勃勃，想攻打南方，以夺取更广大的土地和更丰富的物产。

契丹族人建立了辽，女真族人灭辽建金，最后成吉思汗统一各部落，建立了蒙古国，并先后灭掉金朝与宋朝，结束了南北分裂的局面。忽必烈改国号为“元”，他就是元太祖。

▲ 辽与金，皆称帝。

莅中国①，兼戎狄②。九十载，国祚废③。

【注释】

①莅：治理，统治。中国：这里指中原地区，主要指现在的黄河中下游地区。②兼：兼并，大国吞并小国。戎狄：先秦时对中国北方、西北等地少数民族的统称。③国祚：祚是帝王的宝座。“国祚”引申为王朝统治的时间。废：废止，灭亡。

【译文】

蒙古族人入主中原，又吞并了西方和北方各少数民族，统一全国。元朝疆域空前广阔，它的全盛时期，经济繁荣，国力强盛，在当时是世界上数一数二的大帝国。

元朝统治期间四处征战，导致民不聊生，结果只维持了短短九十年的时间就被农民起义推翻了。

太祖兴①，国大明②。号洪武③，都金陵④。

【注释】

①太祖：这里指明朝开国皇帝——明太祖朱元璋。②国：这里指的是国号。③号：这里指的是年号。年号是中国封建社会皇帝用以纪年的名号，被认为是帝王正统的标志。洪武：明太祖朱元璋的年号。④都：定都，定立国都。金陵：现在的南京。

【译文】

在政治腐败黑暗的元末时期人民纷纷起兵反抗。

朱元璋的军队异军突起，扫平各地势力之后，挥军北上，灭了元朝。朱元璋自立为帝，定国号为“明”，以洪武为年号，建都金陵（现在的南京）。

迨成祖①，迁燕京②。十六世③，至崇祯④。

【注释】

①迨：等到。成祖：指明成祖朱棣，朱元璋的第四个儿子。②迁：这里指迁都。③十六世：皇位一共传了十六代。④崇祯：明思宗朱由检，明朝最后一位皇帝，年号“崇祯”。

【译文】

明太祖的第四个儿子燕王朱棣不满自己的侄儿建文帝继位，于是率军发动政变。建文帝在战乱中下落不明，朱棣夺取了皇位，就是历史上所说的明成祖，他将国都从南方的金陵迁到北方的燕京（现在的北京）。

明朝一共传了十六个皇帝，直到最后一位皇帝明思宗在煤山自缢，明朝灭亡。

权阉肆①，寇如林②。李闯出③，神器焚④。

【注释】

①权阉：有权势的宦官。权，有权势的。阉，太监、宦官。肆：放肆，大胆放纵。②寇：流寇、盗匪，这里指农民起义军。如林：形容很多。③李闯：明末农民起义领袖——闯王李自成。④神器：代表国家政权的实物，如玉玺、宝鼎之类，借指帝位、政权。焚：烧坏，烧毁。

▲ 北京故宫

【译文】

明朝皇帝从明成祖开始，对宦官十分宠信，宦官的地位因此迅速提高，国家大权渐渐落入他们手中。宦官仗着权力胡作非为，百姓怨声载道，全国各地都纷纷爆发了大规模的农民起义，国家政权逐渐衰弱。

众多起义军中以闯王李自成的势力最大，他率领部下攻进京城，崇祯皇帝被迫在煤山上吊自尽，明朝的统治结束。

清太祖①，膺景命②。靖四方③，克大定④。

【注释】

①清太祖：即爱新觉罗·努尔哈赤。②膺：承受，接受。景命：上天的命令。③靖：平定，使秩序安定。四方：指国土各地。④克：能够，这里引申为完成。定：平安，安定。

【译文】

清太祖爱新觉罗·努尔哈赤声称自己接受了上天的旨意，建立了后金（清朝的前身）。到清世祖顺治皇帝时，派兵进入山海关，打败了李自成，夺取了原本由他占领的北京，定为国都，成了第一位入主中原的大清皇帝。此后，清朝又先后平定了拥戴福王、鲁王、唐王、桂王等建立的南明小朝廷，以及全国各地的抗清势力，建立了空前巩固的多民族统一国家。

廿二史①，全在兹②。载治乱③，知兴衰④。

【注释】

①廿二史：从《史记》《汉书》，一直到《辽史》《金史》的二十二部史书。廿，二十。②兹：此，这里。③载：记录，记载。治：安定、太平，这里指社会稳定、政权巩固、百姓安居乐业的太平盛世。乱：混乱、动乱，这里指动荡不安定的乱世。④兴衰：兴旺和衰败，

这里指国家的兴起与衰落。

【译文】

从上古时期的三皇五帝一直到清朝的历史都写在这里了。

正如古人所说“历史是一面镜子”，人们只要用心学习这些历史，就能了解各个朝代由兴盛繁荣到逐渐衰亡的原因，从历史中总结经验、吸取教训。

史虽繁①，读有次②。史记一③，汉书二④。

【注释】

① 史：这里指史书，古籍中专门记录历史的书。繁：多。② 次：次序，顺序。③ 史记：书名，是中国古代最著名的经典著作之一，西汉著名史学家司马迁作，记载了上自传说中的黄帝时代，下至汉武帝元狩元年间共 3000 多年的历史。一：第一。④ 汉书：书名，东汉班彪、班固及班昭所作，主要记述了上起汉高祖元年（公元前 206 年），下至新朝的王莽地皇四年（公元 23 年），共 230 年的历史。二：第二。

【译文】

中国上下五千年，可谓历史悠久，各朝各代有关历史的书籍数量惊人，内容庞杂，阅读的时候应该有重点、有次序，才能对历史发展脉络有一个清晰的思路。

首先应该研读的是《史记》，它记录了从黄帝到汉武帝时代的历史；接下来，应该研读的就是《汉书》，它详细记载了整个汉代的历史。

后汉三①，国志四②。兼证经③，参通鉴④。

【注释】

① 后汉：这里是书名，指《后汉书》，南朝刘宋时范晔写作的记载东汉历史的史书。② 国志：书名，指《三国志》，西晋陈寿所做的记载魏、蜀、吴三国历史的史书。③ 兼：同时。证：验证，证实。经：经书、经典，圣贤所作，具有特殊性和权威性的典籍。④ 参：参考，参阅。通鉴：书名，《资治通鉴》的简称，北宋司马光所作，详细记载了由周威烈王二十三年（公元前 403 年），到五代的后周世宗显德六年（公元 959 年），共十六个朝代一千三百六十三年的历史。

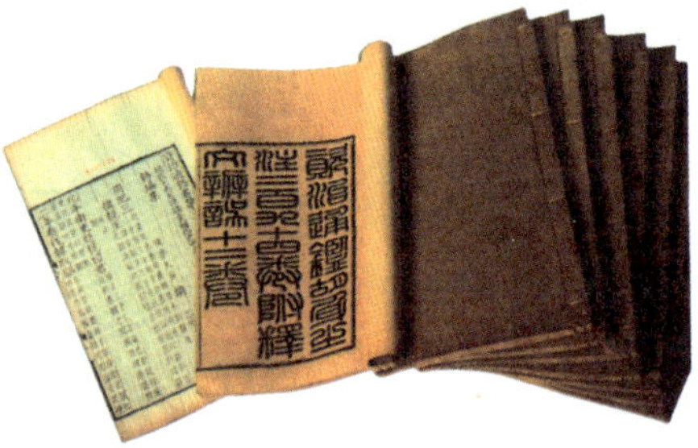

▲《资治通鉴》书影

【译文】

读完《史记》《汉书》后，第三本要读的就是《后汉书》，它是范晔综合各家历史资料编撰而成。第四本就是陈寿所著的《三国志》。《史记》《汉书》《后汉书》《三国志》这四本史书，内容翔实，各具特色，文学价值极高，合称为“前四史”，又称“四史”。

研读“四史”的同时，还要求证于圣贤所著的经典，并参阅《资治通鉴》，通过综合阅读、多方比较，才能对中国历史有比较完整正确的认识。

读史者，考实录①。通古今②，若亲目③。

【注释】

①考：研究、推求。实录：符合实际的记载。②通：懂得，彻底了解。古今：古代和现代，这里指古往今来的历史脉络。③若：好像。亲目：亲眼看见。目，看。

【译文】

阅读史书还要注意进一步查找历史资料，和书籍互相对照参考，从多个角度和侧面去理解历史事件，对历史发展演变的过程及原因有一个比较客观的认识。

如果能做到这一点，就能深入透彻地掌握古往今来的历史脉络，好像自己身临其境，亲眼看见了历史上人、事、物盛衰兴亡的过程。

口而诵①，心而惟②。朝于斯③，夕于斯④。

【注释】

①诵：朗诵、朗读，有高低起伏地大声读出来。②惟：想，思考。③朝：早晨。于：在，到。斯：此、这，这里代指所读之书。④夕：夜晚，晚上。

【译文】

掌握了研究历史应该注意的事项之后，就该总结学习方法了。

读书时，不仅要大声朗读、背诵，还要用心思考，深入了解所学的内容，这样可以让记忆更深刻。勤奋地学习是最重要的，必须持之以恒，才能对书中的内容熟记不忘，并不断有新的收获。

昔仲尼①，师项橐②。古圣贤，尚勤学③。

【注释】

①昔：以前，过去。仲尼：孔子。孔子名丘，字仲尼。②师：把……当作老师，就是向人学习。项橐：人名，春秋时鲁国的神童。③尚：尚且，还。

【译文】

鲁国有个叫项橐的小孩，他只有七岁，但小小年纪便已十分聪明，很有主见，孔子并不因为自己是公认的大学问家，而对方比自己年纪小，就觉得向他学习是丢脸的事，仍然把他当作老师一样虚心请教。像孔子这样伟大的圣贤，尚且不耻下问、勤奋好学，我们普通人应该更加努力才对。

赵中令[①]，读鲁论[②]。彼既仕[③]，学且勤[④]。

【注释】

①赵中令：指宋太宗时中书令赵普。中令，宋朝官名，相当于宰相。②鲁论：书名，指《论语》。《论语》有三种流传版本，《鲁论》《齐论》《古论》，现在我们通常读的《论语》是《鲁论》。③彼：他，这里指赵中令。既：已经。仕：做官。④且：尚且，还。

【译文】

宋太宗时的中书令赵普虽然做了大官，工作十分忙碌，但仍然没有放弃学习。在所有书籍中，赵普最爱读《论语》，一有机会就捧在手中反复品味，于是就有了“半部《论语》治天下”的典故。

赵普已经当了高官，尚且刻苦攻读，我们普通人更加不能放松对自己的要求。

披蒲编[①]，削竹简[②]。彼无书[③]，且知勉[④]。

【注释】

①披：翻开，翻阅。蒲编：编起来的蒲草，这里指用蒲草编成的书，讲的是西汉路温舒的故事。蒲，草名，又叫草蒲。②削竹简：将竹子削成薄片，编成书册。削，用刀切去或割去；竹简，竹片，战国至魏晋时代用来书写的材料，这里讲的是西汉公孙弘的故事。③彼：他们，指路温舒与公孙弘。无书：意思是贫穷买不起书。无，没有。④勉：勤勉，勤奋。

▲ 披蒲编，削竹简。彼无书，且知勉。

【译文】

纸发明以前，所有的书都是逐字抄录在绢帛、羊皮、竹简和木牍上的，因此价格十分昂贵。西汉路温舒家里很穷，买不起书，但一心上进的他，把向别人借来的书抄在编起来的蒲草上阅读。

西汉有个名叫公孙弘的人，和路温舒一样穷得买不起书，就把竹子削成薄片，再把文字一个个刻在竹片上，编成书册，供自己平时苦读。

路温舒和公孙弘家境贫寒买不起书，尚且勤勉好学。我们在学习中遇到困难，千万不能放弃，经过不懈的努力，最后定能取得优异的成绩。

头悬梁①，锥刺股②。彼不教③，自勤苦④。

【注释】

①头悬梁：头发挂在房梁上。头，这里指头发。悬，悬挂、吊挂。梁，房梁，架在墙上或柱子上支撑房顶的横木。这里说的是汉朝孙敬的故事。②锥刺股：用锥子刺自己的大腿。锥，锥子，尖头锐利的铁器；股，大腿。这里说的是战国苏秦的故事。③彼：他们，指孙敬和苏秦。不教：没有人教导。教，教导、教授。④自：自己。勤苦：勤奋刻苦。

【译文】

汉朝的孙敬为了防止自己读书时不小心打瞌睡，于是用绳子绑住头发，再把绳子悬挂在屋梁上，这样，只要打瞌睡时低下头，绳子就会拉扯头发，然后痛醒过来，抖擞精神接着读书。战国时的苏秦，只要读书时累得快睡着，就拿锥子刺自己的大腿，用疼痛战胜疲倦，强迫自己打起精神继续读书。

孙敬和苏秦两个人，没有人督促和教导他们学习，全靠自己勤奋刻苦。

如囊萤①，如映雪②。家虽贫③，学不辍④。

【注释】

①如：比如，像。囊萤：把萤火虫装入袋子里。这里说的是晋朝车胤的故事。囊，用袋子装。②映雪：映着雪光，借着雪地反射的亮光。这里说的是晋朝孙康的故事。③虽：虽然。贫：贫穷。④辍：停止，中断。

【译文】

晋朝的车胤，家里贫穷，买不起油来点灯看书，于是把萤火虫装进用纱布做成的袋子里，借着它们发出的微弱亮光来读书。晋朝的孙康，同样家境贫寒，买不起油点灯读书，他不顾冬夜的寒冷，借着屋外雪地反射出的亮光读书。

车胤和孙康虽然家境贫寒，却从未停止学习。

如负薪①，如挂角②。身虽劳③，犹苦卓④。

【注释】

①负薪：挑着木柴。负，背，挑担；薪，木柴、柴火。这里说的是汉朝朱买臣的故事。②挂角：（把书）挂在牛角上。角，指牛角。这里说的是隋朝李密的故事。③劳：劳累。④犹：依然，仍然，还。苦：用心，尽力。卓：高超不平凡。

【译文】

西汉的朱买臣出身贫寒，靠砍柴卖钱勉强维持生计。他总是把书挂在担子前，在挑柴去卖的途中一边走路一边看书。还有隋朝的李密，从小帮人放牛，放牛时他把书挂在牛角上，一边放牛一边看书。

朱买臣和李密两个人，虽然天天都要干活，身体非常劳累，但是依然用心学习。

苏老泉[1]，二十七[2]。始发愤[3]，读书籍。

【注释】

①苏老泉：北宋著名的文学家苏洵，大文豪苏东坡的父亲，唐宋八大家之一，老泉是他的号。②二十七：指二十七岁。③始：才。发愤：下定决心努力去做。

【译文】

北宋著名的文学家苏洵，年轻时忙于生计，直到二十七岁才意识到自己的错误，下定决心努力向学。虽然起步比别人晚，但通过持之以恒地刻苦学习，最终成为大文学家。

▲ 苏老泉，二十七。始发愤，读书籍。

彼既老[1]，犹悔迟[2]。尔小生[3]，宜早思[4]。

【注释】

①彼：他，这里指苏老泉。既：已经。②犹：尚且。悔：后悔，懊悔。迟：慢，晚。③尔：你，你们。小生：小孩子，年轻人，对晚辈的称呼。④宜：应当，应该。早思：早点思考，早点想清楚。

【译文】

苏老泉到了二十七岁才发奋努力，尽管后来成了大文学家，但他还是后悔自己醒悟得太晚，只能更加勤奋以弥补过去浪费的时光。

你们这些小孩子，应该吸取苏老泉的教训，及早思考自己的人生道路，以免将来后悔。要珍惜最宝贵最适合读书的青春时光，努力用功。

若梁灏[1]，八十二[2]。对大廷[3]，魁多士[4]。

【注释】

①若：如。梁灏：人名，生活在五代末北宋初。②八十二：这里指八十二岁。③对大廷：参加殿试（古代科举考试的最高一级，在皇宫的大殿上举行，由皇帝亲自主持）。对，答，回答，这里指回答皇帝的提问；大廷，朝廷。④魁：魁首、第一，这里指夺得第一名。多士：诸多考生。

【译文】

梁灏年轻时参加科举考试，成绩一直不理想，但他始终不放弃，终于在八十二岁那年金榜题名。他参加殿试时，对皇帝提出的问题总是对答如流，而且见解不凡，远远胜过其他一同参加殿试的考生，最后高中状元。

彼既成①，众称异②。尔小生，宜立志③。

【注释】

①彼：他，这里指梁灏。成：成功。②众：众人，大家。称异：感到惊异，认为是令人惊讶的。③立志：树立志向。

【译文】

和梁灏一同考上的人全都比他年纪小很多，对于梁灏勤奋好学，这么大年纪还能高中状元，大家都觉得既惊讶，又佩服。你们这些小孩子，就应该向梁灏学习，树立远大的志向，不断向目标迈进。只要坚持到底，最后一定会有回报。

莹八岁①，能咏诗②。泌七岁③，能赋棋④。

【注释】

①莹：祖莹，北齐人。②咏：唱，朗诵，抑扬起伏地念。③泌：李泌，唐朝人。④赋棋：以下棋为题目作诗。赋，这里是作诗的意思。

【译文】

北齐的祖莹，从小聪明伶俐，喜欢读书，才八岁就会吟诗，让大人都惊叹不已。唐朝的李泌，同样从小聪明活泼，热爱读书。在他七岁时，皇帝召见了这个小神童，想看看他是否如传说的那样有真才实学，于是要小李泌以《棋》为题作一首诗。小李泌毫不慌张，当场写了一首好诗，皇帝大加赞赏。

彼颖悟①，人称奇②。尔幼学③，当效之④。

【注释】

①彼：他，他们，这里指祖莹和李泌二人。颖悟：天资聪慧，聪明过人（多指少年）。②称奇：因不寻常而表示惊奇。③幼学：初入学的儿童。④当：应该，应当。效之：学习他们。效，效法、向……学习。之，他们，同样指祖莹与李泌二人。

【译文】

祖莹与李泌二人，天资聪颖，又热爱学习，小小年纪就能吟诗作赋，大家对他们的优异表现都是既惊奇又赞叹。你们这些刚入学的小朋友，应该以他们为榜样，从小培养对学习的热情，用功读书。

蔡文姬[1]，能辨琴[2]。谢道韫[3]，能咏吟[4]。

【注释】

①蔡文姬：名琰，字文姬，东汉大学者蔡邕的女儿，精通音乐，是历史上著名的才女。②辨琴：辨识琴声。③谢道韫：东晋宰相谢安的侄女，诗才敏捷，也是著名的才女。④咏吟：这里是作诗的意思。

▲ 文姬归汉图

【译文】

蔡文姬是东汉末年大学者蔡邕的女儿。她天资过人，尤其在音乐方面非常有天赋，她能准确分辨琴声好坏，甚至能听出弹奏者的感情。谢道韫是东晋宰相谢安的侄女，她文思敏捷，很小的时候就会吟诗作对，所写的咏雪诗句甚至压倒了其他兄弟。

彼女子[1]，且聪敏[2]。尔男子，当自警[3]。

【注释】

①彼：指蔡文姬和谢道韫。②且：尚且。聪敏：聪慧且反应敏捷。③自警：自我警醒。

【译文】

蔡文姬与谢道韫都是女孩子，尚且如此聪明，有才华，一个能分辨音律，一个能吟诗作对。你们身为男子，看到女生优异的表现，更应当时时刻刻自我警醒，以她们为榜样，珍惜时光，不断充实自己。

唐刘晏[1]，方七岁[2]。举神童[3]，作正字[4]。

【注释】

①唐：唐朝。刘晏：人名，七岁能作诗写文章，大家公认他是神童。②方：才，刚刚。③举：推选，推荐。神童：特别聪明、才能非凡的儿童，这里是唐宋时所设立的童子科举的别称。④作：担任，从事。正字：官名，负责校对文字。

【译文】

唐朝的刘晏，天赋很高，热爱学习，小小年纪就能作诗写文章，年仅七岁就被推选为神童。唐玄宗听说了他的事迹，为了表示赞赏与鼓励，选拔他担任正字官，负责校对书籍文字。

彼虽幼①，身已仕②。有为者③，亦若是④。

【注释】

①彼：指刘晏。幼：年纪小。②身已仕：已经做官。仕，做官。③有为者：指希望有所作为的人。④亦：也。若是：像这样。若，如、像。是，这样。

【译文】

刘晏小小年纪就已经做了官，肩负重任，尽心尽力做好本职工作。希望将来能有所作为的人，应当像刘晏这样，认真负责、勤奋上进。

犬守夜，鸡司晨。苟不学①，曷为人②。

【注释】

①苟：假如、如果。②曷为人：怎么做人呢。曷，如何、怎么。为人，做人。

【译文】

狗会在晚上充当警卫，看守门户，保护主人的安全；公鸡每天清晨都会高声打鸣报晓，催促人们按时起床。

狗和鸡尚且能尽责工作，身为万物之灵的我们如果整天懒惰贪玩，不肯认真学习有用的本领，还怎么做人呢？

蚕吐丝，蜂酿蜜。人不学，不如物。

【译文】

蚕会吐丝结茧，人们用它来制作布料、衣服。蜜蜂会采集花粉，酿成甘甜的蜂蜜给人食用。蚕和蜂与狗和鸡一样，都能尽职完成自己的工作。如果我们不懂得自己应尽的责任，不勤奋读书学习实现自己的价值，岂不是连这些动物都比不上吗？

幼而学，壮而行①。上致君②，下泽民③。

【注释】

①壮：壮年，古代以三十岁为壮年，泛指中年人。行：努力实行。②上：对上。致君：尽力辅佐国君。致，尽力。③下：对下。泽民：施恩惠于人民，使人民能得到福利。泽，恩泽，恩惠。民，人民，百姓。

【译文】

年轻的时候记忆力最好，学习能力最强，

▲ 幼而学，壮而行。上致君，下泽民。

我们应当珍惜这段黄金时期，不断学习，努力充实自己。等到长大成人后，就要学以致用，用所学的知识和本领做出一番事业，对上为建设祖国贡献自己的力量，对下服务人民，造福百姓。

扬名声①，显父母②。光于前③，裕于后④。

【注释】

①扬：显扬，传播。名声：名誉声望。②显：传扬，显扬。③光：光耀、增光。前：前人，指祖先、祖宗。④裕：富裕，富足。后：指子孙后代。

【译文】

如果长大后能用自己所学的知识和本领为祖国、人民做出应有的贡献，人民自然会赞扬你的功绩，不但自己能名扬天下，也使父母感到荣耀，给祖先增光，还能给子孙后代树立好榜样，使他们受益匪浅。

人遗子①，金满籯②。我教子③，惟一经④。

【注释】

①人：别人，有的人。遗：留给，遗留。子：孩子，子孙。②金满籯：满筐金子，意思是巨大的财富。籯，竹子编的筐。③教：教育。④惟：只有。一经：一本经书，这里指《三字经》。

【译文】

有的人疼爱子女，给子孙留下许多钱财，希望他们能过上富裕的生活。我的想法和那些人不同，留下来教育子孙的，只有这本《三字经》。希望能教给他们做人的道理，还有自己的人生经验和教训，让他们努力学习，打好根基，将来能开创自己的事业。

勤有功①，戏无益②。戒之哉③，宜勉力④。

【注释】

①勤：勤奋，勤劳。有功：取得成就。功，功绩、功劳。②戏：玩乐，嬉戏玩耍。无益：没有好处。益，好处、利益。③戒之哉：要以此为警戒啊。戒，警戒、警惕。之，代指前面所说的“勤有功，戏无益”。哉，啊，表示感叹的语气。④宜：应该，应当。勉力：尽力，辛勤努力。

【译文】

勤奋努力的人最后一定能取得相应的成就，这就是俗话说的“有志者，事竟成”，“一分耕耘，一分收获”。相反，如果只知道贪玩，最终一定会后悔自己白白浪费了宝贵的时光，却一无所获。我们一定要把“少壮不努力，老大徒伤悲”的教训牢记在心，以此为警戒，经常提醒自己，珍惜时光，认真学习。

《三字经》的版本变化

《三字经》自宋末元初诞生以来，后世对它进行注释训解、重订、续补、改编、仿写的工作一直就没有中断过。目前，比较有影响的有以下几种：

明清时期

注解本

明末清初的学者王相（字晋升）著。简明扼要、深入浅出地注解了《三字经》的内容，阐发了《三字经》的深义。

《三字经训诂》《三字经注解备要》

注解本

清朝学者贺兴思著，内容详赡繁富，旁征博引，可以增长许多知识，也足见其学问的渊宏。

民国时期

《重订三字经》

近一个世纪以来流行最广

增订本

清末民初的著名学者章太炎于1928年季春为王应麟所著的正《三字经》版本重为增订，该书不仅改编了原书中的一些词句而且还增入了天干地支、中国的地理位置、四渎、五岳、九州、四民、九流等原本没有的内容，以及历史、文字学的内容，1932年由上海汉文正楷书局排印问世。

改革开放后

2008年修订本《三字经》

当代最佳版本

修订本

著名学者傅璇琮担任主编，在尊重原貌基础上作适当修订，共计1476字，修改、调整之处共计49句，图文并茂注疏详尽。除了一般词句诠释外，还对一些典故、人事注明了出处，做出了全面的阐释。

此外，模拟《三字经》形式的读物，层出不穷，风靡天下，如《女三字经》《地理三字经》《医学三字经》《西学三字经》《工农三字经》《军人三字经》《佛教三字经》《道教三字经》。

千字文

天地玄黄[1]，宇宙洪荒[2]。日月盈昃[3]，辰宿列张[4]。

【注释】

①玄黄：指天地的颜色。玄，黑色，天的颜色。黄，黄色，地的颜色。②洪荒：无边无际、混沌蒙昧的状态，指远古时代。洪，洪大、辽阔。荒，空洞、荒芜。③盈：圆满，这里是针对月亮说的。昃：太阳偏西。④辰宿：星宿，星辰。列张：陈列，散布。列，排列。张，张开。

【译文】

开天辟地，宇宙诞生。天是黑色的，高远苍茫；地是黄色的，深邃宽广。宇宙辽阔无垠、混沌蒙昧。日月在宇宙中运转，日出日落，月圆月缺，周而复始，无数星辰陈列散布，闪闪发光。

寒来暑往，秋收冬藏。闰余成岁[1]，律吕调阳[2]。

【注释】

①闰余成岁：中国古代历法以月亮圆缺变化一次为一个月，十二个月为一年，但人们实际经历的一年（地球绕太阳运转一圈所用的时间）和它之间存在差额，这个时间差额被称为“闰余”。为了解决这个问题，古人每过几年就把积累到一定程度的“闰余”相加，合成“闰月”，插入该年份中，有“闰月”的这一年就是“闰年”。闰，余数。岁，年。②律吕：律管和吕管，中国古代用来校定音律的一种设备，相当于现代的定音器。古人将一个八度分为十二个不完全相等的半音，从低到高依次排列。每个半音称为一律，其中单数各律称为“律”，双数各律称为“吕”，十二律分为“六律”“六吕”，简称“律吕”。古人认为十二音律代表一年的十二个月，分“阴”“阳”两组，所以“律吕”除了用来校正音律，还用来勘测地下阴阳二气的变化，以校正历法节气的偏差。调：调整。阳：阴阳，这里指节气。

【译文】

四季气候总是冬夏交替，农事活动总是春生夏长、秋收冬藏。历法上的一年与地球实际上绕太阳运行一周的时间出现误差，就设置闰月和闰年来解决；历法节气上产生偏差，则根据律管和吕管对地下阴阳二气进行勘测的结果进行调整。

云腾致雨[1]，露结为霜。金生丽水[2]，玉出昆冈[3]。

【注释】

① 腾：上升。致：导致，造成。② 丽水：即云南丽江，因为盛产黄金，又名“金沙江”。③ 昆冈：昆仑山，在新疆维吾尔自治区、西藏自治区一带，古代出产玉石，著名的“和田玉”便产自这里。

【译文】

云气上升遇到冷空气就形成了雨，夜晚气温下降露水就凝结成霜。丽江水中盛产黄金，昆仑山上盛产美玉。

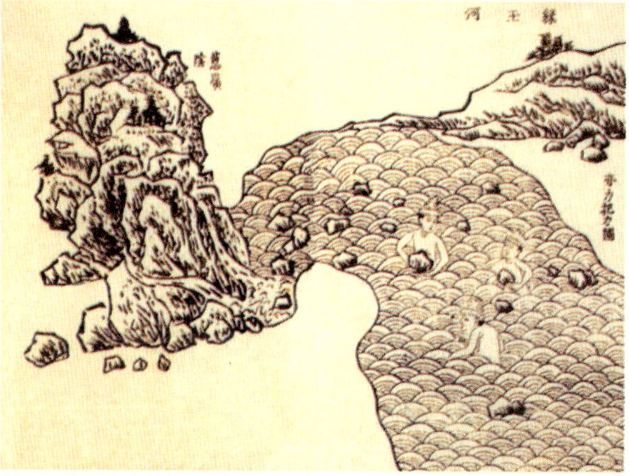

▲ 金生丽水，玉出昆冈。

剑号巨阙[1]，珠称夜光。果珍李柰[2]，菜重芥姜[3]。

【注释】

① 巨阙：古代宝剑名，相传是春秋时期越国铸剑大师欧冶子所铸造的五大名剑之一，其余依次为纯钧、湛卢、胜邪、鱼肠，全都锋利无比，以巨阙为最，后来逐渐成为宝剑的代称。② 李柰：两种水果名称，“李”是李子；“柰”，柰子，俗名花红，又叫沙果。③ 重：重视、看重。

【译文】

巨阙剑在宝剑中最锋利，夜光珠在珍珠中最明亮；水果里最珍贵的是李子和沙果，蔬菜中最重要的是芥菜和生姜。

海咸河淡，鳞潜羽翔[1]。

【注释】

① 鳞：鱼的鳞片，这里代指鱼类。潜：隐藏在水面下活动。羽：鸟的羽毛，这里代指鸟类。翔：盘旋地飞而不扇动翅膀。

【译文】

海水咸，河水淡；鱼儿在水中潜游，鸟儿在空中飞翔。

龙师火帝①，鸟官人皇②。始制文字③，乃服衣裳④。

【注释】

①龙师：相传上古帝王伏羲氏所封的官名都带“龙”字，因此被称为“龙师”。火帝：相传上古帝王神农氏所封的官名都带“火”字，因此被称为“火帝”，又称炎帝。②鸟官：相传上古帝王少昊氏所封的百官都带有“鸟”字，因此被称为“鸟官”。人皇：人间的皇帝，这里指传说中上古部落的首领，后来被神化，与天皇、地皇合称三皇。③始制文字：传说黄帝命一个叫仓颉的史官创造了汉字。④乃服衣裳：传说远古时期，人类开始都是用树叶遮蔽身体、抵御寒冷。直到黄帝时，才有一个叫胡曹的人发明了衣裳，上身穿的叫衣，下身穿的叫裳（古代指裙子）。乃，才。服，穿（衣服）。

【译文】

上古时期，伏羲氏以龙来命名百官，被称为“龙师”；神农氏以火来命名百官，被称为“火帝”；少昊氏以鸟来命名百官，被称为“鸟官”。还有传说中远古部落首领人皇，与天皇、地皇合称三皇。

黄帝时仓颉创造了文字，百姓穿上了衣服。

推位让国①，有虞陶唐②。吊民伐罪③，周发殷汤④。

【注释】

①推位：把皇位让给别人。推，推让，把自己的东西送给别人。位，这里指皇位。让：不争，谦让，这里指古代所说的“禅让”，指君王把帝位让给他人。②有虞：这里指舜，远古部落有虞氏的首领，号有虞氏，史称虞舜，传说中的五帝之一。陶唐：这里指尧，远古部落陶唐氏的首领，号陶唐氏，史称唐尧，也是传说中的五帝之一。传说尧把帝位禅让给了舜，舜又禅让给了禹。③吊民伐罪：慰问受苦的人民，讨伐有罪的统治者。吊，抚恤、慰问。民，人民。伐，征讨、讨伐。罪，作恶或犯法的行为，这里指有罪的统治者。④周发：指周武王姬发，他率军讨伐暴君商纣王，建立了西周。殷汤：成汤率军讨伐暴君夏桀，建立了商朝，历史上商朝又称殷，因此成汤又叫殷汤。

▲ 尧舜禅位

【译文】

贤明的上古君王尧和舜，无私地把帝位让给德才兼备的人。商汤率军讨伐残暴的夏桀，周武王率军讨伐残暴的商纣王。

坐朝问道①，垂拱平章②。爱育黎首③，臣伏戎羌④。遐迩一体⑤，率宾归王⑥。

【注释】

① 坐朝问道：君主端坐在朝堂上，与大臣们共同商讨治国之道。② 垂拱：语出《尚书·武成》：“谆信明义，崇德报功，垂拱而天下治。”垂衣拱手，形容毫不费力，这里指天子不做什么而使天下安定，多用来称颂帝王无为而治。垂，垂衣，把衣服挂起来。拱，拱手。平章：太平彰明，指把国家治理得很好。平，平安、太平。章，通“彰”，明显、显著。③ 爱育：爱护养育。黎首：黎民，指老百姓。黎，黑色的。首，头。因为老百姓多戴黑色头巾，所以称为“黎首”。④ 臣伏：屈服称臣。戎羌：中国古代西北地区的两个少数民族，这里代指全部少数民族。⑤ 遐迩一体：指远近地区关系密切，形成一个整体。遐，远。迩，近。⑥ 率宾归王：出自《诗经·小雅·北山》：“普天之下，莫非王土；率土之滨，莫非王臣。”意思是：普天之下的土地都是君王的领土，领土内的百姓都是君王的臣民。率，率领、带领，这里是“自、由、从”的意思。宾，通“滨”，水边，近水的地方。率宾，四海之内。归，归依、归属。王，君王、天子。

【译文】

贤明的君王只要端坐朝堂，和大臣们共同商讨治国之道，无为而治，就能毫不费力地把国家管理好，开创天下太平、政治清明的盛世。

君王体恤爱护百姓，百姓自然会心悦诚服地拥戴他，连边疆的少数民族也会心甘情愿地归顺臣服。远近地区关系密切，国家自然会形成统一的整体，四海之内的百姓都会主动归顺于贤明的君主。

鸣凤在竹①，白驹食场②。化被草木③，赖及万方④。

【注释】

① 鸣凤在竹：凤凰是传说中的珍禽，只吃竹子的果实，只落在梧桐树上休息，它的出现象征着太平盛世。② 白驹食场：出自《诗经·小雅·白驹》：“皎皎白驹，食我场苗，执之维之，以永今朝。”这里借白色的小马在牧场自在地吃草，来表现处在太平盛世的人生活非常悠闲。驹，小马。场，牧场。③ 化被草木：圣君贤王的感化使草木都沾光。化，政教风化。被，覆盖、遮盖。④ 赖及万方：普天下的百姓都享受到明君的恩泽。赖，幸蒙、依赖。万方，各地、四方，不仅仅指人，还泛指一切生物。

▲ 化被草木，赖及万方

【译文】

明君的恩泽覆盖了世间万物：竹林间，吉祥的凤凰在欢快地鸣叫；牧场上，白色的小马驹正悠闲地吃草；草木沐浴着君王的教化，生机勃勃；百姓享受君王的恩泽，生活幸福。

盖此身发①，四大五常②。恭惟鞠养③，岂敢毁伤④。

【注释】

①盖：发语词，引起下面所说的话，本身并无意义。身发：身体和头发。这里代指整个身体。②四大：指地、水、火、风四种元素。五常：指儒家认为人应具备的五种品德，仁、义、礼、智、信。③恭惟：也作“恭维”，对上的谦辞，一般用于文章开头。惟，助词，与恭合起来成为表谦虚的专辞。鞠养：抚养，养育。这里“鞠”和“养”意思相同。④岂敢：怎么敢，不敢，表示谦虚。岂，助词，表示反问的语气。

【译文】

人的身体发肤，是地、水、火、风四大基本元素构成的；人的思想行为，是受仁、义、礼、智、信五种品德约束的。做儿女的要恭恭敬敬，时刻谨记父母的养育之恩，这样，怎么还敢轻易损毁自己的身体呢？

女慕贞洁①，男效才良②。知过必改③，得能莫忘④。

【注释】

①慕：向往，敬仰。贞洁：纯正高洁，指纯洁的内心和端正的品行。贞，端方正直，形容一个人的意志或操守坚定不移。洁，干净。②效：效法、学习。才良：德才兼备的人。才，有本领、有才能。良，善良、美好。③知过必改：知道自己错了就一定要及时改正。过，过错、过失。必，一定。改，改正。④得能：学到了本领。能，才干、本领。

【译文】

女子要崇尚那些内心纯洁、品行端正的人；男子要效法那些德才兼备的人。发现自己错了，一定要及时改正；学到了知识本领，一定不要忘记。

罔谈彼短①，靡恃己长②。信使可复③，器欲难量④。

【注释】

①罔：不，不要，表示禁止、否定。彼短：别人的缺点。彼，他人、别人。短，缺点、短处。②靡：不，不要，表示禁止、否定。恃：依赖，仗着。己长：自己的长处。③信：诚信，诚实不欺骗。复：实践，履行。④器：气度，器量。欲：需要。

【译文】

不要谈论别人的短处，不可炫耀自己的长处。做人要诚实守信，经得起反复考验；器量越大越好，最好大到让人难以估量。

墨悲丝染①，诗赞羔羊②。

【注释】

①墨：这里指墨子，名翟，是战国时期著名的思想家、教育家，墨家学派创始人，著有《墨子》一书。悲丝染：典故出自《墨子》，说有一次墨子路过染坊，看到雪白的生丝被放在各色染缸里染了颜色，无论怎样漂洗，再也无法将染过的丝恢复生丝的本色了。墨子于是悲叹道："染于苍则苍，染于黄则黄，不可不慎也。"墨子认为人的本性像生丝一样洁白美好，一旦受到环境的污染，就像生丝被染了色，再想恢复本性的质朴纯洁已经不可能了，因此而感到悲哀。这个故事教育我们要注意抵御不良影响，保持本性的纯正美好。②诗：这里指《诗经》，我国古代第一部诗歌总集，共305篇，又取整数，称为"诗三百"，分为风、雅、颂三部分。羔羊：《诗经·召南》里有"羔羊"一篇，表面上是赞美羔羊的素白，实质上是称颂穿皮袄的人——士大夫具有羔羊般纯洁正直、不受污染的品德。

【译文】

墨子悲叹白丝被染了色就无法恢复其本色了，《诗经》赞美了士大夫纯洁正直的品德。

景行维贤①，克念作圣②。德建名立③，形端表正④。

【注释】

①景行：大路，比喻高尚光明的德行，语出《诗经·小雅·车辖》："高山仰止，景行行止。"意思是贤德的人，德如高山人人敬仰，行如大道人人向往。景，高、大。行，道路。维贤：要像贤人一样。维，思考。贤，贤人。②克念：克制自己的私欲杂念。克，制伏、抑制。圣：圣人，古代对人格最高尚的、智慧最高超的人的称呼。③德：道德品行。名：名声。④形端：既包括形体端庄，也包括内在谦虚诚恳。形，这里指人的整体形态，包括外在的言谈举止和内在修养两部分。表正：仪表端正。表，仪表，指人的容貌、姿态、风度等。

【译文】

行为光明正大，才能接近贤人；克制私欲杂念，才能成为圣人。高尚的德行建立了，名声自然就会树立；心性举止庄重，仪表自然就会端正。

空谷传声①，虚堂习听②。祸因恶积③，福缘善庆④。

【注释】

①空谷：空旷的山谷。传声：传播声音。②虚堂：高大而空荡的厅堂。虚，空。厅，厅堂，用于聚会、待客等的宽敞房间。习听：回声引起重听。习，本义是小鸟反复地试飞，这里是重复的意思。③积：积累，聚积。④缘：因为，由于。庆：奖赏，赏赐。

【译文】

空旷的山谷中，声音传播得很远；空荡的厅堂里，说话会有回声。灾祸是罪恶不断积累的下场，幸福是善行持续增加的奖赏。

尺璧非宝①，寸阴是竞②。

【注释】

①尺璧：直径一尺长的美玉，形容极为珍贵的玉。璧，本义是平滑、中心有孔的圆形玉环，后来将上等的美玉称为璧。②寸阴：一寸长的光阴，形容时间非常短暂。竞：竞争，争取。

▲ 尺璧非宝，寸阴是竞。

【译文】

直径一尺的美玉还不算真正的宝贝，短暂的时光却要努力争取。

资父事君①，曰严与敬②。孝当竭力③，忠则尽命④。

【注释】

①资：奉养。事：侍奉。②曰：本义是“说”，这里是“就是”的意思。严：严肃，认真。敬：恭敬。③竭力：尽力，用尽全力。竭，尽，用完。④尽命：忠于君主要不超越本位，一心一意做好本职工作。命，孔子说过“命者，名也”，命就是一个人的本分、名分。做人做事，都不要超越自己的本分，才有功德；越位行事，劳而无功。

【译文】

奉养父母、侍奉君主，就是要严肃而恭敬。孝敬父母应当尽己所能，能做多少就做多少；忠于君主不要超越本位，一心一意，恪尽职守。

临深履薄①，夙兴温凊②。似兰斯馨③，如松之盛。

【注释】

①临深履薄：语出《诗经·小雅·小旻》：“战战兢兢，如临深渊，如履薄冰。”意思是面临深渊，脚踩在很薄的冰面上。比喻小心谨慎，唯恐出现差错。临，面对、面临。深，深渊。履，踩、踏。薄，薄冰。②夙兴：“夙兴夜寐”的缩略语，早起晚睡。夙，早。兴，起来、起床。温凊：“冬温夏凊”的缩略语，冬天注意防寒保暖，夏天注意防暑降温。温，温暖。凊，凉，凉爽。③馨：散布很远的香气，多比喻声誉流芳后世。

【译文】

侍奉君主要像站在深渊边、踩在薄冰上一样小心谨慎；孝顺父母要比他们睡得晚、起得早，冬天注意防寒保暖，夏天注意防暑降温。这种尽忠尽孝的美德，像兰花那样清香远播，陶冶人心；像青松那样傲霜斗雪，苍翠茂盛。

川流不息①，渊澄取映②。容止若思③，言辞安定④。

【注释】

①川：河水，河流。息：停歇，停止。②渊：深水，深潭。澄：水静而清。取映：拿来当镜子照。取，拿，拿来。映，反映，因光线照射而显出。③容止：容貌仪表和行为举止。若思：像在思考问题一样。若，好像。④言辞：言语，所说的话。

【译文】

要像河水那样流淌不息，要像潭水那样清澈照人。仪容举止要像在思考问题时那样沉静安详，言语对答要稳重自信。

笃初诚美①，慎终宜令②。荣业所基③，籍甚无竟④。

【注释】

①笃初：以忠实的态度开始做一件事情。笃，忠实，一心一意。初，开始。诚：虽然，固然。美：美好。②慎终：谨慎小心直到结束。慎，谨慎、慎重。终，完，结束。宜令：应该美好。宜，应该、应当。令，美好，善。③荣业：荣誉与功业。基：基础，根本。④籍甚："籍籍之甚"的简称，形容声名盛大。竟：通"境"，止境。

【译文】

以忠实的态度开始做一件事情固然很好，但直到事情结束都保持小心谨慎才更加难能可贵，这是人一生荣誉与事业的基础，有了这个基础，才能声名远扬，没有止境。

学优登仕①，摄职从政②。存以甘棠③，去而益咏④。

【注释】

①学优登仕：出自《论语·子张篇》："子夏曰：仕而优则学，学而优则仕。"意思是做了官还有余力就去学习（以便更好地发展）；学习好了就可以去做官（以推行仁政）。学优，学习成绩优异。登仕，当官、做官。登，登上。仕，官员。②摄职：代理官职。摄，代理。从政：参与政治事务，指做官。③存：保存，保留。甘棠：即棠梨树。典故出自《诗经·召南·甘棠》，相传周武王的臣子召伯巡视南方时，曾在甘棠树下休息、理政，当地人因其勤政爱民感激他，为了怀念他的功绩，一直珍惜这棵甘棠树不忍心砍伐，并写了《甘棠》一诗加以怀念。④去：离去，离开。益咏：更加歌颂赞美。益，更加。

▲ 学优登仕，摄职从政。

【译文】

学问好的人就可以去做官，行使职权、处理政事。周人怀念召伯的德政，不忍砍伐他休息过的甘棠树，召伯虽然离去了，但百姓却作诗歌怀念他。

乐殊贵贱①，礼别尊卑②。上和下睦③，夫唱妇随④。

【注释】

①乐：音乐。殊：不同。贵贱：身份的高贵和低贱。②礼：礼节，礼仪。别：差别。尊卑：地位的尊贵和卑贱。③上：长辈或地位高的人。下：晚辈或地位低的人。睦：融洽。④夫唱妇随：原指封建伦理道德规定妻子必须绝对服从丈夫，后比喻夫妻亲密和睦相处。唱，通“倡”，倡导、发起。随，附和。

【译文】

要根据身份贵贱选用不同音乐，要依据地位高低区别使用礼仪。不管地位高低，还是辈分大小，都要和睦相处，丈夫倡导的，妻子要顺从。

外受傅训①，入奉母仪②。诸姑伯叔③，犹子比儿④。

【注释】

①外：在外。傅训：师傅的教诲。傅，师傅，老师。训，教导，教诲。②入：进入家里，在家。奉：奉行，遵守。母仪：母亲的举止仪表。仪，容止仪表。③诸：众，各。④犹子：犹如自己的儿子，《礼记·檀弓》：“兄弟之子，犹子也。”就是侄子。犹，如同。

【译文】

在外要接受老师的教导，在家要奉行母亲的礼仪。要像孝顺父母那样对待姑姑、伯伯、叔叔；要像关爱亲生子女那样爱护侄子侄女。

孔怀兄弟①，同气连枝②。交友投分③，切磨箴规④。

【注释】

①孔：很，甚，非常。怀：思念，想念。②同气连枝：兄弟虽然形体不同，但共同承受父母的血气，就像连接在同一树干上的枝条。③投分：投缘，情投意合。投，相合、迎合。分，情分、缘分。④切：切磋。磨：琢磨。箴：劝告，劝诫。规：劝告，建议，尤指温和地力劝。

【译文】

兄弟间要互相关爱，气息相通，因为彼此有共同的血缘关系，就像形体不同却同根相连的枝条一样。交朋友要意气相投，要能共同切磋钻研学问，还要能互相劝诫激励。

仁慈隐恻①，造次弗离②。节义廉退③，颠沛匪亏④。

【注释】

①仁慈：仁爱慈善。隐恻：也写作“恻隐”，看到人遭遇不幸感到不忍心，即同情、怜悯。②造次：慌忙，仓促。弗：不。③节：气节，操守。义：正义。廉：廉洁。退：谦让，谦逊。④颠沛：困顿挫折。匪亏：不缺少。匪，不。亏，欠缺、短少（应该有的而缺少）。

【译文】

无论多么慌乱紧急的情况，都不可丢失仁爱和同情之心。无论多么颠沛流离的生活，都不能缺少气节、正义、廉洁、谦逊这些美德。

性静情逸①，心动神疲②。守真志满③，逐物意移④。

【注释】

①性静：心境宁静。性，性情。情逸：心性安逸。情，情绪、心情。逸，安闲、安适。②心动：心中浮躁动荡，不能安定。神疲：精神疲倦。神，精神。③守真：保持自己纯真的本性和操守。守，保持、卫护。真，这里指人的本性、本质。志满：志向得到满足。志，志气，意愿。④逐物：追求物质享受。逐，追求、追逐。意移：意志改变，这里指善良的本性发生变化。

【译文】

心性淡泊宁静，情绪就自在安逸；内心浮躁动荡，精神就疲倦萎靡。保持纯真的本性和操守，志向就能得到满足；一心追逐物质享受，意志就会衰退，善良的本性也会改变。

坚持雅操①，好爵自縻②。

【注释】

①雅：高尚，美好。操：品行，节操。②好爵：代指高官厚禄。爵，古代饮酒的器皿，因贵族的等级不同使用的爵器也不同。后世把爵作为爵位、爵号、官位的总称。自縻：自己跑来拴住自己，这里是好运自来的意思。縻，本义是拴牛的绳子，这里是拴住、牵系的意思。

【译文】

坚持高尚的节操，高官厚禄自会降临。

都邑华夏①，东西二京②。背邙面洛③，浮渭据泾④。

【注释】

①都邑：京城。邑，城市，都城。华夏：原指我国中原地区，后包括我国全部领土，遂成为中国的古称。②东西二京：中国古代很重要的两座京城，即西汉的都城长安“西京”（现在的西安），东汉的都城洛阳“东京”。③背邙面洛：这里是描述洛阳的地理位置。背邙，

背靠邙山。邙，山名，北邙山，位于河南洛阳的北面。面洛，面对洛水。④ 浮渭据泾：这里是描述长安的地理位置。西安的左面有渭水，右面有泾河。渭水发源于甘肃，泾水起源于宁夏，二水在西安汇合后流入黄河。在汇入黄河以前，泾水清，渭水浊，水质完全不一样，这就是成语“泾渭分明”的来历。浮，漂浮。据，凭着、依靠。

【译文】

中国古代的都城宏伟壮观，最古老的要数东京洛阳和西京长安。洛阳背靠北邙山，面临洛水；长安左边是渭河，右边是泾河。

宫殿盘郁①，楼观飞惊②。图写禽兽③，画彩仙灵④。

【注释】

① 盘郁：曲折幽深的样子。盘，盘旋、回旋。郁，是繁盛的样子。② 楼观：古代宫殿群里面最高的建筑，这里泛指楼殿等高大的建筑物。观，楼台。飞惊：（楼阁亭台之势）如鸟儿展翅高飞，令人触目惊心，形容楼殿非常高大。飞，飞檐，中国古代特有的建筑结构，像展翅欲飞的鸟儿。惊，令人触目惊心。③ 图写：图物写貌，绘画。写，这里是描摹、绘画的意思。禽兽：泛指飞禽走兽。④ 画彩：用彩色绘画。仙灵：天仙和神灵。

【译文】

雄伟的宫殿曲折盘旋，重叠幽深；高大的亭台楼阁凌空欲飞，触目惊心。宫殿里画着各种各样的飞禽走兽，还有彩绘的天仙神灵。

▲ 宫殿盘郁，楼观飞惊。

丙舍傍启①，甲帐对楹②。肆筵设席③，鼓瑟吹笙④。

【注释】

① 丙舍：泛指正室两旁的别室、偏殿。傍启：从侧面开门。傍，通“旁”，侧面。② 甲帐：汉武帝时所造的帐幕，用各种珍宝装饰，这里代指豪华的建筑。对楹：堂前对立的楹柱，这里指宫殿上第一排柱子。楹，厅堂前部的柱子。③ 肆筵设席：在宴会开始之前，进行桌椅的排摆和陈设的准备，这里就是摆设筵席的意思。肆、设，陈列、陈设。筵、席，古代的坐具，在唐朝以前，古人都是在地上铺席子，席地而坐，紧贴地面的那层长席叫筵，铺

在筵上的短席叫席。④鼓瑟吹笙：宴会中助酒兴的音乐歌舞。鼓，敲击，弹奏。瑟，古代的一种弦乐器，形状像琴，这里代指弦乐。笙，古代的一种管乐器，这里代指管乐。

【译文】

正殿两旁的偏殿从侧面开启，豪华的幔帐对着高大的楹柱。宫殿里大摆筵席，弹瑟吹笙，一片歌舞升平的欢腾景象。

升阶纳陛①，弁转疑星②。右通广内③，左达承明④。

【注释】

①升阶纳陛：指官员们一步步拾级而上，登堂入殿。升阶，走上台阶。升，登、上。纳陛，用脚蹬着台阶一步步走上去。纳，进入。陛，帝王宫殿的台阶。②弁：古代的一种官帽，缝合处常用玉石装饰。转：转动。疑：这里是疑似的意思，类似，好像。③广内：汉代宫殿名，在长安的建章宫中，是西汉宫廷藏书的地方。④承明：汉代宫殿名，在长安的未央宫中，是西汉宫廷著述的地方。

【译文】

文武百官走上台阶，进入宫殿，装饰着玉石的帽子不停转动，疑似天上闪耀的繁星。建章宫右边通向藏书的广内殿，未央宫向左到达进行著述的承明殿。

既集坟典①，亦聚群英②。杜稿钟隶③，漆书壁经④。

【注释】

①集：汇集，集中。坟典：《三坟》《五典》的并称，后来转为古代典籍的通称。坟，《三坟》，传说是记载三皇（燧人、伏羲、神农）事迹的书。典，《五典》，传说是记载五帝（黄帝、颛顼、帝喾、尧、舜）事迹的书，后来都已失传。②群英：众多贤能之士、英雄人物。③杜稿：汉朝杜度善写草书，是中国历史上写草书的第一人。杜度草书的手稿真迹，就是"杜稿"，被唐朝人称为"神品"。钟隶：三国时代的钟繇隶书天下第一，他的隶书真迹，就是"钟隶"。④漆书：上古时期还没有笔墨，古人通常用漆在竹简上书写文字。壁经：指在孔子旧宅墙壁中所藏的经书。秦始皇焚书坑儒，把所有的儒书都收缴上来。传说孔子的后代怕儒学从此失传，就把一部分经书藏在了夹壁墙里边。汉武帝的弟弟鲁恭王，想侵占孔子的旧宅修花园。在拆墙的时候发现了里边的竹简，内有《孝经》《古文尚书》《论语》等。

【译文】

宫殿内既收藏了古今的名著典籍，又聚集了众多的文武英才。不但有书法家杜度的草书手稿和钟繇的隶书真迹，还有历史久远的漆书古籍，以及从孔府墙壁内发现的古文经书。

府罗将相①，路侠槐卿②。户封八县③，家给千兵④。

【注释】

①罗：搜罗，招集，聚集。将相：这里代指文武百官。武官最高级别的是“将”，文官最高级别的是“相”。②侠：同“夹”，处在两旁。槐卿：三槐九卿的简称。三槐就是三公，代表国家最尊贵的三个职位。《周礼》中记载，周代外朝种植槐树三棵，三公位列其下；左右各种植棘树九棵，九卿大夫位列其下，所以称公卿为“槐卿”。③封：分封土地，即帝王把爵位及土地赏赐给王室成员、诸侯及有功的大臣。④给：配给，供给。

【译文】

朝廷内聚集着将相百官，宫廷外分列着三公九卿。皇帝给每家都赏赐了八个县之广的封地，还供给他们上千名士兵。

高冠陪辇①，驱毂振缨②。世禄侈富③，车驾肥轻④。

【注释】

①冠：帽子。陪：伴随，陪伴。辇：古代用人拉着走的车子，后来专指帝王与后妃乘坐的车子。②驱毂：驾车的意思。驱，赶马，驱赶。毂，车轮中心的圆木，中有圆孔，可以插轴，借指车轮或车。振：抖动，摆动。缨：这里有两重意义，一是古代帽子上系在颔下的冠带。古人乘车都是站在车厢里，车马一跑起来，帽带就会随风摆动，所以叫作“振缨”。二是套马的革带，驾车用。因此抖动马的缰绳也叫“振缨”。③世禄：古代贵族世代享受国家俸禄。侈富：奢侈，富有。侈，奢侈，过分追求物质享受。富，富裕、富足，财产或财物多。④车驾：马拉的车。肥轻：肥马轻裘的简称，语出《论语·雍也》：“赤之适齐也，乘肥马衣轻裘。”形容富贵豪华的生活。肥，指肥壮的马。轻，指轻巧暖和的皮衣。

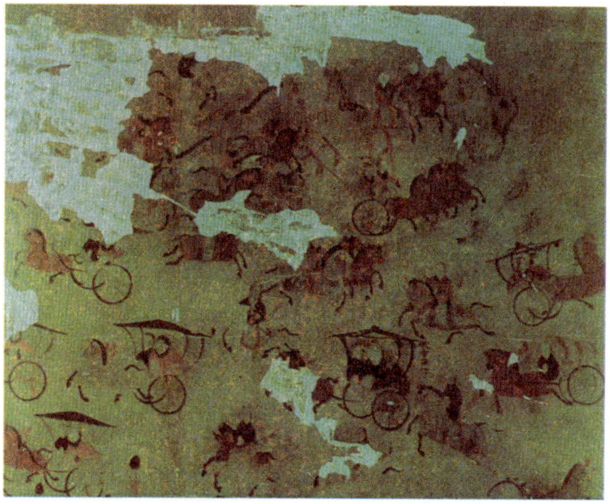

▲ 高冠陪辇，驱毂振缨。

【译文】

大臣们戴着高高的官帽，陪伴皇家的车辇出行，车轮飞驰，缨带飘扬。子孙世代享受优厚的俸禄，过着奢侈豪华的生活，乘高大肥壮的马拉的车，穿轻巧暖和的皮衣。

策功茂实①，勒碑刻铭②。磻溪伊尹③，佐时阿衡④。

【注释】

①策：谋划、策划，出谋划策，指的是文治。功：武功，上阵杀敌，指的是武功。茂实：盛美的德业。茂，茂盛、盛大。实，真实不虚。②勒碑：在石碑上刻字。勒，刻，雕刻。刻铭：在金属上刻字。铭，铭文，一种用于歌颂和纪念的文体，多刻在金属器皿上。③磻溪：水名，在陕西省宝鸡市东南，这里代指姜太公。传说姜太公一直在这里垂钓，后周文王寻访到此，请他出山，辅佐周王平定天下。伊尹：商朝开国君主成汤的宰相，辅佐成汤灭夏，建立商朝。④佐时：应时而生辅佐当朝君王。阿衡：商朝官名，相当于宰相。

【译文】

这些将相大臣的文治武功卓越而真实，他们的丰功伟绩不但被载入史册，还被刻在金石上流传后世。周文王在磻溪寻访到了姜太公，尊他为太公望，周朝在他的辅佐下消灭商朝统一天下；伊尹辅佐成汤推翻夏朝建立商朝，成汤封他为阿衡，他们都是应时而生辅佐当朝君王成就大业的功臣。

奄宅曲阜①，微旦孰营②。桓公匡合③，济弱扶倾④。

【注释】

①奄宅曲阜：指曲阜，春秋时鲁国的都城，孔子的故乡，今山东省曲阜市。奄宅，奄宅之地，即曲阜一带。②微：要不是，如果没有。旦：指周公，周武王的弟弟，姓姬名旦，又称周公旦。孰营：谁来谋划治理。孰，谁。营，筹划、管理、建设。③桓公：指齐桓公，春秋时齐国国君，春秋五霸之一。匡合：纠合力量，匡定天下。匡，正，匡正。合，会合。④济弱：帮助救济弱小的诸侯。济，帮助、救助。扶倾：扶持将要倾覆的周王室。扶，扶持、护持。倾，倒塌，这里是倾覆、颠覆的意思。

【译文】

鲁国的都城曲阜，如果没有周公旦，谁还能把它治理得那么好呢？春秋时期，齐桓公多次纠合诸侯，匡定天下，帮助救济弱小的诸侯，扶持将要倾覆的周王室。

绮回汉惠①，说感武丁②。俊乂密勿③，多士寔宁④。

【注释】

①绮：绮里季，商山四皓之一，这里代指商山四皓。秦朝末年，有四位高人贤士绮里季、东园公、夏黄公和甪里先生为避乱隐居商洛山，人称“商山四皓”。回：还，走向原来的地方，这里是挽回的意思。汉惠：指汉惠帝刘盈。当初，汉高祖刘邦想废掉太子刘盈，吕后非常着急，请张良出谋划策。张良替刘盈出主意，让他请商山四皓出山做老师。刘邦很仰慕这四位贤人，曾想请他们出山，却没请动，此时看到他们竟然愿意辅佐刘盈，很吃惊，认为刘盈羽翼已经丰满，

▲ 商山四皓

于是打消了废掉太子的念头，刘盈才保住了太子的位子，后来继位当了皇帝。②说：傅说，商王武丁的宰相。感：感应。武丁：商朝的君主。③俊乂：人才。在古代"千人之英曰俊，百人之英曰乂"，百里挑一的精英叫"乂"，千里挑一的精英叫"俊"。密勿：勤勉努力。④多士：众多贤才。寔宁：所以才安宁。寔，这里通"是"，代词，此、这。宁，安宁。

【译文】

汉惠帝靠商山四皓才挽回了当时的太子地位，武丁通过梦境感应得到了贤相傅说使商朝兴盛。这些贤人们才能出众、勤勉努力，正是依靠了这些众多的贤士，天下才得以太平安宁。

晋楚更霸①，赵魏困横②。假途灭虢③，践土会盟④。

【注释】

①晋：晋文公，春秋五霸之一。楚：楚庄王，春秋五霸之一。更霸：轮流当霸主。更，轮流。霸，称霸。②赵魏：赵国和魏国，战国七雄中的两个国家。困横：被"连横"政策所困扰。困，困扰，为人所阻遏。横，即连横，是战国时张仪所提出的主张，即破坏秦国以外六国的"合纵"关系，使秦国能够各个击破。连横成功后，秦国首先攻打的就是赵、魏二国，因为这两国距离秦国最近，所以说"赵魏困横"。③假途灭虢：春秋时晋国借口征伐虢国，向虞国借路，虞公被晋国丰厚的礼品和花言巧语所迷，遂不听大臣劝阻，就答应了。没想到晋国灭掉虢国后，在班师回来的路上趁其不备，发动突然袭击，把虞国也灭了。假，借。途，道路。④践土会盟：春秋时晋文公打败楚国后，周襄王认为他立了大功，就亲自到践土（今河南省原阳县西南）慰劳晋军。晋文公趁此机会在践土召集诸侯会盟，约定共同效命于周王朝，他成为继齐桓公之后的第二个霸主。盟，在神明面前发誓结盟。

【译文】

春秋时，晋文公和楚庄王等轮流称霸；战国时，赵、魏两国首先被"连横"政策所困扰。晋国向虞国借路出兵攻打虢国，得胜回来把虞国也一起消灭了。晋文公在践土会盟诸侯，成为新的霸主。

何遵约法①，韩弊烦刑②。起翦颇牧③，用军最精。

【注释】

①何：指萧何，汉高祖丞相，他制定了汉朝的法律。约法：汉高祖刘邦攻破咸阳时，曾经

与关中的老百姓约法三章：杀人者死，伤人及盗者抵罪。秦朝的其余法律一概废除，受到百姓的热烈拥护。② 韩：指韩非，战国时期法家的代表人物，主张严刑峻法。弊：倒毙，死亡。烦刑：苛刻的刑罚。烦，繁多琐碎，又多又乱。③ 起翦颇牧：指战国时期的四大名将，秦国的白起、王翦，赵国的廉颇、李牧。

【译文】

萧何遵从“约法三章”制定了汉朝法律九章，韩非却死于自己所主张的严刑峻法之下。白起、王翦、廉颇、李牧，是战国时最精通用兵打仗的著名将领。

宣威沙漠①，驰誉丹青②。九州禹迹③，百郡秦并④。

【注释】

① 宣威：威名远扬。宣，宣扬，广泛传播。沙漠：这里代指边疆少数民族地区。② 驰誉丹青：他们的肖像被画师用丹青妙笔画下来，永垂青史。丹青，朱红色、青色，本是作画时常用的两种颜色，代指画像，这里指史籍，有载入史册、流芳百世的意思。③ 九州：传说上古时，中国分为兖、冀、青、徐、扬、荆、豫、梁、雍九个州，后用来代指中国。禹迹：相传大禹治水时，足迹遍布九州，后世因此称中国的疆域为“禹迹”。禹，大禹，是与尧舜并称的贤明君王，相传禹治黄河水患有功，舜将帝位禅让给他，成为夏朝的开国君王，又称夏禹。④ 百郡秦并：秦始皇统一中国以后，废除封建制，设立郡县制，将天下分为三十六郡，汉朝的“百郡”是在秦吞并六国的基础上而来，所以叫作“百郡秦并”。百郡，刘邦建立汉朝以后，将行政区域重新划分为一百零三郡，取整数称为“百郡”。郡，古代行政单位。并，合并、吞并。

▲ 马踏匈奴，宣威沙漠

【译文】

他们的威名远播至边塞地区，他们的光辉形象将永垂青史、流芳百世。大禹治水的足迹遍布九州之地，天下数以百计的郡县，都是秦始皇统一中国的成果。

岳宗泰岱①，禅主云亭②。雁门紫塞③，鸡田赤城④。

【注释】

① 岳宗：五岳的宗主。岳，这里指五岳，分别是东岳泰山、西岳华山、北岳恒山、南岳衡山、中岳嵩山。宗，尊崇、尊敬。泰岱：泰山。岱，泰山的别称，叫岱山，也叫岱宗，因为它位于山东泰安州，所以称为“泰岱”，又称泰山。② 禅：即封禅，中国古代帝王为祭

▲ 岳宗泰岱，禅主云亭。

拜天地而举行的活动。举行封禅大典的地方就在泰山、云山和亭山。封是祭天的仪式，在泰山举行；禅是祭地的仪式，在泰山脚下的云山和亭山举行。云亭：云山和亭山，都在泰山附近，山很小，都是举行封禅大典的地方。③ 雁门：山的名字，位于山西代县北境，山上有著名的雁门关。紫塞：指长城。《古今注》：“秦筑长城，土色皆紫，故称紫塞。”秦朝修长城，下面土的颜色都是紫的，所以叫“紫塞”。④ 鸡田：古代西北塞外的地名，那里有中国最偏远的古驿站。赤城：古驿站，在今河北省西北部。

【译文】

五岳以泰山为尊，古代帝王就在泰山祭天，在泰山脚下的云山、亭山祭地。中国名胜繁多，有地势险要的雁门关和雄伟的长城，还有古驿站鸡田和赤城。

昆池碣石①，巨野洞庭②。旷远绵邈③，岩岫杳冥④。

【注释】

① 昆池：即滇池，位于云南昆明市西南部。碣石：河北碣石山。② 巨野：古代著名的水泊，在山东巨野县，今已干涸。洞庭：指洞庭湖，古称“云梦泽”，中国第二大淡水湖，位于湖南省北部。③ 旷远：广阔辽远，幅员辽阔，没有边际。旷，宽广、宽阔。绵邈：连绵遥远的样子。绵，接连不断。邈，距离遥远。④ 岩：高峻的山崖。岫：山洞。杳冥：昏暗幽深。

【译文】

从西南的滇池到河北的碣石山，从北方的巨野泽到南方的洞庭湖，在中国这片幅员辽阔、连绵遥远的土地上，险峻的高山和幽深的洞穴密布其间。

治本于农①，务兹稼穑②。俶载南亩③，我艺黍稷④。税熟贡新⑤，劝赏黜陟⑥。

【注释】

① 治本：治理国家的根本措施。于：在。② 务：致力于，从事。兹：代词，此、这，代指下文的“稼穑”。稼穑：代指农业劳动。稼，播种。穑，收割。③ 俶载：开始从事。俶，开始。载，从事、施行。南亩：南坡向阳，利于农作物生长，古人多向南开辟田地，故称农田为“南亩”。亩，农田，田地。④ 艺：种植。黍稷：同类异种的谷物，有黏性的是黍，又称黄米，没有

黏性的是稷。⑤税熟：庄稼成熟后，国家向农民征收新打下来的粮食作为税收。税，征收赋税。熟，庄稼成熟。贡新：进贡新粮。贡，上交，献东西给上级。新，刚收获的粮食。⑥劝赏黜陟：泛指奖罚措施。劝，劝勉，劝导勉励。赏，奖赏。黜，降职或罢免。陟，晋升。

▲ 治本于农，务兹稼穑。

【译文】

农业是治理国家的根本，一定要做好播种与收割的工作。耕种的季节到来，就要平整土地、种植庄稼。庄稼一成熟，就要进贡给国家当作租税。官府要按照农户的贡献予以奖惩，而国家则根据官吏的政绩进行升迁或罢免。

孟轲敦素①，史鱼秉直②。庶几中庸③，劳谦谨敕④。

【注释】

①孟轲：即孟子，名轲，字子舆，战国时山东邹县人，中国古代著名的思想家、教育家，是儒家的“亚圣”。敦素：崇尚质朴的本色。敦，推崇、崇尚。素，本义是没有染色的丝绸，后引申为质朴，不加装饰。②史鱼：也称史鳍，字子鱼，春秋时卫国大夫、著名史官，以正直敢谏著称。秉直：坚持正直的品德。秉，保持、坚持。③庶几：接近、近似，差不多。中庸：儒家最重要的思想之一，主张待人处世不偏不倚、不过不失，折中调和，不走极端。④劳：勤劳。谦：谦虚，谦逊。谨：谨慎，严谨。敕：本义是告诫、嘱咐，这里是检点、不随便的意思。

【译文】

孟子崇尚质朴的本色，史鱼坚持正直的品德，他们差不多达到中庸的高妙境界了。此外，还要做到勤劳、谦逊、严谨、检点。

聆音察理①，鉴貌辨色②。贻厥嘉猷③，勉其祗植④。

【注释】

①聆：侧耳细听。音：这里指人说话的声音。察：观察，仔细看。②鉴：观察，鉴别。貌：指一个人的容貌和外表，包括言谈举止、动作表情。辨色：辨别脸色。③贻：遗留，留下。厥：代词，其，他（们）的。嘉猷：好的计策。嘉，美好。猷，计谋、计策。④勉：勉励。其：代词，这里代指子孙。祗：敬，恭敬。植：立，树立。

【译文】

听人说话要审察其中的是非曲直，看人外貌要辨别其人的善恶正邪。要把好的忠告留给子孙，勉励他们小心谨慎地立身处世。

省躬讥诫①，宠增抗极②。殆辱近耻③，林皋幸即④。

【注释】

①省躬：反省自己。省，检查，反省。躬，自身，亲自。讥：讥讽，嘲笑。诫：告诫，劝告。②宠：荣宠，荣耀。抗极：到达顶点。抗，通“亢”，高。极，极限、顶点。③殆辱：将要受到侮辱。殆，将，将要。近耻：接近耻辱。“耻”与“辱”的意义有区别，内心的羞愧为“耻”，外来的欺凌为“辱”。④林：山林，指隐居之地。皋：水边的高地。幸：意外地得到成功或免去灾害，侥幸、幸免。即：接近，靠近。

【译文】

听到别人的讥讽和劝告，一定要认真反省自己，荣宠如果达到极点，就一定要警惕。地位越高越有可能招致灾祸，离耻辱也会越来越近，及时退隐山林或许可以幸免。

两疏见机①，解组谁逼②。索居闲处③，沉默寂寥④。

【注释】

①两疏：西汉宣帝时疏广、疏受叔侄二人，疏广任太子太傅，疏受任太子少傅。两人同时辞官回家，受人推崇。见机：看准时机。机，机会、时机。②解组：解下印绶，指辞官。解，解下、解除。组，即组绶，系官印的绳带。逼：逼迫。③索居：孤身独居。索，独自、孤单。闲处：在家闲居，悠闲地生活。处，居住。④寂寥：恬静淡泊。

【译文】

西汉的疏广、疏受身居高位，却能看准时机，急流勇退。有谁逼迫他们呢？完全是他们自愿辞官还乡，过着悠闲的独居生活，沉默寡言，宁静淡泊。

求古寻论①，散虑逍遥②。欣奏累遣③，戚谢欢招④。

【注释】

①求：探索、寻求。寻：搜寻，研究。②散虑：排遣忧虑、忧愁。散，排遣，驱散。逍遥：自由自在，不受拘束。③欣：欣喜、高兴。奏：本义是奉献、送上，引申为进、进入。累：这里是指心中的牵挂、烦恼。遣：排遣，驱除。④戚：忧愁。谢：用言辞委婉地推辞拒绝，谢绝。欢：欢乐。招：招来，聚集。

【译文】

探求古人古事，阅读至理名言。排遣忧虑，自由自在。喜悦来了，烦恼就被排出了，忧愁一抛开，欢乐就聚集了。

渠荷的历①，园莽抽条②。枇杷晚翠③，梧桐蚤凋④。

【注释】

①渠：水塘，池塘。的历：光明、鲜亮的样子。②莽：草木茂盛的样子。抽条：草木长出嫩芽新枝。③枇杷：即枇杷树，植物学上属于常绿小乔木，果和叶可食用。晚翠：时令已经很晚了，即到了冬天，枇杷叶还是那么青绿，更显得苍翠宜人。④蚤：通“早”，早早地。凋：凋谢，凋落。

【译文】

池塘里的荷花开得美艳动人；园里的草木抽出了嫩绿的枝条。到了冬天，枇杷叶子还是那么青翠欲滴；一入秋天，梧桐树叶就早早地凋落了。

陈根委翳①，落叶飘摇。游鹍独运②，凌摩绛霄③。

【注释】

①陈根：老树根。陈，旧的，时间久的。委翳：萎谢，枯萎衰败的样子。委，通“萎”，枯萎，衰败。翳，古同“殪”，树木枯死，倒伏于地。②游：飞行。鹍：古代指一种长得像鹤的大鸟，可以飞得很高。独运：独自飞翔。运，本义是运动，这里是飞翔的意思。③凌：向上升。摩：迫近，接近。绛霄：红色的云气，又叫“紫霄”，指天空极高处。绛，大红色。

【译文】

陈年老树枯萎衰败、倒伏在地，落叶随风飘荡飞扬。鹍鸟独自在天空中翱翔，盘旋上升，直冲九霄。

耽读玩市①，寓目囊箱②。易輶攸畏③，属耳垣墙④。

【注释】

①耽：沉溺，沉迷。玩市：这里是指在集市上游逛。②寓目：过目，看一下。寓，观看。囊箱：书袋和书箱。③易：轻慢、轻视。輶：本义是古代一种很轻便的车子，有轻视、轻忽的意思。攸畏：所畏，有所畏惧。攸，所。④属耳垣墙：把耳朵附在墙上窃听。属，连接。垣，矮墙。

【译文】

东汉王充沉醉于读书，因家贫无书，便常常在街市上游览，但眼中只看得到书袋和书箱。对于容易轻视的小事更要警惕，说话小心谨慎，防止隔墙有耳。

▲ 耽读玩市，寓目囊箱。

具膳餐饭[①]，适口充肠[②]。饱饫烹宰[③]，饥厌糟糠[④]。

【注释】

①具：准备，备办。膳：饭食。餐：吃。②适口：适合口味。充肠：充饥，填饱肚子。③饱饫：吃饱。饫，饱食。烹宰：指准备鱼肉之类的荤食。烹，水煮。宰，宰杀。④厌：满足，后作“餍”。糟糠：酒渣、谷皮等粗劣食物，贫者用来充饥。糟，酒渣，酿酒剩下的渣子。糠是谷子的外壳，用作饲料。

【译文】

准备饭菜，只要口味合适、能填饱肚子就行。饱的时候大鱼大肉都会生厌，饿的时候吃糠咽菜也能满足。

亲戚故旧[①]，老少异粮[②]。妾御绩纺[③]，侍巾帷房[④]。

【注释】

①亲戚：现代汉语重叠使用，但古文中“亲”和“戚”含义有区别，所谓“内亲外戚”，父亲一脉同姓的为“亲”，母亲、妻子一脉不同姓的为“戚”，在血缘关系上不一样。故旧：旧友，老朋友。②异粮：不同的粮食，指年长者吃细粮，年幼者吃粗粮。异，差异、不同。③御：治理。绩纺：纺织。绩，把麻纤维披开接续起来搓成线或绳。纺，把丝棉、麻、毛等做成线或纱。④侍：服侍，侍奉。巾：指佩巾，手巾、头巾等。帷房：内室，卧室。

【译文】

亲戚朋友来做客要以礼相待，招待老人和孩子的食物应该有所不同。妻妾婢女在家不但要纺纱织布，还要在内室侍奉丈夫的日常起居。

纨扇圆洁[①]，银烛炜煌[②]。昼眠夕寐[③]，蓝笋象床[④]。

【注释】

①纨扇：用细绢制成的团扇。纨，细致洁白的薄绸。洁：洁白。②银烛：银白色的火光。烛，本义是古代照明用的火炬，直到唐代才有了蜡烛。炜煌：辉煌，光辉灿烂。③昼眠：白天睡午觉。昼，白天。眠，本义是闭上眼睛，引申为睡觉。夕寐：晚上睡觉。夕，泛指晚上。寐，睡，睡着。④蓝笋：青篾编成的竹席。蓝，蓼蓝，晒干后变成暗蓝色，用作染料，可以提取出青色，也可泛指古代用来染青色的草。笋，嫩竹的青皮，柔韧性好，可用来制席，这里指笋席，嫩竹青编成的席子。象床：装饰精美的象牙床。

【译文】

圆形的绢扇洁白素雅，银色的火光明亮辉煌。白天午休，晚上睡觉，青色的竹席铺在装饰精美的象牙床上。

弦歌酒宴[①]，接杯举觞[②]。矫手顿足[③]，悦豫且康[④]。

【注释】

① 弦歌：依琴瑟而咏歌。弦，这里指琴瑟一类的弦乐器。② 接：托，手掌向上承受。觞：古代的盛酒器皿。③ 矫：举起，抬起来。顿足：以脚跺地，多形容情绪激昂或极其悲伤、着急。顿，用脚（底）使劲往下踩。④ 悦豫：愉快，高兴。悦，喜悦。豫，快乐，安闲。康：健康，安乐。

【译文】

酒宴上有歌舞弹唱，大家高举酒杯，开怀畅饮，随着音乐节拍手舞足蹈，身心既快乐又健康。

嫡后嗣续[①]，祭祀烝尝[②]。稽颡再拜[③]，悚惧恐惶[④]。

【注释】

① 嫡后：长房子孙。嫡，正妻所生的孩子，非正妻所生的叫庶子。古代只有嫡子才有继承家业的权利。后，后代，子孙。嗣：本义是诸侯传位给嫡子，引申为继续，承接。续：继续。② 祭祀：以手持肉祭神、祭祖，根据宗教或者社会习俗的要求进行的具有象征意义的一系列行动或仪式。祭，祭祀天神。祀，祭祀地神。烝尝：本指秋冬二祭，后亦泛称祭祀，这里代指四时祭祀。烝，冬天祭祀。尝，秋天祭祀。③ 稽颡：古代跪拜礼中最隆重的一种，屈膝下跪，以额触地，表示极度的虔诚。稽，叩头至地。颡，额头。再：表示又一次，有时专指第二次，有时又指多次。④ 悚惧：恐惧、戒惧，这里指（对神明）敬畏，既尊敬又害怕。悚，恐惧，害怕。恐惶：恐惧不安。惶，恐惧，惊慌。

【译文】

嫡长子继承家业，负责主持一年四季的祭祀仪式，要磕头作揖，一拜再拜，心怀敬畏，诚惶诚恐。

笺牒简要[①]，顾答审详[②]。骸垢想浴[③]，执热愿凉[④]。

【注释】

① 笺牒：书信的代称。笺，供写信、题词用的纸张，引申为书信。牒，本义是古代书写用的木片或竹片，后引申为文书、证件。简要：简明扼要。② 顾答：回答问题。顾，回头看，回顾。答，回答，答复。审详：审慎周详。审，详细周密。详，细密完备。③ 骸：身体。垢：污秽，脏东西。浴：洗澡。④ 执：拿着。

【译文】

给人的书信要简明扼要，回答别人的问题，却要审慎周详。身上脏了就想洗澡，拿着热东西就希望它快点凉。

驴骡犊特①，骇跃超骧②。诛斩贼盗③，捕获叛亡④。

【注释】

① 犊：小牛。特：公牛。“驴骡犊特”泛指大小家畜。② 骇：本义是马受惊，引申为惊骇、惊动，受到惊吓。跃：跳起来。超骧：腾跃而前的样子。超，跳过，越过。骧，腾跃，昂首奔驰。③ 诛：本义是声讨、谴责，引申为杀戮，夺去生命。斩：杀，古代死刑的一种，斩首或腰斩。但“诛”偏重于诛心，意即揭露、指责人的思想、用心，“斩”则是杀身，二者的含义是不同的。贼：先秦两汉时期，专指作乱叛国危害人民的人，如乱臣贼子。盗：偷盗财物的人。先秦两汉时期，“盗”多指偷窃者，很少指抢劫者。“贼”多指抢劫财物者，后来才指偷窃者。④ 捕获：缉拿，捉住。叛：叛乱的人。亡：逃亡的人。

【译文】

驴、骡、牛等家畜一旦受惊就会狂奔乱跳。要严厉惩罚盗贼，捉拿叛乱和逃亡的人。

布射僚丸①，嵇琴阮啸②。恬笔伦纸③，钧巧任钓④。

【注释】

① 布射：典出《三国志·吕布传》，说的是三国时吕布曾用“辕门射戟”的方法替刘备解围。布，指吕布，是东汉末年著名的猛将。僚丸：典出《庄子·徐无鬼》，春秋时楚国勇士熊宜僚擅长耍弄弹丸。② 嵇琴：典出《晋书·嵇康传》，西晋名士嵇康善于弹琴，司马氏当政他坚决不肯出仕，最终被杀害，他临行前弹奏的《广陵散》，成为千古绝响。嵇，嵇康，字叔夜，谯郡（今安徽宿州西南）人，精通音乐，善弹琴赋诗，官居中散大夫，亦称嵇中散，著名的“竹林七贤”（嵇康、阮籍、山涛、刘伶、阮咸、向秀和王戎）之一。阮啸：典出《晋书·阮籍传》，与嵇康齐名的名士，阮籍善于长啸。阮，阮籍，字嗣宗，陈留郡（今河南开封陈留县）人，曾任步兵校尉，世称阮步兵，“竹林七贤”的领袖人物。③ 恬笔：典出晋朝崔豹的《古今注》，秦始皇的大将蒙恬发明了毛笔。伦纸：东汉蔡伦发明了纸，人称“蔡侯纸”。④ 钧巧：三国时魏国

▲ 竹林七贤砖画

的发明家马钧心灵手巧，曾改进织绫机、发明翻车，还复原了已经失传的黄帝时的指南车。任钧：典出《庄子·外物》篇，任公子善于钓鱼。

【译文】

吕布精于射箭，宜僚善玩弹丸，嵇康长于弹琴，阮籍长于长啸，蒙恬制造了毛笔，蔡伦发明了纸张，马钧心灵手巧善发明，任公子擅长钓鱼。

释纷利俗①，并皆佳妙②。毛施淑姿③，工颦妍笑④。

【注释】

①释纷：解决纷争。释，解除、消除。纷，争执、纠纷。利俗：便利了老百姓。利，使有利。俗，一般人，百姓。②皆：全、都。佳妙：美妙。佳，美，美好。③毛施：指春秋时两个著名的美女毛嫱和西施。毛，毛嫱，春秋时期越国绝色美女，与西施时代相当，相传为越王爱姬。最初人们对她的称道远远超过西施，当是“沉鱼”的原始形象。施，西施，越国人，原名夷光，春秋末期出生于浙江诸暨苎萝村，为中国古代四大美女之首。淑姿：优美的姿容体态。淑，美丽。姿，容貌姿态。④工：善于。颦：皱眉。妍：美丽。

【译文】

他们的技艺或解决纠纷，或造福百姓，都高明巧妙，为人称道。毛嫱和西施都姿容优美，皱眉时都无比俏丽，笑起来更是美艳动人。

年矢每催①，曦晖朗曜②。璇玑悬斡③，晦魄环照④。

【注释】

①矢：箭。每：常常、经常。②曦晖：日光。曦，多指早晨的阳光。晖，侧重指太阳周围的光圈。朗：明朗。曜：照耀。③璇玑：北斗七星的前四颗星，即天枢、天璇、天玑、天权的简称，也叫魁，这里代指北斗七星。悬：挂，吊在空中。斡：旋转。④晦：农历每月的最后一天。魄：月亮刚出现或即将隐没时的微光。环：循环，周而复始。照：照射，照耀。

【译文】

岁月如箭飞逝，不断催人向老。日光朗照，斗转星移，月光由暗到明，循环照耀，月盈月缺，永无止息。

指薪修祜①，永绥吉劭②。矩步引领③，俯仰廊庙④。

【注释】

①指：通“脂”，动植物所含的油脂。油脂燃烧的时间比柴草要长得多，所以古代点油灯多用动物脂肪点灯。薪：就是柴火。修祜：修福，行善积德，以求来世及子孙之福。修，修行，培养。祜，福，大福。②绥：平安，安好。劭：美好，高尚。③矩步：端方合度的行步姿

态。形容举动合乎规矩，一丝不苟。矩，本义是矩尺，画直角或方形的工具，后引申为法度。引领：伸直脖子。引，拉、伸。领，颈、脖子。④俯仰：低头和抬头。俯，向下，低头。仰，抬头，脸朝上。廊庙：殿下屋和太庙，指朝廷。廊，厅堂周围的屋子。庙，这里指宗庙，供奉祭祀祖先的处所。

【译文】

人的一生只有行善积德，才能求自己及后世之福泽，像薪尽火传那样永久长存，子孙后代平安幸福、吉祥如意。走路姿势端方合度，昂首阔步，内心光明正大、举动严肃庄重。

束带矜庄[①]，徘徊瞻眺[②]。孤陋寡闻[③]，愚蒙等诮[④]。

【注释】

①束带：整饰衣冠，表示端庄。束，系，捆绑。矜庄：严肃庄重。矜，端庄，庄重。庄，谨严持重，表情严肃、容貌端正。②徘徊：欲进又止、小心谨慎的样子。瞻眺：这里是高瞻远瞩的意思，站得高，看得远，比喻眼光远大。瞻，向高处看，即“高瞻”。眺，往远处看，远眺，即“远瞩”。③孤陋寡闻：形容学识浅陋，见闻不广。陋，浅陋，知识浅薄。寡，少。④愚蒙：愚昧不明。愚，天性愚昧、愚蠢。蒙，蒙昧，没有知识。等：等同。诮：讥讽，嘲笑。

▲ 束带矜庄，徘徊瞻眺。

【译文】

衣冠端正，矜持庄重，小心谨慎，高瞻远瞩。学识浅陋、见识狭窄的人，与那些愚昧无知的人都是要受人嘲笑的。

谓语助者[①]，焉哉乎也。

【注释】

①谓：称为，叫作。语助：即语助词，表示语气的助词，位于句中或句尾，表示停顿，属于虚词。

【译文】

最后，还有焉、哉、乎、也这些所谓的语助词。

弟子规

入则孝 出则弟

父母呼，应勿缓。父母命，行勿懒。父母教，须敬听。父母责，须顺承。冬则温，夏则凊，晨则省，昏则定①。出必告，反必面②，居有常，业无变③。事虽小，勿擅为，苟擅为，子道亏。物虽小，勿私藏，苟私藏，亲心伤。亲所好，力为具④；亲所恶，谨为去。身有伤，贻亲忧；德有伤，贻亲羞。亲爱我，孝何难；亲憎我，孝方贤。亲有过，谏使更，怡吾色，柔吾声⑤。谏不入，悦复谏，号泣随，挞无怨。亲有疾，药先尝⑥，昼夜侍，不离床。丧三年⑦，常悲咽，居处变，酒肉绝。丧尽礼，祭尽诚，事死者，如事生。兄道友，弟道恭⑧，兄弟睦，孝在中。财物轻，怨何生？言语忍，忿自泯。或饮食，或坐走，长者先，幼者后。长呼人，即代叫，人不在，己即到。称尊长，勿呼名；对尊长，勿见能⑨。路遇长，疾趋揖⑩。长无言，退恭立。骑下马，乘下车，过犹待，百步余⑪。长者立，幼勿坐，长者坐，命乃坐。尊长前，声要低，低不闻，却非宜⑫。进必趋，退必迟，问起对，视勿移⑬。事诸父⑭，如事父；事诸兄，如事兄。

【注释】

①晨则省，昏则定：清晨问候起居，入夜安顿睡具。②反必面：指回家后要面告父母。反，即返。③居有常，业无变：居住的地方要固定，从事的职业不能随意改变。④力为具：尽力为父母做到最好。⑤怡吾色，柔吾声：劝谏父母，必须和颜悦色，柔声细语。语本《礼记·内则》："父母有过，下气怡声，柔色以谏。"⑥"亲有疾"二句：语本《礼记·曲礼》："亲有疾，饮药，子先尝之。"⑦丧三年：旧时父母亲死后，子女要守丧三年。⑧兄道友，弟道恭：友爱弟妹是为兄之道，恭敬兄长是为弟之道。⑨见：表现、炫耀。⑩疾趋揖：快步上前，拱手作揖。⑪过犹待，百步余：长辈走了以后仍要肃立等待，等长辈走了百余步后自己才能移步。⑫低不闻，却非宜：声音太低，长辈听不到，也不妥当。⑬问起对，视勿移：听到长辈问话要站起来回答，目光要专注，不要东张西望。⑭诸父：叔父、伯父等。

谨而信

朝起早，夜眠迟，老易至，惜此时。晨必盥，兼漱口，便溺回，辄净手。冠必正，纽必结，袜与履，俱紧切。置冠服，有定位，勿乱顿①，致污秽。衣贵洁，不贵华，上循分，下称家②。对饮食，勿拣择，食适可，勿过则③。年方少，勿饮酒，饮酒醉，最为丑。步从容，立端正，揖深圆④，拜恭敬。勿践阈⑤，勿跛倚⑥，勿箕踞⑦，勿摇髀⑧。缓揭帘，勿有声；宽转弯，勿触棱⑨。执虚器，如执盈；入虚室，如有人⑩。事勿忙，忙多错；勿畏难，勿轻略。斗闹场，绝勿近；邪僻事，绝勿问。将入门，问孰存；将上堂，声必扬。人问谁，对以名，吾与我，不分明。用人物，须明求，倘不问，即为偷。借人物，及时还；人借物，有勿悭。凡出言，信为先，诈与妄，奚可焉？话说多，不如少，惟其是⑪，勿佞巧。刻薄语，秽污词，市井气，切戒之。见未真，勿轻言；知未的⑫，勿轻传。事非宜，勿轻诺⑬，苟轻诺，进退错。凡道字⑭，重且舒⑮，勿急疾，勿模糊。彼说长，此说短，不关己，莫闲管。见人善，即思齐⑯，纵去远，以渐跻⑰。见人恶，即内省，有则改，无加警。惟德学，惟才艺，不如人，当自砺。若衣服，若饮食，不如人，勿生戚⑱。闻过怒，闻誉乐，损友来，益友却⑲。闻誉恐，闻过欣，直谅士⑳，渐相亲。无心非㉑，名为错；有心非，名为恶。过能改，归于无；倘掩饰，增一辜㉒。

【注释】

▲ 年方少，勿饮酒，饮酒醉，最为丑。

① 顿：安放。② 上循分，下称家：上要遵守等级名分，下要符合家庭的条件和自家的身份。③ 勿过则：不要超过标准。④ 揖深圆：作揖到位，姿势完满。古时作揖有严格规定，要求曲身、低头，眼睛注视自己的鞋尖，两手圆拱。⑤ 勿践阈：出入不能踩踏门槛。阈，门槛。⑥ 跛倚：站立不正，东歪西斜。⑦ 箕踞：坐时将两腿伸开像簸箕一样，古人认为这是一种不礼貌、不庄重的行为。⑧ 摇髀：抖动大腿。髀，大腿。⑨ 宽转弯，勿触棱：行步转弯时要离家具、墙壁远一点，不要东碰西碰。棱，器物的棱角。⑩"执虚"四句，语本《礼记·少仪》："执虚如执盈，入虚如有人。"⑪ 惟其是：实事求是。⑫ 的：确实。⑬ 勿轻诺：不要轻易承诺、允诺。⑭ 道字：说话、念书。⑮ 重且舒：声音响亮而舒缓。⑯ 思齐：想着向他看齐。⑰ 纵去远，以渐跻：尽管相差很远，也可以逐步达到，跻，升高。⑱ 戚：忧愁，悲哀。⑲ 损友来，益友却：对自己有害的朋友会前来，对自己有好处的朋友会避开。⑳ 直谅士：诚实正直的人。㉑ 无心非：不是故意造成的过失。㉒ 辜：罪过。

经学篇

《尚书》的伦理思想

中国伦理思想历史悠久，内容丰富，独具特色，在人类文化史上占有重要的地位。其发端殷周时期，见于《尚书》等古籍。

牧野之战，又称“武王伐纣”，是周武王的联军与商朝军队在牧野进行的决战。最后商纣王兵败自焚，商朝灭亡，周朝建立。

周武王姬发，周文王姬昌与太姒的嫡次子，西周王朝开国君主，在位十三年。

自我修养思想

《尚书》中的自我修养观包括向前人学习，以前人作为榜样；自省吾身，把自省作为修养的重要途径；为人要真诚。

民本思想

提出“人无于水监，当于民监”，把民看作一面镜子来衡量政治好坏和国家兴亡。“敬德保民”的提出，敬德、明德是《尚书·周书》中使用最多的概念，核心是保民。

德

德的思想

德是上天意志的体现，只有推行德政，上天才不会断绝君王（天子）的大命。保民是敬德的核心内容。

德，甲骨文=（行，四通大道）+（直，不曲折，不犹豫），表示大道直行。

兄友弟恭

孝友思想

孝的思想包括奉养父母、继承发扬父辈事业、追孝先人等。友的思想包括兄友弟恭等。

友的思想后来演变成儒家“悌”的思想，“孝友”也成为儒家“孝悌”思想的源头。

祭祖

宗教伦理思想

《尚书》中的伦理思想，首先表现在对天的崇拜上，把天看成是具有人格的至上神，对人们有主宰和监督作用；还表现在对祖先的崇拜上，认为祭奉祖先是子孙的神圣义务。

《尚书》中的伦理思想经过先秦儒家的继承和发展，并不断地被后世的思想家改造和创新，逐渐成为我国封建社会占统治地位的政治思想。

尚书

夏书

禹贡

禹敷土①，随山刊木②，奠高山大川③。

【注释】

①敷：分，划分。敷土：划分九州的土地。②随：沿着，顺着。刊：动词，砍，用斧头砍。③奠：定。这里也指定位命名的意思，以山川界定地域。

【译文】

禹为了区分九州的疆界，便在经过的山上插上木桩作为标记，并为高山大河命名。

冀州①：既载壶口②，治梁及岐③。既修太原④，至于岳阳⑤。覃怀底绩⑥，至于衡漳⑦。厥土惟白壤⑧，厥赋惟上上⑨，错⑩，厥田惟中中。恒、卫既从⑪，大陆既作⑫。岛夷皮服⑬，夹右碣石入于河⑭。

【注释】

①冀州：在尧时是当时的政治中心。在今山西与河北西部。②载：此处为动词，事，施工。壶口：山名，在今山西省吉县南，黄河就是从此流过。③梁：山名，也就是现在的吕梁山，在今山西省。岐：山名，山的支脉，大概是狐岐山，在今天的山西省内。④太原：今山西太原一带，汾水上游。⑤岳阳：《水经·汾水注》：“《禹贡》所谓岳阳，即霍太山。”霍太山即太岳山，在今山西霍县东，汾水所经之地。阳：山的南面。⑥覃怀：地名，在今河南省黄河以北地区。底：致，得到。绩：成功。⑦衡：通“横”。漳：漳水，在覃怀之北。⑧厥：其，代指冀州。惟：为，是。壤：柔土。⑨赋：赋税。上上：《禹贡》将赋税和土质分了九个级别，上上就是第一等。⑩错：杂。⑪恒：滱水。卫：滹沱河。从：沿着河道。⑫大陆：泽名，在今河北巨鹿县西北。作：耕种。⑬岛夷：住在海上的东方民族。⑭夹：同“挟”，接近。碣石：山名，在今河北昌黎县的西北方向。

【译文】

冀州：壶口的工程已经结束了，便开始开凿梁山和岐山。太原周围的河道也治理好了，一直修到太岳山的南面。覃怀一带的水利工程也取得很大成绩，从这里向北一直到横流的漳水，一些河道也都得到了治理。这里是一片白色而土质松软的田地，这里的臣民应出一等赋税，也可间杂出二等赋税，这里的土地属第五等。恒水、卫水也已疏通，其水可以流入大海，大陆泽的工程也开始动工。沿海一带诸侯进贡皮服时，可从碣石入黄河来贡。

济、河惟兖州①：九河既道②，雷夏既泽③，灉、沮会同④。桑土既蚕⑤，是降丘宅土⑥。厥土黑坟⑦，厥草惟繇⑧，厥木惟条⑨。厥田惟中下，厥赋贞⑩，作十有三载乃同⑪。厥贡漆丝⑫，厥篚织文⑬。浮于济、漯⑭，达于河。

【注释】

①济：水名。源出河南济源，汉代在今河南武陟县流入黄河，又向南溢出，流向山东，与黄河平行入海。兖州：今河北、山东境内。②九河：黄河流到兖州，分为九条河。道：引入大海。③雷夏：泽名，在今山东菏泽东北。④灉：黄河的支流，已消失。沮：灉河的支流，也湮灭了。会同：汇合流入雷夏泽。⑤桑土：宜养桑的田。蚕：养蚕。⑥是降丘宅土：是，于是。降，下。宅，居住。⑦坟：马融说："有膏肥也。"大致相当于高山，有突起的意思。⑧繇：茂盛的样子。⑨条：长，高大。⑩贞：《孔疏》说："贞即下下，为第九也。"但是，在其他的文献当中还有别的说法。有的认为同"中"，也就是第五等。⑪作：耕作。乃同：才与别的八州相同。⑫漆丝：这里说的是人们进贡的漆和丝。⑬厥篚织文：篚，竹器。《孔传》中认为织纹就是文锦。⑭浮：船行于水上。漯：水名，黄河的支流，流经山东。

【译文】

济河与黄河一带是兖州地区：黄河下游的九条河道都疏通了，雷夏泽的工程也完成了，灉河、沮河汇合流入雷夏泽。水退以后土地能够种植桑，可以养蚕了，因此人民便从小土山上搬下来，住在平地上。这里是一片黑色的沃土，这里的草已经冒出新芽，树木也已经长出细细的枝条。这里的土地属第六等，这里的人民缴纳第九等赋税。开垦十三年之后，再和其他州的赋税相同。这里的人民应当进贡漆和丝一类的物品，并且要将丝织品染上各种花纹，放在竹篮子里以进贡。进贡的道路，可由济河、漯河乘船顺流入黄河。

海、岱惟青州①：嵎夷既略②，潍、淄其道③。厥土白坟，海滨广斥④。厥田惟上下，厥赋中上。厥贡盐絺⑤，海物惟错⑥。岱畎丝、枲、铅、松、怪石⑦。莱夷作牧⑧。厥篚檿丝⑨。浮于汶⑩，达于济。

【注释】

①海：就是现在的渤海。岱：泰山。青州：就是现在的山东半岛。②嵎夷：地名，现在的胶东半岛。略：划分土地。③潍、淄：皆水名，在现在的山东。道：疏导。④斥：名词，指的

▲ 天尽头

是盐碱地。⑤ 絺：细葛布。⑥ 错：杂，多种东西交杂在一起。⑦ 畎：谷、山谷。枲：麻。铅：一种金属，锡。⑧ 莱夷作牧：莱夷，地名，当时用作放牧。今莱州、登州一带。⑨ 檿：山桑，柞树。⑩ 汶：水名，济水的支流，在今山东。

【译文】

横跨渤海和向东至泰山，这是青州地区：嵎夷的水利工程，只用了较少的力量便完成了。潍河与淄河的故道都已经疏通。这里是一片地势较高的灰白色的土壤，沿海的广大地区都是这种盐碱地。这片土地的质量在九州中属第三等，其赋税是第四等。这里的人民应该进贡盐、细葛布和各种各样的海产品。泰山一带要进贡丝、麻、铅、松树和奇特美好的怪石。莱夷一带可以从事放牧了，还要把山桑和丝放在筐内运来作为贡品。进贡的路线由汶水直入济水。

海、岱及淮惟徐州①：淮、沂其乂②，蒙、羽其艺③；大野既猪④，东原厎平⑤。厥土赤埴坟⑥，草木渐包⑦。厥田惟上中，厥赋中中。

【注释】

① 海：指黄海。淮：淮河。徐州：位于今江苏西北部。② 沂：沂水，在山东，最后流入淮河。乂：治理。③ 蒙：山名，在山东蒙阴县西南。羽：羽山，在今江苏赣榆区西南。艺：动词，种植。④ 大野：巨野泽，在山东巨野县。猪：潴，水停的地方。⑤ 东原：今山东东平县地区，在汶水济水之间。厎：到，得到。平：治。⑥ 埴：黏土。⑦ 渐包：滋长而丛生。包：同“苞”，所以又写作渐苞。渐：逐渐地，渐渐地。

【译文】

东起大海，南至淮河，北到泰山，这是徐州地区：淮河和沂水都已经治理好了，蒙山和羽山一带的土地，也许要种植庄稼了；大野泽已容纳四周的流水，东原一带的土地也可以耕种了。这里是一片高起的、土性较黏的红土地，草木也逐渐茂盛起来。这里土地的质量在九州之中属第二等，应该缴纳第五等的赋税。

厥贡惟土五色①，羽畎夏翟②，峄阳孤桐③，泗滨浮磬④，淮夷玭珠暨鱼⑤。厥篚玄纤缟⑥。浮于淮、泗，达于河⑦。

【注释】

① 土五色：《孔传》说：“王者封五色土为社，建诸侯则各割其方色土与之。”② 羽：羽山。

畎：谷、山谷。夏：大。翟：野鸡，羽毛可用作装饰。③峄：峄山，在今天的江苏邳州境内。阳：山的南面。孤桐：独自生长的桐木。④泗：水名，源出今山东泗水县，淮河的支流。浮磬：一种可以做磬的石头。⑤玭珠：蚌珠。⑥玄：黑色。纤：细缯，绸。缟：白缯，绢。⑦达于河：金履祥说："达于河，《古文尚书》作达于荷。《说文》引《书》亦作荷。今俗本误作河耳。菏泽水与济水相通。"

【译文】

这里的人民应该进贡五色土，羽山的山谷要进贡夏翟的羽毛，峄山的南面要进贡其特产——桐树，泗水边的人民要进贡泗水中可以制磬的石料，淮河一带的人民进贡蚌珠和鱼，同时还要把纤细的黑缯和白缯放在筐内作为贡物献来。进贡的路线由淮水入泗水而后入黄河。

淮、海惟扬州：彭蠡既猪①，阳鸟攸居②。三江既入③，震泽底定④。篠簜既敷⑤，厥草惟夭⑥，厥木惟乔⑦。厥土惟涂泥⑧。厥田惟下下，厥赋下上，上错⑨。

【注释】

①彭蠡：一说是今鄱阳湖。猪：同"潴"，水停下聚合的地方。②阳鸟：鸟读为岛。阳岛，即扬州附近海上的各个岛屿，大概如台湾、海南等岛屿，南方阳位也。另有说法是指候鸟，如大雁一类。攸：以。③三江：有多种解释，《初学记》引郑玄说指岷江、汉水与赣江。入：流入大海。④震泽：江苏太湖。底定：得到安定。⑤篠：小的竹子。簜：大的竹子。⑥夭：茂盛，繁盛。⑦乔：高，大。⑧涂泥：潮湿的泥土。《说文》中解释说："泥，黑土在水中者也。"⑨上错：依照阮元校增"上"字。孔安国曰："田第九，赋第七，杂出第六。"

【译文】

北至淮河，南至大海，这是扬州地区：彭蠡泽已经储蓄了又多又深的水，南方岛屿上的人们也可以在上面安居乐业了。浩浩的三江水已经流入大海，震泽的水利工程也已获得成功。小竹和大竹到处生长起来，原野的草生长得很茂盛，树木也都长得很高。这里是一片低洼潮湿的土地，土地的质量在九州中属第九等。这里的人民缴纳第七等赋税，也可以间杂缴纳第六等的赋税。

厥贡惟金三品①，瑶、琨、篠、簜、齿、革、羽、毛惟木②。岛夷卉服③。厥篚织贝④，厥包橘柚⑤，锡贡⑥。沿于江、海，达于淮、泗。

【注释】

①金三品：指金、银、铜三种金属。②瑶：美玉。琨：美石。齿：象牙。革：犀牛的皮。羽：鸟的羽毛。毛：旄牛尾。惟：与，和。木：木材。③岛夷：沿海各岛的人。卉服：草服，蓑衣、草笠之类可以避雨的东西。④织贝：吉贝，贝锦，是夷语的音译。⑤包：裹，围。⑥锡贡：黄式三曰："锡亦贡也。"锡，一说是同"赐"，一说是金属的一种。

【译文】

其贡品是金、银、铜三种金属，还有美玉、小竹、大竹、象牙、犀牛皮、鸟羽、旄牛尾和木材。海岛一带进贡草制的蓑衣、草笠，还要把丝织品放在筐内，把橘子和柚子打成包裹作为贡品进献。橘柚不是常贡，待赐命才贡，以供祭祀、燕宾客。进贡的路线沿长江两岸者由长江入淮河，由淮河入泗水。沿海各地则顺着海岸进入长江，由长江入淮河，再由淮河入泗水。

荆及衡阳惟荆州①：江、汉朝宗于海②，九江孔殷③。沱、潜既道④，云土、梦作乂⑤。厥土惟涂泥，厥田惟下中，厥赋上下。厥贡羽、毛、齿、革惟金三品⑥，杶、榦、栝、柏⑦，砺、砥、砮、丹惟箘、簵、楛⑧。三邦底贡厥名⑨，包匦菁茅⑩，厥篚玄纁玑组⑪，九江纳锡大龟⑫。

【注释】

①荆：山名，在现在的湖北南漳县的西北部。衡：山名，在今湖南衡山县。②朝宗：诸侯朝见天子，春天时候的朝见叫朝，夏天时候的朝见叫宗。这里是比喻的用法，说的是长江汉水流入大海。③九江：指的是湖北武汉到江西九江之间的众多的河流。孔：大。殷：盛大，多。④沱、潜：沱水，长江的支流，在今湖北枝江市；潜水，汉水的支流，在今湖北潜江县。道：疏导。⑤云土、梦：即云梦，二泽名。《左传》说："江南为云，江北为梦。"作：指耕作。乂：治理，管理。⑥毛：通"旄"，指的是旄牛尾。惟：连词，和、与。⑦杶：椿树。榦：可以用来做弓的柘木。栝：桧树。⑧砺：质地粗的磨刀石。砥：质地细的磨刀石。砮：石制的箭镞。丹：丹砂。箘、簵：美竹，可以用来制作箭杆。楛：一种灌木名，它的条能够作箭杆使用。⑨三邦：《孔传》说的是近泽三国，此处大概应该是泛指诸多邦国。名：名产。⑩包：包裹。匦：匣子。⑪玄：赤黑色。纁：绛红色。玄纁，指彩色丝绸。玑：不圆的珠。组：丝带。⑫纳：入。锡：同"赐"，进贡。

【译文】

从荆山到衡山南面是荆州地区：长江和汉水共同流入大海，许多长江支流的水集中在洞庭湖一带，水势大极了！长江的支流和汉水的支流也都已经疏通了，云梦泽一带的土地也大都可以耕种了。这里也是一片低洼潮湿的土地，土地的质量在九州中属第八等，应该缴纳第三等赋税。应该进贡鸟羽、牛尾、象牙、犀牛皮和三种金属，以及杶、榦、栝、柏四种木材，还有磨刀的石头、制箭头的石头、丹砂，以及竹笋、美竹、楛树等。州内各国，都贡上当地的特产，将带有毛刺的茅草放在匣内包装起来，把黑色的、浅红色的丝织品和珍珠、丝带子一类东西放在竹筐内，一并贡来。沿江一带及长江的许多支流地区还要贡上大龟。

浮于江、沱、潜、汉，逾于洛①，至于南河②。

【注释】

①逾：越。②南河：指河南洛阳巩义一带的河。

【译文】

进贡的路线由长江顺流入其支流，再由长江的支流进入汉水的支流，由汉水的支流入汉水，然后登岸由陆路到洛水，再由洛水进入黄河。

荆①、河惟豫州：伊、洛、瀍、涧既入于河②，荥波既猪③。导菏泽④，被孟猪⑤。厥土惟壤，下土坟垆⑥。厥田惟中上，厥赋错上中。厥贡漆、枲、絺、纻⑦，厥篚纤、纩⑧，锡贡磬错⑨。浮于洛，达于河。

【注释】

①荆：荆山，在现在的湖北南漳县西北。②伊：水名，源出今河南卢氏县。洛：水名，源出今陕西洛南县。瀍：水名，源出今河南孟津县。涧：水名，源出今河南渑池县。③荥波：即荥播，泽名，在今河南荥阳市境。猪：潴，水停聚。④导：疏通。菏泽：地名，在今山东定陶区。⑤被：覆。菏泽水衍溢时，疏导其水入于孟猪。孟猪：泽名，在今河南商丘东北。⑥垆：硬土。⑦纻：麻。⑧纩：细棉絮。⑨磬错：可以做成玉磬的石头。

【译文】

从荆山到黄河是豫州地区：伊水、洛水、瀍水、涧水都流入黄河。荥波泽已经治好，可以贮存大量的河水，使河水不致横溢了。菏泽与孟猪泽之间也疏通了，只有水势极大的时候才可能覆被孟猪泽。这里是一片石灰性的冲积土，土的底层是砂浆。这片耕地在九州之中属第四等，应该缴纳第二等赋税，间或缴纳第一等赋税。应进贡漆、大麻、细葛布、麻，还要把细棉用筐子包装起来和制作好的磬一并贡来。进贡的路线由洛水直入黄河。

华阳、黑水惟梁州①：岷、嶓既艺②，沱、潜既道。蔡、蒙旅平③，和夷厎绩④。厥土青黎⑤，厥田惟下上，厥赋下中、三错⑥。厥贡璆、铁、银、镂、砮、磬、熊、罴、狐、狸织皮⑦。西倾因桓是来⑧。浮于潜，逾于沔⑨，入于渭，乱于河⑩。

【注释】

①华：华山。黑水：说法很多，一说是怒江。②岷：岷山，现在四川北部。嶓：嶓冢山，在陕西宁强县西北。艺：管理。③蔡：峨眉山。蒙：山名，在今四川雅安北。旅：大道、大路。④和：水名，即今大渡河。⑤青黎：黑。⑥三错：《孔传》说："杂出第七第九三等。"⑦璆：美玉。镂：刚铁。织皮：毛织物。⑧西倾：

▲ 岷江

山名，位于甘肃、青海交界处。桓：桓水，就是白水，今名白龙江。⑨ 沔：汉水的上游，源出陕西。⑩ 乱：横渡。

【译文】

从华山的南面西至黑水，是梁州地区：岷山和嶓冢山都已经能够种庄稼了，沱江和潜水也都疏通了。蔡山和蒙山的工程也已完工，和水一带的民众也前来报告治理的成绩。这里是一片黑色的土地，土地的质量在九州之中属第七等，应缴纳第八等赋税，也可间或缴纳第七等与第九等赋税。要进贡美玉、铁、银、刚铁、硬石和磬，以及熊、罴、狐、狸四种兽皮。进贡可由西倾山区顺着桓水前来，经过汉水支流入沔水，然后舍舟登陆，由沔水进入渭水，由渭水横渡入黄河。

黑水、西河惟雍州①：弱水既西②，泾属渭汭③，漆沮既从④，沣水攸同⑤。荆、岐既旅⑥，终南、淳物，至于鸟鼠⑦。原隰厎绩⑧，至于猪野⑨。三危既宅⑩，三苗丕叙⑪。厥土惟黄壤，厥田惟上上，厥赋中下。厥贡惟球、琳、琅玕⑫。浮于积石⑬，至于龙门⑭、西河，会于渭汭。织皮昆仑、析支、渠搜⑮，西戎即叙⑯。

【注释】

① 西河：冀州西边的黄河。② 弱水：西流入居延海。③ 泾、渭：都是陕西的大河。泾水流入渭水处叫渭汭。属：流入。④ 漆沮：漆沮注入渭水。⑤ 沣水：流入渭河，源出陕西。⑥ 荆：荆山，在今陕西富平县西南，而非湖北的荆山。岐：岐山，在今陕西岐山县东北。旅：治理，管理。⑦ 终南：就是现在的郊秦岭。淳物：太白山。鸟鼠：山名，在今甘肃源县西南。⑧ 原隰：就是现在陕西彬县、淳化县、永寿县和旬邑县。隰，低湿的地。⑨ 猪野：泽名，在今甘肃民勤县。⑩ 三危：山名，在现在的甘肃敦煌以南。⑪ 三苗：远古的一个部族。《史记·五帝本纪》说："舜迁三苗于三危。"丕：大。叙：顺。⑫ 球：美玉。琳：美石。琅玕：圆形的玉石。⑬ 积石：山名，在今青海西宁西南。在这里指的是流经该山下的黄河。⑭ 龙门：山名，在今陕西韩城市东北。黄河从中穿过。⑮ 析支：山名，在今青海西宁西南。渠搜：山名。⑯ 西戎：古代我国西北部民族的总称。即：就。

【译文】

从黑水到西河是雍州地区：弱水在疏通之后，便向西流去；泾水已经疏通，从北面流入渭水；漆水和沮水在疏通之后，从北面流入渭水，沣水从南面流入渭水。荆山和岐山的工程已经完工，终南山、淳物山一直到鸟鼠山的水利工程都已经全部竣工。平原一带一直到猪野的水利工程都取得了很大成绩。三危这个地方已经允许住人了，因而三苗人民得到了很好的安置。这里是一片黄色的土壤，土地的质量在九州中属第一等，这里的人民应该缴纳第六等赋税。应该进贡的是美玉、美石和宝珠一类物品。进贡的路线由积石山附近进入黄河，顺流至龙门、西河，所有运送贡物的船只聚集在渭河的弯曲处。昆仑、析支、渠搜等西戎国家都要按照规定进贡皮制衣料。

导岍及岐①，至于荆山②，逾于河。壶口、雷首至于太岳③。底柱、析城至于王屋④。太行、恒山至于碣石⑤，入于海。

【注释】

▲ 太行晴雪

①导：疏通道路。岍：山名，在今陕西陇县。岐：岐山，在今陕西岐山县。②荆：荆山，在今陕西富平。③壶口：山名，在黄河的东岸。雷首：山名，在今山西永济市。太岳：霍太山。④底柱：即三门山，位于今天的河南。析城：山名，在今山西阳城县。王屋：山名，在今河南与山西垣曲县之间。⑤太行：山名，在今山西、河南、河北三省交界处。恒山：在今河北曲阳县与山西接壤处，古称北岳。碣石：山名，在今河北昌黎、抚宁二县交界处。

【译文】

疏通了岍山和岐山，一直疏凿到荆山，穿过黄河，其间从壶口山、雷首山一直到太岳山都得到了疏凿。从底柱山、析城山到王屋山，再从太行山、恒山一直到碣石的水利工程都得到了很好的治理，黄河得以畅流入海了。

西倾、朱圉、鸟鼠至于太华①。熊耳、外方、桐柏至于陪尾②。

【注释】

①朱圉：山名，在今甘肃甘谷县。太华：即华山，也称为西岳。②熊耳：山名，在今河南桐柏县。外方：即嵩山，古称中岳。桐柏：山名，在今河南桐柏县。陪尾：山名，在今湖北安陆市。

【译文】

由西倾山、朱圉山、鸟鼠山到太华山，再由熊耳山、外方山、桐柏山一直到陪尾山的水利工程都得到了治理。

导嶓冢至于荆山①。内方至于大别②。岷山之阳至于衡山③，过九江至于敷浅原④。

【注释】

①嶓冢：山名，现在的陕西宁强县西北。荆山：在今湖北南漳县西南。②内方：山名，又名章山，在今湖北钟祥市西南。大别：即大别山。③岷山：在今四川松潘县北。衡山：古

称南岳，在今湖南衡山县。④九江：一说是洞庭湖。一说是从现在的湖北武汉到江西九江之间的众多支流。敷浅原：就是今天的庐山东麓。

【译文】

从嶓冢山到荆山，从内方山到大别山也都得到了疏通和开凿。从岷山的南面到衡山，越过九江，一直到庐山东麓的水流也都得到了治理。

导弱水至于合黎[①]，馀波入于流沙[②]。导黑水至于三危，入于南海。

【注释】

①导：疏导。合黎：山名，在今甘肃山丹、张掖、高台、酒泉之北。②馀波：指河水的下游。流沙：就是合黎山以北的沙漠。

【译文】

把弱水疏通到合黎，下游流入沙漠地带。把黑水疏通到三危，下游流入南海。

▲ 导黑水至于三危，入于南海。

导河积石，至于龙门，南至于华阴[①]，东至于底柱，又东至于孟津[②]，东过洛汭，至于大伾[③]；北过洚水[④]，至于大陆；又北，播为九河[⑤]，同为逆河[⑥]，入于海。

【注释】

①华阴：华山的北面。②孟津：位于现在的河南西北部的孟津县。③大伾：山名，在今河南浚县西南。④洚水：指漳、洚合流的漳水，在今河北省境内进入黄河。⑤播：分布。九河：指兖州之九河。⑥同为逆河：同，重合。下游又合而名为逆河。

【译文】

又疏导黄河，先在积石山施工，一直疏凿到龙门山，又向南到华山的北面，然后向东经过底柱山、孟津、洛水的弯曲处到大伾山；然后又折转向北，途经洚水，到大陆泽；再向北分为九条支流，这九条支流共同承载着黄河的大水，把它顺利地导入大海。

嶓冢导漾[①]，东流为汉，又东，为沧浪之水[②]；过三澨[③]，至于大别，南入于江。东，汇泽为彭蠡；东，为北江[④]，入于海。

【注释】

①漾：汉水的上游。②沧浪：就是现在的汉水的下流。③三澨：水名，大概位置在今天的湖北省境内。④北江：即汉水。

【译文】

从嶓冢山开始疏导漾水，向东流则为汉水，再向东流便是沧浪水；经过三澨水，到达大别山，向南流入长江。向东便汇成大泽，即彭蠡泽；向东称北江，然后由长江流入大海。

岷山导江，东别为沱；又东至于澧[①]；过九江，至于东陵[②]；东迆北[③]，会于汇[④]；东为中江[⑤]，入于海。

【注释】

① 澧：古代流入长江的一个水系，在今天的岳阳城。② 东陵：旧注为汉代卢江郡金兰县西北的东陵乡，在现在的河南固始、商城之间。③ 迆：水斜向流淌。④ 汇：是“淮”的假借字。⑤ 中江：指岷江。

【译文】

从岷山开始疏导长江，向东则分出一条支流称沱水；再向东到澧水；经过九江到了东陵，然后蜿蜒斜行而东北和淮水相汇合；向东则为岷江，然后流入大海。

导沇水[①]，东流为济，入于河，溢为荥[②]；东出于陶丘北[③]，又东至于菏；又东北，会于汶；又北东，入于海。

【注释】

① 沇：水名，济水的上游，在今天的河南济源市以西。② 溢：原意是因为水多而向外流，这里引申为水动荡奔突而出。荥：荥泽，在今天的河南荥阳东边的黄河以南，在汉代时已成平地。③ 陶丘：在今山东定陶区西南部。

【译文】

疏导沇水，东流则名为济水，然后流入黄河，河水流溢而成为荥泽；然后自陶丘的北面向东流去，一直流入菏泽；再向东北和汶水相汇合，又向北流，然后反转向东流入大海。

导淮自桐柏，东会于泗、沂[①]，东入于海。导渭自鸟鼠同穴[②]，东会于沣，又东会于泾；又东过漆沮，入于河。导洛自熊耳，东北，会于涧、瀍；又东，会于伊；又东北，入于河。

【注释】

① 东会于泗、沂：沂水流入了泗水，泗水后来又流入淮河。淮河在今江苏阜宁县东入海。
② 鸟鼠同穴：山名，即鸟鼠山，就是渭水的源头。

【译文】

从桐柏山开始疏导淮河，向东和泗水、沂水相汇合，再向东流入大海。从鸟鼠山开始疏导渭水，向东和沣水相汇合，再向东和泾水相汇合；然后向东经过漆水、沮水流入黄河。从熊耳山开始疏导洛水，向东北则与涧水、瀍水相汇合；又向东和伊水相汇合，然后从东北流入黄河。

九州攸同：四隩既宅①，九山刊旅②，九川涤源③，九泽既陂④，四海会同⑤。六府孔修⑥，庶土交正⑦，厎慎财赋⑧，咸则三壤成赋⑨。中邦锡土、姓⑩，祗台德先⑪，不距朕行⑫。

【注释】

①隩：可以定居的地方。宅：动词，居住。②九山：见前面注解。刊：削除，砍。旅：管理、治理。③涤源：疏通水流。④九泽：上文所列举的九个湖泽。陂：修筑堤坝。⑤四海：泛指九州大地。《尔雅·释地》："九夷八狄七戎六蛮，谓之四海。"会同：指进贡的道路被疏通了。⑥六府：水、火、金、木、土、谷。孔：很。修：治。⑦交：俱，遍。正：同"征"。⑧厎：定，规定，确定。⑨则：准则，取法。三壤：指的就是各种等级的土壤。成：定。⑩中邦：所谓的天子之邦，即华夏族的聚居地。锡：赐。⑪祗：敬，敬重。台：我。⑫不距朕行：郑玄说："不距违我天子政教所行。"意思就是不违背天子所推行的德教。

【译文】

九州水利工程都已经完工：四方的土地都可以居住了，九州的大山都已经开凿治理，九州的河流也都已疏通，九州的大泽也都筑起堤防，不至于决堤了。海内的贡道都畅通无阻了。六府的政务都治理得非常好，九州的土地都得到了正确的考察，并根据各地区土地质量，谨慎地规定了不同的赋税，各地人民都要根据土质优劣的三种规定交纳赋税。九州之内的土地都分封给诸侯并赐之以姓氏。诸侯们应该把尊敬我所推崇的德行放在第一位，不准违背我所推行的德教。

▲ 九山刊旅，九川涤源，九泽既陂，四海会同。

五百里甸服①。百里赋纳总，二百里纳铚②，三百里纳秸服③，四百里粟，五百里米。五百里侯服④。百里采⑤，二百里男邦⑥，三百里诸侯⑦。五百里绥服⑧。三百里揆文教⑨，二百里奋武卫⑩。五百里要服⑪。三百里夷⑫，二百里蔡⑬。五百里荒服⑭。三百里蛮⑮，二百里流⑯。

【注释】

①服：根据离天子的距离而从事的事，按远近分为甸服、侯服、绥服、要服、荒服。②"百里"两句：纳：交。总：指禾的总体，连杆带穗都包括在内。铚：就是禾穗。③秸：谷子秆。④侯服：甸服以外五百里范围为侯服。⑤采：指为天子服役。⑥男邦：管理国家的事务。⑦诸侯：《孔传》说："同为王者斥侯。"《孔疏》说："斥侯，谓检行险阻，伺候盗贼。"诸，多。⑧绥服：侯服以外五百里区域为绥服。⑨揆：度。⑩奋武卫：奋力练武来保卫王者。⑪要服：绥服以外五百里的区域叫要服。⑫夷：平，相约和平地相处。⑬蔡：法，就是约定好一致遵守王法。⑭荒服：要服以外五百里的区域就叫荒服。⑮蛮：动词，意思是维持隶属关系。⑯流：随便处理进贡这件事情，贡否不定。

【译文】

王城以外的五百里属于甸服。相距王城一百里者，将割下的庄稼贡来；二百里者，将庄稼的穗头贡来；三百里者，将庄稼脱去芒尖贡来；四百里者贡粟；五百里者贡米。甸服以外五百里为侯服。其间百里者，人民为国王服各种劳役；二百里者，人民为国王服规定的劳役；三百里以外者，人民主要担任戍守之责。侯服以外的五百里为绥服。其间三百里以内者要设立掌管文教的官来推行文教；二百里的人民要勤奋地熟悉武事，以便保卫国王。绥服以外的五百里为要服。其间三百里以内的人民要与其他地方和平相处；二百里的人民，要遵守相同的法令。要服以外的五百里为荒服。对其间三百里以内的人民的各种要求可以从简，只维持隶属关系；二百里的人民无固定的贡赋。

东渐于海①，西被于流沙②，朔南暨声教讫于四海③。禹锡玄圭④，告厥成功。

【注释】

①渐：入，到。②被：及，到。③声教：有声之教。四海：就是指全天下。④锡：赐，被赐。玄圭：玄色的、上圆下方的瑞玉。

【译文】

东面到大海，西面到沙漠地带，从北方到南方，四海之内都受到了国王的德教。因此帝舜赐给禹以玄圭，用以表彰禹所完成的巨大功业。

▲ 玉琮象征权威

商 书

汤 誓

王曰："格尔众庶①，悉听朕言。非台小子敢行称乱②！有夏多罪，天命殛之③。今尔有众④，汝曰：'我后不恤我众，舍我穑事而割正夏⑤？'予惟闻汝众言⑥，夏氏有罪，予畏上帝，不敢不正！今汝其曰：'夏罪其如台⑦？'夏王率遏众力⑧，率割夏邑⑨。有众率怠弗协，曰：'时日曷丧⑩！予及汝皆亡。'夏德若兹⑪，今朕必往。

【注释】

①格：动词，到，来。②台：代词，我。③"有夏"两句：有夏：夏朝。有，助词，没有实在意义。殛：诛杀。④有众：众人。有，助词，没有实在意义。⑤穑事：种植庄稼的事。割：通"曷"，疑问代词，为什么。正：通"征"，征讨，征伐。⑥惟：同"虽"。⑦如台：表示发出疑问，如何。⑧率：语气助词。遏：通"竭"，尽。率遏众力，竭尽民力。⑨割：剥削，剥取。⑩时：代词，是，这个。曷：何，什么时候。⑪兹：代词，此，这样。

【译文】

王说："来吧！诸位，你们都要服从我。不是我大胆发动战争，是因为夏王犯了许多罪行，上天命令我前去讨伐他。现在，你们大家常说：'我们的国王太不体贴我们了，把我们种庄稼的事都舍弃了，让我们去征战夏桀。'我听到你们说了这些话，知道夏桀犯了许多罪行，我怕上天发怒，不敢不讨伐夏。现在你们将要问我说：'夏桀的罪行究竟怎样呢？'夏桀一直要人民负担沉重的劳役，人民的力量都用光了，还在国内残酷地剥削压迫人民，人民对夏桀的统治极度不满。大家都怠于奉上，对国君的态度很不友好，说：'你这个太阳呀，什么时候消失呢？我愿意和你一起死去！'夏朝的统治，已经坏到这种程度，现在我下决心要去讨伐他。

"尔尚辅予一人①，致天之罚②，予其大赉汝③！尔无不信，朕不食言④。尔不从誓言，予则孥戮汝⑤，罔有攸赦。"

【注释】

①尚：庶几，表示提出希望。一人：君王自称，说自己只能当一人，相当于后代的"孤家寡人"一类。②致：动词，达到，用。③其：将。赉：赏赐。④食言：不真实的、欺骗人的话，说假话。⑤孥：通"奴"。降成奴隶。戮：刑戮。奴戮：或罚为奴，或加刑戮，这是古代刑罚的一种方式。

【译文】

"你们只要辅助我，奉行上天的命令讨伐夏，我就要大大地奖赏

▲ 玉制奴隶像

你们！你们不要不相信，我是决不会食言的。假若你们不服从我的话，我就要惩罚你们，让你们或当奴隶或对你们施加刑戮，决不宽恕。”

周　书

牧　誓①

时甲子昧爽②，王朝至于商郊牧野③，乃誓。王左杖黄钺④，右秉白旄以麾⑤，曰：“逖矣⑥，西土之人！”王曰：“嗟！我友邦冢君御事⑦，司徒、司马、司空⑧，亚旅、师氏⑨，千夫长、百夫长⑩，及庸、蜀、羌、髳、微、卢、彭、濮人⑪。称尔戈⑫，比尔干⑬，立尔矛⑭，予其誓。”

【注释】

▲ 王朝至于商郊牧野，乃誓。

①牧：指牧野，商都郊区地名，在商都朝歌南七十里，今河南淇县北。②甲子：甲子日。昧爽：太阳还没有出来的时候。③商郊：商都朝歌的远郊。④杖：名词用作动词，拿着。钺：斧子。黄钺，是王权的象征。⑤秉：执持，拿着。旄：旄牛尾。麾：通“挥”，指挥。⑥逖：遥远、远。⑦冢君：邦国的君主。御事：邦国的治事大臣。⑧司徒、司马、司空：官名。⑨亚旅、师氏：官名。亚旅，上大夫。师氏，中大夫。⑩千夫长、百夫长：官名。千夫长，师的主帅。百夫长，旅的主帅。⑪庸、蜀、羌、髳、微、卢、彭、濮人：当时西南方的八个诸侯国。庸，在今湖北房县境内。蜀，在今四川西部地区。羌，在今甘肃东南地区。髳，在今甘肃四川交界地区。微，在今陕西眉县境。卢，在今湖北南彰县境。彭，在今甘肃镇原县东。濮，在今湖北省。⑫称：举。戈：戟。⑬比：排列。干：盾牌。⑭矛：兵器。

【译文】

在二月五日的黎明时刻，武王率领军队到了商的首都朝歌郊外一个叫作牧野的地方，并在那里举行誓师大会。武王左手拿着黄金装饰的青铜大斧，右手拿着指挥用的白色的旗子，说：“辛苦了，你们这些从西方远道而来从征的将士们。”武王说：“啊！我们尊敬的友邦国君以及诸位官员和各部落从征的将士们，举起你们的戈，排好你们的盾，立好你们的矛，我们的誓师大会就要开始了。”

王曰：“古人有言曰：‘牝鸡无晨①；牝鸡之晨，惟家之索②。’今商王受惟妇言是用③，昏弃厥肆祀弗答④，昏弃厥遗王父母弟不迪⑤。乃惟四方之多罪逋逃⑥，是崇是长⑦，是信是使⑧，是以为大夫卿士⑨。俾暴虐于百姓⑩，以奸宄于商邑⑪。今予发惟恭行天之罚⑫。今日之事，不愆于六步⑬、七步，乃止齐焉⑭。夫子勖哉⑮！不愆于四伐⑯、五伐、六伐、七伐，乃止齐焉。勖哉夫子！尚桓桓⑰，如虎如貔⑱，如熊如罴⑲，于商郊⑳。弗迓克奔以役西土㉑，勖哉夫子！尔所弗勖㉒，其于尔躬有戮㉓！”

【注释】

①晨：晨鸣。②索：空，败落。③妇：指妲己。④昏：轻蔑，轻视，看不起。祀：祭名。答：问。⑤遗：仅存的。迪：用。⑥逋：逃亡、逃跑。逋逃：就是逃走。⑦是：就。崇：尊敬。⑧信：信任。使：用。⑨大夫卿士：官名。⑩俾：使。⑪奸宄：犯法作乱的意思。⑫发：武王的名。恭行：恭敬地执行。⑬愆：过，指超过，越过。⑭止齐：整顿军队。⑮夫子：将士。勖：勉力，认真地遵守。⑯伐：击打。⑰尚：副词，当。桓桓：威武的样子。⑱貔：豹一类的猛兽。⑲罴：熊的一种。⑳于：往。㉑迓：禁止。克：能够。役：帮助。西土：指的就是周。㉒所：若。㉓躬：身。戮：惩治。

【译文】

武王说：“古人说过：‘母鸡是不应当在早晨打鸣的，如果母鸡在早晨打鸣，这个家庭就要败落了。’现在商王纣只是听信妇人的话，轻蔑地抛弃了对祖宗的祭祀，对于祭祀的大事不闻不问；昏庸无道，竟然对同宗的长辈和同宗的弟兄不加进用，反而只对四方许多逃亡的罪人崇敬、提拔、信任、使用，任用这些人做卿士大夫一类的官。他们残暴地对待百姓，在商的国都任意犯法作乱。现在我姬发恭敬地按照上天的意志来讨伐商纣了。今天的这场战斗，在行进中不超过六步、七步就停下来，把队伍整顿一下。勇敢的战士们，努力吧！在刺杀中，不超过四次、五次、六次、七次，刺杀就停止下来，休整一下。努力吧！勇敢的战士们。要威武雄壮，像虎、豹、熊、罴一样勇猛，在殷商国都的郊外大战一场。

▲ 战争图

不要杀掉殷商军队中前来投降的人，以便使这些人为我们服务。努力吧！勇敢的战士们。假如你们不努力作战，我就要把你们杀掉！”

大诰①

王若曰②：“猷！大诰尔多邦越尔御事③。弗吊④！天降割于我家⑤，不少延⑥。洪惟我幼冲人⑦，嗣无疆大历服⑧。弗造哲⑨，迪民康⑩，矧曰其有能格知天命⑪？

【注释】

①大诰：大，广、遍、重的意思。诰，上对下所说的话。大诰，是记载周公对诸侯和官员们所做的诰辞。②王：指摄政王周公。若：代词，这样。③多邦：指的是众诸侯国。越：连词，与，和。御：治。④吊：善。弗吊，就是指很不幸。⑤割：灾害、灾难。⑥延：间断，停息。⑦洪惟：句首发语词。我：第一人称代词，我或者我们的。幼冲人：未成年的，这里指的是成王。冲，稚嫩的。⑧大历服：历，久。服，事。大历服，伟大久远的事业，也就是说王业。⑨造：遭遇，遭受。哲：明智的人。⑩迪：引导，启发。康：安。⑪矧：况且，何况。格：动词，至。格知，就是感到、知道、了解的意思。

【译文】

周公说：“啊！我要郑重地向你们各国诸侯和你们的部下官吏宣布：很不幸，上天把大祸降临给我们国家了，灾祸在继续发展，没有停息。现在我代替我年幼的侄儿执掌我们的王业，但我却没有遇到明智的人，把我们的人民引导到安全的地方，何况说知道天命呢？

“已①！予惟小子，若涉渊水，予惟往求朕攸济②。敷贲敷前人受命③，兹不忘大功。予不敢闭于天降威④，用宁王遗我大宝龟⑤，绍天明⑥。

【注释】

①已：叹词，相当于“唉”。②攸济：攸，所。济，就是渡。③贲：三足龟。敷前人：辅佐前人。敷，辅助，帮助，辅佐。④闭：隐藏，藏着，隐瞒。威：可畏的事，指灾难。⑤宁王：就是文王，“宁”是“文”的讹字。一说为武王，因武王克殷而安天下，所以称其为宁王。遗：留下、遗留。⑥绍：明，显明。天明：即天命，就是天意。“明”是“命”的假借字。

【译文】

“唉！我的处境就好像渡过深渊那样危险，我只好到上天那里去寻找渡过难关的办法了。摆下占卜用的大龟吧，让它来宣布我们的前辈是如何在上天那里接受任命的，这样的大功，是不应当忘记的。我不敢隐藏上天的威严意旨，用文王遗留给我们的大宝龟进行占卜，我们就可以问明白上天的用意了。

“即命曰[①]：有大艰于西土，西土人亦不静，越兹蠢[②]。殷小腆诞敢纪其叙[③]。天降威[④]，知我国有疵[⑤]，民不康，曰：予复！反鄙我周邦[⑥]，今蠢今翼[⑦]。日民献有十夫予翼[⑧]，以于敉宁、武图功[⑨]。我有大事，休[⑩]？朕卜并吉。

【注释】

①即命：用大宝龟来占卜。即，就。命，问。②越：在，于。兹：这时。蠢：想要动的意思。③腆：主。小腆：谓武庚。纪其叙：组织他们的残余。纪，组织。叙，余，剩下的。④天降威：天降下可怕的事，指武王死了。威，通“畏”，可怕的事。⑤疵：毛病，引申为困难，指的是成王年幼，周公被疑。⑥鄙：鄙视，轻视，看不起。⑦今蠢今翼：意思是说现在发动起叛乱了。蠢，动。翼，通“翌”，翌日，明天。⑧日：近日。献：通“贤”，指贤人。翼：帮助，协助。予翼：即翼予，帮助我。⑨敉：通“弥”，终，达成，完成。图功：图，谋。功，功业。⑩大事：战争方面的事，战事。休：美，吉利。

【译文】

“结果就得到卜辞，说：西方要有很大的灾难，西方人也不会平静。于是这些阴谋叛乱的人就更加蠢蠢欲动。殷商的余孽竟然胆敢妄图恢复他们的统治地位。上天给我们降下了灾难。他们知道我们国家因为这种灾难，人民很不安宁，居然说我们要恢复我们的统治，反而更加看不起我们周国，现在他们发动叛乱了。有的地方的人民响应他们这种叛乱。但只要有十个人做我的助手，我就可以平定叛乱，完成文王、武王所力图达到的功业。我现在要发动平定叛乱的战争，这样做究竟好不好呢？占卜告诉我这样做是吉利的！

“肆予告我友邦君越尹氏、庶士[①]、御事，曰：‘予得吉卜，予惟以尔庶邦于伐殷逋播臣[②]。’尔庶邦君越庶士、御事罔不反曰：‘艰大，民不静，亦惟在王宫邦君室[③]。越予小子考翼[④]，不可征，王害不违卜[⑤]？’

【注释】

①肆：所以，因此。越：与，和，以及。尹氏：史官。庶士：众士。②惟：谋，打算。以：与。于：往，去。逋：逃亡，逃跑。播：散，散布。逋播臣，指禄父。③惟：在。④越：句首语气词。予小子：诸侯们的自称。考：长辈。翼：思虑，想。⑤害：通“何”，为什么。

▲ 甲骨卜辞

【译文】

“因此，我要告诉我们友邦的国君以及各位官员：‘我得到了吉利的卜兆，我要率领你们去讨伐殷国那些逃亡叛乱的人。’可是，你们这些国君和你们的许多官吏，都来反对我的意见，说：‘困难太大了，民心也很不稳定，还要考虑

那些发动叛乱的人，有的就出在王宫里面和邦君的家里，并且是我们的长辈，不应当去讨伐他们。王啊！你为什么不违背占卜呢？’

“肆予冲人永思艰①，曰：呜呼！允蠢鳏寡②，哀哉！予造天役③，遗大投艰于朕身④。越予冲人不自恤⑤。义尔邦君越尔多士、尹氏、御事绥予曰⑥：‘无毖于恤⑦，不可不成乃宁考图功⑧。’

【注释】

①肆：今，现在。②允：诚，真的。蠢：动，惊动。鳏寡：指单身男女。③造：遭受。役：役使。④遗：给。投：掷。艰：困难的事。⑤越：句首语气词。予：我，我们。恤：忧虑，顾虑。⑥义：宜，应当，应该。绥：安慰，劝解。⑦无：不要。毖：操劳。⑧宁考：文考。图功：大业。

【译文】

“现在我应当为我们年幼的国王慎重地考虑出征的困难了。唉！实在是这样，一旦发动战争，就要惊扰千家万户，甚至包括无夫或无妻的人在内，这多么令人悲哀啊！我们遭到天灾，上天把非常严重的困难，投到我以及我们幼主的身上，我不能只为自身的安危忧虑。我猜想你们各位国君和你们的官吏们，也会这样劝告我：‘不应当过分地操劳于自己的安危，应当去完成你的父亲文王所力图成就的功业。’

“已！予惟小子，不敢替上帝命①。天休于宁王②，兴我小邦周，宁王惟卜用，克绥受兹命③。今天其相民，矧亦惟卜用？呜呼！天明畏，弼我丕丕基④！”

【注释】

①替：废弃，废去。②休：嘉奖，恩惠于。③克：能够。绥：安。④丕：大。基：事业。

【译文】

“唉！我想我是文王的儿子，我不敢废弃上天的命令。上天嘉奖文王，使我们这个小小的周国兴盛起来，文王通过占卜，继承了上天所授给的大命。现在上天命令臣民帮助我们，何况我们又通过占卜了解到上天的这番用意呢？唉！上天的这种明确的意旨，人们应该敬畏，还是帮助我把我们的统治大大地加强吧！”

周公曰：“尔惟旧人①，尔丕克远省②，尔知宁王若勤哉③！天閟毖我成功所④，予不敢不极卒宁王图事⑤。肆予大化诱我友邦君⑥：天棐忱辞⑦，其考我民⑧，予曷其不于前宁人图功攸终⑨？

【注释】

①惟：是。旧人：老臣。②省：省识，省察。③若：怎么样。④閟：隐秘。毖：给予。所：

▲ 见天子礼

名词，道，办法。⑤极：通“亟”，快速，迅速。⑥化诱：教导，教育劝导。⑦棐：辅助，帮助。忱辞：诚恳或真实的话，指宝龟所显示的吉兆。⑧考：成就，事业，功业。⑨于：往，到，去。攸：谋求。终：完成。

【译文】

周公说：“你们是曾经辅佐过文王的老臣，你们能够很好地回顾一下遥远的过去吗？你们知道文王是如何勤劳吗？上天之所以让我们国家多难，是它秘密地告诉我们成功的途径，我不敢不尽一切努力来完成文王所力图成就的事业。所以，我就用这番伟大的道理，教育劝导你们各位诸侯国君，上天那些诚恳的表示赞助的言辞，说明上天将要成就我们的臣民，我为什么不去继承文王的事业，而去争取最后的胜利呢？

“天亦惟用勤毖我民①，若有疾，予曷敢不于前宁人攸受休毕②？”

【注释】

①勤：辛劳。毖：给，向。②休：善，美。毕：完成。

【译文】

“上天也因此经常向我们发出命令，好像要去掉自己身上疾病那样迫切，我怎敢不去努力地完成文王从上天那里所接受的神圣的事业呢？”

周公曰：“若昔朕其逝①，朕言艰日思②。若考作室，既底法③，厥子乃弗肯堂，矧肯构④？厥父菑⑤，厥子乃弗肯播⑥，矧肯获？厥考翼其肯曰⑦：予有后弗弃基？肆予曷敢不越卬敉宁王大命⑧？若兄考⑨，乃有友伐厥子⑩，民养其劝弗救⑪？”

【注释】

①若昔：如同从前。其：将要，逝：往。②艰日：艰难的日子。③底：定。④“厥子”两句：堂：基，这里作动词用，打基础。矧：何况，下文“矧肯获”中的“矧”也是这个意思。构：构筑，盖房子。⑤菑：开垦土地。⑥播：播种。⑦考翼：考虑。其：岂，难道，通常用在反问句的开头。⑧越卬：越，在。越卬，在我自己。敉：结束，完成。⑨考：死。⑩友：群，成群。⑪养：长。民养：就是人民之长，指诸侯和官员。民，人。

【译文】

周公说：“在过去，我曾经跟随武王到东方讨伐殷国，所以我天天考虑着出兵东征的困难。譬如父亲要盖房子，已经确定了房子的盖法，可是他的儿子却不肯去奠定房子的地基，何况是盖房子呢？他的父亲把地耕好，他的儿子却不肯播种，何况是收获庄稼呢？做父亲的是敬重自己的事业的，他怎么会说‘我的后代，不会毁掉我的事业’呢？所以，我怎敢不在我执掌期间亲自去讨伐叛乱，完成文王从上天那里接受的大命呢？又好比当父兄的，如果有的邻国讨伐他们的子弟，难道那些统治他们的侯王能够劝阻他们不去救助自己的子弟吗？”

王曰：“呜呼！肆哉①，尔庶邦君越尔御事。爽邦由哲②，亦惟十人迪知上帝命越天棐忱③，尔时罔敢易法④！矧今天降戾于周邦⑤？惟大艰人诞邻胥伐于厥室⑥，尔亦不知天命不易？

【注释】

①肆：努力，尽力。②爽：明，圣明。哲：哲人。③惟：有。迪：启迪、引导。越：和、与。棐忱：辅助诚信的人。④时：代词，是，这。易：更改。法：天意或者是天命。⑤矧：况且，何况。戾：定，指定命。⑥大艰人：大发难的人，指三监和武庚。诞：通“延”，引诱、勾结。邻：邻国。胥：相。

【译文】

周公说：“唉！努力吧，各位诸侯国君以及你们的官吏们。要把国家治理好，就必须依靠圣明的人，而只有十个圣明的人才会了解上天的意旨，上天在诚心诚意地帮助我们周国，你们是不敢侮慢上天的决定的。今天，上天已经把这个决定下达到我们周国了，那些发动叛乱的人却勾结殷人来讨伐自己的同宗。你们不知道上天的大命是不能违背的吗？

“予永念曰：天惟丧殷，若穑夫①，予曷敢不终朕亩？天亦惟休于前宁人②，予曷其极卜③？敢弗于从率宁人有指疆土④？矧今卜并吉？肆朕诞以尔东征⑤。天命不僭⑥，卜陈惟若兹⑦！”

【注释】

①穑夫：农夫。②休：奖励。③极：弃。④于：往，去、到。从：重，再。率：循行，遵行。指：旨，美。有指：美好。⑤诞：大的意思。以：率领。⑥僭：逾越。⑦陈：示。若：顺从。兹：如此，这。

▲ 若穑夫，予曷敢不终朕亩？

【译文】

“我长时期地在考虑：上天是要灭掉殷国的，譬如种庄稼的农民，为了使庄稼长得好，总要把田亩中的杂草完全除掉。我怎敢不像农民那样，除恶务尽呢？上天只赞助我们的前辈文王，我怎敢放下卜兆，怎敢不遵从上天的意旨，不遵循文王的意图而不去保卫我们美好的国土呢？何况今天的占卜都是吉利的，因此我一定率领你们诸侯国君东征。上天的命令是不会有差错的，占卜就清楚地说明了这一点。”

召诰[①]

惟二月既望[②]，越六日乙未[③]，王朝步自周[④]，则至于丰[⑤]。

【注释】

①召诰：召，音为“绍”，在现在的陕西岐山县西南，这里指的是召公。这篇是召公转告周公之辞。②二月：成王七年二月。既望：指的是阴历的十六。③越：至，到。④王：成王。步：行。周：指镐京，在今西安市西南。⑤丰：文王庙在丰邑，意思是到丰邑祭告文王。

【译文】

二月中旬，乙未这天，王早晨从周出发，到了丰。

惟太保先周公相宅[①]。越若来三月[②]，惟丙午朏[③]。越三日戊申，太保朝至于洛，卜宅[④]。厥既得卜[⑤]，则经营[⑥]。越三日庚戌[⑦]，太保乃以庶殷攻位于洛汭[⑧]。越五日甲寅[⑨]，位成[⑩]。

【注释】

①太保：官名，当时召公曾做太保。先周公：先于周公，意思就是在周公的前面。相：视察，观看。宅：居住的地方。②越若：句首语助词。来三月：二月后的三月。③朏：新月初现光明，指的就是农历每月初三。④卜宅：卜问住址。⑤得卜：得到吉卜。⑥经营：规划，计划。⑦庚戌：三月七日。⑧以：率领。庶殷：众殷民。攻位：划定宗庙、宫室、朝市的位置。攻，管理、治理。洛汭：洛水流入黄河的地方。汭，河流的汇合处。⑨甲寅：三月十一日。⑩位成：位置确定了。

▲ 太保朝至于洛，卜宅。

【译文】

太保召公在周公之前到洛地勘察宫室宗

庙的基地。到了三月初三，新月露出光辉。又过了三日到戊申这一天，太保在早晨到了洛地，占卜宫室宗庙的基地。在占卜中得到吉兆，便开始营建。过了三天到庚戌这天，太保便率领许多殷民在洛水入黄河处营建宗庙宫室的基地。过了五日，到甲寅这天，位置确定了。

若翼日乙卯①，周公朝至于洛，则达观于新邑营②。越三日丁巳③，用牲于郊④，牛二。越翼日戊午⑤，乃社于新邑⑥，牛一，羊一，豕一。越七日甲子⑦，周公乃朝用书命庶殷侯甸男邦伯⑧。厥既命殷庶，庶殷丕作⑨。

【注释】

①若：等到。翼日：明日，第二天。乙卯：三月十二日。②达观：视察。达，通。营：所经营的区域。③丁巳：三月十四日。④郊：南郊。周代祭天在都城的南郊。⑤戊午：农历三月十五日。⑥社：祭祀土神。⑦甲子：农历三月二十一日。⑧书：分配任务的册书。⑨丕作：丕，大。作，动工。

【译文】

到了次日，也就是乙卯日早晨，周公来到了洛，全面视察了新邑的规模。过了三日，到了丁巳这天，举行郊祭，用两头牛祭天。次日戊午，便在新邑立社庙祭地神，祭时用牛、羊、猪各一头。又过了七天，在甲子日的早晨，周公便向殷民和各诸侯国的首领颁发了营建洛邑的命令。当向殷民宣布命令之后，殷民便大举动工了。

太保乃以庶邦冢君出取币①，乃复入锡周公②。曰③：“拜手稽首旅王④，若公诰告庶殷越自乃御事⑤。呜呼！皇天上帝改厥元子⑥，兹大国殷之命⑦。惟王受命，无疆惟休⑧，亦无疆惟恤⑨。呜呼！曷其奈何勿敬⑩？

【注释】

①以：与、和。冢君：大君。币：表示敬意的玉和帛之类的礼物。②锡：进献，进。③曰：指的是召公说的话，前面省略了主语召公。④拜手稽首：古代的一种恭敬跪拜礼。旅王：向王陈述。旅，陈述，述说。⑤若：顺从、依从。自：用。⑥元子：首子，指天子。⑦兹：通“已”，完成、终止。命：指的是治理天下的使命。⑧休：吉祥，美好的。⑨恤：忧患，忧虑。⑩曷其奈何：都是怎么的意思。此处连在一起使用，是为了加强语气。

【译文】

太保和诸侯国的国君取出礼品，再进贡赠给周公，召公说：“请接受我们的礼拜，请让我们把向王陈述的意见陈述给您。然后请您把这些意见写成命令，发布给殷民和那些治事诸臣。啊！上天上天，更改了殷国的大命，不再让他统治天下。我们周王接受了上天的大命，无限美好，但也有无限的忧虑，为什么不应该有所警惕呢？

“天既遐终大邦殷之命①，兹殷多先哲王在天，越厥后王后民②，兹服厥命③。厥终④，智藏瘝在⑤。夫知保抱携持厥妇子⑥，以哀吁天⑦，徂厥亡⑧，出执。呜呼！天亦哀于四方民，其眷命用懋⑨。王其疾敬德⑩！

【注释】

①遐：远，久。②越：语首助词，没有实在意义。③服：受。厥：其。命：福命。④厥终：后王之终，就是纣的末年。⑤智藏瘝在：瘝，病，指害人的人。这句话的意思是说纣王末年，明智的人都退隐了，害人的人掌权了。⑥夫：泛指人们。保：护，还有说法指的是婴儿的衣服。⑦吁：呼告，呼唤。⑧徂：通“诅”，诅咒的意思。⑨眷：眷顾，注视。懋：通“贸”，转移，改变。⑩疾：加速，加快。

【译文】

“上天已经欲远绝大国殷的大命，但殷国的许多圣明的先王还在天上。后来到了殷纣，一开始他和臣民都还能勤勉地根据先王的命令行事。待到纣的末世，有本领的人都匿藏起来，害人的人掌权。小民都离家行役，人民痛苦到了极点。有了家室的成年男子，都抱着他们的婴儿，携带着他们的妻子，在一起悲痛地呼唤苍天，诅咒殷纣，希望他快点灭亡，以求跳出灾难的深渊。上天也哀怜四方小民，他看到这种情形，便把大命由商转移给我周。王啊！希望您赶快敬重德行！

“相古先民有夏①，天迪从子保②；面稽天若③，今时既坠厥命④。今相有殷，天迪格保⑤；面稽天若，今时既坠厥命。今冲子嗣⑥，则无遗寿耇⑦，曰其稽我古人之德⑧，矧曰其有能稽谋自天⑨！

【注释】

①相：观察，察看。②迪：启迪，引导。从：顺从，依从。子保：意思是说像儿子一样的养护。③面：近、向。天若：上天的命令。④坠：丧失，失去。⑤格：法式。⑥冲子：即稚子，未成年的人，这里是指成王。冲，稚。⑦遗：多余。寿耇：拥有好德行的老年人。⑧曰：语首助词。古人：先祖。⑨矧：何况，况且。

【译文】

“看那古代的夏人，上天让那些深知天理的人来开导他们；这些人往往能够当面咨询上天的意见，由于夏的后代国王不能遵从上天的意旨行事，上天便废弃了他们的大命。现在再看看殷人，上天让那些深知天命的人来开导他们，这些人往往能够当面咨询上天的意见，现在也由于殷的后代国王不能够遵从上天的意旨行事，上天便废弃了他们的大命。如今年幼的成王继承了王位，还没有老成可靠的人辅佐他，没有人能考究古人的道德，何况能够当面咨询上天意见的人呢！

“呜呼！有王虽小，元子哉！其丕能諴于小民[①]。今休[②]：王不敢后[③]，用顾畏于民碞[④]；王来绍上天[⑤]，自服于土中[⑥]。

【注释】

①丕：大的意思。②休：美事，喜事。③后：迟缓，延误。④用：由，因。碞：通“岩”，险。民碞，就是民险，意思是小民难以治理。⑤绍：卜问。⑥服：治理，管理。土中：指洛邑，因为洛邑在九州的中心，所以才这么说。

【译文】

“成王虽然年幼，但他却是天子，他能够很好地治理小民。现在国家的形势很好，成王不敢耽误建造洛邑的大事。他由于看到小民难治而忧心忡忡，便去卜问上天，因而在天下的中部营建洛邑，以便治理国家。

“旦曰[①]：‘其作大邑，其自时配皇天[②]，毖祀于上下[③]，其自时中乂[④]；王厥有成命治民[⑤]。’今休：王先服殷御事[⑥]，比介于我有周御事[⑦]，节性[⑧]，惟日其迈[⑨]。

【注释】

①旦：周公的名。②自时：从此。配皇天：意思就是祭天时用周的祖先配天受祭。③毖：谨慎，小心。上下：指天神和地神。④时中：这个中心，指的是洛邑。乂：治理。⑤厥：用于句中的助词。成命：定命。⑥先：尚，重视。服：用。⑦比介：亲近的意思。介，同“迩”，近。⑧节：和。⑨惟：乃。迈：进，增进，加强。

▲ 宗周编钟

【译文】

“周公说过：‘赶快营建大邑，从此以后祭天时，便能够以先祖后稷配享，谨慎地祭祀天神和地神了，从此便可以居于天下之中心而治理国家了。成王已经打定了这样的主意，治理小民便可以大获成功了。’王治理殷国的遗臣，使他们能够亲近我们并和我周国治事诸臣一样为国效劳，要节制、改造他们的性情，使他们天天有所进步。

“王敬作所[①]，不可不敬德。

【注释】

①所：居住的地方，此指新邑。

【译文】

“成王也应恭敬谨慎，以身作则，不可不敬重德行。

“我不可不监于有夏①，亦不可不监于有殷。我不敢知曰②：有夏服天命③，惟有历年④；我不敢知曰：不其延⑤。惟不敬厥德⑥，乃早坠厥命。我不敢知曰：有殷受天命，惟有历年；我不敢知曰：不其延。惟不敬厥德，乃早坠厥命。

【注释】

①监：借鉴，鉴于。②敢：表示敬意的副词。③服：受。④历年：就是永年。历，久，长。⑤其：助词。延：延长。⑥惟：同“为”，因。

【译文】

“我们不能不以夏为鉴戒，也不能不以殷为鉴戒。我不敢想象，夏、殷接受上天的大命能够经历长久；我也不敢想象他们不能经历长久。我所知道的是因为他们不敬重德行，才早早地丧失从上天那里接受来的大命。

“今王嗣受厥命①，我亦惟兹二国命，嗣若功②。

“王乃初服③。呜呼！若生子④，罔不在厥初生，自贻哲命⑤。

“今天其命哲，命吉凶⑥，命历年；知今我初服⑦，宅新邑⑧。肆惟王其疾敬德⑨！王其德之用，祈天永命。

【注释】

①嗣：继承。②若：代词，他们。③服：任事，治理。初服，刚刚处理政务。④生：养，教养。⑤命：给、给予。⑥吉凶：偏义复词，实际上指的是吉祥。⑦知：闻知，知道。⑧宅：动词，居住。⑨肆：现在。疾：加速，加快。

【译文】

“现在成王承受了上天赐予的大命，我也希望你们能够想一想这两个国家兴亡的原因，接受他们的教训，继承他们的大功。

“成王刚刚治理国家。这好比刚刚成人的少年，成功与失败无不在这个时候，必须自行选择那明智的道路向前走。

“现在上天把大命赐给那些明智而有道德的人，至于降下的是吉是凶，给予的时间是长是短，这都是很难预料的。我所知道的是成王刚刚治理国家，居住在新邑。现在希望成王能够赶快敬重德行。王啊！只有根据道德行事，才能祈求天命的长久。

“其惟王勿以小民淫用非彝，亦敢殄戮，用乂民，若有功。其惟王位在德元①，小民乃惟刑用于天下②，越王显③。上下勤恤④，其曰我受天命，丕若有夏历年⑤，式勿替有殷历年⑥，欲王以小民受天永命⑦。”

【注释】

①位：立。元：首。②刑：取法，效法。用：行。③越：发扬。显：明显。④上下：这

里指的是君臣。⑤丕：语首助词，没有实际的意义。⑥式：应当，应该。替：止。⑦以：连词，与，和。

【译文】

“希望成王不要和小民一起放纵自己的行为而不遵法度，也要敢于用刑杀的办法治理小民，这样才能获得成功。希望成王居于天子之位而有圣人的大德，小民在下面便能够自行按照法度行事，发扬王的美好的品德了。君臣上下，时常把忧虑放在心里，这样才可以说：我们接受上天的大命，才能够像夏那样经历久远的年代，才不至于经历像殷那样的年代。我们希望成王以小民的安乐使上天高兴，以便从上天那里接受永久的大命。”

▲ 西周玉鹿

拜手稽首，曰：“予小臣①，敢以王之雠民、百君子越友民②，保受王威命明德③。王末有成命④，王亦显⑤。我非敢勤⑥，惟恭奉币⑦，用供王能祈天永命⑧。”

【注释】

①予小臣：是召公的谦称。②雠民：指殷的遗民。百君子：指的是殷的众多官员。越：和、与。友民：依从周的臣民。③保：安。④末：终。成命：威严的大命。⑤亦显：指成王也与文王、武王、周公一样功德显赫。⑥勤：慰劳，犒劳。⑦币：表示敬重之意的玉帛之类。⑧供：进献。能祈：善祈，就是说用德行来祈求。

【译文】

召公行礼之后说：“我小臣和殷的遗臣遗民以及我国臣子庶民，共同捍卫成王从上天那里接受的威严的大命，发扬成王的大德。成王终于打定了营建洛邑的主张，成王的大德便可以更加发扬光大了。我不是敢于慰劳成王，只不过是恭敬地奉上礼品，以供成王祈求上天给予永久的大命罢了。”

礼之起源与发展

周代

规范

礼治

春秋战国

先秦儒家

治国之本

修身之道

孔子——“上好礼，则民易使也”“克己复礼为仁”，“礼”是君主治理国家的手段，而且是达到人生最高道德境界——“仁”的途径。

孟子——从人性本善的角度，把礼与仁、义、智并列，认为礼是人内心所固有，遵守礼是人的一种内在的道德自觉。

荀子——从人性本恶的角度，把礼看作是先王制定的约束人们的贪欲之心，并制止由此产生的各种争斗以使社会各成员协调相处的强制性的外在行为规范。

汉代

数——具体的礼仪

义——关于礼的哲学理论

《礼记》中的君子文化

修身发端

正心

从人的本性出发，不做逆于良心、悖于道德的事，同时不因施加的外力而使正心的意志受到干扰，一以贯之，持之以恒。

持善

君子应保持的本色，做人行事莫不以善为根本。

谦谨

不自大其事，不自尚其功，以求处情，过行弗卒，以求处厚，彰人之善而美人之功，以求下贤。谨慎，是君子用来自我约束的手段。

远色

“君子远色以为民纪”，自持而守节。

正义

面对利与义时有清廉、坦达之心，有高度的自治精神，不在物欲面前折节，但也不为保全所谓的名誉而压制对物欲的需求。

兼利

“见利不忘义”“私惠不归德，君子不自留”，只取自己该取的部分。

立身

实现人生价值

以治理天下为人生的最高价值，即奉行出世思想，君子在完成自我修养的同时，需要走向社会去实现人生价值。

立身之本

孝

“孝子有深爱者必有和气，有和气者必有愉色，有愉色者必有婉容。”和颜悦色、一团和气，是孝诚意的彰显，于反哺之情尽心而少憾矣。

君子

礼 记

曲礼上

《曲礼》曰：毋不敬①，俨若思②，安定辞③。安民哉！

【注释】

①敬：尊敬、严肃。②俨：与“严”同，端正、庄重之意。③辞：所说的话。

【译文】

《曲礼》说，一切行为准则全都以“敬”为基础，态度要端庄稳重像若有所思的样子，说话亦要安详而确定。这样才能让人信服啊！

敖不可长①，欲不可从②，志不可满，乐不可极。

【注释】

①敖：与“傲”同，骄傲之意。②从：与“纵”同，不加约束之意。

【译文】

不可起傲慢的念头，不可顺从欲望的支配，求善的志向不可自满，享乐则要适可而止。

贤者狎而敬之①，畏而爱之②。爱而知其恶，憎而知其善。积而能散，安安而能迁③。临财毋苟得，临难毋苟免。很毋求胜④，分毋求多。疑事毋质⑤，直而勿有。

【注释】

①狎：与人亲近之意。②畏：承认。③安安：前一个“安”是动词，满足之意；后一个“安”是名词，指感到满足的事物。迁：改变之意。④很：与“狠”同，凶残的样子。⑤质：肯定之意。

【译文】

比自己善良而能干的人要和他亲密而且敬重他，畏服而又爱慕他。对于自己所爱的人，要能分辨出其短处；对于厌恶的人，亦要能看出他的好处。能积聚财富就要能分派财富以迁福于全民。虽然适应于安乐显荣的地位，但也要能适应不同的地位。遇到财物不随便取得，遇到危难也不随便逃避。意见相反的，不要压服人家；分派东西，不可要求多得。自己不明白的事，不要乱作证明。已经明白的事理，亦不要自夸。

若夫坐如尸[①]，立如齐[②]。礼从宜，使从俗。

【注释】

① 尸：活着的晚辈扮作先祖的样子代其祭寿的人。古代有“尸居神位，坐必矜庄”的说法。② 齐：与“斋”通假，有斋戒之意。

【译文】

如果坐，就要像祭祀中装扮的受祭人那样坐得端正，站就要像祭祀前斋戒时那样站得恭敬。行为的准则要求适合事理，做使者的人要顺应所在地方的风土习俗。

夫礼者，所以定亲疏，决嫌疑，别同异，明是非也。礼，不妄说人[①]，不辞费。礼，不逾节[②]，不侵侮，不好狎[③]。修身践言，谓之善行。行修言道，礼之质也。礼，闻取于人[④]，不闻取人；礼，闻来学，不闻往教。

【注释】

① 说：与“悦”通假，让人高兴的意思。② 节：有节制、有限度的意思。③ 狎：不恭敬的样子。④ 取于人：向……请教的意思。

▲ 夫礼者，所以定亲疏，决嫌疑，别同异，明是非也。

【译文】

礼是用来区分人与人关系上的亲疏，判断事情之嫌疑，分辨物类的同异，分明道理之是非的。依礼而说，不可以随便讨人喜欢，不可说些做不到的话。依礼则行为不越轨，不侵犯侮慢别人，也不随便与人称兄道弟装作亲热。自己时常警惕振作，实践自己说过的话，这可称为完美的品行。品行修整而言行一致，这就是礼的实质。依礼而言，听说它是被人取法的，没听说它主动去向人取法什么。所以礼只听说愿学者来学，没听说知礼的人去别人那里传授。

道德仁义，非礼不成；教训正俗[①]，非礼不备；分争辩讼，非礼不决；君臣、上下、父子、兄弟，非礼不定；宦学事师[②]，非礼不亲；班朝治军[③]，莅官行法，非礼威严不行；祷祠祭祀，供给鬼神，非礼不诚不庄。是以君子恭敬撙节退让以明礼[④]。鹦鹉能言，不离飞鸟；猩猩能言，不离禽兽。今人而无礼，虽能言，不亦禽兽之心乎。夫唯禽兽无礼，故父子聚麀[⑤]。是故，圣人作[⑥]，为礼以教人[⑦]，使人以有礼，知自别于禽兽。

【注释】

① 正俗：使动用法，使风俗端正的意思。② 宦学事师：“宦”是做官后的学习，“学”是

做官之前的学习。这两个时期的学习都要跟从老师，即是“事师”，故“宦”“学”两字连用。③班：分层次等级之意。④撙：有意克制的意思。⑤麀：与“优”同音，原指雌鹿，在这里通指雌性兽类。⑥作：产生之意。⑦为：产生并使用。

【译文】

道德仁义，没有礼就不能完成；教育训导，端正风俗，没有礼就不能完备；分辨事理，没有礼就无法决定是非曲直；君臣、上下、父子、兄弟关系，没有礼就不能确定；为做官学习而侍奉师长，没有礼就不能亲密；朝廷的职位品级，部队的组织管理，到职任事，执行法令，没有礼，将失去威严；无论是特殊的祭祀或例行的祭拜，供奉鬼神，没有礼就会失去诚意和严肃的精神。所以，有德有位的君子一定要以恭敬谦抑退让的精神来彰明礼教。鹦鹉虽能说话，也不过是飞鸟；猩猩虽能说话，终不过是走兽。现在人如果不讲礼义，虽然能够说话，不也是禽兽之心吗？唯有禽兽没有礼，所以父子共一头牝兽。古代圣人，为着这个缘故，特依道德仁义而制订了一套标准的行为，使得人人的行为有了准则，而知道自己不是禽兽。

太上贵德[①]，其次务施报。礼尚往来，往而不来，非礼也；来而不往，亦非礼也。人有礼则安，无礼则危。故曰：礼者不可不学也。夫礼者，自卑而尊人，虽负贩者必有尊也[②]，而况富贵乎。富贵而知好礼，而不骄不淫；贫贱而知好礼，而志不慑[③]。

【注释】

①太上：指的是古代的三皇五帝。②负贩者：用肩挑着东西做买卖的人，通常认为他们道德水平低下，利欲熏心。事实并不尽然。③慑：胆小之意。

【译文】

上古时代，人非常淳朴，凡事想做就做，只重老实，没有什么准则。到了文明进步时代，就讲究行为效果，凡是得到别人的恩惠，就要报答别人。因此行为准则中就含“施”与“报”的作用，凡是受别人恩惠而不报答，则不合礼；受人报答而没有恩惠给人，也是不合礼。有了这种礼，人与人的关系，始能平衡安定，反之，就要发生危险。所以说，礼不可以不学习。礼的精神在于克制自己而尊重别人。虽然是微贱之辈，犹有可尊重的人，更不要说富贵的人了。因此，富贵的人懂得爱好礼，才不至于骄傲而淫侈；贫贱的人懂得礼，则其居心也不至于卑怯而无所措其手足。

人生十年曰幼，学。二十曰弱[①]，冠[②]。三十曰壮，有室。四十曰强，而仕。五十曰艾[③]，服官政[④]。六十曰耆[⑤]，指使。七十曰老，而传[⑥]。八十、九十曰耄[⑦]，七年曰悼。悼与耄，虽有罪不加刑焉。百年曰期、颐[⑧]。

【注释】

①弱：身体还未完全成熟。②冠：古人中，二十岁的男子要行加冠之礼，从这时起，意味

着已经长大成人。③ 艾：指艾草，形容人年纪大了，头发发白如艾草。④ 服：担任、掌管之意。⑤ 耆：与“齐”同音，年老之意。⑥ 传：分配家产，交代家事。⑦ 耄：与“茂”同音，视力、听觉明显下降，活动能力也明显减退。⑧ 颐：赡养老人之意。

【译文】

人从出生至十岁，可称为“幼”，开始外出就学。到二十岁，学识经验虽还不够，但体力已近于成人，故可行加冠之礼，从此把他当作成人看待。三十岁，体力已壮，可以结婚成家室。到了四十岁，才称得上是强，可以入仕，服务于社会。五十岁，才能已够老练，可以治理大众的事。六十岁，体力开始衰弱，不宜从事体力劳动，但能凭经验指导别人。七十岁已到告老的年龄，应将工作交付后人。到了八十岁、九十岁，视力听力心力皆衰耗，可称为“耄”。到了耄年的人和七岁天真可爱的儿童一样，即使犯了什么过错，都是可以原谅的，不施以刑罚。若到了百岁，那是人生之极，只待人供养了。

大夫七十而致事①，若不得谢，则必赐之几杖，行役以妇人；适四方，乘安车②；自称曰“老夫”，于其国则称名。越国而问焉，必告之以其制。谋于长者，必操几杖以从之③。长者问，不辞让而对，非礼也。

【注释】

① 致事：退离自己的职位。② 安车：古代一种单匹马牵着走的车。③ 操：配备之意。几杖：坐着时所靠之物和走路时所扶之物。

【译文】

大夫的官，到七十岁，可以将行政工作交还君主，而告老还乡。如果国君挽留他，则需赐以倚几和手杖，使老人行立有所扶持；若派他出外办事，得有看护妇伴随着；如果出巡各个地方，应乘坐安车。这样的老者，虽有资格自称为“老夫”，但在自己的朝廷上，仍要自称名字。遇到出国访问时，必须把那一国的制度告诉他。跟长辈商议事情，一定随带着倚几和手杖。长辈有所问，如果不先说句客气话而径直回答，也不合乎礼。

凡为人子之礼，冬温而夏凊①，昏定而晨省②。在丑夷不争③。夫为人子者，三赐不及车马④，故州闾乡党称其孝也，兄弟亲戚称其慈也，僚友称其弟也⑤，执友称其仁也⑥，交游称其信也⑦。见父之执⑧，不谓之进不敢进，不谓之退不敢退，不问不敢对，此孝子之行也。

【注释】

① 凊：与“庆”同音，凉的意思。② 定：安定的意思。③ 丑夷：同辈内部的意思。④ 三赐不及车马：三赐，是指封赐三次。在周代，官吏制度是分等级的，从一到九命，每一命所得的待遇是不同的，都有各自特等的礼服和赏赐的东西，三命以上，就能拥有周王赏赐的车马。

文中是因为父母在上，不敢享用如此的待遇。⑤弟：与“悌”通假，对兄长尊敬的意思。⑥执友：有共同志向的人或朋友。⑦交游：普通朋友。⑧父之执：和父亲有相同志趣的人。

【译文】

做儿女之礼，要让父母冬天温暖，夏天清凉，晚上替他们铺床安枕，清早向他们问候请安。而且要与平辈共处，绝无争执。作为子女，不乘坐国君三赐的马车。能够这样，州闾乡党，远远近近的人都要称赞他的孝顺，兄弟以及内亲外戚都要称誉他的善良，同僚们称赞其仁爱，朋友们称赞他能服侍长辈，而跟他来往的人亦都说他诚实可靠。看到父亲同辈之人，若不叫进前，就不敢擅自进前；不叫后退，亦不敢擅自后退；他若不问，亦不敢随便开口。这样尊敬父辈，也是孝子应有的行为。

夫为人子者，出必告，反必面①，所游必有常，所习必有业。恒言不称老。年长以倍，则父事之；十年以长，则兄事之；五年以长，则肩随之②。群居五人，则长者必异席③。

【注释】

①反：与“返”同，返回之意。②肩随：并排向前走，略微靠后。③群居五人，则长者必异席：在古代，席地而坐时，长者坐在席的一端，如果超过四人，长者就要另设一席，是一种对长者的尊敬行为。

【译文】

作为子女，出门时要当面禀告父母，回家时也要如此。出游须有一定的地方，所练习的要有记录，使得关心你的父母有所查考。平时讲话不要自称“老”字。遇到年龄大上一倍的人，不妨当作父辈看待；大上十岁的人，当作兄辈；如果只大上五岁，虽属平辈，仍须屈居其下。五个人同在一处，应让年长者另坐一席。

为人子者，居不主奥①，坐不中席，行不中道，立不中门。食飨不为概②，祭祀不为尸。听于无声③，视于无形④。不登高，不临深，不苟訾，不苟笑。

【注释】

①奥：一间屋子的西南角，是长者或尊者所坐的位置。②食飨不为概：食飨，食与“四”同音，本词是指让父母享用的食物。概，是限量的意思。③听于无声：在父母说话之前，对父母的意图要有所领悟和知晓。④视于无形：父母不在身边的时候，也要时刻想起父母的样子。

【译文】

作为子女，平常家居，不要占住尊长位置，不要坐当中的席位，不要走当中的过道，不要站当中的门口。遇有饭食的宴会，要多要少，不可自作主张。举行祭祀的时候，不可充任神主受人祭拜。时时注意父母的意旨，不要等到他们发话或支使。不要爬高，不要临深，也不要随便讥评、随便嬉笑。

孝子不服暗①，不登危，惧辱亲也②。父母存，不许友以死③，不有私财。为人子者，父母存，冠衣不纯素④；孤子当室⑤，冠衣不纯采。

【注释】

① 不服暗：指不做隐瞒父母的事情。② 惧辱亲：对父母隐瞒和登高到危险的地方，这些行为都是辱亲的。③ 不许友以死：指的是不做替朋友卖命的事情。④ 纯：与“准”同音，指的是衣服上的花边。⑤ 孤子：指年轻时丧父的人。

【译文】

孝顺之子，不做暗事，亦不得行险以图侥幸，为的是怕连累父母得到不管教的恶名。父母活着时不可以替朋友卖命，也不可以有自己的私蓄。

作为子女，当父母活着时，戴的帽、穿的衣，不能用素色镶边，因为那样很像居丧。不过，没有父亲的孤子，如果是他当家，则他的冠衣，可以带素而不用采缋镶边，因为那是显示他持久的哀思。

幼子常视毋诳①。童子不衣裘裳，立必正方，不倾听。长者与之提携，则两手奉长者之手②。负剑辟咡诏之，则掩口而对③。

【注释】

① 视：与“示”通假，教育之意。② 奉：捧的意思。③ 掩口而对：遮住口和长者说话，怕口气伤人。

【译文】

平常不可以用谎话教导儿童。儿童不必穿皮衣或裙子。年幼的孩子平常看东西不要瞟眼，站着一定要端正，不要做偏头听说话的样子。若长辈们要牵手走，就要用双手接捧长辈的手。如果长辈们从旁俯身耳语，要用手遮口，然后回答。

▲ 幼子常视毋诳。

从于先生，不越路而与人言。遭先生于道，趋而进①，正立拱手；先生与之言，则对，不与之言，则趋而退。

【注释】

① 趋：快走，惶恐不安的样子。

【译文】

跟随先生走路，不要随便跑到路的一边同别人讲话。在路上遇见先生，就要跨大步进前，拱手正立着。若先生和你讲话，你就说；如果没有话讲，则又跨大步退到一旁。

从长者而上丘陵①，则必乡长者所视②。登城不指，城上不呼③。

【注释】

①丘陵：指地势高的地方。②乡：与“向”同，朝向的意思。③登城不指，城上不呼：古人登城，不随便指示方向，以免迷惑众人；也不大呼小叫，以免把人惊吓住。

【译文】

与长辈登上山坡时，要朝着长辈的目标看，预备长者对那目标有所问。登上城墙，不要指手画脚；在城墙上更不可大呼小叫，那样会扰乱别人的听闻。

将适舍，求毋固①。将上堂，声必扬。户外有二屦②，言闻则入，言不闻则不入③。将入户，视必下④。入户奉扃⑤，视瞻毋回。户开亦开，户阖亦阖，有后入者，阖而勿遂。毋践屦，毋踖席⑥，抠衣趋隅。必慎唯诺。

【注释】

①固：随便，平常的样子。②户外有二屦：古人为客入室之前，要把鞋脱在室外，长者则可以把鞋脱在室内。假如看到室外有两双鞋，可以肯定屋内有三个人。③言闻则入，言不闻则不入：在外面能够听到屋内人的说话声音，则可以进去，否则就不要上前打扰，很可能屋内人在秘密商量一些事情。④视必下：目光要向下看，避免看到别人隐蔽的事情。⑤奉扃：扃，与“迥”同音，指门上的横梁；奉扃，指进门要双手做托扃的样子，表示尊敬和谦恭。⑥踖：与“计”同音，是踩踏的意思。古人入席是有次序的，要从尾部开始升席，如果相反，就犯了踖席的错误。

【译文】

拜访人家，不应粗鲁。快要走到人家的堂屋时，首先应高声探问。见人家室门外放有两双鞋子，而室内说话的声音听得非常清楚，那样，就可以进去；如果听不见室内说话的声音，那表示二人在里面可能有机密的事，就不好进去了。即使进去，进门时，必须眼睛看地下，以防冲撞人家。既进入室内，要谨慎地捧着门闩，不要回头偷觑。如果室内本是开着的，就依旧给开着；若是关着的，就依旧给关上；如果后面还有人进来，就不要把它关紧。进门时不要踩着别人的鞋。就位时不要跨席子而坐。进了室内，就用手提起下裳走向席位下角。答话时，或用“唯”或用“诺”都要谨慎。

▲ 将上堂，声必扬。

大夫、士出入君门，由阑右[①]，不践阈[②]。

【注释】

①阑：与“涅”同音，古代大门中竖立的短木，主人进出时从右，宾客则从左，大夫、士更为高贵，进出从右。② 阈：与“玉”同音，门槛之意。

【译文】

大夫或士，进出国君的大门，得由门橛的右边走。进出时，不踩门槛。

凡与客入者，每门让于客[①]。客至于寝门，则主人请入为席，然后出迎客；客固辞，主人肃客而入；主人入门而右[②]，客入门而左；主人就东阶，客就西阶。客若降等[③]，则就主人之阶；主人固辞，然后客复就西阶。主人与客让登，主人先登，客从之，拾级聚足[④]，连步以上。上于东阶，则先右足；上于西阶，则先左足。

【注释】

① 凡与客入者，每门让于客：古人待客时，如果宾客地位高于主人，主人应出大门迎接；宾客地位低于主人，主人则在大门内迎接。进门时，主人请宾客先入，恭敬之后，主人引导宾客进入。每门，古代天子宫中五门，诸侯三门，大夫二门，所以称每门。② 主人入门而右：古代建筑门内称庭，庭的北边是堂，有东西两排台阶，东边的阼阶，是主人出入庭堂时所用的，西边的宾阶是宾客出入所用的。在庭的东西两侧各有一条小路通向东西两阶，“主人入门而右”“客入门而左”就是指的主人和宾客都可以沿着各自的通道去往庭堂。③ 降等：宾客的等级低于主人。④ 拾级聚足：拾与“社”同音。拾级聚足，指每上一级台阶，都要把双脚并拢一次，然后再开始登下一个台阶。

【译文】

凡是同客人一同进门，每到门口都得让客人先进去。唯有走到起居室门口，主人要自己先进去铺座位，然后再迎接客人。客人谦让，主人乃敬请客人进去。进到门内，主人往右，客人往左。主人走向东阶，客人向西阶。若客人的职位较低，就该跟随主人向东阶，要等主人一再谦让，才又回到西阶。到了阶前，主客又互相谦让登阶，最后由主人先登，客人跟着，主人跨上一级，客人亦跨上一级，客人的前足步刚好合着主人的后足步，如同这样的连步上去。凡是登上东阶的，就先出右足；西阶，则先出左足。

帷薄之外不趋[①]，堂上不趋，执玉不趋。堂上接武[②]，堂下布武。室中不翔[③]。并坐不横肱[④]。授立不跪[⑤]，授坐不立[⑥]。

【注释】

① 帷：布幔。薄：帘子。趋：是小步快走之意，表示对长者的尊敬。② 接武：武，足迹之意。接武，是指迈着细小的步子向前走。③ 翔：放松两臂随意地走路。④ 横肱：把两臂横

着伸开。⑤跪：两膝着地，臀部不接触足跟，上身挺直的姿势。⑥坐：两膝着地，臀部接触足跟的姿势。

【译文】

经过有帘帷垂着的门口不要快步走过去。在堂上，或端着玉器，则不要快走。在堂上用细步，堂下用正步，不可在室内大摇大摆。同别人坐在一起，不要横着膀子。拿东西交给站着的人，不要屈膝；但拿给坐着的人，就不要站着。因为前者显得太谦卑，而后者又显得太傲慢。

凡为长者粪之礼：必加帚于箕上①，以袂拘而退，其尘不及长者；以箕自乡而扱之。奉席如桥衡②，请席何乡，请衽何趾③。席南乡北乡，以西方为上；东乡西乡，以南方为上。

【注释】

①必加帚于箕上：古人取扫帚和簸箕时的样子，以表示尊敬之意。②桥衡：打水用的桔槔上的横木，一头高一头低，这里是用来形容席的拿法，托席的两只手，左手要高，右手要低。③衽：是衽席的简称，就是卧席的意思。

【译文】

凡是替长者扫除席前时，要先将扫帚挡住簸箕，然后用袖子挡着往后且扫且退。要使灰尘不至污及长者，而向自己身前吸收垃圾。捧席子应该像桔槔上的横木一样。为长者安放座席，要先问面朝何方。凡是南北向的席位，以西方为尊位。东西向的席位以南方为尊位。

若非饮食之客①，则布席，席间函丈。主人跪正席，客跪抚席而辞②。客彻重席③，主人固辞。客践席，乃坐。主人不问，客不先举④。将即席，容毋怍⑤。两手抠衣，去齐尺。衣毋拨⑥，足毋蹶⑦。

【注释】

①若非饮食之客：指那些前来讨论学问之事的宾客。②辞：主人让正席于宾客时，宾客谦让，不肯接受。③客彻重席：彻，与“撤”通假，向后退的意思。客彻重席，在古代，王公贵族之类的宾客到来时要铺三层席，大夫级的宾客到来时要铺双重席。所以所来的客人为表示谦逊，做出要撤掉重席的举动。④先举：先说之意。⑤怍：与“作”同音，容色改变的意思。⑥拨：飘起、扬起的意思。⑦蹶：脚步过于急促的意思。

【译文】

若不是请来饮食的客人，席位的间隔要远些，大抵席与席之间可容一丈的距离。当主人跪着替客人整理席位时，客人就要按住席子说不敢劳驾。客人要除去重叠的席子时，主人要一再请他勿除去。等客人履席，预备坐下时，主人才坐下。若主人不先说话，客人不要抢先发言。

就席的时候，不要变脸色。两只手提起衣裳，使衣裳的下沿离地一尺左右，这样齐膝跪下时就不至绊住自己的下裳。不要掀动上衣，也不要跳脚。

先生书策琴瑟在前，坐而迁之，戒勿越。虚坐尽后①，食坐尽前②。坐必安，执尔颜③。长者不及，毋儳言④。正尔容，听必恭，毋剿说⑤，毋雷同⑥，必则古昔，称先王。侍坐于先生⑦，先生问焉，终则对。请业则起，请益则起。父召，无“诺⑧”；先生召，无“诺”。“唯”而起⑨。侍坐于所尊敬，毋馀席⑩，见同等不起。烛至，起，食至，起；上客，起。烛不见跋⑪。尊客之前不叱狗。让食不唾⑫。

【注释】

①虚坐：坐着只是说话。②食坐：坐着吃饭的意思。③执：保持之意。④儳言：儳，与“颤”同音。儳言，和长者说不一样的话题。⑤剿说：剿，与“抄”同音。剿说，把别人的言论当成是自己的言论。⑥雷同：说和别人一样的话。古人有言：剿说为掠美，雷同为无识。⑦侍：服侍的意思。⑧“诺”：回答应声的意思，说话的语速慢。⑨“唯”：回答之意，说话的语速快。⑩馀席：和长者坐在同一席端。⑪跋：烛烧尽时留下的残物。古人称火炬为烛，烛尽之物为跋。晚辈在和长辈秉烛长谈时，看到烛尽时要主动把残物去除。⑫唾：唾液的意思。

【译文】

若有先生的书本琴瑟放在前面，就跪着移开它，切不可跨足而过。不是饮食，应尽量往后坐；如果是饮食，就要尽量靠着前坐。坐要稳定，保持自然的姿态。长者未提及的，不要东拉西扯地说。表情要端庄，听讲要虔诚。不可随便插嘴，亦不要随声附和。说话要有事实为根据，或是引述古人先哲的格言。侍奉先生坐着时，先生有问，要等到他的问话终了再回答。请问书本里的事，要起立；如果还要问个详细，亦要起立。父亲召唤时不要唱喏。先生召唤时也不要唱喏。要恭敬地回答“唯”，同时起立。陪同自己所尊敬的人，无妨挨近坐着。见到同辈的人不必起身。但见有端烛的来，就要起身；看见端饭食的来，也要起身；主人有上宾来，亦要起身。晚上去与人坐谈，应在一支烛燃尽之前，见机告辞。在所尊敬的客人面前，不要呵斥狗。主人分给食物无须谦让，但同时也不可吐口水。

▲ 先生书策琴瑟在前，坐而迁之，戒勿越。

侍坐于君子，君子欠伸，撰杖屦①，视日蚤莫②，侍坐者请出矣。侍坐于君子，君子问更端③，则起而对。侍坐于君子，若有告者曰“少闲④，愿有复也”，则左右屏而待⑤。毋侧听⑥，毋噭应⑦，毋淫视⑧，毋怠荒⑨。游毋倨⑩，立毋跛⑪，坐毋箕⑫，寝毋伏⑬。敛发毋髢⑭，冠毋免，劳毋袒⑮，暑毋褰裳⑯。

【注释】

①撰：拿着之意。②蚤莫：天的早晚之意。③更端：更换事由的意思。④少闲：停顿片刻之意。⑤屏：躲闪之意。⑥侧听：窃听他人的言辞。⑦噭应：噭，与“叫”同音。噭应，高声大喊之意。⑧淫视：目光斜视，不专注的意思。⑨怠荒：懒惰的没精神的样子。⑩倨：骄傲的样子。⑪跛：单脚踩地，没有站稳的样子。⑫箕：臀部着地，两腿向前伸出，是一种不文明的坐姿。⑬伏：趴着的意思。⑭髢：与“敌”同音，是披头散发之意。⑮袒：裸露的意思。⑯褰：把衣服撩开的意思。

【译文】

与长者坐谈，凡是见到长者打呵欠、伸懒腰，或是准备拿起拐杖和鞋子，或是探视时间的早晚，这时候侍坐者就要告辞退出。陪伴长者，如果长者问到另外的事，则须起立回答。陪伴尊长时，若有人进来说：“很想借点儿时间，有所报告。”这时，侍坐者就要退避一旁等候着。

不要侧耳做探听的样子，不要粗声粗气地答应，不要转动眼珠看东西，不要做出懒洋洋的模样。走路不要大摇大摆，站着不要跛足欹着肩头，坐时莫把两腿分开像畚箕，睡时不要俯伏在床上。收敛头发勿使披下，帽子无故不要脱下。劳作时不要袒衣露体，就是大热天，也不要撩开衣服。

侍坐于长者，屦不上于堂，解屦不敢当阶。就屦，跪而举之，屏于侧。乡长者而屦①，跪而迁屦②，俯而纳屦③。

【注释】

①乡：与“向”同，朝着的意思。②迁屦：把鞋掉转过来之意。③纳屦：穿鞋。

【译文】

凡陪伴长者坐谈，不要穿着鞋子上堂；而且脱鞋子时亦不可正向台阶。穿鞋时，要先拿起鞋子在一旁穿着。若面朝长者穿鞋，就要跪着旋转鞋尖，然后低头套上鞋子。

离坐离立①，毋往参焉；离立者，不出中间。男女不杂坐，不同椸枷②，不同巾栉③；不亲授。嫂叔不通问④。诸母不漱裳⑤。外言不入于梱⑥，内言不出于梱。

【注释】

①离：与“俪”同，指两个人并排着。②椸枷：椸，与“匜”同，与“意”同音，指放衣

服的筐子。枷，指挂衣服的架子。③ 巾：清洗时用的布子。栉：与“至”同音，梳头发的工具。④ 不通问：不互相馈赠东西。⑤ 裳：下衣之意。⑥ 梱：与“捆”同音，是门槛的意思。

【译文】

有二人并坐或并立着，不要插身进去。有二人并立着，不要从两人中间穿过。男女不要混杂着坐。衣服也不要挂在同一衣架上。男、女各有自己的面巾梳子，不要混用，拿东西亦不要互相往来，也不要让叔母或庶母洗濯内衣。街谈巷语，不要带进闺门之内；闺门以内的家务事也不要宣扬于外。

女子许嫁，缨[①]，非有大故[②]，不入其门。姑、姊、妹、女子子已嫁而反，兄弟弗与同席而坐，弗与同器而食。父子不同席。

【注释】

① 缨：五彩的带子，是许嫁后的标志。② 大故：大的灾难，或是病故之类的事情。

【译文】

女人订婚之后，就要系上彩带，表明有所系属了。如果没有重大变故，不要进入她的住处。姑母、姐妹及其女儿，凡是已经嫁人的回了家，也不要和她同席而坐、同用一个器皿吃东西。父与子不要同坐一个席位。

▲ 女子许嫁，缨，非有大故，不入其门。

男女非有行媒，不相知名。非受币[①]，不交不亲。故日月以告君，齐戒以告鬼神，为酒食以召乡党僚友，以厚其别也。

【注释】

① 币：结婚前，男方给女方的聘礼。

【译文】

男子和女子，若没有媒人往来提亲事，双方不会知道名字的。不到女家接受聘礼的时候，双方不会有交际往来的。所以，凡是婚礼都要登记其年月日，而且要在家庙中告诉祖先，备办筵席邀请乡里邻人和同事们。这许多礼节，都是为着加重男女之别。

取妻不取同姓，故买妾不知其姓，则卜之。寡妇之子，非有见焉[①]，弗与为友[②]。

【注释】

① 有见：有出众的才华。② 弗：不能。

【译文】

娶妻不娶同姓女子，因此，买妾不知她的本姓就得问卜以定可否。对于寡妇的儿子，倘未发现他的才能卓越，最好不要与他往来。

贺取妻者，曰："某子使某[①]，闻子有客[②]，使某羞[③]。"贫者不以货财为礼，老者不以筋力为礼[④]。

【注释】

① 某子：前来祝贺的人。某：召唤的人。② 有客：避而不提婚事，请乡党同僚而已。③ 羞：敬送的意思，古人一般回送一壶酒、十条干肉或是一只狗。④ 老者不以筋力为礼：对年长的人可以不用拘于下跪礼节的要求。

【译文】

庆祝人家结婚，只能说："某君听见你家宴请乡党僚友，所以派我送点佐餐的礼物。"贫穷的人不必用金钱财物为礼；年老的人也不必拘于下跪礼节的要求。

▲ 农人婚宴图

名子者，不以国[①]，不以日月，不以隐疾[②]，不以山川。

【注释】

① 不以国：古人中，臣民不能说国家的名字，儿子不能称呼自己父辈的名字，以此推知，为孩子起名，不能用国名。② 隐疾：没有明显表现出来的疾病。

【译文】

替小孩取名，不要用国名，也不要用日月之名，不要用身上暗疾之名，也不要用山川之名。

男女异长[①]，男子二十冠而字[②]。父前子名，君前臣名[③]。女子许嫁，笄而字[④]。

【注释】

① 男女异长：在古代，男女有别，在排行时，男排男，女排女，不能单独地按照年龄大小混合排列。② 冠而字：男子在实行加冠之礼时，除了父母给起的名外，还会得到宾客为他起的字。③ 父前子名，君前臣名：指的是在父亲面前可以直呼兄长的名字，在君王面前可以直呼同僚的名字。古人在面对最为尊敬之人时，可以免去谦恭的礼数。④ 笄：是女子类似于男子冠礼的一种礼数。

【译文】

有长男有次男，有长女有次女，兄弟和姐妹的排行应予以分开。男子到了二十岁，举行过冠礼，就得敬重他的大名，不好随便叫唤，因此要另取个“字”。不过，在父母和国君面前，仍须称名。女子到了订婚的时候，要用簪盘起头发，亦不宜随便唤其名，得另取个“字”。

凡进食之礼：左殽右胾①；食居人之左，羹居人之右；脍炙处外，醯酱处内②；葱渫处末③，酒浆处右④。以脯修置者⑤，左朐右末⑥。客若降等，执食兴辞，主人兴辞于客，然后客坐。主人延客祭⑦。祭食，祭所先进。殽之序，遍祭之。三饭，主人延客食胾，然后辩殽。主人未辩，客不虚口⑧。

【注释】

① 殽：大块的带骨头的熟肉。胾：与“自”同音，大块的没有骨头的熟肉。② 醯：与“西”同音，指醋。③ 渫：与“谢”同音，蒸葱之意。④ 酒浆：一晚上就酿好的甜酒，且不带渣，可以称作是酒。浆，则指的是带有米汁的酒。⑤ 脯修：脯，是没有经过加工的干肉。修，是经过腌制加工的干肉。⑥ 朐：与“渠”同音，肉晒干后弯曲的地方。⑦ 延：告诉的意思。祭：吃饭前的祭祀行为。把将要吃的食物盛出少许，放在祭祀的器皿中，表示对先祖的尊重。⑧ 虚口：漱口之意，是指在吃饭过程中吃食物与喝酒之间的一种行为。

▲ 进食之礼

【译文】

凡陈设便餐，带骨的殽放在左边，切的纯肉放在右边。饭食靠着人的左手方，羹汤放在右手方。细切的和烧的肉类放远些，醋和酱类放得近些。蒸葱等伴料放在旁边。酒浆等饮料和羹汤放在同一方向。若另要陈设干肉牛脯等物，则弯曲的在左，挺直的在右。若客人谦让，端着饭碗起立，说是不敢当此席位，主人就得起身对客人说些敬请安坐的话语，然后客人坐定。主人劝请客人吃饭，先拨些饭放在桌上，这称为祭。祭食，要有先后顺序。祭先进食的东西，以后依照吃食的顺序一一祭了。吃过三口饭后，主人应请客人吃纯肉，然后吃带骨的肉。若主人还没有吃完，客人可不用漱口，表示不吃。

侍食于长者①，主人亲馈②，则拜而食。主人不亲馈，则不拜而食。

【注释】

① 侍食：伺候奉陪年长的人吃饭。② 馈：夹菜的意思。

【译文】

陪伴着长者吃饭，遇到主人亲取菜肴给你时，你就需拜而后食。如果不是这样，就不须拜，但由自己取食。

共食不饱[①]，共饭不泽手[②]。毋抟饭，毋放饭，毋流歠[③]。毋咤食[④]，毋啮骨，毋反鱼肉，毋投与狗骨，毋固获，毋扬饭[⑤]，饭黍毋以箸，毋嚃羹[⑥]，毋絮羹[⑦]，毋刺齿，毋歠醢[⑧]。客絮羹，主人辞不能亨。客歠醢，主人辞以窭[⑨]。濡肉齿，决干肉不齿决。毋嘬炙。

▲ 客絮羹，主人辞不能亨。

【注释】

① 共食：与“共饭”同意，一起进食的意思。② 泽手：两手互搓的意思。③ 歠：喝的意思。④ 咤食：嫌弃主人做的饭菜不好吃，小声嘀咕。⑤ 扬饭：用筷子搅动饭食，让它快速变凉。⑥ 嚃：不咀嚼菜的意思，当吃汤中的菜时，不能连汤一起喝下。⑦ 絮羹：指的是自己重新调制主人做好的汤，是一种不尊重主人的行为。⑧ 歠醢：指不用任何食物蘸就吃的肉酱。⑨ 窭：指因为贫穷而没有礼物相送。

【译文】

大伙儿共同吃饭，不可只顾自己吃饱。若和别人一起吃饭，就要注意手的清洁。不要拿手搓饭团。不要把多余的饭放进饭器。不要喝得满嘴淋漓。不要吃得啧啧作声。不要啃骨头。不要把咬过的鱼肉又放回碗盘。不要把肉骨头扔给狗。不要只吃一种食物。也不要簸扬着热饭。吃蒸黍的饭宜用手不要用箸。不可以大口地喝汤。也不可当主人面调和菜汤。不要当众剔牙齿，亦不要喝腌渍的肉酱。如果有客人在调和菜汤，主人就要道歉，说是烹调得不好；如果客人喝到酱类的食品，主人也要道歉，说是备办的食物不够。湿软的肉可以用牙齿咬断，干肉就得用手掰食。吃炙肉不要撮作一把来嚼。

卒食，客自前跪，彻饭齐[①]，以授相者[②]。主人兴辞于客，然后客坐。

【注释】

① 齐：指酱类食物。② 相者：主人分配给客人进食，伺候客人吃饭的人。

【译文】

吃食完毕，客人应起身向前收拾桌上盛着腌渍物的碟子交给一旁伺候的人。主人跟着起身，请客人别劳动，然后，客人再坐下。

侍饭于长者，酒进则起，拜受于尊所①。长者辞，少者反席而饮；长者举，未釂②，少者不敢饮。长者赐，少者贱者不敢辞③。赐果于君前，其有核者怀其核④。

【注释】

①尊所：尊者所在的席位。诸侯宴请时，尊所设在东楹之西；大夫宴请时，尊所设在东房门和室门之间。②釂：指的是喝完杯中的酒。③少者贱者：少者，是指晚辈。贱者，是指地位低下的人，通常是指仆人一类的。④怀：包起来的意思。

【译文】

陪伴长者喝酒，看见长者将要递酒过来时，就急忙起立，走到放酒樽的地方拜而后接受。长者说，不要如此客气，然后少者才回到自己席位上喝酒。若长者还没有举杯喝干，少者不可以先喝。长者有东西赐给后辈或佣人们，他们只管接受，无须客气。若是国君赐食水果，不要在他前面吐果核，应把核包起来。

御食于君①，君赐余，器之溉者不写②，其余皆写。

【注释】

①御：赐予食物的意思。②器：盛食物的器皿。溉：可以洗涤的器皿。写：把食物从一个器皿倒到另一个器皿中。

【译文】

侍候国君吃食，国君赐给剩余的食物，要看那盛器是否可以洗涤。若是可以洗涤的，则就原器取食；如果是不可以洗涤的，则须把食物倒在另外的器皿内。

馂余不祭①，父不祭子，夫不祭妻。御同于长者②，虽贰不辞③；偶坐不辞④。羹之有菜者用挟⑤，其无菜者不用挟。

【注释】

①馂：吃剩的饭菜。祭：吃饭之前的祭祀礼节。②御：指吃饭用的餐具。③贰：当给自己盛上双份食物时，出于礼节也不能推辞。④偶坐：除自己之外还有其他的宾客，特别是有比自己年长的宾客。⑤挟：用筷子夹。

【译文】

吃剩余的食物不用行“祭食”之礼。另外，如父亲吃儿子剩余的食物，丈夫吃妻子剩余的食物时，亦都不用礼。陪同长者一同参加宴会， 若主人厚待长者亦同样厚待少者时，少者不用说客气话。虽然和长者坐在一起，但坐中自有长宾，亦无须少者说客气话。汤里面如有菜，就得用筷子来夹；若没有，就用汤匙。

为天子削瓜者副之①，巾以絺②；为国君者华之③，巾以绤④；为大夫累之⑤；士疐之⑥；庶人龁之⑦。

【注释】

①副之：把瓜切成四瓣，然后再横着切开。②絺：细麻布。③华之：只是横着切开。④绤：粗麻布。⑤累之：累与“裸”通假。只是把瓜横着切开，外面不用麻布包裹。⑥疐之：把瓜蒂削掉。疐与“蒂”通假。⑦庶人：在官府中任职的普通人，没有官职。

【译文】

为天子削瓜，应先削去皮，再切成四瓣，接着覆以细麻巾。为国君削瓜，先削去皮，再切成两瓣，然后覆以粗麻布。为大夫削瓜，只要削皮，整个裸着，士人只切瓜蒂，庶人就连瓜蒂带皮咬着吃。

父母有疾，冠者不栉①，行不翔②，言不惰③，琴瑟不御④，食肉不至变味，饮酒不至变貌，笑不至矧⑤，怒不至詈，疾止复故。

【注释】

①栉：整齐，有秩序。②翔：讲究穿着打扮。③惰：闲聊的话。④御：摆弄之意。⑤矧：大笑时露出的牙龈部位。

【译文】

父母有病的时候，子女心中忧虑，头发忘了梳理，走路不像平日那样轻快，闲话亦不说了，乐器亦不接触了，食肉只稍尝那味道，饮酒亦不喝到脸红，既没有开心的笑，亦没有恶声恶气的怒骂。这情形直到父母病愈才恢复正常。

有忧者侧席而坐①，有丧者专席而坐②。

【注释】

①有忧者：指的是家中有病人，或是自己心中有烦恼的事情。侧席：正席旁边的席位。②专席：单独的席位，不和大家坐在一起。

【译文】

遇忧患之人，宜坐于席位侧面，而服丧的人只坐单独的席子。

水潦降，不献鱼鳖；献鸟者佛其首[①]，畜鸟者则勿佛也；献车马者执策绥[②]；献甲者执胄；献杖者执末；献民虏者操右袂；献粟者执右契[③]；献米者操量鼓[④]；献孰食者操酱齐；献田宅者操书致[⑤]。

【注释】

① 佛其首：将鸟的头用竹篮之类的东西罩住。② 策绥：指马鞭和马车上的绳子。古人在敬献车马时，只将马鞭和绳子拿到堂上，意思就自然明了了。③ 右契：古人契券一般分为左右两部分，右契是尊者所持的，所以敬献时执右契。④ 量鼓：古代称量谷、米类的器具。⑤ 书致：书面的契约，有田产契、房屋契等。

【译文】

雨水多的季节不应用鱼鳖献人。凡献野鸟须扭转其首以防啄人；如果献驯养的家禽则不必如此。献车马，只要把马鞭和引手绳递上。献铠甲，只要递上兜鍪。献杖与人，自己应持着末端。献俘虏，要抓紧他的右手。献人以粟，只要拿出可以兑取的契券。献米，则用斗斛。献熟食的，要送上酱类和腌渍的小菜。以田宅献人，则以田契屋契。

▲ 拜谒图

凡遗人弓者，张弓尚筋，弛弓尚角[①]；右手执箫，左手承弣[②]；尊卑垂帨[③]。若主人拜[④]，则客还辟，辟拜。主人自受，由客之左，接下承弣，乡与客并[⑤]，然后受。进剑者左首。进戈者前其镈[⑥]，后其刃。进矛戟者前其镦[⑦]。

【注释】

① 尚角：弓背上有角嵌在上面。② 弣：与“府”同音，弓箭的中间部分。③ 帨：戴在胸前的佩巾，鞠躬或是行礼时就会垂下来。④ 主人拜：古代，当宾客馈赠礼物时，主人在接受礼物之前要向客人行礼，称为拜受礼。⑤ 并：指的是主人和客人并排向南站立。⑥ 镈：指的是戈柄下面可以插在地里的金属套。⑦ 镦：矛戟柄上的金属套。

【译文】

凡是赠弓给人，如果是现成的弓，应以弓弦朝上；如果是未张的弓，则以弓背朝上；同时用右手拿着弓头的斜体（亦称为“弭头”），左手就托住弓背的中部；授予者和接纳者双方都要彼此鞠躬。若主人要下拜，则客人就要转身让开，避免主人的拜。如果是主人亲自接受那弓，就要由客人的左手接弓之另一弭头，然后用另一只手托着弓弣，双方并朝着同一方向而移交。递剑与人应以剑柄向左。递戈与人应以戈柄向前，戈刃向后。递矛或戟，亦同此例。

进几杖者拂之。效马效羊者右牵之，效犬者左牵之。执禽者左首。饰羔雁者以缋①。受珠玉者以掬。受弓剑者以袂。饮玉爵者弗挥②。凡以弓剑苞苴箪笥问人者③，操以受命，如使之容④。

【注释】

① 缋：带有花纹的彩绘，用来装饰羔雁。② 挥：扔、扬的意思。③ 苞：包裹鱼肉等物的草苞。苴：垫器物的草。箪：竹制圆形的器物。笥：竹制方形的器物。问：馈赠的意思。④ 使：派遣的使者。

【译文】

送人倚几或手杖，要拭抹干净。牵马或羊送人可用右手，但牵犬则用左手。捉鸟给人，应以鸟首向左。送人以小羊或鸭子，要饰以彩带。受珠或玉，应捧着手掌来承。受弓或剑，要合着袖口来接。用玉杯饮酒，不要挥扬，以防失手跌破。凡是被家长遣去递送弓剑、苞菜、箪笥的人，要拿着那些东西，听家长的吩咐，就像使者奉派出使时的仪态。

凡为君使者，已受命①，君言不宿于家。君言至，则主人出拜君言之辱；使者归，则必拜送于门外。若使人于君所，则必朝服而命之②，使者反，则必下堂而受命。

【注释】

① 受命：收到命令。② 朝服：古人在庄重严肃的场合穿的服装。头戴黑红色的帽子，上身穿黑色的衣服，下身穿白色的裙子、彩色的腰带、白色的护膝。

【译文】

凡是做国君的使者，既已接到命令，就不要在家里停留。凡遇国君有命令来时，主人就要在门外拜迎那传令的使者，并且说“有劳尊驾”；那使者回去时，还要拜送于门外。若派人往国君的地方去，就得像朝见国君一样，穿着朝服来派遣他；等到捎信的人回来，还要下堂迎接国君的回音。

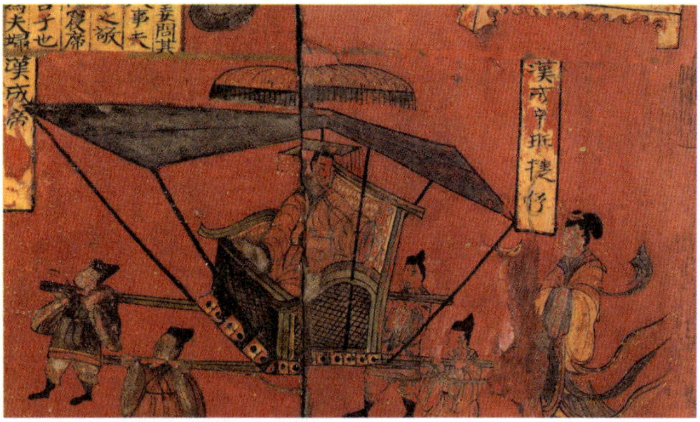

▲ 若使人于君所，则必朝服而命之。

博闻强识而让，敦善行而不怠①，谓之君子。君子不尽人之欢，不竭人之忠②，以全交也。

【注释】

① 怠：懈怠的样子。② 竭：把……全都耗尽。

【译文】

见闻广博而记忆力强，并且能谦让自处，这样修身践言，力行不懈，便可称为君子了。君子不讨别人无尽的喜欢，也不要别人无尽的爱戴，这样，才能保持永久的交情。

礼曰："君子抱孙不抱子①。"此言孙可以为王父尸，子不可以为父尸。为君尸者，大夫士见之，则下之。君知所以为尸者，则自下之；尸必式②。乘必以几。

【注释】

①君子抱孙不抱子：古人在祭祀祖先时，充当尸的要求是孙子，如果孙子的年纪过小，则要人抱着孙子充当尸。②式：式礼。指人的身体向前倾，表示尊敬的礼节。

【译文】

旧礼书有言：君子抱孙不抱子。这是说孙子可以充任祭祖时的尸，而儿子却不可。凡是大夫、士人遇见为君尸的人，就需下车致敬。如果国君知道某人将为尸，亦要下车为礼；而为尸者对于敬礼的人都得凭轼答谢。尸登车时，要拿几来垫足。

齐者不乐不吊①。

【注释】

①齐：指的是斋戒之人。

【译文】

举行斋戒的人要专一心思，不可听音乐，也不要往丧家慰问，使哀者分心。

居丧之礼：毁瘠不形，视听不衰，升降不由阼阶①，出入不当门隧②。居丧之礼：头有创则沐，身有疡则浴③，有疾则饮酒食肉，疾止复初。不胜丧，乃比于不慈不孝。五十不致毁④，六十不毁，七十唯衰麻在身，饮酒食肉处于内⑤。

【注释】

①阼阶：前面讲过，是主人出入厅堂时所走的台阶。由于丧期思父，所以不走阼阶。②门隧：指门正中的路。③疡：与"痒"通假。④致：到达极点。⑤内：指在屋内。由于人到七十，精力和体力都不是很好了，遇到丧事的时

▲ 清人出殡图

候，就不必在庭院里搭棚而居了。

【译文】

居丧之礼：虽因哀伤而消瘦，但不可至于形销骨立，并且视力听力亦可保持正常，这样才能应付丧事。唯在家里，上下不走家长常走的台阶，进出不经过当中的甬道，就像家长还活着的时候。居丧之礼：若头上发疮，可以洗砂；身上发痒，亦如之。若害病，仍可以食肉饮酒，但到了病愈，就得恢复居丧之礼。如果承受不了丧事的哀痛而病倒了，那就是不慈不孝。年纪到了五十岁，可不必哀伤致毁；六十岁，可不因哀伤而消瘦；七十岁的人服丧，只要披麻戴孝，无须损及体力，照常饮酒食肉，而且住在屋里。

生与来日①，死与往日②。

【注释】

①生与来日：活着的人对死者的吊丧期是从死后第二天开始算起。②死与往日：死者的殓殡期是从死亡当天算起。

【译文】

办丧事之礼，一些是为生者而制订的，如成服、哭者进行的秩序。前者是从死者之死的第二日起算；后者如三日而殡三月而葬等，则从死之当日算起。

知生者吊①；知死者伤②。知生而不知死③，吊而不伤；知死而不知生，伤而不吊。

【注释】

①吊：指的是吊唁之词。②伤：指的是伤感之词。③知生而不知死：认识死者的亲属而不认识死者。

【译文】

平素只和死者的家属有交情的，就慰问之。直接与死者有交情的，就哀悼之。所以知生而不知死者，只要慰问而不用伤悼；反之，则须伤悼而不止于慰问了。

适墓不登垄，助葬必执绋。临丧不笑①。揖人必违其位②。望柩不歌。入临不翔。当食不叹。邻有丧，舂不相③；里有殡④，不巷歌。适墓不歌，哭日不歌。送丧不由径⑤，送葬不辟途潦⑥。临丧则必有哀色，执绋不笑。临乐不叹。介胄则有不可犯之色。故君子戒慎，不失色于人⑦。

【注释】

①临：到达之意。②违：离开的意思。③相：古人舂米时有专门的歌声相配。邻居有丧事时，舂米时不能唱歌。④里：邻里之中。⑤不由径：指不走偏僻的小路。⑥途潦：路途上的水坑。⑦失色：失态的样子。

【译文】

到墓地上不可登其丘垅，参加葬礼必须助挽柩车。参加追悼不可嬉笑。给人作揖，或进或退都要离开原位。望见运柩车，不要唱歌。进入丧所哀悼时，走路不回头。面对饭食应该感谢，不可叹气。邻居有丧事，即使是舂米时也不要唱歌；邻里中有未葬之丧事，巷子亦不宜有歌声。因邻里情谊，彼此关切，为哀为乐，也应一致。到坟墓上不要唱歌，在吊丧之日亦不要唱歌。护送丧车不要贪走小路，挽着柩车也不要顾忌路上的水潦。参加丧礼必有悲悼的表情，挽着柩车绝不嬉笑。参加听乐则不做扫兴的神色；披上铠甲戴起钢盔，就显示出不可侵犯的神色。因此君子要时时聚精会神，不要在人前有一点失态的表现。

国君抚式，大夫下之；大夫抚式，士下之。礼不下庶人①，刑不上大夫②。刑人不在君侧。兵车不式③，武车绥旌④，德车结旌。

【注释】

①礼不下庶人：指礼节不用来约束老百姓。②刑不上大夫：指刑法不用来制裁大夫之上的人。③式：轼礼。④绥：舒展之意。

▲ 礼不下庶人，刑不上大夫。

【译文】

看见国君据轼而行礼时，大夫就要下车致敬。看见大夫据轼而行礼时，士人就要下车致敬。礼制不及于庶人，刑罚不及于大夫。因此在国君左右都是没有受过刑罚的人。在出征的兵车上，无须据轼行礼；田猎用的武车上，旌旗是招展着的；巡狩用的德车，旌旗是垂着的。

史载笔，士载言。前有水，则载青旌①；前有尘埃，则载鸣鸢②；前有车骑，则载飞鸿；前有士师③，则载虎皮；前有挚兽，则载貔貅④。行，前朱鸟而后玄武，左青龙而右白虎⑤，招摇在上⑥，急缮其怒⑦。进退有度，左右有局，各司其局。

【注释】

①青：水鸟之意。②鸢：指老鹰。老鹰叫则风起，风起会扬起尘埃。③士师：军队之意。④貔貅：指一种凶猛至极的野兽。⑤朱鸟、玄武、青龙、白虎：用四种动物来代表四种星象，分别代表南、北、东、西。⑥招摇：招，与“勺”同音，招摇，指的是北斗七星的柄端，置于行军队伍中来指示方向。⑦急缮其怒：缮，与“劲”同音。急缮其怒，指的是士气高涨的样子。

【译文】

掌管文书的人携带文具，司盟的人携带文辞。在队伍行进途中前面有水，就竖起画有水鸟的旌。前面扬起风尘，则竖起画有鸣鸢的旌。前面遇有车骑，则竖起画有飞鸿的旌。见有军队，则竖起虎皮之旌。遇有猛兽，则竖起貔貅之旌。凡是行阵，前锋为朱鸟，后卫为玄武，左翼为青龙，右翼为白虎；中军竖着北斗七星旗帜，来坚定其战斗精神；前进后退，有一定的法度，左右队伍，亦各有主管的人。

父之雠①，弗与共戴天；兄弟之雠，不反兵②；交游之雠，不同国。

【注释】

①雠：与“仇”同。指仇人。②不反兵：指的是不返回家去拿兵器，用随身的武器就可以。

【译文】

对于杀父的仇人，不和他共存于天下。对于兄弟的仇人，可用随身的武器，见而杀之。至于朋友的仇人，则不与之共存于同一国。

四郊多垒①，此卿大夫之辱也；地广大，荒而不治，此亦士之辱也。

【注释】

①四郊多垒：卿大夫所治之地，四面都是堡垒。指被他人侵占。

【译文】

若一国的四境都筑有堡垒，可见大官们不能安治其国，而那堡垒就是卿大夫的耻辱。如果任凭广大的土地荒废而不加整理利用，那荒废的土地也就是士人们的耻辱。

临祭不惰。祭服敝则焚之①，祭器敝则埋之，龟策敝则埋之②，牲死则埋之。凡祭于公者，必自彻其俎③。

【注释】

①敝：破旧之意。②龟策：占卜用的草。③凡祭于公者，必自彻其俎：士陪同君王行宗庙之礼，俎中盛放的牲肉，在祭祀完之后，士以下的官员则要亲自把它拿回家中，士以上的则会由国君手下之人送到家中。

【译文】

参加祭祀，不可有怠慢的行为。祭祀时穿的衣服，破了就烧掉，祭祀时用的器皿坏了，卜筮时用的龟策坏了，或是祭祀用的牲口死了，这都要埋掉。凡是在国君的宫里助祭的士人，都要自己搬走载牲的器皿，

▲ 四羊方尊

不要麻烦主人。

卒哭乃讳[①]。礼，不讳嫌名[②]，二名不遍讳[③]。逮事父母[④]，则讳王父母；不逮事父母，则不讳王父母。君所无私讳，大夫之所有公讳[⑤]。《诗》《书》不讳，临文不讳[⑥]，庙中不讳。夫人之讳[⑦]，虽质君之前，臣不讳也。妇讳不出门[⑧]。大功小功不讳[⑨]。入竟而问禁，入国而问俗，入门而问讳。

【注释】

①卒哭乃讳：人死之后的第一次祭礼，哭祭结束，将灵符置于祖庙，表示从此以后以神灵视之。不再称呼他的姓名。②嫌名：指的是与姓名同音的字。③遍讳：都忌讳的意思。④逮事：侍奉之意。本句指的是有父母在，可以服侍。⑤公讳：指的是君讳。⑥临文：写文章之意。⑦夫人：这里指的是国君的夫人。⑧妇讳不出门：在古代，妇人家中的忌讳是不能通行于厅堂之上的。⑨大功小功：都是丧服名，与死者的关系较为疏远，所以就可以不避讳死者的名字。

【译文】

行过卒哭之祭，就要避讳用死者之名，而据礼之规定，同音的名可以不避，双字名只要避用其一。倘若生时侍奉父母，就得避用祖父母之名；如果生时没有侍奉父母，则可不讳祖父母之名。在国君的地方，不以家讳为禁忌，但在大夫的地方，仍须遵守一国之讳。另外，读《诗》《书》，写文章，以及庙中祭告之辞，都无用讳。即使在国君面前对话，亦可以不讳其夫人之名，因为妇人的名讳限于家内。其次，大功小功的亲属，亦不用讳。凡是到了一个地方，便要打听那里的禁忌；到了另一国家，就要打听当地的风俗习惯；同理，到了别人家里，也要先问他们忌讳的名。

外事以刚日[①]，内事以柔日[②]。

【注释】

①外事：出国界或庙外之意。刚日：指的是单数日，即甲、丙等日。②内事：在国内或庙内做事情。柔日：指的是双数日，即乙、丁等日。

【译文】

庙外举行典礼，适宜用刚日；庙内举行典礼，适宜用柔日。

凡卜筮日，旬之外曰“远某日”[①]，旬之内曰“近某日”。丧事先远日[②]，吉事先近日。曰：“为日，假尔泰龟有常；假尔泰筮有常[③]。”

【注释】

①旬：十天之意。某日：甲乙日等的某一天。②丧事先远日：选择丧事的日期时，几次占

卜，先选其最远的一日。吉事则相反。③ 泰龟、泰筮：都是占卜时所用的器具。

【译文】

凡用卜筮择定吉日，在十日以外举行的，则称“远某日”；在旬内举行的，称“近某日”。丧葬之事，先卜远日；祭享之事，先卜近日。卜筮时应说道：“为占吉日，要借大龟或大筮，做个决定。”

卜筮不过三，卜筮不相袭①。

龟为卜②，策为筮。卜筮者，先圣王之所以使民信时日③、敬鬼神、畏法令也；所以使民决嫌疑④、定犹与也⑤。故曰：“疑而筮之，则弗非也，日而行事，则必践之⑥。”

【注释】

① 不相袭：龟卜、策筮两种器具在占卜时只能用一种。② 为：使用的意思。③ 信：相信、确定的意思。④ 决：判断之意。⑤ 与：与“豫”通假。⑥ 践：与“善”通假。

【译文】

无论是用卜或用筮，都不能超过三次。并且用了龟卜，就不要用策筮。

卜用龟，筮用策。先圣王所以要用龟策来卜筮，是因为要使人民信服择定的日期，崇拜所祀的鬼神，恪守颁行的法令；亦就是使人能决定“是”或“不是”，“做”或“不做”。因此说：“为着怀疑而问卜，既已卜了，就不得三心二意。已定在那一日举事，就得在那一日实行。”

君车将驾①，则仆②执策立于马前；已驾，仆展軨③；效驾，奋衣由右上④，取贰绥⑤；跪乘，执策分辔⑥，驱之五步而立⑦。君出就车，则仆并辔授绥，左右攘辟⑧。

【注释】

① 将驾：将要套马车出行。② 仆：驾马车的人。③ 展軨：看车轴两端的辖头是否套牢。④ 奋衣：抖抖衣服上的尘土。⑤ 贰绥：车上有正副两根上车前拽的绳子，即两绥，正绥是给主人或是君主准备的，副绥是给驾车的人准备的。⑥ 策：缰绳之意。分辔：古人乘四匹马前行时，车辕前后两匹服马，左右两匹骖马，每匹马有两根缰绳，共八根，驾马的人两手分别来握三根马缰绳。另外的两匹服马上各自的一根绑在车辕上。⑦ 立：驾车人停好车后，站起来迎接

▲ 君出就车，则仆并辔授绥，左右攘辟。

国君上车。⑧ 攘辟：躲闪的样子。

【译文】

国君的车，将要套上马匹，仆人应手持马鞭站在马前。既已套上了车辕，仆人就要检查车身，并试验车与马是否套得牢固，然后掸去衣上尘污，由右边登车，取着总绳，拿起鞭子，分开控马的辔，驱之前行五步，再停下。等到国君出来就车，仆人一手把辔绳总握着，一手将登车的绳子递给国君，左右的人避让开，仆人便赶着马前进。

车驱而驺[①]，至于大门，君抚仆之手，而顾命车右就车，门闾沟渠必步[②]。

【注释】

① 驺：与“趋”通假。② 必步：指的是车右一定要下车步行。

【译文】

到了大门口，国君握住仆人的手，回头来命卫士上车。经过大门、里门、沟渠的时候，卫士都得下车步行，防止发生危险事故。

凡仆人之礼：必授人绥。若仆者降等[①]，则受，不然则否；若仆者降等，则抚仆之手，不然则自下拘之[②]。

【注释】

① 降等：地位低下之意。② 自下拘之：从仆者手里直接取绥，有谦恭之意。

【译文】

凡是充当驾驶的人，一定要把登车绳递交给乘车者。乘车者的身份地位若比驾车者高，则接受；如其不然，则不能接受。 详细地说，如果驾车者的身份较低，他递绥时就要按住他的手，然后以另一手接取之，表示不敢当的意思；若身份相称，就要从他的手下直接取绥。

客车不入大门，妇人不立乘[①]。犬马不上于堂。

故君子式黄发[②]，下卿位[③]；入国不驰[④]，入里必式[⑤]。

【注释】

① 立乘：站在车上。② 君子：指的是人君之意。③ 卿位：指的是士卿朝见国君的地方。④ 驰：策马快速前行的样子。⑤ 式：轼礼之意。

【译文】

宾客的车，不可直接进入人家的大门。妇人们乘车不可站着。犬马不可牵到堂上。

乘车遇见年老的人，需凭轼行礼；经过大官们的朝位，要下车步行；进入国境，行车要减低速度；进入里门，也要凭轼致敬。

▲ 贵人出行

君命召，虽贱人，大夫、士必自御之[①]。介者不拜[②]，为其拜而蓌拜[③]。祥车旷左[④]。乘君之乘车不敢旷左，左必式[⑤]。

【注释】

①自御：亲自出门迎接之意。②介者：指身上穿铠甲之人。③蓌：是敷衍之意。④祥车旷左：指的是死者身前所乘之车，在为其送葬之时，要将左边的位子空出来，代表着死者之魂所在之处。⑤乘君之乘车不敢旷左，左必式：君王通常有玉、金、木、象、革五路车型。出行时，君王乘坐玉路，其余四路由臣子乘坐。旷左犹如是祥车，所以要将凭轼横在那里。

【译文】

如果国君有所召唤，即使派来的人身份较低，但为尊重国君，大夫、士人亦得亲自出门迎接。披戴着盔甲不便跪拜，因此只要蹲一蹲身，便算拜了。载魂的车空着左方尊位。所以，乘用国君的属车时不敢旷左；只是左方既为尊位，故须凭轼为礼，表示不妄自尊大。

仆御妇人，则进左手，后右手[①]；御国君，则进右手，后左手而俯[②]。国君不乘奇车[③]。

车上不广咳[④]、不妄指，立视五巂[⑤]，式视马尾，顾不过毂[⑥]。国中以策彗恤勿驱[⑦]，尘不出轨[⑧]。

【注释】

①进左手，后右手：为了避嫌，驾车的人右手在后，左手在前。②俯：身体前倾，表示对国君的敬重之意。③奇车：样式不对称的车子。④车上不广咳：坐在车上，由于离地面较高，不停地咳嗽会让人觉得此人很是自傲。⑤巂：指的是车轮碾过一圈的长度，一巂为一丈九尺八寸，五巂为九丈九尺。⑥毂：指的是车轴的最前端。⑦策彗：竹制的扫帚。⑧尘不出轨：尘土不从车辙中飞扬出来。

【译文】

凡为妇人驾车，须先以左手执辔，同妇人侧背而立，然后用右手驾驶。为国君驾车，则面向国君，并稍俯身，以表敬意。国君不乘坐没有陪驾的车。

在车上不要大声咳，不可胡乱指点。站着，视线前及轮转五周（约为九丈九尺）的距离；凭轼行礼时，视线及于马尾；转头看时，视线亦不超过车毂。进入国中就改用鞭子末梢摩擦着马，让它慢慢行走，以使灰尘不飞扬于辙迹之外。

国君下齐牛①、式宗庙；大夫、士下公门②，式路马。乘路马③，必朝服，载鞭策，不敢授绥，左必式。步路马④，必中道。以足蹙路马刍⑤，有诛；齿路马⑥，有诛。

【注释】

①齐：与“斋”通假。②下公门：在国君的门前要下车。③路马：代指国君的车马。④步：步行牵车前行。⑤蹙：践踏之意。刍：粮草之意。⑥齿：计算年纪。

【译文】

国君经过宗庙的门口，必须下车；遇有披文绣的祭牛，必须凭轼俯身行礼。大夫、士经过国君门口，必须下车，看见礼车用的马，必须凭轼俯身行礼。凡是驾驭“路马”的，一定要穿戴整齐，即使携带鞭策，也不可用以驱赶，亦不可授绥与人，但站在左边，却要凭轼俯身。牵着“路马”步行，必走大路。凡是用足踢“路马”的粮秣者，要罚。估量“路马”的年龄者，也要罚。

曲礼下

凡奉者当心，提者当带①。

执天子之器，则上衡②；国君，则平衡；大夫，则绥之；士，则提之③。

【注释】

①带：古人系在衣服外面的长带子，离地大约四尺半的样子。②上衡：高于心脏的位置。③提之：手放松提着就可以。

【译文】

捧东西的人双手要与心的位置齐平，提东西的人要同腰部齐。

拿天子的器物要高于心的位置；国君的东西，同心的位置平行；大夫的还要低些；士人提到腰就行。

凡执主器，执轻如不克。执主器，操币圭璧①，则尚左手。行不举足，车轮曳踵②。立则磬折③，垂佩。主佩倚，则臣佩垂；主佩垂，则臣佩委④。执玉，其有藉者则裼，无藉者则袭⑤。

【注释】

①币：指的是行礼时所用的束帛，大约有二十丈。②车轮曳踵：像车轮滚动一样不张扬。

③ 磬折：弯腰的样子。④ 佩委：指的是腰配要垂到地上。⑤ 有藉者则裼，无藉者则袭：藉，是衬托物的意思。古人行聘礼时用圭、璋、璧、琮之类的玉器。其中聘时献圭、璋，礼物没有衬托物，献礼者要掩好正服的前襟，端庄敬献。享时献璧、琮，礼物有衬托物，献礼者可以解开正服的前襟露出裼衣。

【译文】

▲ 玉璜串饰

凡手里拿着主人的器物，要小心，如同拿不动的样子。拿着主人的器物或玉帛之类，左手在上；走路时如同车轮滚过一样不抬脚，拖着脚跟走。站立的姿势，要如同磬一样向前俯，腰佩悬垂。主人直立，腰佩倚附在身，那么臣的腰佩要悬垂；主人的腰佩悬垂，那么臣的腰佩要垂到地上。如果拿的是璧琮之类垫着束帛的玉器，袒衣相授受。如果拿的是圭璋之类没有垫的玉器，则披外衣相授受。

国君不名卿老世妇[①]；大夫不名世臣侄娣[②]；士不名家相长妾[③]。

君大夫之子[④]，不敢自称曰“余小子[⑤]”；大夫、士之子，不敢自称曰“嗣子某[⑥]”。不敢与世子同名[⑦]。

【注释】

① 卿老：是上卿之意。世妇：指的是在夫人之下、众妾之上的随嫁者。一般指侄女或妹妹。② 世臣：父辈时的老臣。侄娣：即夫人陪嫁来的侄女或妹妹。③ 家相：家臣中最年长的。长妾：生有儿子的妾。④ 君大夫：指的是在天子处得到分地的大夫。⑤ 余小子：指的是天子在丧的自称。⑥ 嗣子：指的是诸侯在丧的自称。⑦ 世子：在这里指太子。

【译文】

国君对上卿、世妇，大夫对世臣、侄娣，士人对家相、长妾，不称其名字。

国君或大夫、士的孩子不可自称“余小子”。大夫的孩子不可自称“嗣子某”，不能和太子同名。

君使士射[①]，不能，则辞以疾[②]。言曰：“某有负薪之忧[③]。”

侍于君子，不顾望而对[④]，非礼也。

【注释】

① 君使士射：古代射箭之时，两两配对称为射耦。② 疾：生病。③ 负薪之忧：背柴累病了。

④ 顾望：看看四周是否有比自己强的人。

【译文】

国君让士陪贵宾比箭，如果不能射，士就借口有病，说："某有负薪之病。"

侍奉君子，若不观察有无比自己更强的人就回答，则是失礼。

君子行礼，不求变俗，祭祀之礼，居丧之服，哭泣之位，皆如其国之故[①]，谨脩其法而审行之[②]。

去国三世，爵禄有列于朝，出入有诏于国；若兄弟宗族犹存，则反告于宗后[③]。

【注释】

① 皆如其国之故：都和在自己国家一样。② 脩：与"循"同，遵循之意。③ 宗后：指家族的后裔。

【译文】

君子在国之外不要改变原来的礼俗。祭祀的礼仪、居丧的服制、哭泣的位置，都如同在自己国内的一样，小心遵从法度而审慎去做。

离开国家已有三代，家中还有在朝廷做官的，或有来往的，以及兄弟宗族还有在国内的，就要回去告诉族长的后裔。

去国三世，爵禄无列于朝，出入无诏于国，唯兴之日[①]，从新国之法。

君子已孤不更名[②]；已孤暴贵[③]，不为父作谥[④]。

【注释】

① 兴：指的是做了卿大夫。② 孤：指的是父亲去世的儿子。③ 暴贵：大富大贵的意思。④ 作：定、起之意。

【译文】

离开国家已有三代，家中没有在朝廷做官的，也没有来往，自己受任为居住国的官吏时，应遵守新国的法度。

君子在父亡之后不变更名字；父亡之后，就是显贵了，也不为父亲定谥号。

居丧未葬，读丧礼[①]；即葬，读祭礼；丧复常[②]，读乐章。居丧不言乐，祭事不言凶，公庭不言妇女。

振书[③]、端书于君前[④]，有诛。倒策侧龟于君前[⑤]，有诛。

【注释】

① 读：研读之意。② 复常：回到正常的生活。③ 振书：弹掉书上的灰尘。④ 端书：整理书。

⑤ 倒：把……打翻。

【译文】

居丧之礼，没有出葬时要研究丧礼，已经埋葬的，要研究祭礼。丧礼完毕恢复正常，可以读诗歌。居丧不谈乐事，祭祀不谈凶事，在厅堂不谈论妇女。

在国君面前，用手指掸簿书或整理簿书，要处罚。在国君面前，颠倒占卜用的龟，要处罚。

君子将营宫室①，宗庙为先，厩库为次②，居室为后。凡家造③，祭器为先，牺赋为次④，养器为后⑤。

【注释】

① 营：营造、修建之意。② 厩库：马厩、仓库。③ 家造：制备家中所用的器具。④ 牺赋：祭祀时用的牲口。⑤ 养器：供生活之用的器具。

【译文】

君子将要营建宫室，首先建造宗庙，其次马厩、仓库，最后则是自己的居室。 大夫家中制作器具，首先是祭器，其次是祭牲的圈牢，最后则是日常饮食用的器具。

无田禄者，不设祭器；有田禄者，先为祭服。君子虽贫，不粥祭器①；虽寒，不衣祭服。为宫室，不斩于丘木②。

大夫、士去国③，祭器不逾竟。大夫寓祭器于大夫，士寓祭器于士。

【注释】

① 粥：变卖之意。② 丘木：祖坟上的树木。③ 大夫、士去国：在这里指的是向国君进谏三次都以失败告终的大夫和士一级的官员。

【译文】

无田产俸禄的人，不设置祭器。有田产俸禄的人，先制作祭服。君子即使贫穷，也不卖祭器；就是寒冷，也不穿祭服；建造宫室，不敢砍伐坟上的树木。

大夫或士人离开国家，不可携带祭器过境。大夫和士人将祭器寄存在同一官阶的人那里。

大夫、士去国，逾竟，为坛位乡国而哭；素衣、素裳，素冠；彻缘，鞮屦①，素幂②；乘髦马，不蚤鬋③，不祭食；不说人以无罪④；妇人不当御⑤，三月而复服⑥。

【注释】

① 鞮屦：鞮，与“低”同音。鞮屦，是革屦之意。② 素幂：用白色的狗皮盖在车上。③ 蚤鬋：与“爪剪”通假。是剪指甲、理头发之意。④ 不说人以无罪：大夫、士等人由于进谏不从才离开自己的国家，如果声称自己没有罪过的话，显然有冒犯国君之意，所以不能说自己是没有罪过的。⑤ 当御：接近之意。⑥ 复服：恢复成原来的样子。

【译文】

大夫和士人离开国家，过境以后，做一坛位，向着国家的方向哭泣；穿戴素衣、素裳、素冠；除掉衣边，穿着无鞋鼻的草鞋，车前栏杆上是素色覆盖物；驾着没剪毛的马。指甲不剪，须发不理，吃饭时不祭食；不敢把自己的冤屈向人申说；不接近妇女。这样过了三个月才恢复原状，离此而去。

大夫、士见于国君①，君若劳之②，则还辟，再拜稽首③；君若迎拜，则还辟，不敢答拜④。

大夫、士相见，虽贵贱不敌，主人敬客，则先拜客；客敬主人，则先拜主人。

【注释】

①国君：在这里指大夫和士随本国国君出行时见到的他国的国君。②劳：赏赐、慰劳。③稽首：稽首礼是一种正式、重要的礼节。④不敢答拜：不敢与国君抗礼之意。

【译文】

大夫或士人见到国君，国君如果慰劳，就要退身避开，俯首至地再拜；如果国君迎接先拜，就要退身避开，也不敢回拜。

大夫与士相见，虽然主客的身份不相当，主人尊敬客人，就先拜见客人；客人尊敬主人，就先拜见主人。

▲ 主人敬客，则先拜客；客敬主人，则先拜主人。

凡非吊丧，非见国君，无不答拜者。

大夫见于国君①，国君拜其辱②。士见于大夫，大夫拜其辱。同国始相见，主人拜其辱。君于士，不答拜也；非其臣③，则答拜之。大夫于其臣，虽贱，必答拜之。男女相答拜也。

【注释】

①国君：这里指的是他国的国君。②辱：屈辱之意。③其：指自己国家。

【译文】

大凡不是吊丧，不是朝见国君，就都要答拜。

大夫见国君，国君拜其访。士见大夫，大夫也拜其访，同国之人第一次相见，主人拜其访。国君对士，不回拜；不是自己的臣属，就要回拜。大夫对自己的家臣，即使他地位低下，也要回拜。男女相互回拜。

国君春田不围泽①，大夫不掩群②，士不取麛卵③。

岁凶，年谷不登，君膳不祭肺④，马不食谷，驰道不除，祭事不县⑤；大夫不食粱，士饮酒不乐⑥。

【注释】

① 泽：打猎的围场。② 掩群：追捕成群的猎物。③ 麛卵：麛，与“迷”同音。麛卵，指的是鸟兽等动物未成形的幼卵。④ 不祭肺：古人以肺为食前祭礼所用之物，不祭肺指的就是不杀生祭祀之意。⑤ 县：与“悬”同，是指悬挂挂钟之类的东西。⑥ 乐：演奏乐曲。

【译文】

国君在春天田猎，不能包围猎场；大夫不可猎捕兽群，不可猎捕幼兽和鸟卵。

遇有水旱年头，收成不好，国君用膳不杀牲，马匹不喂谷类，驰车的大道不除草，祭事不奏乐；大夫们不吃粟米，士人宴客不能用乐待宾。

君无故玉不去身①。大夫无故不彻县②。士无故不彻琴瑟。

士有献于国君，他日，君问之曰：“安取彼？”再拜稽首而后对。

大夫私行③，出疆必请，反必有献。士私行，出疆必请，反必告。君劳之则拜；问其行，拜而后对。

【注释】

① 玉：指的是贴身所戴的玉配饰。② 彻：同“撤”，撤去。县：同“悬”，此指悬挂的乐器。③ 私行：为私事而出行。

▲ 君子重玉

【译文】

如果不是遭到灾患丧病，国君佩玉不离身，大夫不撤去悬挂的乐器，士人不撤去琴瑟。

士呈献礼物给国君，后来国君问士说：“如何得到这些东西的？”士人先稽首再拜，然后回答。

大夫私事出境，一定要申请，回来必定呈献礼物。士人私自出境，必须申请，回来要报告。国君慰劳，要拜；问起私行事情，先拜而后答。

国君去其国，止之曰①：“奈何去社稷也！”大夫，曰：“奈何去宗庙也！”士，曰：“奈何去坟墓也！”国君死社稷②，大夫死众③，士死制④。

【注释】

① 止：劝告之意。② 死：为……而死。③ 众：指军事之事。④ 制：执行君王的命令。

【译文】

国君要离开自己的国家，要劝阻他说：“为何放弃自己的社稷？”如是大夫，说：“为什么抛弃自己的宗庙？”如是士人，说：“为什么不顾及自己的祖坟？”国君应为国家而死，大夫应为民众而死，士人应为自己的责任而死。

君天下，曰“天子”；朝诸侯，分职授政任功，曰“予一人”；践阼①，临祭祀，内事曰“孝王某”②，外事曰“嗣王某③”；临诸侯，畛于鬼神④，曰“有天王某甫⑤”。崩，曰“天王崩”；复，曰“天子复矣”。告丧，曰“天王登假⑥”；措之庙，立之主，曰“帝”。天子未除丧，曰“予小子”。生名之，死亦名之。

天子有后，有夫人，有世妇，有嫔，有妻，有妾。

【注释】

①践阼：这里除院子外，还指庙堂和郊坛等的阼阶。②内事：指的是在宗庙祭祀。③外事：指的是在郊坛祭祀。④畛：与“疹”同音。是告诉之意。⑤甫：通常指的是男子的字。⑥假：与“遐”同音。登假，升天之意。

【译文】

君临天下的叫“天子”。在朝会诸侯、分派职位、授予政事、任用以政务时，自称“予一人”。站在主人的地位，祭祖时称为“孝王某”，祭郊、社等外神时称“嗣王某”。巡视诸侯国，向鬼神致祭时称为“天王某（字）”。天子死，称“天王崩”。为天子招魂，称“天子”不称名。为天子发丧，称“天王登假”。灵位附入宗庙，立牌位称为某“帝”。天子未除去丧服，曰“予小子”。这样的天子，活着时称“小子王某”。若此时死去，也称“小子王某”。

天子宫内女性有王后、夫人、世妇、嫔、妻、妾等。

天子建天官，先六大①，曰大宰、大宗、大史、大祝、大士、大卜，典司六典。天子之五官，曰司徒、司马、司空、司士、司寇，典司五众②。天子之六府，曰司土、司木、司水、司草、司器、司货，典司六职③。天子之六工，曰土工、金工、石工、木工、兽工、草工，典制六材④。

【注释】

①大：与“太”同。②众：指的是各自手下的官员。③职：事情、内务。④材：器材之意。

【译文】

天子设立官位先设六官，为大宰、大宗、大史、大祝、大士、大卜，掌管六类制度。天子设五官，为司徒、司马、司空、司士、司寇，各自掌管属下官员。天子设六个府库，称司土、司木、司水、司草、司器、司货，掌管各处的职能。天子设立六工，为土工、金工、石工、木工、兽工、草工，掌管各种器物的制作。

五官致贡曰享①。五官之长曰“伯”，是职方。其摈于天子也②，曰“天子之吏”。天子同姓，谓之“伯父”；异姓，谓之“伯舅”。自称于诸侯，曰“天子之老”。于外③，曰“公”；于其国，曰“君”。

【注释】

① 五官：指的是公、侯、伯、子、男五等。② 摈：辅佐之意。③ 于外：指的是自己的封地之外。

【译文】

五官呈献一年的功绩称“享”，五官之首叫“伯”，是执掌之官。他辅佐天子，称“天子之吏”。和天子同姓的诸侯，称为“伯父”；非同姓的称为“伯舅”。他们对其他诸侯自称为“天子之老”。对国外之人称“公”；对国内之人称“君”。

九州之长，入天子之国，曰“牧①”。天子同姓，谓之“叔父”；异姓，谓之“叔舅”。于外，曰“侯”；于其国，曰“君”。

其在东夷、北狄、西戎、南蛮，虽大曰“子”。于内，自称曰“不榖”；于外，自称曰“王老”。

庶方小侯，入天子之国，曰“某人”；于外，曰“子”。自称曰“孤”。

【注释】

① 牧：指的是每州之长。

【译文】

九州诸侯之首，进入天子的国内称某州之“牧”。同姓的，天子称他为“叔父”；非同姓的，称“叔舅”。国外之人称他“侯”；国内之人称他“君”。

那些在东夷、北狄、西戎、南蛮等地的诸侯，即使土地辽阔，爵位是子爵，称他“子”。在国内自称“不榖”，对外自称“王老”。

其余众多的小诸侯，进入天子之国称“某国之人”。国外之人称他为“子”，自称为“孤”。

天子当依而立①，诸侯北面而见天子，曰“觐”。天子当宁而立②，诸公东面，诸侯西面，曰“朝”。

诸侯未及期相见③，曰“遇”。相见于郤地④，曰“会”。诸侯使大夫问于诸侯，曰“聘”。约信⑤，曰“誓”。莅牲⑥，曰“盟”。

【注释】

① 依：与“扆”通假，屏风之意。② 宁：与“住”同音，门和屏风之间的地方。③ 期：指的是事先约定见面的时间和地点。④ 郤地：两国的边界之地。⑤ 信：条文、书面的东西。⑥ 莅牲：面对神灵杀生。

【译文】

天子站在绣有斧纹的屏风前，诸侯面向北朝见天子称“觐”。天子（朝南）站在屏风和门之间，诸公面向东，诸侯面向西称“朝”。

诸侯和诸侯未到约定的日期相互见面称为“遇”；约定日期在两国之间的空隙地带相互见面称“会”。诸侯派遣大夫相互访问称“聘”；写下商量确定的条文称为“誓”；杀牲饮血以确实信守诺言称“盟”。

诸侯见天子，曰“臣某侯某①”。其与民言，自称曰“寡人②”，其在凶服，曰“适子孤”。临祭祀，内事曰“孝子某侯某”，外事曰“曾孙某侯某”。死曰“薨”。复，曰“某甫复矣③”。既葬，见天子，曰“类见”，言谥曰“类”④。

【注释】

①某：代具体的国名。某：代具体的诸侯名。②寡人：古代君王的谦称，表示言语少、学识浅之意。③某甫：代之诸侯的字。④言谥曰“类”：指的是让天子给将要入葬的人请谥号，因为它反映的是一个人的德行，所以称之为“类”。

【译文】

诸侯朝见天子称“臣某侯某”，同人民说话自称“寡人”。若在服丧期内见国外的宾客，就称“适子孤”。主持祭祀时在宗庙内自称“孝子某国侯某”，外事称“曾孙某国侯某”。诸侯死，称为“薨”。招魂时用“字”不用“名”。继位的诸侯行过葬礼后朝见天子，称为“类见”。为父请谥也称为“类”。

诸侯使人使于诸侯，使者自称曰“寡君之老”。

天子穆穆①，诸侯皇皇，大夫济济②，士跄跄③，庶人僬僬④。

【注释】

①穆穆：威严的样子。②济济：庄重的样子。③跄跄：走路有节奏的样子。④僬僬：匆忙紧张的样子。

【译文】

诸侯派士人聘于诸侯，那个使者自称为“寡君之老”。

天子的仪容显出深远的样子，诸侯的仪容应显赫盛大，大夫的样子应整齐庄严，士的样子从容舒展，庶人的样子匆忙急促。

天子之妃曰后，诸侯曰夫人，大夫曰孺人，士曰妇人，庶人曰妻。公侯有夫人，有世妇，有妻，有妾。夫人自称于天子，曰“老妇”；自称于诸侯，曰“寡小君”；自称于其君，曰“小童”。自世妇以下①，自称曰“婢子”。子于父母，则自名也。

【注释】

① 自世妇以下：指的是世妇下面的妻、妾。

【译文】

天子的配偶称“后”，诸侯的配偶称“夫人”，大夫的配偶称“孺人”，士的配偶称“妇人”，庶人的配偶称“妻”。公、侯有夫人、世妇、妻、妾。公侯夫人对天子自称“老妇”；对诸侯自称为“寡小君”；对自己国君自称为“小童”。从世妇往下，都自称为“婢子”。子女在父母面前称自己的名字。

列国之大夫，入天子之国，曰“某士①”；自称曰“陪臣某②”；于外曰“子③”，于其国④，曰“寡君之老”。使者自称曰“某”。

【注释】

① 某：代指特定的国家。② 某：指代具体的臣子。③ 外：别国之意。④ 其国：本国之意。

【译文】

各诸侯国的大夫，进入天子国内称“某国的士”；自称“陪臣某”。国外人称他“子”，国中之人对国外人说话，称他“寡君之老”。出使之人自称“某”。

天子不言出①。诸侯不生名②。君子不亲恶③；诸侯失地④，名⑤；灭同姓⑥，名。

为人臣之礼：不显谏⑦。三谏而不听，则逃之⑧。子之事亲也，三谏而不听，则号泣而随之。

【注释】

① 天子不言出：天子以天下为家，天子出行某地，要说“居某地”。② 诸侯不生名：指的是诸侯在世之时，史书上记录时，不能直呼其名，要称其爵位。③ 恶：指有罪恶的人。④ 失地：失去自己的国土。⑤ 名：史书记载时，要记录他的真名。⑥ 同姓：指的是同姓国。⑦ 不显谏：出于礼仪，不当众指责之意。⑧ 逃：离开之意。

【译文】

天子出奔，史书不用“出”字。诸侯生前史书不称其名。君子不原谅作恶的天子和诸侯。诸侯失掉某地，或残害同胞，史书直称其名。

作为人臣的礼仪，不当众指责国君。数次劝谏仍不听从，就要离国君而去。子女侍奉双亲，数次劝说仍不听从，就大声哭泣，听任他们。

君有疾，饮药，臣先尝之。亲有疾，饮药，子先尝之。医不三世①，不服其药。

【注释】

① 医不三世：行医不到三代，指的是没有丰富经验的医生。

【译文】

国君有病，服药时侍臣先尝。双亲有病，服药时子女先尝。如不是医术精通、经验丰富的医生，不要服用他的药。

儗人必于其伦①。

【注释】

① 伦：身份地位之意。

【译文】

一个人必须符合他的身份。

问天子之年，对曰："闻之，始服衣若干尺矣①。"问国君之年，长，曰："能从宗庙社稷之事矣。"幼，曰："未能从宗庙社稷之事也。"问大夫之子，长，曰："能御矣。"幼，曰："未能御也。"问士之子，长，曰："能典谒矣②"；幼，曰："未能典谒也。"问庶人之子，长，曰："能负薪矣。"幼，曰："未能负薪也。"

【注释】

① 始服：开始穿着之意。② 典谒：主持宴请宾客之事。

【译文】

问天子的年龄，回答说："听说开始穿多长的衣服了。"问国君的年龄，如果年长，回答说："能主持宗庙社稷的事情了。"年幼，则回答说："不能主持宗庙社稷的事情。"问大夫的儿子，年长，回答说："能驾驭车马了。"年幼，回答说："不能驾驭车马。"问士的儿子，如果年长，回答说："能替客人传话了。"年幼，则回答说："不能替客人传话。"问庶人的儿子，年长，回答说："能负薪了。"年幼，回答说："不能负薪。"

问国君之富，数地以对，山泽之所出。问大夫之富，曰："有宰食力①，祭器衣服不假②。"问士之富，以车数对。问庶人之富，数畜以对。

【注释】

① 宰：同"采"，指的是封地。② 假：借。

【译文】

问国君的财富先计算国土，然后说山泽的出产。问大夫的财富，说："有封邑人民供给衣食，祭器祭服不用借。"问士的财富，可答车数多少。问庶人的财富，可答牲畜的数目。

天子祭天地，祭四方，祭山川，祭五祀[①]，岁遍[②]。诸侯方祀[③]，祭山川，祭五祀，岁遍。大夫祭五祀，岁遍。士祭其先[④]。

【注释】

①五祀：指的是对五种神灵的祭祀。②岁遍：一年祭祀一次。③方祀：祭祀四方之神。④先：祖先之意。

【译文】

天子祭天地之神，祭四方之神，祭山川之神，祭五祀之神，一年内祭祀一次。诸侯在封国内遥祭四方之神，祭山川五祀之神，一年内祭遍。大夫祭五祀之神，一年之内祭遍。士人祭祀自己的祖先。

凡祭，有其废之，莫敢举也[①]；有其举之，莫敢废也。非其所祭而祭之[②]，名曰淫祀。淫祀无福。

【注释】

①举：再次举行之意。②非其所祭：不是自己应该祭祀的神灵。

【译文】

凡是祭祀，有废止的，不能再次举行；有的要举行，不能废止。不应该祭的而祭是无节制的祭祀。这种祭祀不会降福。

天子以牺牛[①]，诸侯以肥牛，大夫以索牛[②]，士以羊豕。

支子不祭[③]，祭必告于宗子[④]。

【注释】

①牺：指毛色纯的。②索：选择之意。③支子：指的是嫡长子以下的众子，包括妾所生的儿子。④宗子：指嫡长子。

【译文】

天子祭祀用纯毛色的祭牛，诸侯要用特别喂养的祭牛。大夫则用普通的牛，士人只用羊、猪。

庶出的子孙不能主持祭祀，祭祀必须告诉嫡长子。

凡祭宗庙之礼，牛曰“一元大武”，豕曰“刚鬣”，豚曰“腯肥”，羊曰“柔毛”，鸡曰“翰音”，犬曰“羹献”，雉曰“疏趾”，兔曰“明视”；脯曰“尹祭”，槁鱼曰“商祭”[①]，鲜鱼曰“脡祭”；水曰“清涤”，酒曰“清酌”；黍曰“芗合”，粱曰“芗萁”，稷曰“明粢”，稻曰“嘉蔬”；韭曰“丰本”，盐曰“咸鹾”；玉曰“嘉玉”，币曰“量币”。

【注释】

① 槁鱼：指的是干鱼。

【译文】

祭宗庙的礼有特殊礼号：牛称为“一元大武”，猪称为“刚鬣”，豚称为“腯肥”，羊称为“柔毛”，鸡称为“翰音”，狗称为“羹献”，雉称为“疏趾”，兔称为“明视”；干肉称为“尹祭”，干鱼称为“商祭”，鲜鱼称为“脡祭”；水称为“清涤”，酒称为“清酌”；黍称为“芗合”，粱称为“芗萁”，稷称为“明粢”，稻称为“嘉蔬”；韭称为“丰本”，盐称为“咸鹾”；玉称为“嘉玉”，币称为“量币”。

天子死曰“崩”，诸侯曰“薨”，大夫曰“卒”，士曰“不禄”，庶人曰“死”。在床曰“尸”，在棺曰“柩”。

【译文】

天子死称“崩”，诸侯死称“薨”，大夫死称“卒”，士死称“不禄”，庶人称“死”。死人有床称为“尸”，已在棺内称为“柩”。

羽鸟曰“降”，四足曰“渍”。死寇曰“兵”。

祭王父曰“皇祖考”，王母曰“皇祖妣”，父曰“皇考”，母曰“皇妣”，夫曰“皇辟”。

生曰“父”、曰“母”、曰“妻”；死曰“考”、曰“妣”、曰“嫔”。

【译文】

飞鸟死称“降”，四足之兽死称“渍”，死于寇难则称死于“兵”。

祭已经死去的祖父称“皇祖考”，祖母称“皇祖妣”，父称“皇考”，母称“皇妣”，夫称“皇辟”。

生前称“父”，称“母”，称“妻”；死后则称“考”，称“妣”，称“嫔”。

寿考曰“卒”①，短折曰“不禄”②。

【注释】

① 寿考：正常的老死。② 短折：夭折而亡。

【译文】

长寿而死的称为“卒”，短命夭折称为“不禄”。

天子视不上于袷①，不下于带②。国君绥视③。大夫衡视④。士视五步。凡视，上于面则敖，下于带则忧⑤，倾则奸⑥。

【注释】

① 袷：与“借”同音。指的是衣领。② 带：系在衣服外面的长带子。③ 绥视：视线向下。④ 衡视：目光平视。⑤ 忧：拘谨。⑥ 倾：歪着脑袋斜视。

【译文】

瞻视天子，视线不能高于衣领，不低于腰部。瞻视国君，视线稍向下。瞻视大夫，可视线平直面对面。士人，视线可及五步左右。凡是注视对方，视线超过面部就显得傲慢，低于对方腰部显得不自然，斜眼看，显得心术不正。

君命，大夫与士肄①。在官言官，在府言府，在库言库，在朝言朝。朝言不及犬马。

【注释】

① 肄：研习之意。

【译文】

国君有命令，大夫与士应研习。在版图文书之处应讨论版图文书；在宝藏财帛处应讨论宝藏财帛；在车马甲兵处讨论车马甲兵；在君臣议事之处，讨论政事施为。讨论政事不可涉及犬马之类。

辍朝而顾，不有异事，必有异虑。故辍朝而顾，君子谓之固①。在朝言礼，问礼对以礼。

【注释】

① 固：无理的样子。

【译文】

中止朝见，各自散归时，回头看有没有题外之事，一定有不正当的念头。所以“辍朝而顾”，君子视之为粗鲁无礼。朝廷上到处讲礼，问话有礼，答话也要有礼。

大飨不问卜①，不饶富②。

凡挚③，天子鬯④，诸侯圭，卿羔，大夫雁，士雉，庶人之挚匹⑤。童子委挚而退⑥。

【注释】

① 大飨：国君宴请诸侯。不问卜：飨礼用在祭祀时是需要占卜的，在天子宴请时，不用占卜。② 不饶富：不再增加已经备好的礼物。③ 挚：古人见面时拿的礼物。④ 鬯：与“唱”同音。是酒的一种。⑤ 匹：家养的鸭子。⑥ 委挚：放下礼物之意。

【译文】

大飨之礼，不用卜定日期，礼数完备，不用增益。

▲ 天子赐宴

凡是礼品，天子用酒，诸侯用圭，卿用羔羊，大夫用雁，士人用雉，庶人用鸭子。童子放下礼物就可以走。

野外军中无挚，以缨、拾、矢可也[①]。

妇人之挚，俱、榛、脯、脩、枣、栗[②]。

纳女于天子[③]，曰“备百姓”；于国君，曰“备酒浆”；于大夫，曰“备扫洒”。

【注释】

① 缨：指的是马缨。拾：射箭时套在胳膊上的臂套。② 俱：与“举”同音，一种味甜的干果。脯、脩：都是指的干肉。③ 纳女于天子：将女子嫁给天子之意。

【译文】

野外军中找不到礼品，用缨、拾、矢也行。

用于妇女们的礼物，有：俱、榛子、干肉、枣、栗子。

送女儿到天子那儿称为“备百姓”；到国君那儿称为“备酒浆”；到大夫那儿称为“备扫洒”。

“四圣”与“四书”

至圣孔子

儒家学派的创始人，开创私人讲学，后世尊为至圣先师、万世师表。

《论语》：孔子弟子及再传弟子编纂，集中反映了孔子的思想。

弟子↓

宗圣曾参

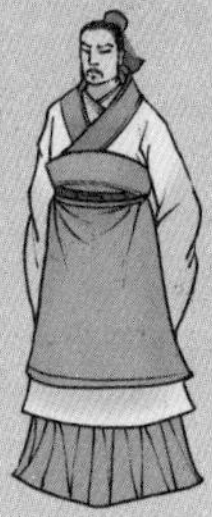

编《论语》、著《大学》、写《孝经》、著《曾子十篇》，后世尊奉为“宗圣”。

《大学》：孔子弟子曾参整理成文，是孔子讲授“初学入德之门”要籍。

弟子↓

述圣子思

上承曾参，下启孟子，发挥孔子“中庸”思想并使之系统化，后人尊称“述圣”。

《中庸》：孔子孙子、曾参弟子子思所作，是“孔门传授心法”著作。

弟子↓

亚圣孟子

继承孔子仁学思想并将其发展成为“仁政”思想，被称为“亚圣”。

《孟子》：据传，由孟子和弟子记录并整理而成，记载孟子及其学生言行的书。

“四书”根本上是教人如何做人，“四书”里很多内容讲述做人的尊严、人格的力量、人生的价值与意义。

“四书”的地位与影响

“四书”蕴含了儒家思想的核心内容，是儒学认识论和方法论的集中体现，在历代思想史上产生过深远的影响，至今读来，仍不失其深刻的教育意义和启迪价值。

“四书”由来

南宋理学家朱熹取《礼记》中的《中庸》《大学》两篇文章单独成书，与记录孔子言行的《论语》、记录孟轲言行的《孟子》合为“四书”。

“四书”是《论语》《孟子》《大学》《中庸》的合称。

“四书”的地位

“四书”自宋代以来是中国人必读的书，其主要内容通过私塾乡校、教书先生、唱戏的、说书的等，从各种渠道流向社会，影响世道人心。

梁启超认为，《论语》《孟子》等是两千年国人思想的总源泉，支配着中国人的内外生活，其中有益于身心的圣哲格言，早已在全社会形成共同意识。

“四书”的影响

“四书”影响深远，宋以后成为封建教育的教科书，使儒家思想成为中国封建社会的主导思想。时至今日，“四书”在社会规范、人际交流、社会文化等方面仍有不可估量的影响。

大学

大学之道[①]，在明明德[②]，在亲民[③]，在止于至善。知止而后有定[④]，定而后能静，静而后能安，安而后能虑，虑而后能得[⑤]。物有本末，事有终始。知所先后，则近道矣。

【注释】

①大学之道：大学的宗旨，大学的最终目的。大学，在古代其含义有两种："博学"之意；与"小学"相对的"大人之学"。古代儿童八岁上小学，主要学习"洒扫、应对、进退、礼乐射御书数"之类的文化课和基本的礼节。十五岁后可进入大学，开始学习伦理、政治、哲学等"穷理正心，修己治人"的学问。两种含义虽有明显的区别之处，但都有"博学"之意。道，本指道路，在这里指的是在学习政治、哲学时所掌握的规律和原则。②明明德：第一个"明"是动词，彰显、发扬之意。第二个"明"是形容词，含有高尚、光辉的意思。③亲民：一说是"新民"，使人弃旧图新，弃恶扬善，引导、教化人民之意。④知止：明确目标所在。⑤得：得到成果。

【译文】

《大学》的宗旨，在于弘扬高尚的德行，在于关爱人民，在于达到最高境界的善。知道要达到"至善"的境界方能确定目标，确定目标后方能内心平静，内心平静方能安稳不乱，安稳不乱方能思虑周详，思虑周详方能达到"至善"。凡物都有根本有末节，凡事都有终端有始端，知道了它们的先后次序，就与《大学》的宗旨相差不远了。

古之欲明明德于天下者，先治其国。欲治其国者，先齐其家[①]。欲齐其家者，先修其身[②]。欲修其身者，先正其心。欲正其心者，先诚其意。欲诚其意者，先致其知[③]。致知在格物[④]。物格而后知至，知至而后意诚，意诚而后心正，心正而后身修，身修而后家齐，家齐而后国治，国治而后天下平。自天子以至于庶人，壹是皆以修身为本[⑤]。其本乱而末治者否矣[⑥]。其所厚者薄，而其所薄者厚[⑦]，未之有也[⑧]。此谓知本，此谓知之至也。

【注释】

①齐其家：将自己家庭或家族的事务管理得井井有条，人与人之间的关系和谐，家业繁荣

的意思。②修其身：锻造、修炼自己的品行和人格。③致其知：让自己得到知识和智慧。④格物：研究、认识世间万物。⑤壹是：全部都是之意。本：本源、根本。⑥末：与“本”相对，末节之意。⑦其所厚者薄，而其所薄者厚：厚者薄，该厚待的却怠慢。薄者厚，该怠慢的反倒厚待。⑧未之有也：宾语前置句，“未有之也”。是说还不曾有过这样的做法或是事情。

▲ 欲治其国者，先齐其家。

【译文】

在古代，意欲将高尚的德行弘扬于天下的人，则先要治理好自己的国家；意欲治理好自己国家的人，则先要管好自己的家庭；意欲管好自己家庭的人，则先要修养好自身的品德；意欲修养好自身品德的人，则先要端正自己的心意；意欲端正自己心意的人，则先要使自己的意念真诚；意欲使自己意念真诚的人，则先要获取知识；获取知识的途径则在于探究事理。探究事理后才能获得正确认识，认识正确后才能意念真诚，意念真诚后才能端正心意，心意端正后才能修养好品德，品德修养好后才能管好家族，家族管好后才能治理好国家，国家治理好后才能使天下太平。从天子到普通百姓，都要把修养品德作为根本。人的根本败坏了，末节反倒能调理好，这是不可能的。正像我厚待他人，他人反而慢待我、我慢待他人，他人反而厚待我这样的事情，还未曾有过。这就叫知道了根本，这就是认知的最高境界。

所谓诚其意者①，毋自欺也②。如恶恶臭③，如好好色④，此之谓自谦⑤。故君子必慎其独也⑥。小人闲居为不善⑦，无所不至，见君子而后厌然⑧，掩其不善而著其善⑨。人之视己，如见其肺肝然，则何益矣。此谓诚于中，形于外⑩，故君子必慎其独也。曾子曰：“十目所视，十手所指，其严乎！”富润屋⑪，德润身⑫，心广体胖⑬，故君子必诚其意。

【注释】

①诚其意：指意念真诚。②毋：不要。③恶恶臭：第一个“恶”与“误”同音。恶恶臭，指的是讨厌恶臭的气味。④好好色：第一个“好”与“号”同音。好好色，喜爱容貌出众的女子。⑤谦：心满意足的样子。⑥慎其独：在独处时要慎重。⑦闲居：单独在家中。⑧厌然：遮遮掩掩、躲避之意。⑨掩：隐藏之意。著：彰显出来。⑩诚于中，形于外：中，

内心。外，指外表。⑪ 润屋：装饰住所。⑫ 润身：修炼自己。⑬ 心广体胖：心胸宽广，身体舒适。胖，音同“盘”，舒适之意。

【译文】

所谓意念真诚，就是说不要自己欺骗自己。就像厌恶难闻的气味，喜爱好看的女子，这就是求得自己的心满意足。所以君子在独处时一定要慎重。小人独自在家时什么坏事都可以做出来。当他们看到君子后，才会遮掩躲闪，藏匿他们的不良行为，表面上装作善良恭顺。别人看到你，就像能见到你的五脏六腑那样透彻，装模作样会有什么好处呢？这就是所说的心里是什么样的，会显露在外表上。因此，君子在独处的时候一定要慎重。曾子说：“一个人被众人注视，被众人指责，这是很可怕的啊！”富能使房屋华丽，德能使人品德高尚，心胸宽广能体态安适，所以，君子一定要意念真诚。

《诗》云：“瞻彼淇澳，菉竹猗猗。有斐君子，如切如磋，如琢如磨。瑟兮僩兮，赫兮喧兮。有斐君子，终不可諠兮①。”“如切如磋”者，道学也②。“如琢如磨”者，自修也。“瑟兮咺兮”者，恂栗也③。“赫兮喧兮”者，威仪也。“有斐君子，终不可諠兮”者，道盛德至善，民之不能忘也。《诗》云：“於戏前王不忘④！”君子贤其贤而亲其亲，小人乐其乐而利其利。此以没世不忘也⑤。《康诰》曰⑥：“克明德⑦。”《大甲》曰⑧：“顾諟天之明命⑨。”《帝典》曰⑩：“克明峻德⑪。”皆自明也。

【注释】

① 瞻彼淇澳……终不可諠兮：出自《诗经·卫风·淇澳》。淇，古代的水名，在今河南北部。澳，音同“玉”，水边之意。斐，才华、文采之意。僩，与“闲”同音。瑟兮咺兮，庄严、心胸开阔之意。赫兮喧兮，显赫的样子。諠，又作“谖”，忘却之意。② 道：说、谈论。③ 恂栗：惊恐、畏惧之意。④ 於戏前王不忘：出自《诗经·周颂·烈文》。於戏，与“呜呼”同音，感叹词。前王，指的是周文王和周武王。⑤ 此以：所以。没世：过世之意。⑥《康诰》：《尚书·周书》中的一篇。五经之一的《尚书》是记录古代历史事件和人物的著作，全书分为《虞书》《夏书》《商书》《周书》四大部分。⑦ 克：能够。⑧《大甲》：即《太甲》，是《尚书·商书》中的一篇。⑨ 顾：顾念之意。諟：此。明命：坦荡正义的禀性。⑩《帝典》：即《尧典》，是《尚书·虞书》中的一篇。⑪ 克明峻德：《尧典》原句为“克明俊德”。俊，与“峻”通假，是崇高之意。

▲ 商周铜簋

【译文】

《诗经》上说："看那弯弯的淇水岸边，绿竹苍郁。那文质彬彬的君子，像切磋骨器、琢磨玉器那样治学修身。他庄重威严，光明显耀。那文质彬彬的君子啊，令人难以忘记！"所谓"像切磋骨器"，是说治学之道；所谓"像琢磨玉器"，是说自身的品德修养；所谓"庄重威严"，是说君子谦逊谨慎；所谓"光明显耀"，是说君子仪表的威严；"那文质彬彬的君子啊，令人难以忘记"，是说君子的品德完美，达到了最高境界的善，百姓自然不会忘记他。《诗经》上说："哎呀，先前的贤王不会被人忘记。"后世君子，尊前代贤王之所尊，亲前代贤王之所亲，后代百姓因先前贤王而享安乐，获收益。这样前代贤王虽过世而不会被人遗忘。《尚书·周书》中的《康诰》篇上说："能够弘扬美德。"《尚书·商书》中的《太甲》篇中说："思念上天的高尚品德。"《尚书·虞书》中《帝典》篇中说："能够弘扬伟大的德行。"这些都是说要自己发扬美德。

汤之《盘铭》曰①："苟日新②，日日新，又日新。"《康诰》曰："作新民③。"《诗》曰："周虽旧邦，其命维新④。"是故君子无所不用其极⑤。《诗》云："邦畿千里，惟民所止⑥。"《诗》云："缗蛮黄鸟，止于丘隅⑦。"子曰："于止，知其所止，可以人而不如鸟乎？"《诗》云："穆穆文王，於缉熙敬止⑧！"为人君，止于仁；为人臣，止于敬；为人子，止于孝；为人父，止于慈；与国人交，止于信。子曰："听讼，吾犹人也，必也使无讼乎。"无情者不得尽其辞，大畏民志⑨。此谓知本。

【注释】

① 汤之《盘铭》：汤，历史上的商汤。盘铭：刻在金属器皿警示语言或是箴言。这里的金属器皿指的是商汤的洗澡盆。② 苟日新：苟，假如。新，本义指洗澡时除去身上污浊的东西，清洁身体，在这里是精神层面的弃旧革新。③ 作：激发。新民：使民新的意思，弃旧从新，弃恶从善。④ 周虽旧邦，其命维新：出自《诗经·大雅·文王》。旧邦，旧有的国家。其命，在这里指周朝所秉承的天命。维，助词，无意义。⑤ 极：完善、极致。⑥ 邦畿千里，惟民所止：出自《诗经·商颂·玄鸟》。邦畿，指都城和周边地区。止，停止、栖息，在这里是居住之意。⑦ 缗蛮黄鸟，止于丘隅：出自《诗经·小雅·绵蛮》。缗蛮，鸟叫声。隅，角落之意。止，栖息。⑧ 穆穆文王，於缉熙敬止：引自《诗经·大雅·文王》。穆穆，雍容庄重的样子。於，与"误"同音，感叹词。缉，接着。熙，光明、光亮。止，助词，无意义。⑨ 无情者不得尽其辞，大畏民志：无情者，有违实情的人。辞，花言巧语。民志，指民心。

【译文】

商汤的《盘铭》上说："如果一日洗刷干净了，就应该天天洗净，不间断。"《康诰》篇上说："劝勉人们自新。"《诗经》上说："周朝虽是旧国，但文王承受天命是新的。"因此，君子处处都要追求至善的境界。《诗经》上说："京城方圆千里，都为百姓居住。"《诗经》

上说："啁啾鸣叫的黄莺，栖息在多树的山丘上。"孔子说："啊呀，黄莺都知道自己的栖息之处，难道人反而不如鸟吗？"《诗经》上说："仪态端庄美好的文王啊，他德行高尚，使人无不仰慕。"身为国君，当努力施仁政；身为下臣，当尊敬君主；身为人之子，当孝顺父母；身为人之父，当慈爱为怀；与国人交往，应当诚实，有信用。孔子说："审断争讼，我的能力与他人一般无二，但我力争使争讼根本不发生。"违背实情的人，不能尽狡辩之能事，使民心敬畏。这叫作知道什么是根本。

所谓修身在正其心者[①]：身有所忿懥[②]，则不得其正；有所恐惧，则不得其正；有所好乐，则不得其正；有所忧患，则不得其正。心不在焉，视而不见，听而不闻，食而不知其味。此谓修身在正其心。

【注释】

① 修身：指的是修养良好的品德。② 忿懥：愤怒之意。

【译文】

如要修养好品德，则先要端正心意。心中愤愤不平，则得不到端正；心中恐惧不安，则得不到端正；心里有偏好，则得不到端正；心里有忧患，则得不到端正。一旦心不在焉，就是看了，却什么也看不到；听了，却什么也听不到；吃了，却辨别不出味道。所以说，修养品德关键在端正心意。

▲ 修身在正其心。

所谓齐其家在修其身者，人之其所亲爱而辟焉[①]，之其所贱恶而辟焉，之其所畏敬而辟焉，之其所哀矜而辟焉[②]，之其所敖惰而辟焉[③]。故好而知其恶，恶而知其美者，天下鲜矣。故谚有之曰："人莫知其子之恶，莫知其苗之硕。"此谓身不修，不可以齐其家。

【注释】

① 之："对于"之意。辟：亲近、偏爱之意。② 哀矜：同情怜悯之意。③ 敖：骄傲，傲慢。惰：懈怠。

【译文】

如要管好家族，则先要修养好品德，为什么呢？因为人往往对他所亲近喜爱的人有偏见，对他所轻视讨厌的人有偏见，对他所畏惧恭敬的人有偏见，对他所怜惜同情的人有偏见，对他所傲视简慢的人有偏见。所以喜爱一个人但又认识到他的缺点，不喜欢一个人但又认识到他优点的人，也少见。因此有一则谚语说："人看不到自己孩子的过错，人察觉不到自己的庄稼好。"这就是不修养好品德，就管理不好家族的道理。

所谓治国必先齐其家者，其家不可教而能教人者，无之。故君子不出家而成教于国。孝者所以事君也，弟者所以事长也①，慈者所以使众也②。《康诰》曰："如保赤子③。"心诚求之，虽不中④，不远矣。未有学养子而后嫁者也。一家仁，一国兴仁；一家让，一国兴让；一人贪戾，一国作乱。其机如此⑤。此谓一言偾事⑥，一人定国。尧舜率天下以仁⑦，而民从之。桀纣率天下以暴⑧，而民从之。其所令反其所好，而民不从。是故君子有诸己，而后求诸人；无诸己，而后非诸人⑨。所藏乎身不恕⑩，而能喻诸人者⑪，未之有也。故治国在齐其家。《诗》云："桃之夭夭，其叶蓁蓁。之子于归，宜其家人⑫。"宜其家人，而后可以教国人。《诗》云："宜兄宜弟⑬。"宜兄宜弟，而后可以教国人。《诗》云："其仪不忒，正是四国⑭。"其为父子兄弟足法，而后民法之也。此谓治国在齐其家。

【注释】

①弟：与"悌"通假。指弟弟对哥哥要尊重服从。②慈：长辈对晚辈的爱。③如保赤子：出自《尚书·周书·康诰》。如，与"若"同，好像。指的是作为国君保护老百姓就要像保护自己的婴儿一样。④中：与"重"同音，指的是达到预期的目标。⑤机：古代弓箭上的机关，这里指的是关键。⑥偾：与"奋"同音，败坏之意。⑦尧舜：古代仁君的代表。率：带领、领导。⑧桀：夏代的最后一位君主，残暴至极。纣：商代的最后一位君主。两人与尧舜相对，是古代暴君的代表。⑨诸："之于"的合音词。⑩恕：恕道之意。孔子曾说："己所不欲，勿施于人。"就是指自己不想做的，也不要让别人去做，这种推己及人的品德就是儒家所提倡的恕道。⑪喻：知晓、明白。⑫桃之夭夭……宜其家人：出自《诗经·周南·桃夭》。夭夭，鲜美的样子。蓁蓁，与"真"同音，浓密茂盛的样子。之子，与"之女子于归"同，是说女子出嫁。⑬宜兄宜弟：出自《诗经·小雅·蓼萧》。是尊敬兄长、爱护兄弟之意。⑭其仪不忒，正是四国：出自《诗经·曹风·鸤鸠》。仪，仪容。忒，差错。

【译文】

要治理好国家，必须先要管理好自己的家族，因为不能教育好自己家族的人反而能教育好一国之民，这是从来不会有的事情。所以，君子不出家门而能施教于国民。孝顺，是侍奉君主的原则；尊兄，是侍奉长官的原则；仁慈，是控制民众的原则。《康诰》中说："像爱护婴儿那样去爱护自己的国民。"诚心诚意去爱护，即便不合婴儿的心意，也相差不远。不曾有过先学养育孩子再出嫁的人呀！国君的家庭仁爱相亲，一国就会仁爱成风；国君的家庭谦让相敬，一国就会谦让成风；国君贪婪暴戾，一国就会大乱——它们的相互关系就是这样。这就叫作一句错话可以败坏大事，国君谨慎可以安邦定国。尧、舜用仁政统治天下，百姓就跟从他们实施仁爱。桀、纣用暴政统治天下，百姓就跟从他们残暴不仁。他命令大家做的，与他自己所喜爱的凶暴相反，因此百姓不服从。因此，君子要求自己具有品德后再要求他人，自己先不做坏事，然后再要求他人不做。自己藏有不合“己所不欲，勿施于人”这一恕道的行为，却能使他人明白恕道，这是不会有的事情。因此，国家的治理，在于先调整好家族。《诗经》上说：“桃花绚烂，枝繁叶茂。姑娘出嫁，合家欢快。”只有合家相亲和睦后，才能够调教一国之民。《诗经》上说：“尊兄爱弟。”兄弟相处和睦后，才可以调教一国的人民。《诗经》上说：“他的仪容没有差错，成为四方之国的准则。”能使父亲、儿子、兄长、弟弟各谋其位，百姓才能效法。这就叫作治理好国家首先要管理好家族。

所谓平天下在治其国者，上老老而民兴孝①，上长长而民兴弟②，上恤孤而民不倍③。是以君子有絜矩之道也④。所恶于上，毋以使下；所恶于下，毋以事上；所恶于前，毋以先后；所恶于后，毋以从前；所恶于右，毋以交于左；所恶于左，毋以交于右。此之谓絜矩之道。《诗》云：“乐只君子，民之父母⑤。”民之所好好之，民之所恶恶之，此之谓民之父母。《诗》云：“节彼南山，维石岩岩。赫赫师尹，民具尔瞻⑥。”有国者不可以不慎，辟则为天下僇矣⑦。《诗》云：“殷之未丧师，克配上天。仪监于殷，峻命不易⑧。”道得众则得国，失众则失国。

【注释】

①老老：第一个“老”是动词，指的是把老人当作老人看待的意思。老老，尊敬老人之意。②长长：与“老老”的结构相同。长长，敬重长辈之意。③上恤孤而民不倍：恤，体恤怜爱之意。孤，指的是幼年丧父的孤儿。倍，与“背”通假，背离、背叛之意。④絜矩之道：絜，度量之意。矩，画矩形所用的尺子，是规则、法度之意。絜矩之道，是儒家的伦理思想，指一言一行要有模范作用。⑤乐只君子，民之父母：出自《诗经·小雅·南山有台》。乐，欢快、喜悦之意。只，助词，无意义。⑥节彼南山……民具尔瞻：出自《诗经·小雅·节南山》。节，高耸的样子。岩岩，险峻之意。师尹，指的是太师尹氏，太师是周代的三公之一。瞻，瞻仰、仰视之意。⑦僇：与“戮”通假，杀戮之意。⑧殷之未丧师……峻命不易：出自《诗经·大雅·文王》。师，人民大众。配，与……相符。仪，应该。监，警戒，鉴戒。峻，大。

▲ 君子有絜矩之道也。

【译文】

要平定天下，先要治理好自己的国家。因为居上位的人敬重老人，百姓就会敬重老人；居上位的人敬重兄长，百姓就会敬重兄长；居上位的人怜爱孤小，百姓就不会不讲信义。所以，君子的言行具有模范作用。厌恶上级的所作所为，就不要用同样的做法对待下级；厌恶下级的所作所为，就不要用同样的做法对待上级；厌恶在我之前的人的所作所为，就不要用同样的做法对待在我之后的人；厌恶在我之后的人的所作所为，就不要用同样的做法对待在我之前的人；厌恶在我右边的人的所作所为，就不要用同样的方法与我左侧的人交往；厌恶在我左边的人的所作所为，就不要用同样的方法与我右侧的人交往。这就是所说的模范作用。《诗经》上说："快乐啊国君，你是百姓的父母。"百姓喜爱的他就喜爱，百姓厌恶的他就厌恶，这就是所说的百姓的父母。《诗经》上说："高高的南山啊，重峦叠嶂。光耀显赫的尹太师啊，众人都把你仰望。"统治国家的人不能不谨慎，出了差错就会被天下百姓杀掉。《诗经》上说："殷朝没有丧失民众时，能够与上天的意旨相配合。应以殷朝的覆亡为鉴，天命得来不易啊。"这就是说得到民众的拥护，就会兴国；失去民众的拥护，就会亡国。

是故君子先慎乎德。有德此有人[①]，有人此有土，有土此有财，有财此有用。德者本也，财者末也。外本内末，争民施夺[②]。是故财聚则民散，财散则民聚。是故言悖而出者[③]，亦悖而入；货悖而入者，亦悖而出。《康诰》曰："惟命不于常。"道善则得之，不善则失之矣。《楚书》曰："楚国无以为宝，惟善以为宝[④]。"舅犯曰："亡人无以为宝，仁亲以为宝[⑤]。"

【注释】

①此：才。②争民施夺：争民，民众互相争斗之意。施夺，抢夺财富。③悖：逆、反。④楚国无以为宝，惟善以为宝：出自《楚书》。《楚书》是楚昭王时编写的史书，后世史书中对此也有记载。王孙圉受楚昭王之命出使晋国。晋国赵简子问楚国珍宝美玉之事。王孙圉回应说：楚国从来不把美玉当珍宝，而只是将那些和观射父一样的大臣看作珍宝。⑤亡人无以为宝，仁亲以为宝：舅犯，是晋文公重耳的舅舅，名狐偃，字子犯。亡人，逃亡之人，特指重耳。子犯对重耳说这些话的历史背景是，晋僖公四年，晋献公因听信谗言，逼迫太子申生自缢而死。重耳避难逃亡在狄国时，晋献公逝世。秦穆公派人劝重耳回国执政。子犯得知此事，认为不能回去，随即对重耳说了下面的话。

【译文】

所以，君子应该谨慎地修养德行。具备了德行才能获得民众支持，有了民众支持才会有国土，有了国土才会有财富，有了财富才能享用。德行为根本，财富为末端。如若本末倒置，民众就会互相争斗、抢夺。因此，财富聚集在国君手中，就可以使百姓离散；财富疏散给百姓，百姓就会聚在国君身边。所以你用不合情理的言语说别人，别人也会用不合情理的言语说你；用不合情理的方法获取的财富，也会因违背道义而失去财富。《康诰》上说："天命不是始终如一的。"德行好的就会得天命，德行不好就会失掉天命。《楚书》上说："楚国没有什么可以当作珍宝的，只是把有德行的人当作珍宝。"舅犯说："流亡的人没有什么可以当作珍宝的，只是把挚爱亲人当作珍宝。"

《秦誓》曰①："若有一个臣，断断兮无他技②，其心休休焉③，其如有容焉④。人之有技，若己有之；人之彦圣⑤，其心好之，不啻若自其口出⑥。实能容之，以能保我子孙黎民，尚亦有利哉！人之有技，娼疾以恶之⑦；人之彦圣，而违之俾不通⑧。实不能容，以不能保我子孙黎民，亦曰殆哉！"唯仁人放流之⑨，迸诸四夷⑩，不与同中国⑪。此谓唯仁人为能爱人，能恶人。见贤而不能举，举而不能先，命也⑫；见不善而不能退，退而不能远，过也。好人之所恶，恶人之所好，是谓拂人之性，灾必逮夫身⑬。是故君子有大道，必忠信以得之，骄泰以失之⑭。

【注释】

①《秦誓》：《尚书·周书》中的一篇。②断断：诚实之意。③休休：胸怀宽广之意。④有容：指能够包容人。⑤彦圣：德才兼备之意。彦，美好。圣，开明。⑥不啻：不只是。啻，音同"特"。⑦娼疾：嫉妒之意。娼，与"貌"同音。⑧违：阻碍之意。俾：使得。⑨放流：流放。⑩迸诸四夷：迸，与"屏"同，驱逐之意。四夷，东南西北各方之夷。夷是古代东方的百姓。⑪中国：指的是国家的中心地区。⑫命：是"慢"之误字。轻慢之意。⑬逮：等到之意。夫：助词，无意义。⑭骄泰：放肆骄奢。

【译文】

《秦誓》上说："如果有这样一个大臣，他虽没有什么才能，但诚实宽容，能够容纳他人。别人有才能，如同他自己有一样；别人德才兼备，他诚心诚意喜欢，不只是口头上说说而已。能够留用这人，便能够保护我的子孙百姓。这对百姓是多么有利啊。如果别人有才能，就嫉妒厌恶；别人德才兼备，就阻拦他施展才干。不能留用这样的人，他不能保护我的子孙百姓，这种人也实在是危险啊。"只有仁德的人能把这种嫉妒贤人的人流放，驱逐到边远地区，使他们不能留在国家的中心地区。这叫作只有仁德的人能够爱护好人，能够憎恨坏人。看到贤人而不举荐，举荐了但不尽快使用，这是怠慢；看到不好的人却不能摈弃，摈弃了却不能放逐到远方，这是过错。喜欢人所厌恶的，厌恶人所喜欢的，这是违背了人性，灾害必然会降临到他的身上。因此，君子所有的高尚德行，一定要忠诚老实才能够获得，骄纵放肆便会失去。

生财有大道，生之者众，食之者寡；为之者疾，用之者舒，则财恒足矣。仁者以财发身①，不仁者以身发财。未　有上好仁，而下不好义者也。未有好义，其事不终者也。未有府库财非其财者也②。孟献子曰③："畜马乘④，不察于鸡豚；伐冰之家⑤，不畜牛羊；百乘之家⑥，不畜聚敛之臣⑦。与其有聚敛之臣，宁有盗臣。"此谓国不以利为利，以义为利也。

长国家而务财用者⑧，必自小人矣。彼为善之，小人之使为国家，灾害并至，虽有善者，亦无如之何矣⑨。此谓国不以利为利，以义为利也。

【注释】

①发：发起之意。②府库：存放国家贵重器物的地方。③孟献子：鲁国的大夫，姓仲孙，名蔑。

▲ 生财有大道，生之者众，食之者寡。

④ 乘：与“胜”同音，指四匹马拉的车。古代大夫级的待遇。⑤ 伐冰之家：办丧事时能够用冰来保存尸体的人家。卿大夫以上的大官能享受的待遇。⑥ 百乘之家：家中有一百辆车。是古代的大家族，通常是有封地的诸侯王。⑦ 聚敛之臣：聚敛民财的家臣。⑧ 长国家：长：与“涨”同音。成为一国之长，指的是帝王。⑨ 无如之何：无济于事。

【译文】

发财致富有这样一条原则：生产财富的人要多，消耗财富的人要少；干得要快，用得要慢，这样就可以永远保持富足了。有德行的君主会通过施散财富来获得百姓的拥护，不仁德的君主会利用自己的地位来聚敛财富。没有人君喜爱仁慈而百姓不喜爱忠义的；没有喜爱忠义而完不成自己事业的；没有国库里的财富最终不归属于国君的。孟献子说：“拥有一车四马的人，不应计较一鸡一猪的财物；卿大夫家不饲养牛羊；拥有马车百辆的人家，不豢养收敛财富的家臣。与其有聚敛民财的家臣，还不如有盗贼式的家臣。”这是说，治国不应把财物当作利益，而应把仁义作为利益。

掌管国家大事的人只致力于财富的聚敛，这一定是来自小人的主张。假如认为这种做法是好的，小人被用来为国家服务，那么灾害就会来到，纵使有贤臣，也无济于事啊！这就是说国家不要把财利当作利益，而应把仁义当作利益。

中庸

天命之谓性[①]，率性之谓道[②]，修道之谓教[③]。道也者，不可须臾离也；可离，非道也。是故君子戒慎乎其所不睹，恐惧乎其所不闻。莫见乎隐[④]，莫显乎微，故君子慎其独也。喜怒哀乐之未发，谓之中[⑤]；发而皆中节[⑥]，谓之和。中也者，天下之大本也；和也者，天下之达道也。致中和[⑦]，天地位焉，万物育焉。

【注释】

①天命：天生禀赋。朱熹说："天以阴阳五行化生万物，气以成形，而理亦赋焉，犹命令也。"这里的天命指的是人天生的禀赋，是实实在在存在的，没有神授的意思。②率性：依照本性的意思。③修道：遵循道的原则来修炼自己。④莫见乎隐：隐蔽的时候也能被发现。⑤中：与"重"同音，相吻合的意思。⑥中节：法度、规矩。⑦致：到达之意。

【译文】

天所赋予人的东西就是性，遵循天性就是道，遵循道来修养自身就是教。道是片刻不能离开的，可离开的就不是道。因此，君子在无人看见的地方也要小心谨慎，在无人听得到的地方也要恐惧敬畏。隐蔽时也会被人发现，细微处也会昭著，因此君子在独处时要慎重。喜怒哀乐的情绪没有表露出来，这叫作中。表露出来但合于法度，这叫作和。中是天下最为根本的，和是天下共同遵循的法度。达到了中和，天地便各归其位，万物便生长发育了。

仲尼曰："君子中庸[①]，小人反中庸。君子之中庸也，君子而时中；小人之反中庸也，小人而无忌惮也[②]。"

【注释】

①中庸：不偏不倚，无过不及，平常之理。庸，不易，永恒。②忌惮：畏惧、顾忌之意。

【译文】

孔子说："君子的言行符合中庸，小人的言行却违反中庸。君子的言行符合中庸，因为君子的言行时刻都不偏不倚。小人的言行违反中庸，因为小人的言行肆意妄为、无所顾忌、无所畏惧。"

子曰："中庸其至矣乎！民鲜能久矣[1]。"

【注释】

①鲜：极少的意思。

【译文】

孔子说："中庸是最高的境界，人们很少能够长期实行它。"

▲ 子曰："道之不行也，我知之矣。"

子曰："道之不行也[1]，我知之矣：知者过之[2]，愚者不及也。道之不明也，我知之矣：贤者过之，不肖者不及也[3]。人莫不饮食也，鲜能知味也。"

【注释】

①道：指的是中庸之道。②知者：与"智者"同，指那些有着超常智慧的人。③不肖者：不贤之人，与贤者相对。

【译文】

孔子说："中庸之道不能被实行，我是知晓的啊：有智慧的人做得太过，愚昧的人达不到它。中庸之道不能被发扬，我是知晓的啊：贤明的人做得太过，不贤明的人达不到它。这就好像人没有不吃饭的，但能够品尝滋味的人却非常少。"

子曰："道其不行矣夫[1]！"

【注释】

①不行：不能施行。

【译文】

孔子说："恐怕中庸之道是不能实施的了！"

子曰："舜其大知也与！舜好问而好察迩言[1]，隐恶而扬善，执其两端，用其中于民，其斯以为舜乎[2]！"

【注释】

①迩言：容易让人理解的话。②其斯以为舜乎：这就是舜之所以被尊称为舜的原因吧。

【译文】

孔子说："舜是有大智慧啊！他喜欢询问且喜欢审察那些浅近的话，他隐瞒别人的坏处，表扬别人的好处。他掌握好两个极端，对人民使用折中的办法，这就是他被尊称为舜的原因啊！"

子曰："人皆曰'予知'，驱而纳诸罟擭陷阱之中①，而莫之知辟也②。人皆曰'予知'，择乎中庸，而不能期月守也③。"

【注释】

①罟：与"古"同音，专门用来捕获猎物的网。擭：与"获"同音，有机密装置，专用来捕获猎物的笼子。②辟：与"避"同，躲避、躲闪之意。③期月：一个月。

▲ 驱而纳诸罟擭陷阱之中，而莫之知辟也。

【译文】

孔子说："人们都说'我是有智慧的'，但他们被驱使而落入渔网、木笼和陷阱之中，却不知道躲闪。人们都说'我是有智慧的'，但他们选择了中庸之道，却不能坚持一个月。"

子曰："回之为人也①，择乎中庸。得一善则拳拳服膺②，而弗失之矣。"

【注释】

①回：孔子的弟子，颜回。②拳拳服膺：深深地铭记在心。拳拳，真诚、用心的样子。服膺，放在心间之意。

【译文】

孔子说："颜回是这样做人的，他选择了中庸之道。得到一条善理，他就牢牢记在心上而不失掉它。"

子曰："天下国家可均也①，爵禄可辞也②，白刃可蹈也③，中庸不可能也。"

【注释】

①均：公平治理之意。②爵：爵位，官职。禄：官吏从朝廷获得的俸禄。辞：舍弃之意。③白刃：锋利的刀刃。蹈：踩踏之意。

【译文】

孔子说：“天下国家是可以公正治理的，爵位俸禄是可以辞掉的，利刃是可以踩上去的，行中庸之道虽没有做以上三件事那样困难，但却不容易实行。”

子路问强[①]。子曰：“南方之强与？北方之强与？抑而强与[②]？宽柔以教，不报无道，南方之强也，君子居之[③]。衽金革[④]，死而不厌[⑤]，北方之强也，而强者居之。故君子和而不流[⑥]，强哉矫！中立而不倚，强哉矫[⑦]！国有道，不变塞焉[⑧]，强哉矫！国无道，至死不变，强哉矫！”

【注释】

①子路：孔子的弟子，名仲由。②抑：连词，“还是”之意。而：指你。③居：属于之意。④衽：枕着。金：铁制的兵器。革：皮革制的甲盾。⑤死而不厌：战死了也不后悔。⑥和而不流：要有平和的心境，但绝不随波逐流。⑦矫：刚强之意。⑧变塞：变节、变志之意。

【译文】

子路问什么是强大。孔子说：“你问的是南方的强大呢，还是北方的强大呢？或者是你所认为的强大？用宽容温柔的态度去教化，对无理的行为不施行报复，这是南方的强大，君子就属于这类。头枕武器、盔甲睡觉，死不反悔，这是北方的强大，强悍的人属于这一类。因此，君子要随和但不随波逐流，这才是真正的强大！独立而不偏不倚，这才是真正的强大！国家政治清明，不改变志向，这才是真正的强大！国家政治晦暗，至死不变节，这才是强大的！”

子曰：“素隐行怪[①]，后世有述焉[②]，吾弗为之矣。君子遵道而行，半途而废，吾弗能已矣[③]。君子依乎中庸，遁世不见知而不悔[④]，唯圣者能之。”君子之道，费而隐[⑤]。夫妇之愚[⑥]，可以与知焉[⑦]；及其至也，虽圣人亦有所不知焉。夫妇之不肖，可以能行焉；及其至也，虽圣人亦有所不能焉。天地之大也，人犹有所憾。故君子语大，天下莫能载焉；语小，天下莫能破焉[⑧]。《诗》云“鸢飞戾天，鱼跃于渊[⑨]”，言其上下察也[⑩]。君子之道，造端乎夫妇[⑪]；及其至也，察乎天地。

【注释】

①素：与“索”同。隐：隐蔽之意。怪：荒诞不经之意。②述：记录、诉诸之意。③已：停止。④见知：被知道。⑤费而隐：广大而又精微。⑥夫妇：指的是平民老百姓。⑦与：参与。⑧破：破裂、分开。⑨鸢飞戾天，鱼跃于渊：此句诗出自《诗经·大雅·旱麓》。鸢，老鹰。戾，达到。⑩察：通显，显豁的。⑪造端：发轫、发端之意。

【译文】

孔子说：“追求生僻的道理，行为荒诞不经，后代对此会有所称述，但我不这样做。

君子依循中庸之道行事，半途而废，而我是不会停止的。君子依靠中庸之道行事，虽然在世上声迹少闻，不为人知，但不后悔，只有圣人才能做到这一点。”君子所奉行的道既广大又精微。黎民百姓虽然愚昧但还是可以知道它的，但至于最高境界的道，即使圣人也有不知晓的地方。普通百姓虽然不贤明，但还是可以实行它；但至于最高境界的道，即使圣人也有不能做到的地方。天地如此之大，但人仍有不满意的地方。因此，君子说的“大”，天下都载不起；君子说的“小”，天下都不能够理解。《诗经》上说：“鸢在天空上飞翔，鱼在深水处跳跃。”这是说君子的中庸之道在天地上下之间都是显豁的。君子所奉行的道，发端于普通百姓，在达到最高境界时便彰显于天地之间。

子曰：“道不远人。人之为道而远人，不可以为道。《诗》云：‘伐柯伐柯，其则不远①。’执柯以伐柯，睨而视之②，犹以为远。故君子以人治人，改而止。忠恕违道不远③，施诸己而不愿，亦勿施于人。君子之道四，丘未能一焉：所求乎子，以事父，未能也；所求乎臣，以事君，未能也；所求乎弟，以事兄，未能也；所求乎朋友，先施之，未能也。庸德之行④，庸言之谨，有所不足，不敢不勉，有余不敢尽。言顾行，行顾言，君子胡不慥慥尔⑤！君子素其位而行⑥，不愿乎其外。素富贵，行乎富贵；素贫贱，行乎贫贱；素夷狄，行乎夷狄⑦；素患难，行乎患难；君子无入而不自得焉⑧。在上位，不陵下⑨；在下位，不援上⑩。正己而不求于人，则无怨，上不怨天，下不尤人。故君子居易以俟命⑪，小人行险以侥幸。”

【注释】

①伐柯伐柯，其则不远：出自《诗经·豳风·伐柯》。伐柯，制作斧柄之意。则，所制作的斧柄的样式。②睨：斜着眼睛看的意思。③违道：与道相背离之意。④庸：平常。⑤慥慥：与“造”同音，真诚敦厚的样子。⑥素其位：满足于现在所处的位置。⑦夷狄：都是指少数民族。夷，东部的少数民族。狄，北部的少数民族。⑧无入：不论在什么样的位置上。⑨陵：欺凌之意。⑩援：攀登向上之意，在这里指的是靠权势向上。⑪居易：待在平常人的位置上。俟命：听从上天的安排。

【译文】

孔子说：“中庸之道是众人都能理解并能身体力行的，因此离人不远。如果好高骛远，做高远难行的事，他就不是在实行中庸之道。《诗经》上说：‘砍伐斧柄，砍伐斧柄，斧柄制作的方法就在手边。’手握斧柄伐木制斧柄，斜着眼审度两者，仍然觉得相差太远。所以，君子应以对待人的方式治理人，直到他们改正为止。忠恕与道不远，不愿施于己身的，也不要施与别人。君子所奉行的道有四条，我孔丘一条都做不到。对侍奉父亲的儿子所要求的，我尚未做到；对侍奉国君的臣下所要求的，我尚未做到；对侍奉兄长的弟弟所要求的，我尚未做到；要求朋友做到的自己先做，我尚未做到。在日常德行的实施方面，在日常语言的慎重方面，我做得还不好，不敢不继续努力，即使有做得完满的地方也不敢把话说尽。

言语要照顾到行为，行为要照顾到言语，君子怎么能不笃实忠厚呢？君子安于目前的地位做他所应该做的事，不羡慕自己地位以外的东西。地位富贵，就做富贵人做的事；地位贫贱，就做贫贱人应该做的事；处在夷狄的地位上，就做夷狄应该做的事；处在患难的地位上，就做患难时应该做的事。如此，君子在任何情况下都感觉到悠然自得。居上位，不欺凌下级。在下位，不攀附上级。端正自己不苛求他人，这样就没有怨恨，对上不怨恨天命，对下不归咎别人。所以，君子安于自己的地位等候天命的到来，小人则冒险求得本不应该获取的东西。”

子曰：“射有似乎君子[①]，失诸正鹄[②]，反求诸其身。”君子之道，辟如行远[③]，必自迩[④]；辟如登高，必自卑。《诗》曰：“妻子好合，如鼓瑟琴。兄弟既翕，和乐且耽。宜尔室家，乐尔妻帑[⑤]。”子曰：“父母其顺矣乎！”

【注释】

①射：射箭。②正鹄：都指的是箭靶子，正，是画在布上的，鹄，是画在皮上的。③辟：与“譬”同。④迩：近。⑤妻子好合……乐尔妻帑：出自《诗经·小雅·常棣》。好合，和睦相处之意。翕，与“西”同音，和谐相处之意。耽，安贫乐道之意。帑，与“孥”通假，子孙后代之意。

▲ 君子之道，辟如登高，必自卑。

【译文】

孔子说：“射箭的道理与君子的行为有相似的地方：假如没有射中靶子，就应反过来责求自己。”实行君子的中庸之道，就好像是走远路，必须从近处开始；就如同是登高，必须从低处开始。《诗经》上说：“夫妻情投意合，协调有如琴瑟。兄弟和睦相处，快乐安顺长久。家庭美满，妻儿愉快。”孔子说：“这样父母是多舒畅啊！”

子曰：“鬼神之为德，其盛矣乎！视之而弗见，听之而弗闻，体物而不可遗。使天下之人，齐明盛服[①]，以承祭祀，洋洋乎如在其上，如在其左右。《诗》曰：‘神之格思，不可度思，矧射思[②]？’夫微之显，诚之不可掩如此夫[③]。”

【注释】

①齐：与“斋”通假，斋戒之意。明：干净。盛服：正式的服装。②神之格思……矧射思：出自《诗经·大雅·抑》。格，到来之意。思，没有实际意义的语气词。度，揣摩。矧，与“审”

同音，况且之意。射，与“意”同音，懈怠之意。③ 掩：隐藏。

【译文】

孔子说：“鬼神的功用真是宏大啊！看，看不到它；听，听不到它。它养育万物，没有一种事物可以遗弃它。它使天下的人斋戒沐浴，身穿华丽的祭服，举行祭祀典礼。它浩浩荡荡，好像在天之上，在人身旁。《诗经》上说：‘鬼神来到，不可揣测，不敢对它厌怠不敬啊！’从隐微到明显，真诚的心意就是这样隐藏不住啊。”

子曰：“舜其大孝也与！德为圣人，尊为天子，富有四海之内，宗庙飨之[①]，子孙保之。故大德必得其位，必得其禄，必得其名，必得其寿。 故天之生物，必因其材而笃焉[②]。故栽者培之，倾者覆之[③]。《诗》曰：‘嘉乐君子，宪宪令德。宜民宜人，受禄于天。保佑命之，自天申之[④]。’故大德者必受命。”

【注释】

① 飨：古代一种隆重的祭祀仪式。之：这里指的是舜。② 材：个人天生的资质。笃：忠厚、诚恳地对待。③ 覆：颠覆之意。④ 嘉乐君子……自天申之：出自《诗经·大雅·假乐》。

▲ 舜其大孝也与

嘉乐，即诗名“假乐”，快乐之意。宪宪，即“显显”，光明显盛的意思。令，美好之意。

【译文】

孔子说：“舜可是个最孝敬的人吧！有圣人的德行，有天子的尊贵地位，有普天下的财富。宗庙祭他，子孙维护他。因此，有崇高德行的人必然会获得应有的地位，必然会获得应有的俸禄，必然会获得应有的名望，必定会获得应有的寿命。因此，上天生育的万物，必会因为它们的资质而受到厚爱。所以，能够栽培的就培养它们，而歪斜的就让它们歪斜。《诗经》上说：‘快快乐乐的君子，美德盛明。让上下都感到快乐，上天赐给他福禄。保佑他，任用他，上天这样告诫。’因此，有伟大的德行的人一定是受了天命的。”

子曰：“无忧者①，其惟文王乎！以王季为父，以武王为子，父作之②，子述之③。武王缵大王、王季、文王之绪，壹戎衣而有天下，身不失天下之显名。尊为天子，富有四海之内。宗庙飨之，子孙保之。武王末受命，周公成文、武之德，追王大王、王季，上祀先公以天子之礼。斯礼也，达乎诸侯大夫，及士庶人。父为大夫，子为士，葬以大夫，祭以士。父为士，子为大夫，葬以士，祭以大夫。期之丧达乎大夫，三年之丧达乎天子，父母之丧，无贵贱，一也。”

【注释】

① 无忧：没有忧虑。② 作：开创。③ 述：继承。

【译文】

孔子说：“恐怕只有周文王是个无忧无虑的人吧！王季是他的父亲，周武王是他的儿子。他有父亲开创事业，有儿子继承事业。周武王继续太王、王季、文王未完成的功业，披挂战衣，取得了天下。他没有失去自己显赫的名声，获得了天子的尊位，获得了普天下的财富。宗庙祭奉他，子孙维护他。武王年迈的时候才承受天命。周公成就了文王、武王的德业，追尊太王、王季为王，用天子的礼制祭祀祖先。这种礼制一直贯彻到诸侯、大夫、士和普通百姓。假如父亲是大夫，儿子是士，父死就要按大夫的礼制安葬，按士的礼制祭祀。如果父亲是士，儿子是大夫，父死就要按士的礼制安葬，按大夫的礼制祭祀，守丧一年，通行到大夫；守丧三年，通行到天子。但给父母守丧本身没有贵贱的区别，都是一样的。”

子曰：“武王、周公其达孝矣乎①！夫孝者，善继人之志，善述人之事者也。春秋，修其祖庙，陈其宗器，设其裳衣②，荐其时食③。宗庙之礼，所以序昭穆也；序爵，所以辨贵贱也；序事，所以辨贤也；旅酬下为上，所以逮贱也；燕毛，所以序齿也④。践其位，行其礼，奏其乐；敬其所尊，爱其所亲；事死如事生，事亡如事存，孝之至也。郊社之礼，所以事上天也；宗庙之礼，所以祀乎其先也。明乎郊社之礼，禘尝之义，治国其如示诸掌乎！”

▲ 宗庙之礼，所以序昭穆也。

【注释】

①达孝：特别孝道，最守孝道。②设：摆设。③荐：供奉，贡献。④燕毛，所以序齿也：宴饮时按头发的黑白次序坐，这样就使老少有次序。

【译文】

孔子说："武王、周公真是最守孝道的人啊！守孝道的人，善于继承先人的遗志，善于继承先人未完的功业。在春秋两季，修缮祖上庙宇，陈列祭祀器具，摆设祭祀服饰，贡献应时的食品。宗庙祭祀的礼制，是要排列父子、长幼的顺序。按官爵排列次序，就可以分辨出贵贱；按职位排列次序，就能分辨出贤与不贤；敬酒时晚辈先向长辈举杯，这样祖先的恩惠就会延及到晚辈；宴饮时按头发的黑白次序坐，这样就使老少有次序。站在应该站的位置上，行先王传下的祭礼，演奏先王的音乐，尊敬先王所尊敬的，亲爱先王所亲爱的。侍奉死者如同侍奉活着的人，侍奉亡故的人如同侍奉现存的人，这是最高境界的孝啊。郊社祭礼，是用于侍奉上天的。庙宇的祭礼，是祭祀祖先的。明白了郊社的祭礼，大祭小祭的意义，治理国家就易如反掌！"

哀公问政①。子曰："文武之政，布在方策②，其人存则其政举③；其人亡则其政息。人道敏政④，地道敏树。夫政也者，蒲卢也⑤。故为政在人，取人以身，修身以道，修道以仁。仁者，人也，亲亲为大。义者，宜也，尊贤为大。亲亲之杀⑥，尊贤之等，礼所生也。在下位不获乎上，民不可得而治矣。故君子不可以不修身；思修身，不可以不事亲；思事亲，不可以不知人；思知人，不可以不知天。

【注释】

①哀公：春秋时期鲁国国君。"哀"是谥号。②布：展示、显露之意。方：策，书写用的木板和竹简。③其人：这里指的是周文王和周武王。④敏：致力之意。⑤蒲卢：指芦苇。柔软、可塑性强。⑥杀：音"晒"，亲疏之分。

【译文】

鲁哀公问孔子如何治理好政事。孔子说："文王、武王的政令，都写在木板竹简上。有他们那样的贤君自有贤臣，政令就会得到贯彻施行；没有贤君自无贤臣，政令就会消失。以人立政，政治就会迅速清明，这就像用沃土植树，树木会迅速生长。这政事啊，就好像是蒲苇。因此，治理政事取决于贤臣，贤臣的获得取决于明君的修德养性，修养德行取决于遵循天下的大道，遵循天下大道取决于仁爱之心。所谓仁，就是人，亲爱亲人是最大的仁。所谓义，就是相宜，尊重贤臣是最大的义。亲爱亲人时的亲疏之分，尊重贤臣时的等级划分，是从礼制中产生出来的。处在下位的人得不到上级的信任，人民就不可能治理好了。因此，君子不能不修德养性；想要修德养性，不能不侍奉亲人；想要侍奉亲人，不能不知贤善用；想要知贤善用，不能不知道天理。

“天下之达道五，所以行之者三。曰：君臣也，父子也，夫妇也，昆弟也①，朋友之交也。五者，天下之达道也。知、仁、勇三者，天下之达德也，所以行之者一也。或生而知之，或学而知之，或困而知之。及其知之，一也。或安而行之，或利而行之，或勉强而行之，及其成功，一也。”子曰：“好学近乎知，力行近乎仁，知耻近乎勇。知斯三者，则知所以修身；知所以修身，则知所以治人；知所以治人，则知所以治天下国家矣。

【注释】

① 昆弟：指兄弟，包括亲兄弟和堂兄弟。

▲ 天下之达道五，所以行之者三。曰：君臣也，父子也，夫妇也，昆弟也，朋友之交也。

【译文】

“普天下共同尊奉的准则有五种，实践它们的美德有三种。君臣、父子、夫妇、兄弟、朋友交往，这五项是天下共同信守的大道。智慧、仁爱、英勇这三者是天下共有的大德行。实践大道的道理是相同的。有的人生来就通晓大道，有的人通过学习才通晓大道，有的人经历过困惑后才通晓大道；他们最终通晓大道，这是同样的。有的人从容不迫地实行大道，有的人凭着利害关系去实行大道，有的人勉强去实行大道，最终成功的时候是一样的。”孔子说：“喜爱学习就接近智慧了，尽力去实行就接近仁爱了，知晓羞耻就接近英勇了。知道这三点，就知道如何修养德行；知道怎样修养德行，就知道怎样治理人；知道怎样治理人，就知道怎样治理国家了。

“凡为天下国家有九经①：曰：修身也，尊贤也，亲亲也，敬大臣也，体群臣也②，子庶民也，来百工也，柔远人也，怀诸侯也。修身，则道立；尊贤，则不惑；亲亲，则诸父昆弟不怨；敬大臣，则不眩；体群臣，则士之报礼重；子庶民③，则百姓劝；来百工④，则财用足；柔远人⑤，则四方归之；怀诸侯⑥，则天下畏之。齐明盛服，非礼不动，所以修身也。去谗远色⑦，贱货而贵德，所以劝贤也。尊其位，重其禄，同其好恶，所以劝亲亲也。官盛任使⑧，所以劝大臣也。忠信重禄，所以劝士也。时使薄敛⑨，所以劝百姓也。日省月试⑩，既廪称事⑪，所以劝百工也。送往迎来，嘉善而矜不能⑫，所以柔远人也。继绝世⑬，举废国⑭，治乱持危，朝聘以时⑮，厚往而薄来，所以怀诸侯也。

【注释】

①经：原则之意。②体：体恤之意。③子：以……为子。④来：召集。百工：各种类型的工匠。⑤柔远人：优待边远少数民族的人。⑥怀：安抚之意。⑦谗：指说别人坏话的人。⑧官盛任使：官，下官。盛，多。任使，随便的调用。⑨时使：使用老百姓时，不占用他们的农忙时节。薄敛，少收赋税。⑩省：访视之意。试：考察之意。⑪既廪称事：既，音同“饩”。既廪，赠给别人粮食。称事，与其所干的公事相符合。⑫矜：怜悯之意。⑬继绝世：将已经中断的家族世系继续延续。⑭举废国：将行将没落的国家重新整治。⑮朝聘：朝，诸侯见于天子。聘，诸侯派遣大夫来献。古代诸侯朝聘天子是有时间规定的。小聘是每年朝见一次，大聘是三年朝见一次，朝聘是五年朝见一次。

【译文】

“治理天下国家大凡有九条准则，分别是修养德行、尊重贤人、亲爱亲族、敬重大臣、体贴众臣、爱民如子、召集各种工匠、优待边远少数民族、安抚四方的诸侯。修养德行，大道就能够顺利实行；尊重贤人就不会被迷惑；亲爱亲族，父、兄、弟就不会抱怨；敬重大臣，处事就不会恍惚不定；体贴众臣，士就会以重礼相报；爱民如子，百姓就会勤奋努力；召集各种工匠，财富用度就充足；优待边远少数民族，四方就会归顺；安抚各诸侯，普天下就会敬畏。清心寡欲，服饰端正，无礼的事不做，这是修养德行的方法；摒弃谗言，远离美色，轻视财物重视德行，这是勉励贤人的方法；尊崇亲族的地位，重赐他们俸禄，与亲族有共同的爱和恨，这是尽力亲爱亲族的方法；为大臣多设下官以供任用，这是鼓励大臣的方法；以忠诚信实、优厚俸禄相待，这是勉励士的方法；根据节令使役，赋税微薄，这是鼓励百姓的方法；日日访视，月月考查，赠送给他们的粮食与他们的工作相称，这是鼓励工匠的方法；盛情相迎，热情相送，奖励有才干的，同情才干不足的，这是优待边远少数民族的方法。承续中断的家庭世系，复兴没落的国家，整治混乱，解救危难，定期朝见聘问，赠礼丰厚，纳贡微薄，这是安抚诸侯的方法。

“凡为天下国家有九经，所以行之者一也。凡事豫则立[①]，不豫则废。言前定，则不跲[②]；事前定，则不困；行前定，则不疚；道前定，则不穷。

【注释】

①豫：与“预”同，预谋之意。②跲：音同“夹”，言语不通顺。

【译文】

“尽管治理天下国家共有这九条准则，但实行它们的道理是相同的。凡事有预谋就会成功，没有预谋就会失败。说话事先想好就不会语塞，做事事先想好就不会感到困难。行动之前事先想好就不会内心不安，法则事先想好就不会陷入绝境。

"在下位不获乎上[①]，民不可得而治矣；获乎上有道，不信乎朋友，不获乎上矣；信乎朋友有道，不顺乎亲，不信乎朋友矣；顺乎亲有道，反诸身不诚[②]，不顺乎亲矣；诚身有道，不明乎善，不诚乎身矣。诚者，天之道也；诚之者，人之道也。诚者，不勉而中，不思而得，从容中道，圣人也。诚之者，择善而固执之者也。

【注释】

① 获：得到信任的意思。② 诸身：自己的心。

【译文】

"在下位的人得不到上级的信任，百姓就治理不好。得到上级的信任是有途径的，得不到朋友的信任就得不到上级的信任。得到朋友的信任是有途径的，不顺从父母就得不到朋友的信任。顺从父母是有途径的，自己心不诚就不能顺从父母。心诚是有途径的，不知晓善就不能心诚。诚实是上天的法则。做到诚实是做人的法则。诚实，不必努力就能达到，不必思考就能获得，从容不迫地达到天道法则，这就是圣人。做到诚实，就是选择善并坚持做到它。

"博学之，审问之，慎思之，明辨之，笃行之。有弗学，学之弗能，弗措也[①]；有弗问，问之弗知，弗措也；有弗思，思之弗得，弗措也；有弗辨，辨之弗明，弗措也；有弗行，行之弗笃，弗措也。人一能之，己百之；人十能之，己千之。果能此道矣，虽愚必明，虽柔必强。

【注释】

① 弗措：不厌倦、不罢休之意。

【译文】

"要广泛地学习，仔细地询问，审慎地思考，清晰地分辨，忠实地实践。要么就不学，学了没有学会就不中止。要么就不问，问了还不明白就不中止。要么就不思考，思考了不懂得就不中止。要么就不辨别，辨别了不分明就不中止。要么就不实行，实行了但不够忠实就不中止。别人一次能做的，我用百倍的工夫；别人十次能做的，我用千倍的工夫。如果真能这样做，即便愚笨也会变得聪明，即使柔弱也会变得刚强。

▲ 博学之，审问之，慎思之。

"自诚明[①]，谓之性；自明诚，谓之教。诚则明矣，明则诚矣。唯天下至诚，为能尽其性[②]；能尽其性，则能尽人之性；能尽人之性，则能尽物之性；能尽物之性，则可以赞天地之化育[③]；可以赞天地之化育，则可以与天地参矣[④]。

【注释】

①自：从。明：通晓之意。②尽其性：充分展示自己的天性。③赞：帮助之意。化育：养育。④天地参：与天地并列之意。

【译文】

“由真诚达到通晓事理，这叫天性。由通晓事理达到真诚，这叫教化。真诚就会通晓事理，通晓事理就会真诚。只有天下最真诚的人才能充分发挥天赋的本性，能发挥天赋的本性才能发挥所有人的本性，能发挥所有人的本性才能充分发挥事物的本性，能够发挥事物的本性才能帮助天地养育万物，可以帮助天地养育万物，才可以与天地并列。

“其次致曲①。曲能有诚，诚则形②，形则著③，著则明④，明则动，动则变，变则化⑤。唯天下至诚为能化。至诚之道，可以前知⑥。国家将兴，必有祯祥⑦；国家将亡，必有妖孽⑧。见乎蓍龟⑨，动乎四体⑩。祸福将至：善，必先知之；不善，必先知之。故至诚如神⑪。

【注释】

①其次：次于“自诚明”的下一等的人，可以贤人相称。致曲：致力于某一方面。②形：表现出来。③著：显著之意。④明：远大光明。⑤化：感化之意。⑥前知：预测未来。⑦祯祥：吉祥的前兆。⑧妖孽：异于常态的动植物。妖多指草木类，孽多指虫豸类。⑨蓍龟：都是用来占卜的器物，分别指蓍草、龟甲。⑩四体：两手两足之意。⑪如神：像神灵一样。

▲ 至诚之道，可以前知。

【译文】

“次一等真诚的人单独致力于某一方面。单独致力于某一方面也能达到真诚的境界，达到真诚就会表现出来，表现出来就会昭然显著，昭然显著就会光辉明亮，光辉明亮就会感动万物，感动万物就会发生变革，发生变革就会感化人们。只有天下最真诚的人才能感化人们。最高境界的真诚可以预知未来。国家将要兴盛，必定有吉祥的前兆；国家将要衰败，必定有异常的事物显现。它呈现在蓍草龟甲上，体现在身体仪态上。祸福要来临时：好事一定会提前知道，不好的事也一定提前知道。因此，能达到至诚的境界而不存一毫私伪于心的人，会如同神灵一般，能察觉兴衰祸福的变化。

"诚者，自成也[①]；而道，自道也[②]。诚者，物之终始，不诚无物。是故君子诚之为贵。诚者，非自成己而已也，所以成物也。成己，仁也；成物，知也；性之德也，合内外之道也，故时措之宜也。

【注释】

① 自成：成全自己、完善自己之意。② 自道：自己引导之意。

【译文】

"真诚，是自己成全自己。道，是自己引导自己。真诚贯穿万物的始终，没有真诚就没有万物。因此，君子把真诚看得非常珍贵。真诚，并不只是成全自己就完了，还要成全万物。成全自己是仁义，成全万物是智慧。这是发自本性的德行，是结合了内外的道，因此，适合在任何时候实行。

"故至诚无息[①]，不息则久，久则征[②]，征则悠远，悠远则博厚，博厚则高明。博厚，所以载物也；高明，所以覆物也；悠久，所以成物也。博厚配地，高明配天，悠久无疆[③]。如此者，不见而章[④]，不动而变，无为而成。

【注释】

① 息：停止。② 征：检验、校验。③ 无疆：没有穷尽。④ 见：音同"现"，显露之意。章：与"彰"同，彰显。

【译文】

"所以，最高境界的真诚是永不休止的。永不休止就会长久，长久就会有效用，有效用就会深远无穷，深远无穷就会博大深厚，博大深厚就会高大光明。博大深厚，能够负载万物；高大光明，可以覆盖万物；深远无穷，可以生成万物。博大深厚与地相配，高大光明与天相配，深远长久可以无穷无尽。这样，不表现也会显著，静止也有改变，不刻意做也会成功。

"天地之道，可一言而尽也[①]：其为物不贰[②]，则其生物不测。天地之道，博也，厚也，高也，明也，悠也，久也。今夫天，斯昭昭之多[③]，及其无穷也，日月星辰系焉，万物覆焉。今夫地，一撮土之多，及其广厚，载华岳而不重[④]，振河海而不泄[⑤]，万物载焉。今夫山，一卷石之多[⑥]，及其广大，草木生之，禽兽居之，宝藏兴焉。今夫水，一勺之多，及其不测[⑦]，鼋鼍蛟龙鱼鳖生焉，货财殖焉。《诗》云：'维天之命，于穆不已[⑧]。'盖曰天之所以为天也，于乎不显[⑨]，文王之德之纯，盖曰文王之所以为文也，纯亦不已。

【注释】

① 一言：一字之意，在这里是指前面说到的"诚"字。② 不贰：始终如一的意思。③ 斯：

这。昭昭：明亮、光明。④华岳：地名，华山。⑤振：与“整”通假，治理、改善之意。⑥一卷石：指的是拳头大的石头。卷，与“拳”通假。⑦不测：深不可测之意。⑧维天之命，于穆不已：出自《诗经·周颂·维天之命》。穆，深远之意。不已，没有穷尽。⑨不：与“丕”通假，大的意思。显：光明之意。

【译文】

“天地的法则，可以用一句话涵盖：作为物它纯一不二，因而它化生万物就不可测度了。天地的法则，博大、深厚、高大、光明、深远、长久。现在来说天，（论小）它不过是一点儿光明，而它（的整体）无穷无尽，日月星辰悬挂在天上，覆盖着万物。现在来说地，（论小）它不过是一小撮土，而它（的整体）广大深厚，负载着华山不觉得重，汇聚江河湖海没有泄，负载着万物。现在来说山，（论小）这不过是一小块石头，但它（整体）高峻厚重，草木生长在上面，飞禽走兽居住在上面，宝藏从里面开发出来。现在来说水，（论小）它不过是一小勺水，但它（的整体）深不可测，里面生活着鼋鼍、蛟龙、鱼鳖，繁殖着货物财富。《诗经》上说：‘只有上天的定命，深远不止。’这大概是说天之所以成为天的原因。啊，难道不光明！文王的德行这么纯洁，这大概是说文王之所以被尊奉为文王，是因为他纯一，而且永无止境。

“大哉圣人之道！洋洋乎发育万物①，峻极于天。优优大哉②！礼仪三百③，威仪三千④，待其人然后行⑤。故曰：苟不至德⑥，至道不凝焉⑦。故君子尊德性而道问学⑧，致广大而尽精微，极高明而道中庸；温故而知新，敦厚以崇礼。是故居上不骄，为下不倍⑨。国有道，其言足以兴；国无道，其默足以容⑩。《诗》曰：‘既明且哲，以保其身⑪，’其此之谓与！”

【注释】

①洋洋：浩浩荡荡之意。②优优：充足、富庶之意。③礼仪：古代社会中的各种礼节。④威仪：古代典礼中接待宾客或是程式化的礼仪动作，也叫作曲礼。⑤其人：专指圣人。⑥苟不至德：假如说没有很高的德行。苟，假如说。⑦凝：聚集之意，在这里包含有成功的意义。⑧问学：善问好学之意。⑨倍：与“背”通假，背叛之意。⑩容：保全自己。既明且哲，⑪以保其身：出自《诗经·小雅·烝民》。哲，智慧、聪颖，通晓事理之意。

【译文】

“伟大啊，圣人的道。浩浩荡荡，生长发育万物，与天一样高峻。充足而且伟大啊，三百条礼仪，三千条威仪，等待圣人出现后才能实施。因此说，如果达不到最高境界的道德，最高境界的道就不会成功。所以，君子应当尊奉德行，善学好问，达到宽广博大的境界同时又深入到细微之处，达到极端的高明同时又遵循中庸之道。温习过去所学习过的从而获取新的认识，用朴实厚道的态度尊崇礼仪。这样，在上位时不骄傲，在下位时不背弃。国家政治清明时力争主张被接受采纳，国家政治黑暗时以沉默保全自己。《诗经》上：‘既明达又聪慧，这样才能保全自身’这句话，说的就是这个意思吧！”

子曰："愚而好自用①，贱而好自专②，生乎今之世，反古之道③；如此者，灾及其身者也。非天子，不议礼，不制度④，不考文⑤。今天下车同轨⑥，书同文⑦，行同伦⑧。虽有其位，苟无其德，不敢作礼乐焉；虽有其德，苟无其位，亦不敢作礼乐焉。"

【注释】

①自用：刚愎自用之意，即一味按照自己的想法做事情，过于武断专行。②自专：一意孤行。③反：与"返"通假，恢复、重新回来之意。④制度：作动词，制定制度之意。⑤考文：考核文字。⑥车同轨：车轮之间的距离相等。⑦书同文：书写文字的字体、字形相同。⑧行同伦：言行遵从相同的伦理道德规范。

【译文】

孔子说："愚蠢但又只凭主观意图行事，卑贱但又好独断专行；生活在现在这个时代，却要恢复古代的做法，这样的话，灾难就要降临在他身上了。不是天子，就不议论礼制，不制定制度，不考核文字。现在普天下车辙统一，文字统一，伦理观念统一。虽然有天子的地位，但如果没有天子的德行，就不要轻易制礼作乐；虽有天子的德行，但是如果没有天子的地位，也不要轻易制礼作乐。"

子曰："吾说夏礼①，杞不足征也②；吾学殷礼③，有宋存焉④。吾学周礼⑤，今用之，吾从周。

【注释】

①夏礼：夏朝的礼法制度。传说是禹建立的。②杞：古代的国名，周武王给夏禹的后代的封地，在今河南杞县。征：检验、证明之意。③殷礼：殷朝的礼法制度。历史上，商朝都城从盘庚迁至殷直到商纣王亡国，商朝又叫作殷商或商殷。④宋：古代的国名，商汤后代居住地，在今河南商丘市。⑤周礼：周朝的礼法制度。

【译文】

孔子说："我解说夏代的礼法，但杞国的文献不足以验证。我学习殷朝的礼法，仅仅有宋国保持着它。我学习周代的礼法，现在正实行着它，因此，我遵从周代的礼法。

"王天下有三重焉①，其寡过矣乎！上焉者②，虽善无征，无征不信，不信民弗从。下焉者③，虽善不尊，不尊不信，不信民弗从。故君子之道，本诸身，征诸庶民，考诸三王而不缪④，建诸天地而不悖⑤，质诸鬼神而无疑⑥，百世以俟圣人而不惑⑦。质诸鬼神而无疑，知天也；百世以俟圣人而不惑，知人也。是故君子动而世为天下道⑧，行而世为天下法，言而世为天下则。远之则有望，近之则不厌。《诗》曰：'在彼无恶，在此无射。庶几夙夜，以永终誉⑨。'君子未有不如此，而蚤有誉于天下者也⑩。"

▲ 山民踏歌

【注释】

① 王天下有三重焉：王，音同“望”，用作动词。王天下，在天下称王，统治国家之意。三重，三件重要的大事，分别是指仪礼、制度、考文。② 上焉者：处在高堂之上的人，指君王。③ 下焉者：处在下位的人，指臣子。④ 三王：通常是指夏、商、周三代君王。⑤ 建：立，树立之意。⑥ 质：问询之意。⑦ 俟：等到。⑧ 道：法则。⑨《诗》曰……以永终誉：出自《诗经·周颂·振鹭》。射，与“义”同音。庶几：差不多的意思。夙夜：从早到晚。⑩ 蚤：与“早”通假。

【译文】

“统治天下要做三件重要的事情，做好了就会减少损失。居于上位的人，品德虽好但没有验证，没有验证就不权威，不权威百姓就不会服从；居于下位的人，品德虽好，但不尊贵，不尊贵就不权威，不权威百姓就不服从。因此，君子的道，根本在自身，在黎民百姓那里得到验证，考查到三代先王不显现出错误，树立在天地之间没有悖理的地方，卜问鬼神没有可疑的地方，等到百世以后圣人到来不感到困惑。卜问鬼神没有可疑的地方，这是了解了天；等到百世以后圣人到来不感到困惑，这是了解了人。因此，君子的举动能世世代代成为天下的法则，君子的行为能世世代代成为天下的法度，君子的言谈能世世代代成为天下的准则。离得远使人仰慕，离得近也不让人厌烦。《诗经》上说：‘在那里无人厌恶，在这里不遭人厌恨。几乎是日夜操劳，这样永远保持大家的称赞。’君子没有不先做到这一点就早已闻名于天下的。”

仲尼祖述尧舜[①]，宪章文武[②]，上律天时，下袭水土[③]。辟如天地之无不持载，无不覆帱[④]。辟如四时之错行[⑤]，如日月之代明[⑥]。万物并育而不相害，道并行而不相悖，小德川流，大德敦化[⑦]，此天地之所以为大也。

【注释】

①祖述：遵循之意。②宪章：效仿、模仿之意。③袭：符合、相配之意。④覆帱：帱，音同"倒"，覆帱，覆盖之意。⑤错行：更替交错运行。⑥代明：循环交替绽放光明。⑦敦化：淳朴、敦厚。

【译文】

孔子遵循尧、舜的传统，模仿文王、武王。上遵从天时变化，下符合地理位置，好像天地没有什么不能负载、没有什么不能覆盖的；又好像四季的更替运行，日月交替光明，万物同时生长发育互不伤害，天地的道同时运行而互不违背。小德如江河流行，大德敦厚化育，这就是天地之所以为大的原因。

唯天下至圣，为能聪明睿知，足以有临也[①]；宽裕温柔，足以有容也；发强刚毅，足以有执也[②]；齐庄中正，足以有敬也；文理密察，足以有别也[③]。溥博渊泉，而时出之。溥博如天，渊泉如渊。见而民莫不敬，言而民莫不信，行而民莫不说。是以声名洋溢乎中国，施及蛮貊，舟车所至，人力所通，天之所覆，地之所载，日月所照，霜露所对[④]，凡有血气者，莫不尊亲，故曰配天。

【注释】

①有临：能够居上位而统治下民。②有执：有很强的决断能力。③有别：能够分辨区别是非曲直。④霜露所对：霜雪坠落的意思。"对"与"坠"相通假。

【译文】

只有天下最高尚的圣人是聪明智慧的，能够居上位临下民；宽大为怀，温和柔顺，能够包容天下；奋发勇健，刚强坚毅，能够决断天下大事；威严庄重，忠诚正直，能够博得人们的尊敬；条理清晰，详细观察，能够分辨区别是非曲直。（圣人的德行）广博深厚，时时会表现出来。广博如天，深厚如渊，表现出来百姓没有不尊敬

▲ 唯天下至圣，为能聪明睿知。

▲ 发强刚毅，足以有执也。

的，说出话来百姓没有不信服的，做起事来百姓没有不高兴的。这样，声誉在中原广泛传播，并延续到蛮貊这样的边远地区。船车所能达到的地方，人的力量所能通到的地方，天所覆盖的地方，地所负载的地方，日月所照耀的地方，霜露落下的地方，凡有血气生命的，没有不尊重亲近他们的，因此说能与天相配。

唯天下至诚[①]，为能经伦天下之大经[②]，立天下之大本，知天地之化育，夫焉有所倚？肫肫其仁，渊渊其渊，浩浩其天。苟不固聪明圣知，达天德者，其孰能知之？

【注释】

①至诚：最高的真诚。②经伦：主宰，治理。

【译文】

只有天下最高的真诚，才能成为治理国家的典范，树立天下的根本，认识到天地化育万物的道理。这需要什么依凭呢？仁爱之心那样诚挚，像潭水那样幽深，像天那样广阔。如果不是真正聪明智慧、达到天德的人，还有谁能知道天下最高的真诚呢？

《诗》曰："衣锦尚絅[①]。"恶其文之著也，故君子之道，暗然而日章[②]；小人之道，的然而日亡[③]。君子之道，淡而不厌，简而文，温而理。知远之近，知风之自，知微之显，可与入德矣。《诗》云："潜虽伏矣，亦孔之昭[④]。"故君子内省不疚，无恶于志。君子之所不可及者，其唯人之所不见乎。《诗》云："相在尔室，尚不愧于屋漏[⑤]。"故君子不动而敬，不言而信。《诗》曰："奏假无言，时靡有争[⑥]。"是故君子不赏而民劝，不怒而民威于铁钺[⑦]。《诗》曰："不显惟德，百辟其刑之[⑧]。"是故君子笃恭而天下平。《诗》曰："予怀明德，不大声以色[⑨]。"子曰："声色之于以化民，末也。"《诗》曰："德輶如毛[⑩]。"毛犹有伦[⑪]。"上天之载，无声无臭[⑫]"，至矣！

【注释】

①衣锦尚絅：出自《诗经·卫风·硕人》。衣，用作动词，穿衣之意。锦，有花纹装饰物的衣服。尚，添加之意。絅，与"迥"同音，与"褧"同，指的是用麻布做成的外衣。②暗然：隐蔽起来，避免外露。③的然：的，与"地"同音。的然，指的是鲜艳显著的意思。④潜虽伏矣，亦孔之昭：出自《诗经·小雅·正月》。孔，很、特别之意。昭，明显、显眼之意。⑤相在尔室，尚不愧于屋漏：出自《诗经·大雅·抑》。相，观看、查看。屋漏，古

代房屋西北角，专为神灵空出。屋漏，代指神明。不愧于屋漏，指人光明磊落，不做坏事，不愧对神灵。⑥奏假无言，时靡有争：出自《诗经·商颂·烈祖》。奏，贡献、敬献之意。假，与“格”通假，与神灵相沟通、对话。靡，无。⑦铁钺：在古代执行法令时使用的大斧。⑧不显惟德，百辟其刑之：出自《诗经·周颂·烈文》。不显，与前同，大显之意。辟，指称诸侯。刑，与“型”通假，典范、效仿之意。⑨予怀明德，不大声以色：出自《诗经·大雅·皇矣》。声，发号施令。色，专指容貌。⑩德辅如毛：出自《诗经·大雅·杰民》。辅，与“有”同音，古代一种轻型的小车，这里有轻的意思。⑪伦：比。⑫上天之载，无声无臭：出自《诗经·大雅·文王》。臭，指气味、味道。

【译文】

《诗经》上说：“内穿锦缎，外罩麻衣。”这是讨厌锦缎衣服的花纹太艳丽了。因此，君子的道，暗淡无光但日见彰显；小人的道，鲜艳显著但日趋灭亡。君子的道，平淡但不令人厌恶，简约但文采熠熠，温和但有条理。知道远是从近开始，知道教化是来自哪里，知道微弱的会变得显著，这样就可进入到圣人的德行行列中去了。《诗经》上说：“尽管潜藏隐匿在水下，仍然清晰可见。”因此，君子内心省察自己而不感到内疚，无愧于心。别人不及君子的原因，大概是君子在人看不到的地方也能严格要求自己。《诗经》上说：“看你独自一人在室，应当无愧于神灵。”所以，君子即使没有行动也能表现出他的恭敬态度，即使没有言谈也能表现出他的忠诚。《诗经》上说：“默默祈祷，不再有争执。”因此，君子不用赏赐，百姓就会受到勉励；不用发怒，百姓就会比看到铁钺还要畏惧。《诗经》上说：“让上天的德行大放光彩，凡诸侯都来实行。”因此，君子忠厚恭敬天下就会太平。《诗经》上说：“我怀念文王的美德，但不声张宣扬。”孔子说：“用声张宣扬来感化百姓，这是最不值得提倡的统治方式啊！”《诗经》上说：“德行犹如羽毛。”但羽毛仍是可比的。“上天所承载的道，无声无味”，这才是最高的境界啊！

▲ 君子之道，淡而不厌，简而文，温而理。

孔子家世渊源

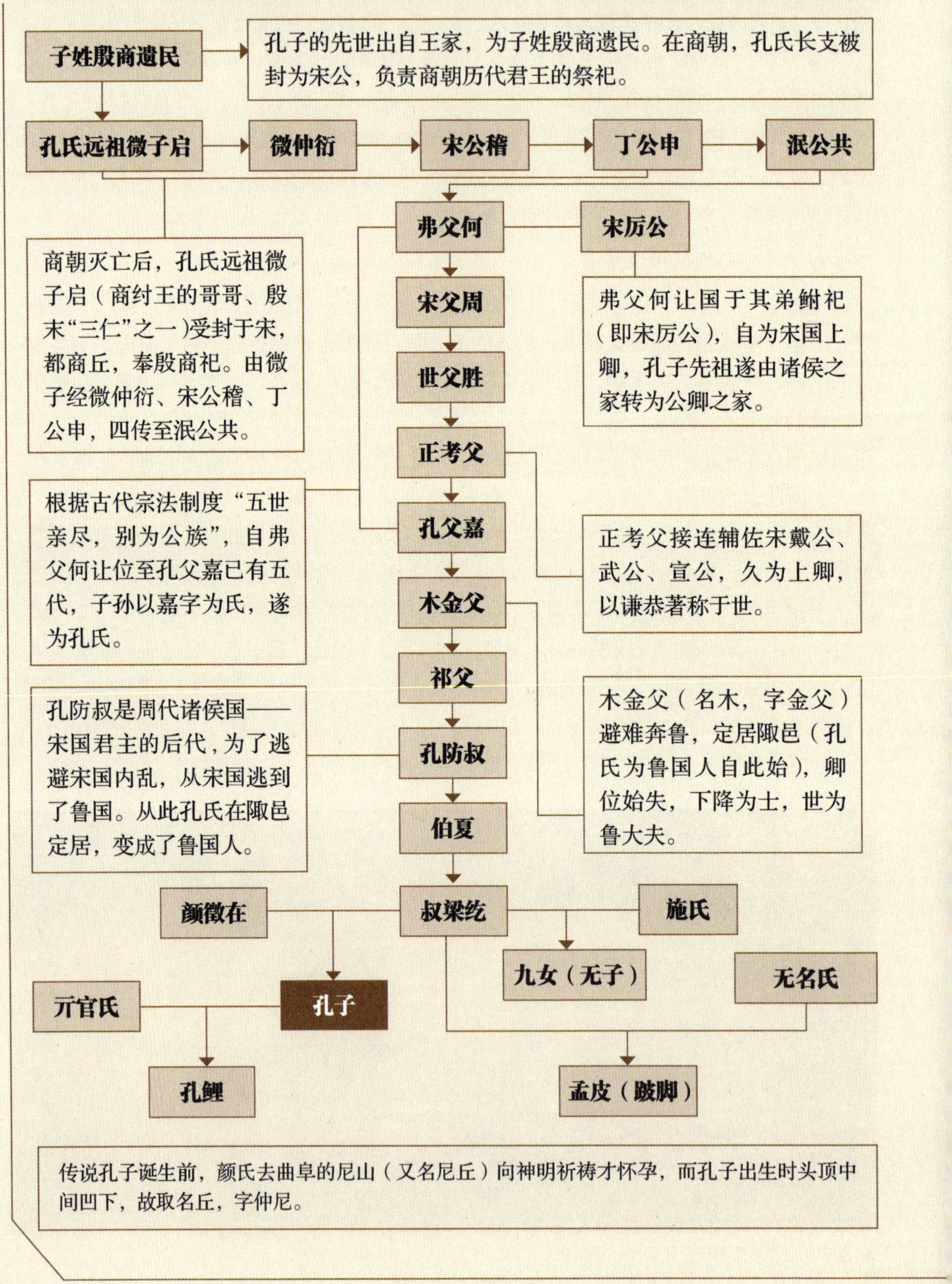
子姓殷商遗民
孔子的先世出自王家，为子姓殷商遗民。在商朝，孔氏长支被封为宋公，负责商朝历代君王的祭祀。
孔氏远祖微子启
微仲衍
宋公稽
丁公申
湣公共
商朝灭亡后，孔氏远祖微子启（商纣王的哥哥、殷末“三仁”之一）受封于宋，都商丘，奉殷商祀。由微子经微仲衍、宋公稽、丁公申，四传至湣公共。
弗父何
宋厉公
弗父何让国于其弟鲋祀（即宋厉公），自为宋国上卿，孔子先祖遂由诸侯之家转为公卿之家。
宋父周
世父胜
正考父
根据古代宗法制度“五世亲尽，别为公族”，自弗父何让位至孔父嘉已有五代，子孙以嘉字为氏，遂为孔氏。
孔父嘉
正考父接连辅佐宋戴公、武公、宣公，久为上卿，以谦恭著称于世。
木金父
祁父
木金父（名木，字金父）避难奔鲁，定居陬邑（孔氏为鲁国人自此始），卿位始失，下降为士，世为鲁大夫。
孔防叔是周代诸侯国——宋国君主的后代，为了逃避宋国内乱，从宋国逃到了鲁国。从此孔氏在陬邑定居，变成了鲁国人。
孔防叔
伯夏
颜徵在
叔梁纥
施氏
九女（无子）
无名氏
亓官氏
孔子
孔鲤
孟皮（跛脚）
传说孔子诞生前，颜氏去曲阜的尼山（又名尼丘）向神明祈祷才怀孕，而孔子出生时头顶中间凹下，故取名丘，字仲尼。

孔子周游列国

孔子周游列国，一是宣传他那以礼治国的政治主张；二是求仕，想到一个国家当个官，掌握政权，推行自己的政治主张；三则带着弟子游学，增进学识，开阔视野。

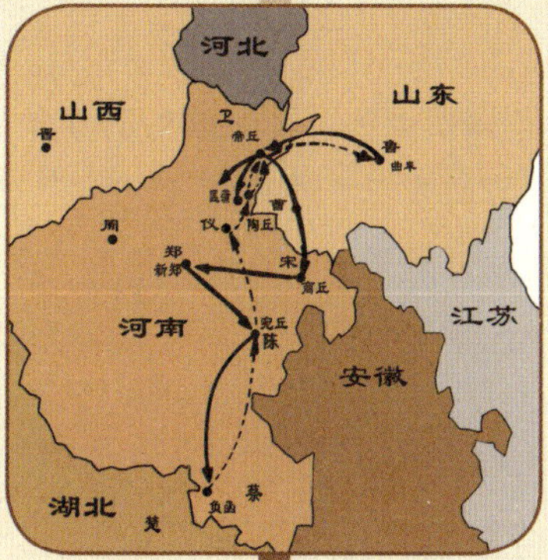

《史记·孔子世家》记载，孔子于鲁定公十四年（公元前 497）55 岁时离开鲁国，开始周游列国，游说诸侯。孔子先后到过卫国、曹国、宋国、郑国、陈国、蔡国、楚国等地，其中只有陈湣公给了孔子一个有名无实的官职，孔子在陈国住了 3 年，其他国均拒而不用。公元前 484 年，孔子应鲁国之召，离开卫国，回到鲁国，结束了长达 14 年的周游列国的旅程。

孔子在列国奔波了十多年，碰了许多钉子，人也老了，回到鲁国后，把精力放到整理古代文化典籍（如《春秋》）和教育学生上面。鲁哀公十六年二月十一日（公元前 479 年 4 月 11 日），孔子患病不愈而卒，终年 73 岁。

孔子整理文化典籍

论 语

学而篇

子曰①："学而时习之②，不亦说乎③？有朋自远方来，不亦乐乎④？人不知而不愠⑤，不亦君子乎⑥？"

【注释】

①子：中国古代对有学问、有地位的男子的尊称。《论语》子曰的"子"都是指孔子而言。②习："习"字的本意是鸟儿练习飞翔，在这里是温习和练习的意思。③说：通"悦"，高兴、愉快的意思。④乐：快乐。⑤愠：恼怒、怨恨、不满。⑥君子：《论语》中的"君子"指道德修养高的人，即"有德者"；有时又指"有位者"，即职位高的人。这里指"有德者"。

【译文】

孔子说："学到的东西按时去温习和练习，不也很高兴吗？有朋友从很远的地方来，不也很快乐吗？别人不了解自己，自己却不生气，不也是一位有修养的君子吗？"

子曰："巧言令色①，鲜矣仁②！"

【注释】

①巧言令色：巧，好。令，善。巧言令色，即满口说着讨人喜欢的话，满脸装出讨人喜欢的脸色。②鲜：少的意思。

【译文】

孔子说："花言巧语，伪装出一副和善的面孔，这种人是缺少仁德的。"

曾子曰①："吾日三省吾身②：为人谋而不忠乎？与朋友交而不信乎？传不习乎③？"

【注释】

①曾子：孔子晚年的学生，名参，字子舆，比孔子小46岁。生于公元前505年，鲁国人，是被鲁国灭亡了的鄫国贵族的后代。曾参是孔子的得意门生，以孝著称，据说《孝经》就

是他撰写的。② 三省：多次反省。③ 传：老师讲授的功课。

【译文】

曾参说："我每天再三反省自己：替别人办事是不是尽心竭力了呢？跟朋友交往是不是诚实守信了呢？对老师传授的学业，是不是用心复习了呢？"

子曰："弟子入则孝①，出则弟②，谨而信③，泛爱众，而亲仁④。行有余力⑤，则以学文⑥。"

【注释】

▲ 行有余力，则以学文。

① 弟子：有二义，一是指年幼之人，弟系对兄而言，子系对父而言，故曰弟子；二是指学生。此处取前义。入：古代时父子分别住在不同的居处，学习则在外舍。入是入父宫，指进到父亲住处，或说在家。② 出：与"入"相对而言，指外出拜师学习。出则弟，是说要用弟道对待师长，也可泛指年长于自己的人。③ 谨：寡言少语称为谨。④ 仁：指具有仁德的人，即温和、善良的人。此形容词用作名词。⑤ 行有余力：指有闲暇时间。⑥ 文：古代文献。主要有诗、书、礼、乐等文化知识。

【译文】

孔子说："小孩子在父母跟前要孝顺，出外要敬爱师长，说话要谨慎，不说废话，言而有信，和所有人都友爱相处，亲近那些具有仁爱之心的人。做到这些以后，还有剩余的精力，就用来学习古代文献。"

子夏曰①："贤贤易色②；事父母，能竭其力；事君，能致其身③；与朋友交，言而有信。虽曰未学，吾必谓之学矣。"

【注释】

① 子夏：姓卜，名商，孔子的学生，以文学著称。比孔子小 44 岁，生于公元前 507 年。孔子死后，他在魏国宣传孔子的思想主张。② 贤贤：第一个"贤"字作动词用，尊重的意思。贤贤即尊重贤者。易：有两种解释，一是改变的意思，此句即为尊重贤者而改变好色之心；

二是轻视的意思，即看重贤德而轻视女色。③ 致其身：致，意为奉献、尽力。这里是说要尽忠的意思。

【译文】

子夏说："一个人能够看重贤德而不以女色为重；侍奉父母，能够竭尽全力；服侍君主，能够献出自己的生命；同朋友交往，说话诚实、恪守信用。这样的人，尽管他自己说没有学习过，我也一定说他已经学习过了。"

子曰："父在，观其志①。父没，观其行②。三年无改于父之道，可谓孝矣。"

【注释】

① 其：指儿子。② 行：行为。

【译文】

孔子说："当他父亲活着时，要看他本人的志向；他父亲去世以后，就要考察他本人的具体行为了。如果他长期坚持他父亲生前那些正确原则，就可以说是尽孝了。"

有子曰："礼之用，和为贵。先王之道斯为美①，小大由之。有所不行，知和而和，不以礼节之，亦不可行也。"

【注释】

① 先王之道：指的是古代圣王治国之道。

【译文】

有子说："礼的功用，以遇事做得恰当和顺为可贵。以前的圣明君主治理国家，最可贵的地方就在这里。他们做事，无论事大事小，都按这个原则去做。如遇到行不通的，仍一味地追求和顺，却并不用礼法去节制它，也是行不通的。"

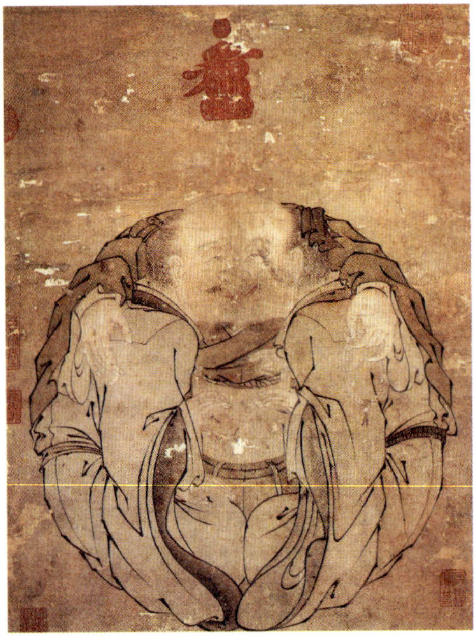

▲ 礼之用，和为贵。

有子曰："信近于义，言可复也①；恭近于礼，远耻辱也②；因不失其亲③，亦可宗也④。"

【注释】

① 复：实践；履行。② 远：使远离，可以译为避免。③ 因：依靠之意。④ 宗：主。可宗，可靠。

【译文】

有子说："所守约言符合道德规范，这种约言就可兑现。态度谦恭符合礼节规矩，就不会遭受羞辱。接近那些值得亲近的人，也就可靠了。"

子曰："不患人之不己知，患不知人也。"

【译文】

孔子说："不要担心人家不了解自己，应该担心的是自己不了解人家。"

为政篇

子曰："为政以德，譬如北辰①，居其所而众星共之②。"

【注释】

① 北辰：北极星。② 共：亦作"拱"，环绕。

【译文】

孔子说："用道德的力量去治理国家，自己就会像北极星那样，安然处在自己的位置上，别的星辰都环绕着它。"

子曰："道之以政①，齐之以刑，民免而无耻②；道之以德，齐之以礼，有耻且格③。"

【注释】

① 道：有两种解释，一说是引导的意思，一说是领导、治理，与"道千乘之国"的"道"相同。此从后解。② 免：免罪、免刑、免祸。③ 格：纠正。

【译文】

孔子说："用政令来治理人民，用刑罚来整治他们，人民可暂时免于罪过，但不会感到不服从统治是可耻的；如果用道德来统治人民，用礼教来约束他们，人民不但有廉耻之心，而且人心归附。"

子曰："吾十有五而志于学①，三十而立②，四十而不惑，五十而知天命，六十而耳顺③，七十而从心所欲，不逾矩。"

【注释】

① 有：通"又"。古文中表数字时常用"有"代替"又"，表示相加的关系。② 立：站立，成立。这里指立身处世。③ 耳顺：对于外界一切相反相异、五花八门的言论，能分辨是真是假，并处之泰然。

【译文】

孔子说："我十五岁立志学习，三十岁立身处世确定自己人生的处世原则与志向，四十岁心中不再怀疑自己的人生选择，五十岁知道自然的法则规律，六十岁听到别人说话就能分辨是非真假并正确对待各种言论，七十岁能随心所欲地说话做事，又不会逾越规矩。"

子曰："视其所以①，观其所由②，察其所安③。人焉廋哉④？人焉廋哉？"

【注释】

①以：为。所以，所做的事。②所由：行事的动机。③安：乐于。此处指是否是真心实意地做事。④廋：隐藏，隐蔽。

【译文】

孔子说："看一个人的所作所为，考察他处事的动机，了解他是否是真心愿意做所做的事。那么，这个人的内心怎能掩盖得了呢？这个人的内心怎能掩盖得了呢？"

子曰："温故而知新，可以为师矣。"

【译文】

孔子说："在温习旧的知识时，能有新的收获，就可以当老师了。"

子曰："君子不器。"

【译文】

孔子说："君子不能像器皿一样，只有一种用途。"

子贡问君子。子曰："先行其言而后从之。"

【译文】

子贡问怎样才能做一个君子。孔子说："对于你要说的话，先实行了，然后说出来。"

子曰："君子周而不比①，小人比而不周。"

【注释】

①周：团结多数人。比：勾结。

【译文】

孔子说："德行高尚的人以正道广泛交友但不互相勾结，品格低下的人互相勾结却不顾道义。"

▲ 子曰："君子周而不比，小人比而不周。"

子曰：“学而不思则罔①，思而不学则殆②。”

【注释】

①罔：迷惘，没有收获。②殆：危疑不安。

【译文】

孔子说：“学习而不思考就会迷惘无所得；思考而不学习就不切于事而危疑不安。”

子曰：“攻乎异端①，斯害也已②！”

【注释】

①攻：专攻，一心一意致力于某事。一说为攻击，今不从。异端：反对的一端，引申为不正确的意见、学说。②斯：连词，这就、那就的意思。也已：语气词。

【译文】

孔子说：“致力于异端邪说，这是为害天下的行为！”

子曰：“人而无信①，不知其可也。大车无輗②，小车无軏③，其何以行之哉？”

【注释】

①而：如果。信：信誉。②大车：指牛车。輗：大车辕和车辕前横木相接的关键。③小车：指马车。无軏：马车辕前横木两端的木销。

【译文】

孔子说：“一个人如果不讲信誉，真不知他怎么办。就像大车的横木两头没有活键，小车的横木两头少了关扣一样，怎么能行驶呢？”

八佾篇

孔子谓季氏①：“八佾舞于庭②，是可忍也③，孰不可忍也？”

【注释】

①季氏：季孙氏，鲁国大夫。②八佾：古代奏乐舞蹈，每行八人，称为一佾。天子可用八佾，即六十四人；诸侯六佾，四十八人；大夫四佾，三十二人。季氏应该用四佾。当时鲁国国君出走，国政由季氏把持。③忍：忍心，狠心。一说容忍。

【译文】

孔子谈到季孙氏说：“他用天子才能用的八佾在庭院中奏乐舞蹈，这样的事都狠心做得出来，还有什么事不能狠心做出来呢？”

子曰："人而不仁，如礼何[1]？人而不仁，如乐何？"

【注释】

①如礼何：怎样对待礼仪制度。

【译文】

孔子说："做人如果没有仁德，怎么对待礼仪制度呢？做人如果没有仁德，音乐对他有什么意义呢？"

子曰："君子无所争，必也射乎[1]！揖让而升[2]，下而饮，其争也君子。"

【注释】

①射：指古代的射礼。大射礼规定两人一组，相互作揖然后登堂，射完再相互作揖退下。各组射完后，再作揖登堂饮酒。②揖：拱手行礼。

【译文】

孔子说："君子没有什么可与别人争的事情。如果有，一定是比射箭了。比赛时，相互作揖谦让后上场。射完后，登堂喝酒。这是一种君子之争。"

子夏问曰："'巧笑倩兮[1]，美目盼兮[2]，素以为绚兮[3]。'何谓也？"子曰："绘事后素。"曰："礼后乎？"子曰："起予者商也[4]！始可与言《诗》已矣。"

【注释】

①倩：笑容美好。②盼：眼睛黑白分明。③绚：有文采。这三句诗前两句见《诗·卫风·硕人》，第三句可能是逸诗。④起：启发。

【译文】

子夏问道："'轻盈的笑脸多美呀，黑白分明的眼睛多媚呀，好像洁白的质地上画着美丽的图案呀。'这几句诗是什么意思呢？"孔子说："礼必以仁为质。就像绘画先有白色底子，然后在上面画画。"子夏说："这么说礼仪是在有了仁德之心之后才产生的了？"孔子说："能够领悟我的思想的是卜商啊！可以开始和你谈论《诗经》了。"

祭如在，祭神如神在。子曰："吾不与祭[1]，如不祭。"

【注释】

①与：参与。

【译文】

祭祀祖先时，好像祖先真的在面前；祭神的时候，好像神真的在面前。孔子说："我如果不亲自参加祭祀，祭了就跟不祭一样。"

子曰：“周监于二代[①]，郁郁乎文哉[②]！吾从周。”

【注释】

①监：通“鉴”，借鉴。二代：指夏、商二代。②郁郁：文采盛貌。文：指礼乐制度。

【译文】

孔子说：“周代的礼仪制度是参照夏朝和商朝修订的，多么丰富多彩啊！我主张接受周代的。”

子贡欲去告朔之饩羊[①]。子曰：“赐也，尔爱其羊，我爱其礼。”

【注释】

①去：去掉，废除。告朔之饩羊：告朔，朔为每月的第一天。周天子于每年秋冬之交向诸侯颁布来年的历书，历书包括指明有无闰月、每月的朔日是哪一天，这就叫“告朔”。诸侯接受历书后，藏于祖庙。每逢初一，便杀一头羊祭于庙。羊杀而不烹叫“饩”（烹熟则叫“飨”）。告朔饩羊是古代一种祭礼制度。

【译文】

子贡想把每月初一告祭祖庙的羊废去不用。孔子说：“赐呀！你可惜那只活羊，我则可惜那种礼。”

▲ 四羊图

子曰：“事君尽礼，人以为谄也。”

【译文】

孔子说：“按照礼节去侍奉君主，别人却认为这是讨好君主。”

定公问[①]：“君使臣，臣事君，如之何？”孔子对曰：“君使臣以礼，臣事君以忠。”

【注释】

①定公：鲁国国君，姓姬名宋，“定”是谥号。

【译文】

鲁定公问：“国君使用臣子，臣子服侍君主，各应该怎么做？”孔子答道：“君主应该按照礼节使用臣子，臣子应该用忠心来服侍君主。”

子曰：“《关雎》[①]，乐而不淫，哀而不伤。”

【注释】

①《关雎》:《诗经》中的第一篇。

【译文】

孔子说:"《关雎》这首诗快乐而不放荡,悲哀而不痛苦。"

子谓《韶》[①]:"尽美矣[②],又尽善也[③]。"谓《武》[④]:"尽美矣,未尽善也。"

【注释】

①《韶》:相传是舜时的乐曲名。②美:指乐曲的声音而言。③善:指乐曲的内容而言。④《武》:相传是周武王时的乐曲名。

【译文】

孔子评论《韶》,说:"乐曲美极了,内容也好极了。"评论《武》,说:"乐曲美极了,内容还不是完全好。"(因为舜以揖逊而有天下,武王以征诛得天下。)

▲ 乐府钟

子曰:"居上不宽,为礼不敬,临丧不哀,吾何以观之哉?"

【译文】

孔子说:"居于统治地位的人,不能宽宏大量,行礼的时候不恭敬,遭遇丧事时没有悲哀,这种样子,我怎么看得下去呢?"

述而篇

子曰:"述而不作,信而好古。窃比于我老彭[①]。"

【注释】

①老彭:商代的贤大夫彭祖;一说指老子和彭祖两人。比于我:以我比,把自己与老彭相比。

【译文】

孔子说:"阐述而不创作,相信并喜爱古代文化,私下里我把自己和那老彭相比。"

子曰:"默而识之[①],学而不厌,诲人不倦,何有于我哉?"

【注释】

①识:通"志",记住。

【译文】

孔子说:"把所见所闻默默地记在心上,努力学习而从不满足,教导别人而不知疲倦,这些事我做到了多少呢？”

子曰：“德之不修，学之不讲，闻义不能徙，不善不能改，是吾忧也。”

【译文】

孔子说：“不去培养品德，不去讲习学问，听到义在那里却不能去追随，有缺点而不能改正，这些都是我所忧虑的。”

子曰：“不愤不启①，不悱不发②。举一隅不以三隅反，则不复也。”

【注释】

①愤：思考问题时有疑难想不通。②悱：想表达却说不出来。发：启发。

【译文】

孔子说：“教导学生，不到他冥思苦想仍不得其解的时候，不去开导他；不到他想说却说不出来的时候，不去启发他。给他指出一个方面，如果他不能由此推知其他三个方面，就不再教他了。”

子在齐闻《韶》①，三月不知肉味。曰：“不图为乐之至于斯也！”

【注释】

①《韶》：相传是大舜时的乐章。

【译文】

孔子在齐国听到《韶》曲，很长时间即使吃肉也感觉不到肉的香味，他感叹道：“没想到音乐欣赏竟然能达到这样的境界！”

冉有曰：“夫子为卫君乎①？”子贡曰：“诺，吾将问之。”入，曰：“伯夷、叔齐何人也？”曰：“古之贤人也。”曰：“怨乎？”曰：“求仁而得仁，又何怨？”出，曰：“夫子不为也。”

【注释】

①为：帮助，赞成。卫君：卫出公辄。辄是卫灵公之孙，太子蒯聩之子。蒯聩得罪了卫灵公的夫人南子，逃亡晋国。灵公死，辄为君。晋国想借把蒯聩送回之机攻打卫国，被卫国抵御，蒯聩归国也被拒绝。这种情势客观上造成蒯聩与辄父子争夺君位的印象，与伯夷、叔齐互相推让君位恰成对比。子贡引以发问，试探孔子对卫出公辄的态度。

【译文】

冉有说：“老师会赞成卫国的国君吗？”子贡说：“嗯，我去问问老师吧。”子贡进入孔子房中，问道："伯夷和叔齐是怎样的人呢？"孔子说："他们是古代贤人啊。"子贡说："他们会有怨悔吗？"孔子说："他们追求仁德，便得到了仁德，又怎么会有什么怨悔呢？"子贡走出来，对冉有说："老师不会赞成卫国国君的。"

子曰："饭疏食①，饮水，曲肱而枕之②，乐亦在其中矣。不义而富且贵，于我如浮云。"

【注释】

①饭：吃。名词用作动词。疏食：糙米饭。②肱：胳膊。

【译文】

孔子说："吃粗粮，喝清水，弯起胳膊当枕头，这其中也有乐趣。而通过干不正当的事得来的富贵，对于我来说就像浮云一般。"

子曰："我非生而知之者，好古，敏以求之者也。"

【译文】

孔子说："我并不是生下来就有知识的人，而是喜好古代文化，勤奋敏捷去求取知识的人。"

子不语怪、力、乱、神。

【译文】

孔子不谈论怪异、暴力、叛乱、鬼神。

子曰："三人行，必有我师焉。择其善者而从之，其不善者而改之。"

【译文】

孔子说："三个人同行，其中必定有人可以作为值得我学习的老师。我选取他的那些优点而学习，如发现他的缺点则引以为戒加以改正。"

子曰："天生德于予，桓魋其如予何①？"

【注释】

①桓魋：宋国的司马（主管军政的官）。孔子离开卫国去陈国，经过宋国，和弟子们在大树下演习礼仪，桓魋想杀孔子，砍掉大树，孔子于是离去。弟子催他快跑，孔子说："天生德于予，桓魋其如予何！"

【译文】

孔子说："我的品德是上天所赋予的，桓魋能把我怎样呢！"（意即他可毁夺"我"之身，

▲ 子曰：“天生德于予，桓魋其如予何？”

但不能毁“我”之德。）

子曰：“二三子以我为隐乎？吾无隐乎尔！吾无行而不与二三子者，是丘也。”

【译文】

孔子说：“你们大家以为我对你们有什么隐瞒不教的吗？我没有什么隐瞒不教你们的。我没有一点不向你们公开的，这就是我孔丘的为人。”

子以四教：文、行①、忠、信。

【注释】

①行：作名词用，指德行。

【译文】

孔子以四项内容来教导学生：文献典籍、履行所学之道的行动、忠诚、守信。

子曰：“圣人，吾不得而见之矣，得见君子者斯可矣①。”子曰：“善人，吾不得而见之矣，得见有恒者斯可矣②。亡而为有，虚而为盈，约而为泰，难乎有恒矣。”

【注释】

①斯：就。②有恒：有恒心。这里指有一定的操守。

【译文】

孔子说：“圣人我是不能看到了，能够看到君子，这也就可以了。”孔子又说：“善人我是看不到的了，能看到有一定操守的人就可以了。没有却装作有，空虚却装作充盈，本来穷困却装作宽裕，这样的人很难有操守了。”

子钓而不纲①，弋不射宿②。

【注释】

①纲：动词，用大绳系住网，断流以捕鱼。②弋：用带绳的箭来射鸟。宿：归巢歇宿的鸟。

【译文】

孔子只用渔竿钓鱼，而不用大网来捕鱼，用带绳的箭射鸟，但不射归巢栖息的鸟。

子曰：“君子坦荡荡，小人长戚戚。”

【译文】

孔子说：“君子的心地开阔平坦宽广，小人却总是心地局促带着烦恼。”

子温而厉，威而不猛，恭而安。

【译文】

孔子温和而严厉，有威仪而不凶猛，谦恭而安详。

泰伯篇

子曰：“泰伯①，其可谓至德也已矣。三以天下让，民无得而称焉。”

【注释】

①泰伯：又叫太伯，周朝祖先古公亶父的长子。古公有三个儿子：太伯、仲雍、季历。季历的儿子就是姬昌（周文王）。传说古公预见到姬昌的圣德，想打破惯例把君位传给幼子季历。姬长子太伯为使父亲愿望实现，便偕同仲雍出走他国，使季历和姬昌顺利即位，后来姬昌统一了天下。

【译文】

孔子说：“泰伯，那可以说是道德最崇高的人了。他多次把天下辞让给季历，人民简直都找不出恰当的词语来称颂他。”

子曰：“恭而无礼则劳，慎而无礼则葸①，勇而无礼则乱，直而无礼则绞②。君子笃于亲③，则民兴于仁；故旧不遗，则民不偷④。”

【注释】

①葸：拘谨、畏惧的样子。②绞：说话尖刻，出口伤人。③笃：厚待，真诚。④偷：淡薄，

不厚道。

【译文】

孔子说："一味恭敬而不知礼，就未免会劳倦疲乏；只知谨慎小心，却并不知礼，便会胆怯多惧；只是勇猛，却并不知礼，就会莽撞作乱；心直口快却不知礼，便会尖利刻薄。君子能用深厚的感情对待自己的亲族，民众中则会兴起仁德的风气；君子不遗忘背弃他的故交旧朋，那民众便不会对人冷淡漠然了。"

▲ 君子笃于亲。

曾子有疾，孟敬子问之①。曾子言曰："鸟之将死，其鸣也哀；人之将死，其言也善。君子所贵乎道者三：动容貌，斯远暴慢矣；正颜色，斯近信矣；出辞气，斯远鄙倍矣②。笾豆之事③，则有司存④。"

【注释】

① 孟敬子：鲁国大夫仲孙捷。② 鄙倍：鄙陋，错误。倍，通"背"，背理，错误。③ 笾豆：祭礼中使用的器皿，笾是竹制的，豆是木制的。笾豆之事，在此代表礼仪中的一切具体细节。④ 有司：主管祭祀的官吏。

【译文】

曾子生病了，孟敬子去探问他。曾子说："鸟将要死时，鸣叫声是悲哀的；人将要死时，说出的话是善意的。君子所应当注重的有三个方面：通过做学问修养使自己的容貌庄重严肃，这样不会粗暴和傲慢；使自己态度诚恳随和，这样容易使人信服；讲究言辞和声气，这样就可以避免粗野和错误。至于礼仪中的细节，自有主管部门的官吏负责。"

曾子曰："士不可以不弘毅①，任重而道远。仁以为己任，不亦重乎？死而后已，不亦远乎？"

【注释】

① 弘毅：弘大强毅。

【译文】

曾子说："士人不可以不弘大刚毅，因为他肩负的任务重大而路程遥远。把实现仁德作为自己的任务，难道不重大吗？到死方才停止下来，难道不遥远吗？"

子曰："笃信好学，守死善道。危邦不入，乱邦不居。天下有道则见①，无道则隐。邦有道，贫且贱焉，耻也；邦无道，富且贵焉，耻也。"

【注释】

① 见：通“现”。

【译文】

孔子说：“坚定地相信我们的道，努力学习它，誓死守卫保全它。不进入危险的国家，不居住动乱的国家。天下有道，就出来从政；天下无道，就隐居不仕。国家有道，而自己贫穷鄙贱，是耻辱；国家无道，而自己富有显贵，也是耻辱。”

▲ 天下有道则见，无道则隐。

子曰：“不在其位，不谋其政。”

【译文】

孔子说：“不在那个职位上，就不考虑它的政务。”

子曰：“狂而不直，侗而不愿[①]，悾悾而不信[②]，吾不知之矣。”

【注释】

① 侗：幼稚，无知。愿：谨慎老实。② 悾悾：诚恳的样子。

【译文】

孔子说：“狂妄而不正直，幼稚而不谨慎，看上去诚恳而不守信用，我不知道有的人为什么会这样。”

子曰：“学如不及，犹恐失之。”

【译文】

孔子说：“学习就像追赶什么似的，生怕赶不上，学到了还恐怕会丢失。”

子曰：“巍巍乎，舜禹之有天下也，而不与焉[①]。”

【注释】

① 不与：不参与其富贵，即不图自己享受。

【译文】

孔子说：“多么崇高啊！舜、禹拥有天下（却是为百姓勤劳），而不是为了自己享受。”

舜有臣五人而天下治。武王曰："予有乱臣十人[1]。"孔子曰："才难，不其然乎？唐虞之际，于斯为盛。有妇人焉[2]，九人而已。三分天下有其二，以服事殷。周之德，其可谓至德也已矣。"

【注释】

①乱臣：据《说文》："乱，治也。"此处所说的"乱臣"，应为"治国之臣"。②妇人：传说是指太姒，文王妻，武王母，亦称文母。

【译文】

舜有五位贤臣，天下就得到了治理。武王说过："我有十位能治理天下的臣子。"孔子说："人才难得，不是这样吗？唐尧、虞舜时代以及周武王时，人才最盛。然而武王十位治国人才中有一位还是妇女，所以实际上只有九人而已。周文王得了天下的三分之二，还仍然服侍殷朝，周朝的道德，可以说是最高的了。"

颜渊篇

颜渊问仁。子曰："克己复礼为仁[1]。一日克己复礼，天下归仁焉。为仁由己，而由人乎哉？"

颜渊曰："请问其目。"子曰："非礼勿视，非礼勿听，非礼勿言，非礼勿动。"

颜渊曰："回虽不敏，请事斯语矣。"

【注释】

①克己复礼：克制自己，使自己的行为归到礼的方面去，即合礼。复礼，归于礼。

【译文】

颜渊问什么是仁。孔子说："抑制自己，使言语和行动都符合礼制，就是仁。一旦做到了这些，天下的人都会称许你有仁德。实行仁德是由自己，难道是靠别人？"

颜渊说："请问实行仁德的具体途径。"孔子说："不合礼的事不看，不合礼的事不听，不合礼的事不言，不合礼的事不做。"

颜渊说："我虽然不聪敏，请让我照这些话去做。"

仲弓问仁，子曰："出门如见大宾，使民如承大祭。己所不欲，勿施于人。在邦无怨[1]，在家无怨[2]。"

仲弓曰："雍虽不敏，请事斯语矣。"

【注释】

①邦：诸侯统治的国家。②家：卿大夫的封地。

【译文】

仲弓问什么是仁。孔子说：“出门好像去见贵宾，役使民众好像去承担重大祀典。自己所不想要的事物，就不要强加给别人。在邦国做事没有抱怨，在卿大夫之家做事也无抱怨。”

仲弓说：“我冉雍虽然不聪敏，请让我照这些话去做。”

▲ 出门如见大宾，使民如承大祭。

司马牛忧曰：“人皆有兄弟，我独亡。”子夏曰：“商闻之矣：‘死生有命，富贵在天。’君子敬而无失，与人恭而有礼，四海之内，皆兄弟也。君子何患乎无兄弟也？”

【译文】

司马牛忧愁地说：“别人都有兄弟，唯独我没有。”子夏说：“我听说过：‘死生有命运决定，富贵在于上天的安排。’君子认真谨慎地做事，不出差错，对人恭敬而有礼貌，四海之内的人，就都是兄弟，君子何必担忧没有兄弟呢？”

子张问崇德、辨惑。子曰：“主忠信，徙义，崇德也。爱之欲其生，恶之欲其死；既欲其生，又欲其死，是惑也。‘诚不以富，亦祇以异①’。”

【注释】

① 诚不以富，亦祇以异：见《诗·小雅·我行其野》。这两句诗引在这里，颇觉费解。有人认为是错简。今按朱熹《四书集注》中解释译出。祇，适。与“祗”“只”等字通用。

【译文】

子张向孔子请教怎样提高品德修养，分辨迷惑。孔子说：“以忠厚诚实为主，行为总是遵循道义，这就可以提高品德。对于同一个人，爱的时候希望他长期活下去；厌恶的时候，又希望他死去。既要他长寿，又要他短命，这就是迷惑。‘这样对自己实在是没有益处，也只能使人感到奇怪罢了’。”

齐景公问政于孔子。孔子对曰：“君君，臣臣，父父，子子。”公曰：“善哉！信如君不君，臣不臣，父不父，子不子，虽有粟，吾得而食诸？”

【译文】

齐景公向孔子询问政治。孔子回答说：“国君要像国君，臣子要像臣子，父亲要像父亲，儿子要像儿子。”景公说：“好啊！如果真的国君不像国君，臣子不像臣子，父亲不像父亲，儿子不像儿子，即使有粮食，我能够吃得着吗？”

子张问政。子曰：“居之无倦，行之以忠。”

【译文】

子张问怎样治理政事，孔子说：“居于官位不懈怠，执行君主令要忠实。”

子曰：“君子成人之美，不成人之恶。小人反是。”

【译文】

孔子说：“君子成全别人的好事，而不促成别人的坏事。小人则与此相反。”

季康子问政于孔子。孔子对曰：“政者，正也。子帅以正[①]，孰敢不正？”

【注释】

① 帅：通“率”，率领。

【译文】

季康子向孔子问到为政方面的事，孔子回答说：“政的意思就是端正，您自己先做到端正，谁还敢不端正？”

季康子患盗，问于孔子。孔子对曰：“苟子之不欲，虽赏之不窃。”

【译文】

季康子担忧盗窃，来向孔子求教。孔子对他说：“如果您不贪求太多的财物，即使奖励他们去偷，他们也不会干。”

季康子问政于孔子，曰：“如杀无道，以就有道，何如？”孔子对曰：“子为政，焉用杀？子欲善而民善矣。君子之德风，小人之德草。草上之风[①]，必偃[②]。”

【注释】

① 草上之风：谓风吹草。上，一作尚，加也。上之风谓上之以风，即加之以风。② 偃：倒下。

【译文】

季康子向孔子问政事，说：“假如杀掉坏人，以此来亲近好人，怎么样？”孔子说：“您治理国家，怎么想到用杀戮的方法呢？您要是好好治国，百姓也就会好起来。君子的品德如风，小人的品德如草。草上刮起风，草一定会倒。”

子张问："士何如，斯可谓之达矣[1]？"子曰："何哉，尔所谓达者？"子张对曰："在邦必闻，在家必闻。"子曰："是闻也，非达也。夫达也者，质直而好义，察言而观色，虑以下人[2]。在邦必达，在家必达。夫闻也者，色取仁而行违，居之不疑。在邦必闻，在家必闻。"

【注释】

①达：通达。②下人：下于人，即对人谦逊。

【译文】

子张问道："士要怎么样才可说是通达了？"孔子说："你所说的通达是什么呢？"子张回答说："在诸侯的国家一定有名声，在大夫的封地一定有名声。"孔子说："这是有名声，不是通达。通达的人，本质正直忠信而喜爱道义，体会别人的话语，观察别人的脸色，思想上愿意对别人谦让。在诸侯的国家一定通达，在大夫的封地一定通达。有名声的人，表面上要实行仁德而行动上却相反，以仁人自居而毫不自惭内省。他们在诸侯的国家一定虚有其名，在大夫的封地也一定虚有其名。"

曾子曰："君子以文会友，以友辅仁。"

【译文】

曾子说："君子用文章学问来结交、聚合朋友，用朋友来帮助自己培养仁德。"

子路篇

子路问政。子曰："先之，劳之。"请益。曰："无倦。"

【译文】

子路问为政之道。孔子说："自己先要身体力行带好头，然后让老百姓辛勤劳作。"子路请求多讲一些，孔子说："不要倦怠。"

仲弓为季氏宰，问政。子曰："先有司，赦小过，举贤才。"曰："焉知贤才而举之？"子曰："举尔所知。尔所不知，人其舍诸？"

【译文】

仲弓做了季氏的总管，问怎样管理政事，孔子说："自己先给下属各部门主管人员做出表率，原谅人家的小错误，提拔贤能的人。"仲弓说："怎么知道哪些人是贤能的人而去提拔他们呢？"孔子说："提拔你所知道的；那些你所不知道的，别人难道会埋没他吗？"

子路曰："卫君待子而为政，子将奚先？"子曰："必也正名乎！"子路曰："有是哉，子之迂也！奚其正？"子曰："野哉由也！君子于其所不知，盖阙如也①。名不正，则言不顺；言不顺，则事不成；事不成，则礼乐不兴；礼乐不兴，则刑罚不中②；刑罚不中，则民无所措手足。故君子名之必可言也，言之必可行也。君子于其言，无所苟而已矣③。"

【注释】

①阙：通"缺"。缺而不言，存疑的意思。②中：得当。③苟：随便，马虎。

【译文】

子路说："卫国的国君等待您治理政事，您将准备先做什么呢？"孔子说："那一定是先要纠正名分吧！"子路说："您迂腐得竟然到了这种地步吗？这个名为什么去正呢？"孔子说："真粗野呀，仲由！君子对于他所不知道的，一般要采取保留的态度（不要乱说）。名分不正，说话就不能顺理成章；说话不能顺理成章，事情就做不成；做不成事情，国家的礼乐制度就确立不起来；礼乐制度不能确立，刑罚也就不能得当；刑罚不得当，百姓就会手足无措，不知如何是好。因此君子使用一个概念，就一定要能说得清楚，说出来了必定要行得通。君子对自己所说的话，不过是没有一点凑合、糊弄罢了。"

▲ 鼓乐是礼乐制度之一。

子曰："诵《诗》三百，授之以政，不达；使于四方①，不能专对。虽多，亦奚以为？"

【注释】

①使：出使。

【译文】

孔子说："熟读了《诗》（即《诗经》）三百首，交给他政务，他却搞不懂；派他出使到四方各国，又不能独立应对外交。虽然读书多，又有什么用处呢？"

子曰："其身正，不令而行；其身不正，虽令不从。"

【译文】

孔子说："（作为管理者）如果自身行为端正，不用发布命令，事情也能顺利实施；如果本身不端正，就是发布了命令，百姓也不会听从。"

冉子退朝[①]。子曰："何晏也？"对曰："有政。"子曰："其事也。如有政，虽不吾以[②]，吾其与闻之[③]。"

【注释】

①朝：朝廷。或指鲁君的朝廷，或指季氏议事的场所。解释不一。②不吾以：不用我。以，用。③与：参与。

【译文】

冉有从办公的地方回来，孔子说："今天为什么回来得这样晚呢？"冉有回答说："有政务。"孔子说："那不过是一般性的事务罢了。如果是重要的政务，虽然不用我，我还是会知道的。"

定公问："一言而可以兴邦，有诸？"孔子对曰："言不可以若是其几也[①]。人之言曰：'为君难，为臣不易。'如知为君之难也，不几乎一言而兴邦乎？"曰："一言而丧邦，有诸？"孔子对曰："言不可以若是其几也。人之言曰：'予无乐乎为君，唯其言而莫予违也。'如其善而莫之违也，不亦善乎？如不善而莫之违也，不几乎一言而丧邦乎？"

【注释】

①几：期，期望。

【译文】

鲁定公问："一句话可以使国家兴盛，有这样的事吗？"孔子回答说："对语言不能有那么高的期望。有人说：'做国君难，做臣子也不容易。'如果知道了做国君的艰难，自然会努力去做事，这不近于一句话而使国家兴盛吗？"定公说："一句话而丧失了国家，有这样的事吗？"孔子回答说："对语言的作用不能有那么高的期望。有人说：'我做国

▲ 为君难，为臣不易。

君没有感到什么快乐，唯一使我高兴的是我说的话没有人敢违抗。’如果说的话正确而没有人违抗，这不是很好吗？如果说的话不正确也没有人敢违抗，这不就近于一句话就使国家丧亡吗？”

叶公问政。子曰：“近者说[①]，远者来。”

【注释】

① 说：同“悦”。

【译文】

叶公问怎样治理国家。孔子说：“让近处的人快乐满意，使远处的人闻风归附。”

子夏为莒父宰[①]，问政。子曰：“无欲速，无见小利。欲速，则不达；见小利，则大事不成。”

【注释】

① 莒父：鲁国的一个城邑，在今山东省莒县境内。

【译文】

子夏做了莒父地方的长官，问怎样治理政事。孔子说：“不要急于求成，不要贪图小利。急于求成，反而达不到目的；贪小利则办不成大事。”

叶公语孔子曰[①]：“吾党有直躬者[②]，其父攘羊[③]，而子证之[④]。”孔子曰：“吾党之直者异于是。父为子隐，子为父隐，直在其中矣。”

【注释】

① 语：告诉。② 党：指家乡。古代五百家为一党。③ 攘：偷窃。④ 证：告发。

【译文】

叶公告诉孔子说：“我家乡有个正直的人，他父亲偷了别人的羊，他便出来告发。”孔子说：“我家乡正直的人与这不同：父亲替儿子隐瞒，儿子替父亲隐瞒，合天理人情的正直就在这里面了。”

子曰：“君子和而不同[①]，小人同而不和。”

【注释】

① 和：和谐，协调。同：人云亦云，盲目附和。

【译文】

孔子说：“君子追求与人和谐而不是完全相同、盲目附和，小人追求与人相同、盲目附和而不能与人和谐。”

子贡问曰：“乡人皆好之，何如？”子曰：“未可也。”“乡人皆恶之，何如？”子曰：“未可也。不如乡人之善者好之，其不善者恶之。”

【译文】

子贡问道：“乡里人都喜欢他，这个人怎么样？”孔子说：“还不行。”“乡里人都厌恶他，这个人怎么样？”孔子说：“还不行。最好是乡里的好人都喜欢他，乡里的坏人都厌恶他。”

子曰：“君子易事而难说也①。说之不以道，不说也；及其使人也，器之②。小人难事而易说也。说之虽不以道，说也；及其使人也，求备焉。”

【注释】

①说：通“悦”。②器之：按各人的才德适当使用。器，器用，作动词用。

【译文】

孔子说：“在君子手下做事情很容易，但要取得他的欢心却很难。不用正当的方式去讨他的欢喜，他是不会喜欢的；等到他使用人的时候，能按各人的才德去分配任务。在小人手下做事很难，但要想讨好他却很容易，用不正当的方式去讨好他，他也会很高兴。在用人的时候，却是要百般挑剔求全责备的。”

子曰：“君子泰而不骄，小人骄而不泰。”

【译文】

孔子说：“君子安详坦然而不骄矜凌人；小人骄矜凌人而不安详坦然。”

子曰：“刚、毅、木、讷，近仁。”

【译文】

孔子说：“刚强、坚毅、质朴、言语实在而谨慎，具备了这四种品德的人便接近仁德了。”

卫灵公篇

卫灵公问陈于孔子①。孔子对曰：“俎豆之事②，则尝闻之矣；军旅之事，未之学也。”明日遂行。

【注释】

①陈：通“阵”，军队作战时，布列的阵势。②俎豆：古代盛肉食的器皿，用于祭祀，古意译为礼仪之事。

▲ 灵公问陈。

【译文】

卫灵公向孔子询问排兵布阵的方法。孔子回答说："祭祀礼仪方面的事情，我听说过；用兵打仗的事，从来没有学过。"第二天就离开了卫国。

在陈绝粮，从者病，莫能兴。子路愠见，曰："君子亦有穷乎？"子曰："君子固穷，小人穷斯滥矣。"

【译文】

孔子在陈国断绝了粮食，跟从的人都饿病了，躺着不能起来。子路生气地来见孔子说："君子也有穷困无办法的时候吗？"孔子说："君子在穷困时还能固守正道，小人一穷困就会胡作非为。"

子曰："赐也，女以予为多学而识之者与①？"对曰："然。非与？"曰："非也。予一以贯之②。"

【注释】

① 识：通"志"，记住。② 一以贯之：即以忠恕之道贯穿它。

【译文】

孔子对子贡说："端木赐呀，你以为我是多多地学习并能记住的人吗？"子贡回答说："是的，难道不是这样吗？"孔子说："不是的，我是用一个基本观念把它们贯穿起来。"

子曰："志士仁人，无求生以害仁，有杀身以成仁。"

【译文】

孔子说："志士仁人，不会为了求生损害仁，却用牺牲生命去成就仁。"

子贡问为仁，子曰："工欲善其事，必先利其器。居是邦也，事其大夫之贤者，友其士之仁者。"

【译文】

子贡问怎样培养仁德，孔子说："工匠要想做好工，必须先把器具打磨锋利。住在这个国家，就要侍奉大夫中的贤人，结交士中的仁人。"

子曰："人无远虑，必有近忧。"

【译文】

孔子说："人没有长远的考虑，一定会有眼前的忧患。"

子曰："已矣乎！吾未见好德如好色者也。"

【译文】

孔子说："罢了罢了！我没见过喜欢美德如同喜欢美色一样的人。"

▲ 吾未见好德如好色者也。

子曰："不曰'如之何，如之何'者，吾末如之何也已矣[1]。"

【注释】

① 末：无。

【译文】

孔子说："不说'怎么办，怎么办'的人不能熟思审虑，而肆意妄行的人，我对他也不知道该怎么办了。"

子曰："吾犹及史之阙文也。有马者借人乘之[1]。今亡矣夫！"

【注释】

① 有马者借人乘之：有人认为此句系错出，难以索解，存疑而已。

【译文】

孔子说："我还看到史书中存疑而空缺的地方。有马的人（自己不会调教）先借给别人骑。

现在没有这样的了。”

子曰：“巧言乱德。小不忍，则乱大谋。”

【译文】

孔子说：“花言巧语会败坏道德。小事上不忍耐，就会扰乱了大的谋略。”

子曰：“众恶之，必察焉；众好之，必察焉。”

【译文】

孔子说：“众人都厌恶他，一定要去考察；大家都喜爱他，也一定要去考察。”

子曰：“人能弘道①，非道弘人。”

【注释】

① 弘：扩充；光大。

【译文】

孔子说：“人能够把道弘扬光大，而不是道能把人发扬光大。”

子曰：“过而不改，是谓过矣。”

【译文】

孔子说：“有了过错而不改正，这就真叫作过错了。”

子曰：“吾尝终日不食，终夜不寝，以思，无益，不如学也。”

【译文】

孔子说：“我曾经整天不吃、整夜不睡，去思索，没有益处，不如去学习。”

子曰：“君子谋道不谋食。耕也，馁在其中矣①；学也，禄在其中矣。君子忧道不忧贫。”

【注释】

① 馁：饥饿。

【译文】

孔子说：“君子谋求的是道而不是谋求衣食。即使耕作，也不免于饥饿；学习，往往能得到俸禄。但君子担忧是否能学到道，不是为担忧贫穷才学习，不为俸禄而学习。”

子曰："事君，敬其事而后其食。"

【译文】

孔子说："侍奉君主，认真做事而把领取俸禄的事放在后面。"

子曰："有教无类。"

【译文】

孔子说："教育没有高低贵贱的等级差别。"

子曰："道不同，不相为谋[①]。"

【注释】

①为：与，对。

【译文】

孔子说："志向主张不同，不在一起谋划共事。"

子曰："辞达而已矣。"

【译文】

孔子说："言辞能表达出意思就可以了，不必刻意追求言辞的华丽。"

师冕见[①]，及阶，子曰："阶也。"及席，子曰："席也。"皆坐。子告之曰："某在斯，某在斯。"师冕出。子张问曰："与师言之道与？"子曰："然；固相师之道也[②]。"

【注释】

①师：乐师。冕：人名。古代的乐师一般是盲人。②相：帮助。

【译文】

师冕来见孔子，走到台阶边，孔子说："这儿是台阶。"走到座席边，孔子说："这是座席。"大家都坐下后，孔子告诉他说："某人在这里，某人在这里。"师冕告辞后，子张问道："这是和盲人乐师言谈的方式吗？"孔子说："是的，这本来就是相助盲人乐师的方式。"

季氏篇

季氏将伐颛臾[①]。冉有、季路见于孔子[②]，曰："季氏将有事于颛臾。"

孔子曰："求！无乃尔是过与[③]？夫颛臾，昔者先王以为东蒙主[④]，且在邦域之中矣，是社稷之臣也。何以伐为[⑤]？"冉有曰："夫子欲之，吾二臣者皆不欲也。"

孔子曰："求！周任有言曰[6]：'陈力就列，不能者止。'危而不持，颠而不扶，则将焉用彼相矣[7]？且尔言过矣。虎兕出于柙[8]，龟玉毁于椟中，是谁之过与？"冉有曰："今夫颛臾，固而近于费[9]。今不取，后世必为子孙忧。"

孔子曰："求！君子疾夫舍曰'欲之'，而必为之辞。丘也闻：有国有家者，不患寡而患不均，不患贫而患不安[10]。盖均无贫，和无寡，安无倾。夫如是，故远人不服，则修文德以来之。既来之，则安之。今由与求也相夫子，远人不服而不能来也，邦分崩离析而不能守也，而谋动干戈于邦内。吾恐季孙之忧，不在颛臾，而在萧墙之内也[11]。"

【注释】

①颛臾：鲁国的附属国，在今山东省费县西。②见于：被接见。③无乃：岂不是。尔是过：责备你。"过"用作动词，表示责备。"是"用于颠倒动宾之间，无义。④东蒙：蒙山。主：主持祭祀的人。⑤为：用于句末的语气词。这里表诘问语气。⑥周任：人名，周代史官。⑦相：搀扶盲人的人叫相，这里是辅助的意思。⑧兕：雌性犀牛。⑨费：季氏的采邑。⑩不患寡而患不均，不患贫而患不安：当作"不患贫而患不均，不患寡而患不安"。据俞樾《群经平议》。⑪萧墙：照壁屏风，指宫廷之内。

【译文】

▲ 季氏将伐颛臾。

季氏准备攻打颛臾。冉有、子路去拜见孔子，说："季氏准备对颛臾用兵了。"

孔子说："冉求！难道不是你的过错吗？颛臾，以前先王让它主持东蒙山的祭祀，而且它在鲁国的疆域之内，是国家的臣属，为什么要攻打它呢？"冉有说："季孙大夫想去攻打，我们两人都不同意。"

孔子说："冉求！周任说过：'根据自己的才力去担任职务，不能胜任的就辞职不干。'盲人遇到了危险不去扶持，跌倒了不去搀扶，那还用辅助的人干什么呢？而且你的话是错了。老虎、犀牛从笼子里跑出来，龟甲和美玉在匣子里被毁坏了，是谁的过错呢？"冉有说："现在颛臾，城墙坚固，而且离季氏的采邑费地很近。现在不攻占它，将来一定会成为子孙的祸患。"

孔子说："冉求！君子痛恨那些不说自己想那样做却一定要另找借口的人。我听说，对于诸侯和大夫，不怕贫穷而怕财富不均；不怕人口少而怕不安定。因为财富均衡就没有贫穷，和睦团结就不觉得人口少，境内安定就不会有倾覆的危险。像这样做，远方的人还不归服，那就再修仁义礼乐的政教来使他们归服。他们来归服了，就让他们安心生活。现在，仲由和冉求你们辅佐季孙，远方的人不归服却又不能招致他们；国家分崩离析却不能保全守住，反而谋划在国内动用武力。恐怕季孙的忧患不在颛臾，而在他自己的宫墙之内呢。”

孔子曰：“天下有道，则礼乐征伐自天子出；天下无道，则礼乐征伐自诸侯出。自诸侯出，盖十世希不失矣①；自大夫出，五世希不失矣；陪臣执国命②，三世希不失矣。天下有道，则政不在大夫。天下有道，则庶人不议。”

【注释】

①希：少。②陪臣：大夫的家臣。

【译文】

孔子说：“天下政治清明，制礼作乐以及出兵征伐的命令都由天子下达；天下政治混乱，制礼作乐以及出兵征伐的命令都由诸侯下达。政令由诸侯下达，大概延续十代就很少有不丧失的；政令由大夫下达，延续五代后就很少有不丧失的；大夫的家臣把持国家政权，延续三代就很少有不丧失的。天下政治清明，国家的政权就不会掌握在大夫手中；天下政治清明，普通百姓就不会议论朝政了。”

孔子曰：“益者三友，损者三友。友直、友谅①、友多闻，益矣；友便辟②、友善柔、友便佞③，损矣。”

【注释】

①谅：诚信。②便辟：逢迎谄媚。③便佞：用花言巧语取悦于人。

【译文】

孔子说：“有益的朋友有三种，有害的交友有三种。同正直的人交友，同诚信的人交友，同见闻广博的人交友，是有益的。同逢迎谄媚的人交友，同表面柔顺内心奸诈的人交友，同花言巧语的人交友，是有害的。”

▲ 宴饮图

孔子曰："益者三乐，损者三乐。乐节礼乐、乐道人之善、乐多贤友，益矣；乐骄乐、乐佚游[1]、乐宴乐，损矣。"

【注释】

①佚：放荡。

【译文】

孔子说："有益的嗜好有三种，有害的嗜好有三种。以用礼乐调节自己为乐，以称道人的好处为乐，以有很多德才兼备的朋友为乐，是有益的。以骄纵享乐为乐，以放荡游乐为乐，以宴饮无度为乐，是有害的。"

孔子曰："侍于君子有三愆[1]：言未及之而言，谓之躁；言及之而不言，谓之隐；未见颜色而言，谓之瞽[2]。"

【注释】

①愆：过失。②瞽：瞎子。

【译文】

孔子说："侍奉君子容易有三种过失：没有轮到他发言而言语，叫作急躁；到该说话时却不言语，叫作隐瞒；不看君子的脸色而贸然说话，叫作盲目。"

孔子曰："君子有三戒：少之时，血气未定，戒之在色；及其壮也，血气方刚，戒之在斗；及其老也，血气既衰，戒之在得[1]。"

【注释】

①得：贪得，包括名誉、地位、财货等。

【译文】

孔子说："君子有三件事应该警惕戒备：年少的时候，血气还没有发展稳定，要警戒迷恋女色；壮年的时候，血气正旺盛，要警戒争强好斗；到了老的时候，血气已经衰弱，要警戒贪得无厌。"

孔子曰："君子有三畏：畏天命，畏大人，畏圣人之言。小人不知天命而不畏也，狎大人，侮圣人之言。"

【译文】

孔子说："君子有三种敬畏：敬畏天命，敬畏王公大人，敬畏圣人的言论。小人不知道天命，所以不敬畏它，轻视王公大人，侮慢圣人的言论。"

孔子曰："生而知之者，上也；学而知之者，次也；困而学之，又其次也；困而不学，民斯为下矣。"

【译文】

孔子说："生来就知道的人，是上等；经过学习后才知道的人，次一等；遇到困惑疑难才去学习的人，是又次一等了；遇到困惑疑难仍不去学习的，这种人就是下等的了。"

孔子曰："君子有九思：视思明，听思聪，色思温，貌思恭，言思忠，事思敬，疑思问，忿思难①，见得思义。"

【注释】

①难：患难。

【译文】

孔子说："君子有九种思考：看的时候要思考看明白了没；听的时候要思考听清楚了没；待人接物时，要想想脸色是否温和、样貌是否恭敬；说的言语要想想是否忠实；做事要想想是否严肃认真；有疑难要想着询问；气愤发怒时要想想可能产生的后患；看见可得的要想想是否合于义。"

阳货篇

阳货欲见孔子①，孔子不见，归孔子豚②。孔子时其亡也③，而往拜之。遇诸涂。谓孔子曰："来！予与尔言。"曰："怀其宝而迷其邦，可谓仁乎？"曰："不可。""好从事而亟失时④，可谓知乎⑤？"曰："不可。""日月逝矣，岁不我与。"孔子曰："诺，吾将仕矣。"

【注释】

①阳货：又叫阳虎，季氏的家臣。当时他正把持着季氏的权柄，曾经将季醒子拘禁起来而企图把持鲁国国政。后篡权不成逃往晋国。见：用作使动词，"见孔子"为"使孔子来见"。②归：通"馈"，赠送。豚：小猪。古代礼节，大夫送士礼品，士必须在大夫家里拜受礼物。③时：伺，窥伺，打听。④亟：屡次。⑤知：通"智"。

▲ 孔门弟子

【译文】

阳货想要孔子去拜见他，孔子不去拜见，

他便送给孔子一头蒸熟了的小猪。孔子打听到他不在家时，前往他那里去回拜表谢，却在途中遇见阳货。阳货对孔子说："来！我同你说话。"又说："一个人怀藏本领却听任国家迷乱，可以叫作仁吗？"孔子说："不可以。""喜好参与政事而屡次错失时机，可以叫作聪明吗？"孔子说："不可以。""时光很快地流逝了，岁月是不等人的。"孔子说："好吧，我将去做官了。"

子曰："性相近也，习相远也。"

【译文】

孔子说："人们的本性是相近的，后天的习染使人们之间相去甚远了。"

子曰："唯上知与下愚不移。"

【译文】

孔子说："只有上等的智者与下等的愚人是改变不了的。"

子曰："小子何莫学夫诗！诗，可以兴，可以观，可以群，可以怨。迩之事父，远之事君；多识于鸟兽草木之名。"

【译文】

孔子说："学生们为什么没有人学《诗》呢？《诗》可以激发心志，可以提高观察力，可以培养正确的群体观念，可以学得怨而不怒的讽刺方法。近则可以用其中道理来侍奉父母；远可以用来侍奉君主，还可以知道鸟兽草木的名称。"

子曰："色厉而内荏①，譬诸小人，其犹穿窬之盗也与②？"

【注释】

① 荏：软弱。② 窬：通"逾"。

【译文】

孔子说："外表严厉而内心怯懦，用小人做比喻，大概像个挖洞爬墙的盗贼吧。"

子曰："乡愿①，德之贼也②。"

【注释】

① 乡愿：貌似好人，实与流俗合污，以取媚于世的伪善者。② 贼：毁坏，败坏。

【译文】

孔子说："没有是非的好好先生，是道德的败坏者。"

子曰："道听而途说，德之弃也。"

【译文】

孔子说："把道路上听来的东西四处传说，是背弃道德的。"

子曰："鄙夫可与事君也与哉？其未得之也，患得之[①]；既得之，患失之。苟患失之，无所不至矣。"

【注释】

① 患得之：这里是"患不得之"的意思。这是当时楚地的俗语。

【译文】

孔子说："鄙夫，可以和他们一起侍奉君主吗？他们在未得到职位时，总是害怕得不到；得到职位以后，又唯恐失去。如果老是担心失去职位，就没有什么事是做不出来的。"

▲ 其未得之也，患得之；既得之，患失之。

子曰："恶紫之夺朱也[①]，恶郑声之乱雅乐也[②]，恶利口之覆邦家者。"

【注释】

① 紫之夺朱：朱是正色，紫是杂色。当时紫色代替朱色成为诸侯衣服的颜色。② 雅乐：正统音乐。

【译文】

孔子说："憎恶紫色夺去红色的光彩和地位，憎恶郑国的乐曲淆乱典雅正统的乐曲，憎恶用巧言善辩颠覆国家的人。"

宰我问[①]："三年之丧，期已久矣。君子三年不为礼，礼必坏；三年不为乐，乐必崩。旧谷既没，新谷既升，钻燧改火[②]，期可已矣[③]。"子曰："食夫稻[④]，衣夫锦，于女安乎？"曰："安。""女安则为之！夫君子之居丧，食旨不甘，闻乐不乐，居处不安，故不为也。今女安，则为之！"

宰我出。子曰："予之不仁也！子生三年，然后免于父母之怀。夫三年之丧，天下之通丧也。予也有三年之爱于其父母乎？"

【注释】

①宰我：孔子学生，名予，字子我，鲁国人。②钻燧改火：古代钻木取火，所用木头四季不同。春用榆柳，夏用枣杏和桑柘，秋用柞，冬用槐檀，一年轮一遍，叫改火。③期：一周年。④夫：那。

【译文】

宰我问："父母死了，服丧三年，时间太长了。君子三年不习礼，礼一定会败坏；三年不演奏音乐，音乐一定会荒废。旧谷已经吃完，新谷已经登场，取火用的燧木已经轮换了一遍，服丧一年就可以了。"孔子说："丧期不到三年就吃稻米，穿锦缎，对你来说心安吗？"宰我说："心安。"孔子说："你心安，就那样做吧！君子服丧，吃美味不觉得香甜，听音乐不感到快乐，住在家里不觉得舒适安宁，所以不那样做。现在你心安，就那样去做吧！"

宰我出去了，孔子说："宰我不仁啊！孩子生下来三年后，才能完全脱离父母的怀抱。三年的服丧，是天下通行的丧礼。宰予难道没有从他父母那里得到过三年怀抱之爱吗？"

子曰："饱食终日，无所用心，难矣哉！不有博弈者乎①？为之犹贤乎已②。"

【注释】

①博：掷采（骰子）。弈：古代围棋。②已：止也。

【译文】

孔子说："整天吃得饱饱的，什么心思也不用，这就难办了呀！不是有掷骰子下围棋的游戏吗？干干这些，也比什么都不干好些。"

子路曰："君子尚勇乎？"子曰："君子义以为上。君子有勇而无义为乱，小人有勇而无义为盗。"

【译文】

子路说："君子崇尚勇敢吗？"孔子说："君子把义看作是最尊贵的。君子有勇无义就会作乱，小人有勇无义就会去做盗贼。"

子曰："唯女子与小人为难养也，近之则不逊，远之则怨。"

【译文】

孔子说："只有女子和小人是不容易相处的。亲近了，他们就会无礼；疏远了，他们就会怨恨。"

子曰："年四十而见恶焉①，其终也已。"

【注释】

① 见：被。

【译文】

孔子说："年已到了四十还被众人所厌恶，他这一辈子也就算完了。"

微子篇

微子去之①，箕子为之奴②，比干谏而死③。孔子曰："殷有三仁焉。"

【注释】

① 微子：名启，商纣王的同母兄弟。微子出生时，他母亲还未被正式立为帝妻，纣是母亲立为帝妻后所生，故纣得以继承王位。② 箕子：纣王的叔父。纣王暴虐无道，箕子曾向他进谏，纣王不听，箕子便假装发疯，被降为奴隶。③ 比干：也是纣王的叔父。他竭力劝谏纣王，被纣王剖心而死。

【译文】

微子离开了商纣王，箕子做了他的奴隶，比干强谏被杀。孔子说："殷朝有三位仁人！"

楚狂接舆歌而过孔子①，曰："凤兮，凤兮！何德之衰？往者不可谏，来者犹可追。已而，已而！今之从政者殆而！"

孔子下，欲与之言。趋而辟之，不得与之言。

【注释】

① 接舆：楚国的隐士。一说他姓接名舆，一说因他接孔子之车而歌，所以称他接舆。

【译文】

楚国的狂人接舆唱着歌经过孔子的车子，说："凤凰啊，凤凰啊！为什么道德如此衰微？过去的已经不能挽回，未来的还来得及改正。算了吧，算了吧！现在那些从政的人殆危呀！"

孔子下车，想要同他说话。接舆快走几步避开了孔子，孔子没能同他交谈。

长沮、桀溺耦而耕①，孔子过之，使子路问津焉②。长沮曰："夫执舆者为谁③？"子路曰："为孔丘。"曰："是鲁孔丘与？"曰："是也。"曰："是知津矣④。"问于桀溺，桀溺曰："子为谁？"曰："为仲由。"曰："是鲁孔丘之徒与？"对曰："然。"曰："滔滔者天下皆是也，而谁以易之⑤？且而与其从辟人之士也⑥，岂若从辟世之士哉？"耰而不辍⑦。子路行以告。夫子怃然曰⑧："鸟兽不可与同群，吾非斯人之徒与而谁与？天下有道，丘不与易也。"

【注释】

① 长沮、桀溺：两位隐士，真实姓名和身世不详。耦而耕：两个人合力耕作。② 津：渡口。③ 执舆：执辔（揽着缰绳）。本是子路的任务。因为子路下车去问渡口，暂时由孔子代替。④ 是知津矣：这话是认为孔子周游列国，应该熟悉道路。⑤ 谁以易之：以，与。与谁去改变它呢。⑥ 而：通“尔”，你，指子路。辟：通“避”。⑦ 耰：播下种子后，用土覆盖上，再用耙将土弄平，使种子深入土里，鸟不能啄，这就叫耰。⑧ 怃然：失意的样子。

【译文】

长沮和桀溺并肩耕地，孔子从他们那里经过，让子路去打听渡口在哪儿。长沮说：“那个驾车的人是谁？”子路说：“是孔丘。”长沮又问：“是鲁国的孔丘吗？”子路说：“是的。”长沮说：“他应该知道渡口在哪儿。”子路又向桀溺打听，桀溺说：“你是谁？”子路说：“我是仲由。”桀溺说：“是鲁国孔丘的学生吗？”子路回答说：“是的。”桀溺就说：“普天之下到处都像滔滔洪水一样混乱，和谁去改变这种状况呢？况且你与其跟从逃避坏人的人，还不如跟从逃避污浊尘世的人呢。”说完，还是不停地用土覆盖播下去的种子。子路回来告诉了孔子。孔子怅然若失地说：“人是不能和鸟兽合群共处的，我不和世人在一起又能和谁在一起呢？如果天下有道，我就不和你们一起来改变它了。”

子路从而后，遇丈人，以杖荷蓧[①]。子路问曰：“子见夫子乎？”丈人曰：“四体不勤，五谷不分[②]，孰为夫子？”植其杖而芸[③]。子路拱而立。

止子路宿，杀鸡为黍而食之，见其二子焉[④]。明日，子路行以告。子曰：“隐者也。”使子路反见之。至，则行矣。

子路曰：“不仕无义。长幼之节，不可废也；君臣之义，如之何其废之？欲洁其身，而乱大伦。君子之仕也，行其义也。道之不行，已知之矣。”

【注释】

① 蓧：古代在田中除草的工具。② 五谷：古书中有不同的说法，最普通的一种指稻、黍、稷、麦、菽。稻麦是主要粮食作物；黍是黄米；稷是粟，一说是高粱；菽是豆类作物。③ 芸：通“耘”。④ 见其二子：使其二子出见客。

【译文】

子路跟随孔子落在后面，遇到一个老人，用手杖挑着除草用的工具。子路问道：“您看见我的老师了吗？”老人说：“四肢不劳动，五谷分不清。谁是你的老师呢？”说完，把手杖插在地上开始锄草。子路拱着手站在一边。

老人便留子路到他家中住宿，杀鸡做饭给子路吃，还叫他两个儿子出来相见。第二天，子路赶上了孔子，并把这事告诉了他。孔子说：“这是个隐士。”叫子路返回去再见他。子路到了那里，他已经出门了。

子路说：“不出来做官是不义的。长幼之间的礼节，不可以废弃；君臣之间的道义，又怎么可以废弃呢？本想保持自身纯洁，却破坏了重大的伦理道德。君子出来做官，是为了实行君臣之义。至于我们的政治主张行不通，是早就知道的了。”

孟子的理想人格浅析

孟子人格思想的理论基础

↓

性善论

- 恻隐之心——仁
- 羞恶之心——义
- 恭敬之心——礼
- 是非之心——智

孟子提出了独特且影响深远的理想人格——大丈夫："居天下之广居，立天下之正位，行天下之大道。得志，与民由之；不得志，独行其道。富贵不能淫，贫贱不能移，威武不能屈，此之谓大丈夫。"

孟子理想人格的代表人物是舜——家中孝子、国中仁君。

孟子人格思想的主要内容

- 居仁由义：仁是内在信念，义是外在行动。
- 浩然之气：培养自尊、自强、坚毅的精神。
- 大丈夫气节：大公无私，认识到正义在己，不为外力的阻碍而放弃。

孟子理想人格实现的途径

- 苦其心志：想提高修养，经受磨炼是必不可少的。
- 寡欲：欲望是外在的追逐，修养是向内的自我要求。
- 知耻：知耻才能审视自身不足，达到提升修养的境界。
- 反求诸己：任何事觉得不满意时，先问问自己有没有尽心尽责。

孟 子

梁惠王章句上

孟子见梁惠王①。王曰："叟不远千里而来②，亦将有以利吾国乎③？"

孟子对曰："王何必曰利？亦有仁义而已矣。王曰：'何以利吾国'，大夫曰'何以利吾家'，士庶人曰④：'何以利吾身'，上下交征利⑤，而国危矣。万乘之国⑥，弑其君者⑦，必千乘之家；千乘之国，弑其君者，必百乘之家。万取千焉，千取百焉，不为不多矣。苟为后义而先利⑧，不夺不餍⑨。未有仁而遗其亲者也⑩，未有义而后其君者也。王亦曰仁义而已矣，何必曰利？"

【注释】

① 梁惠王：就是魏惠王（公元前400～前319年），惠是他的谥号。他即位后九年由旧都安邑（今山西夏县北）迁都大梁（今河南开封西北），所以又叫梁惠王。② 叟：老人。③ 亦：这里是"只"的意思。④ 士庶人：士和庶人。庶人即老百姓。⑤ 交征：互相争夺。征，取。⑥ 乘：古代用四匹马拉的一辆兵车叫一乘，诸侯国的大小以兵车的多少来衡量。战国末期的万乘之国有韩、赵、魏、燕、齐、楚、秦七国，千乘之国有宋、卫、中山以及东周、西周。至于下句中千乘、百乘之家的"家"，则是指拥有封邑的公卿大夫封邑大，有兵车千乘；

▲ 君车出行

大夫封邑小，有兵车百乘。⑦弑：下杀上，卑杀尊，臣杀君叫弑。⑧苟：如果。⑨餍：满足。⑩遗：遗弃，抛弃。

【译文】

孟子拜见梁惠王，惠王说："老人家，您不远千里而来，定将有什么有利于我国吗？"

孟子回答道："大王为什么要讲'利'？有仁义就够了。大王说：'有什么有利于我国？'大夫们说：'有什么有利于我家？'士和庶人们说：'有什么有利于我自己？'这样上下互相追求私利，那么，国家就危险了。在拥有兵车万乘的国家，谋杀他们的君主的，必然是拥有兵车千乘的大夫；在兵车千乘的国家，谋杀他们的君主的，必然是拥有兵车百乘的大夫之家。在兵车万乘的国家里，大夫能从中获得兵车千乘，在兵车千乘国家里，大夫能从中获得兵车百乘，不能说是不多了。假如真正是轻义而重利，那就非闹到篡夺君位的地步是不能满足的。可是，从来没有讲仁德的人会遗弃他的双亲的，从来没有讲道义的人会不尊重他的君王的。大王您只要讲仁义就够了，为什么要讲利呢？"

孟子见梁惠王。王立于沼上，顾鸿、雁、麋、鹿，曰："贤者亦乐此乎？"

孟子对曰："贤者而后乐此，不贤者虽有此，不乐也。《诗》云[①]：'经始灵台[②]，经之营之，庶民攻之[③]，不日成之[④]。经始勿亟[⑤]，庶民子来[⑥]。王在灵囿[⑦]，麀鹿攸伏，麀鹿濯濯[⑧]，白鸟鹤鹤[⑨]。王在灵沼[⑩]，于牣鱼跃[⑪]。'文王以民力为台为沼，而民欢乐之，谓其台曰灵台，谓其沼曰灵沼，乐其有麋鹿鱼鳖。古之人与民偕乐，故能乐也。《汤誓》曰[⑫]：'时日害丧，予及女皆亡。[⑬]'民欲与之偕亡，虽有台池鸟兽，岂能独乐哉？"

【注释】

①《诗》云：下面所引的是《诗经·大雅·灵台》，全诗共四章，文中引的是前两章。②经始：开始规划营造。灵台：台名，故址在今陕西西安西北。③攻：建造。④不日：不几天。⑤亟：急。⑥庶民子来：老百姓像儿子似的来修建灵台。⑦囿：古代帝王蓄养禽兽的园林。⑧濯濯：肥胖而光滑的样子。⑨鹤鹤：羽毛洁白的样子。⑩灵沼：池名。⑪牣：满。⑫《汤誓》：《尚书》中的一篇，记载商汤王讨伐夏桀时的誓师词。⑬时日害丧：这太阳什么时候毁灭呢？时，这。日，太阳。害，何，何时。丧，毁灭。予及女：我和你。女同"汝"，你。

▲ 经始灵台，经之营之。

【译文】

孟子谒见梁惠王，惠王站在水沼上，望着那鸿雁麋鹿，得意扬扬地问孟子道："贤德的人也喜欢享受这些东西吗？"

孟子回答说："是贤德的人才能享受到这些东西，不是贤德的人，尽管拥有这些东西也享受不到。《诗》里面说：'开始筹建灵台，又是测量又经营。百姓一齐来建造它，很快便建成了。动工不用多督促，百姓都如子女一样自愿前来。文王来到灵囿，母鹿伏地自悠悠。母鹿长得肥又美，白色的鸟洁白又肥美！文王来到灵沼旁，啊！满池鱼跳跃！'文王用百姓的劳力建高台挖深池，百姓却欢欢喜喜，称他的台为灵台，称他的沼为灵沼，为他能享受到麋鹿鱼鳖的奉养而高兴。古时的贤者能够与民同乐，所以能得到快乐。《尚书》里的《汤誓》（载有百姓诅咒暴君夏桀王的话）道：'这个太阳什么时候灭亡呢？我们愿意跟你一同灭亡。'百姓要跟他一同灭亡，那他即使有台池鸟兽，难道能够独个儿享受吗？"

梁惠王曰："寡人之于国也，尽心焉耳矣。河内凶[①]，则移其民于河东[②]，移其粟于河内。河东凶亦然。察邻国之政，无如寡人之用心者。邻国之民不加少，寡人之民不加多，何也？"

孟子对曰："王好战，请以战喻。填然鼓之，兵刃既接[③]，弃甲曳兵而走。或百步而后止，或五十步而后止。以五十步笑百步，则何如？"

曰："不可。直不百步耳，是亦走也。"

【注释】

①河内：指黄河以北的今河南沁阳、济源、博爱一带，当时是魏国的领土。②河东：指黄河以东的今山西西南部，当时是魏国的领土。③兵：兵器。

【译文】

梁惠王说："对于治理国家，我真的是尽心竭力了呀！河内发生了灾荒，就将那里的灾民移往河东，将河东的粮食运送到河内。当河东发生了灾荒时，我也是这样做。看看邻国的君主办理政事，没有一个像我这样用心的。可是，邻国的人民并不见减少，而我的人民并不见增多，这是什么原因呢？"

孟子回答道："大王您喜欢打仗，就让我拿战争来打比方吧。战鼓咚咚地敲响了，短兵相接，打了败仗的就抛下盔甲，拖着武器，狼狈逃窜，有的逃了上百步才停下来，有的只逃五十来步就住了脚，后者拿自己只后退五十来步去讥笑后退了百步的人胆子小，您觉得这种做法怎么样呢？"

梁惠王说："不行。只不过没有后退上百步罢了，可这也是逃跑呀。"

曰："王如知此，则无望民之多于邻国也。不违农时，谷不可胜食也；数罟不入池[①]，鱼鳖不可胜食也；斧斤以时入山林，材木不可胜用也。谷与鱼鳖不可胜食，林木不可胜用，是使民养生丧死无憾也。养生丧死无憾，王道之始也。五亩之宅，树之以桑，五十者可以衣帛矣；鸡豚狗彘之畜，无失其时，七十者可以食肉矣；百亩之田，勿夺其时，数口之家可以无饥矣；谨庠序之教[②]，申之以孝悌之义，颁白者不负戴于道路矣。七十者衣帛食肉，黎民不饥不寒，然而不王者，未之有也。狗彘食人食而不知检，途有饿莩而不知发[3]；人死，则曰，'非我也，岁也。'是何异于刺人而杀之，曰，'非我也，兵也。'王无罪岁，斯天下之民至焉。"

【注释】

①数罟：密网。池：大池。②庠序：古代地方所设的学校。③莩：饿死的人。

【译文】

孟子说："大王您既然懂得了这个道理，就不必去盼望您国家的人民比邻国多。治理国家的人只要不去剥夺农民耕种的时间，那粮食就吃不了；不拿过于细密的渔网到池塘中去捞鱼，那鱼类水产便吃不完；砍伐林木有定时，那木材便用不尽。粮食和鱼类水产吃不完，木材用不尽，这样便使老百姓供养生人、安葬死者不会感到什么不满足。老百姓养生送死没有什么不满足，这便是王道的起点。在五亩大的住宅旁，种上桑树，上了五十岁的人就可以穿丝绵袄了；鸡和猪狗一类家畜不要耽误它们的繁殖饲养的时间，上了七十岁的人就可以经常吃到肉食了。一家一户所种百亩的田地能及时得到耕种，数口之家就不会闹饥荒了。认真地搞好学校教育，反复地阐明孝顺父母、尊敬老人的重要意义，须发花白的老人们就不再会肩挑背负出现在道路上了。七十岁以上的人穿丝绵吃肉食，一般老百姓不少食缺衣，这样还不能得到广大人民的拥戴而实现王道的事，是绝不会有的。现在，猪狗一类家畜吃着人吃的粮食却不知道设法制止，路上出现了饿死的人却不知道开仓赈济饥民；老百姓死了，却说'致他们于死地的不是我，是凶年饥岁'，这和拿刀把人刺杀，却说'是兵器杀的人，不是我杀的'，还有什么不同呢？大王您要是能够不归罪于凶年饥岁，这样，普天之下的老百姓便会投奔您这儿来了。"

梁惠王曰："寡人愿安承教[1]。"孟子对曰："杀人以梃与刃[2]，有以异乎？"曰："无以异也。""以刃与政，有以异乎？"曰："无以异也。"曰："庖有肥肉[3]，厩有肥马[4]，民有饥色，野有饿莩，此率兽而食人也。兽相食，且人恶之[5]；为民父母，行政，不免于率兽而食人，恶在其为民父母也[6]？仲尼曰：'始作俑者[7]，其无后乎！'为其象人而用之也[8]。如之何其使斯民饥而死也？"

【注释】

①安：乐意。②梃：木棒。③庖：厨房。④厩：马栏。⑤且人恶之：按现在的词序，应是"人且恶之"。且，尚且。⑥恶：疑问副词，何，怎么。⑦俑：古代陪葬用的土偶、木偶。"始作俑者"就是指这最初采用土偶、木偶陪葬的人。后来这句话成为成语，指首开恶例的人。⑧象：同"像"。

【译文】

梁惠王对孟子说："我愿高兴地接受您的教导。"孟子回答道："用棍棒和用刀子杀害人，二者有什么不同吗？”惠王说：“没有什么不同。”孟子紧接上去问道：“用刀子和用政治杀人有什么不同吗？”惠王说：“没有什么不同。”孟子说：“厨房里摆着肥美的肉食，马栏里关着膘肥体壮的马匹，老百姓却面有饥色，田野上横陈着饿死者的尸体，这无异于赶着兽类去吃人。兽类自相残食，人们尚且憎恶它们这种行为；那些号称为民父母的执政者，办理政事时，不免干出类似驱赶兽类去吃人的勾当来，那么，他们作为人民父母的意义又在哪里呢？孔仲尼说过一句这样的话：‘第一个制作殉葬用的木偶的人，应该没有后代留下吧！’孔子对这个为什么深恶痛绝呢？就因为用了像人形貌的木偶去殉葬。照这样看来，又怎么可以使老百姓饥饿而死呢？”

梁惠王曰：“晋国①，天下莫强焉②，叟之所知也。及寡人之身，东败于齐，长子死焉③；西丧地于秦七百里④；南辱于楚⑤。寡人耻之，愿比死者壹洒之⑥，如之何则可？”

孟子对曰：“地方百里而可以王⑦。王如施仁政于民，省刑罚，薄税敛，深耕易耨⑧；壮者以暇日修其孝悌忠信，入以事其父兄，出以事其长上，可使制梃以挞秦楚之坚甲利兵矣。彼夺其民时，使不得耕耨以养其父母，父母冻饿，兄弟妻子离散。彼陷溺其民，王往而征之，夫谁与王敌？故曰：‘仁者无敌。’王请勿疑！”

【注释】

①晋国：韩、赵、魏三家分晋，被周天子和各国承认为诸侯国，称三家为三晋，所以，梁（魏）惠王自称魏国也为晋国。②莫强：没有比它更强的。③东败于齐，长子死焉：公元前341年，魏与齐战于马陵，兵败，主将庞涓被杀，太子申被俘。④西丧地于秦七百里：马陵之战后，魏国国势渐衰，秦屡败魏国，迫使魏国献出河西之地和上郡的十五个县，约七百里地。⑤南辱于楚：公元前324年，魏又被楚将昭阳击败于襄陵，魏国失去八邑。⑥愿比死者壹洒之：比，替、为。壹，全、都。洒，洗刷。全句是说，希望为全体死难者报仇雪恨。⑦地方百里：方圆百里的土地。⑧易耨：及时除草。易，疾，快。耨，除草。

【译文】

梁惠王对孟子说：“当今世上没有哪个国家比晋国强大，这是您老人家所知道的。自从我继承王位，东面被齐国打败，连我的大儿子也丢了性命；西面丧失土地七百余里给秦国；南面又被楚国所折辱。我对此深以为耻，愿意替那些为国牺牲的人彻底报仇雪恨。要怎么办才可以（做到）呢？”

▲ 持盾武士

孟子答道：“国家不在大，只要有方圆百里的土地就可以实行王道，使天下归心。大王您假如能够对人民实施仁政，废除严刑峻法，减免苛捐杂税，督促人民深耕土地，清除杂草；壮年人还在农闲的时候讲求孝顺父母、尊敬兄长、办事尽力和待人诚实的道理，在家里便用来侍奉父兄，出外便用来侍奉长辈和上级（包括国君），这样即使他们用木棒也足以打败那些身披坚甲、手执利器的秦楚的军队了。秦、楚、齐等国剥夺人民的耕种时间，使他们不能从事农耕来养活他们的父母，以致父母受冻挨饿、妻离子散、兄弟天各一方。他们陷人民于水深火热之中，大王您派军队前往讨伐他们，又有谁敢跟您大王对敌呢？所以有句老话说：‘奉行仁政的人无敌于天下。’大王啊，请您对这点不要再怀疑了！”

孟子见梁襄王①，出，语人曰②：“望之不似人君；就之而不见所畏焉。卒然问曰③：‘天下恶乎定？’吾对曰：‘定于一。’‘孰能一之？’对曰：‘不嗜杀人者能一之。’‘孰能与之④？’对曰：‘天下莫不与也。王知夫苗乎？七八月之间旱⑤，则苗槁矣。天油然作云，沛然下雨，则苗浡然兴之矣⑥。其如是，孰能御之？今夫天下之人牧⑦，未有不嗜杀人者也。如有不嗜杀人者，则天下之民皆引领而望之矣。诚如是也，民归之，由水之就下⑧，沛然谁能御之？’”

【注释】

①梁襄王：梁惠王的儿子，名嗣，公元前318～前296年在位。②语：告诉。③卒然：突然。卒，同“猝”。④与：从，跟。⑤七八月：这里指周代的历法，相当于夏历的五六月，正是禾苗需要雨水的时候。⑥浡然：兴起的样子。浡然兴之即蓬勃地兴起。⑦人牧：治理人民的人，指国君。“牧”由牧牛、牧羊的意义引申过来。⑧由：同“犹”，好像，如同。

【译文】

孟子见到梁襄王，出来之后，告诉人家说：“远远望上去不像个国君的样子，走近他前面却又看不到有什么使人敬畏的地方。见了我后，突然问道：‘天下要怎样才能使之安定呢？’我回答说：‘天下安定在于统一。’他紧接着又回答道：‘谁能统一天下呢？’我对他说：‘不喜欢杀人的国君就能统一天下。’他又说：‘谁会归附他呢？’我又回答：‘天下没有不归附他的。大王您知道禾苗生长的情况吗？七八月时，一发生干旱，禾苗就要枯槁了。只要天上乌云翻滚，大雨倾盆，禾苗便又蓬蓬勃勃地长势喜人了。要是像这样，谁能阻挡其生长呢！现在世上那些做国君的人，没有不喜欢杀人的，如果有不喜欢杀人的，天下的老百姓就会伸长脖子巴望他来解救自己了。如果真是这样，那么，老百姓归附他，就好比水向低处流，奔腾澎湃，又有谁能阻挡得了它们呢！’”

齐宣王问曰①：“齐桓、晋文之事②，可得闻乎？”孟子对曰：“仲尼之徒无道桓文之事者，是以后世无传焉，臣未之闻也。无以③，则王乎？”曰：“德何如则可以王矣？”曰：“保民而王，莫之能御也。”曰：“若寡人者，可以保民乎哉？”曰：“可。”曰：“何由知吾可也？”曰：“臣闻之胡龁曰④：王坐于堂上，有牵牛而过堂下者，王见之，曰：'牛何之？'对曰：'将以衅钟[5]。'王曰：'舍之！吾不忍其觳觫[6]，若无罪而就死地。'对曰：'然则废衅钟与？'曰：'何可废也？以羊易之！'不识有诸？"

曰："有之。"

【注释】

①齐宣王：姓田，名辟疆。齐威王的儿子，齐湣王的父亲，约公元前319年～前301年在位。②齐桓、晋文：指齐桓公、晋文公。齐桓公，春秋时齐国国君，姓姜，名小白。公元前685年～前643年在位，是春秋时第一个霸主。晋文公，春秋时晋国国君，姓姬，名重耳，公元前636～前628年在位，也是"春秋五霸"之一。③无以：不得已。以，同"已"。④胡龁：人名，齐宣王身边的近臣。⑤衅钟：新钟铸成，宰牲取血涂抹钟的孔隙，用来祭祀。按照古代礼仪，凡是国家的某件新器物或宗庙开始使用时，都要宰牲取血加以祭祀。⑥觳觫：因恐惧而战栗的样子。

【译文】

齐宣王问孟子道："先生您可以把春秋时齐桓公和晋文公称霸于诸侯的事讲给我听听吗？"孟子回答说："孔子门下的人，没有一个讲述齐桓公和晋文公的霸业，所以后世不曾传下来，我没有听说过。如果一定要我说，就谈谈王道好吗？"齐宣王问道："要具备怎样的德行才有资格施行王道呢？"孟子答道："通过安抚人民（使他们安居乐业）的方法去实行王道，那是没有谁能阻挡得了的。"齐宣王又问："像我这样的人，可以安抚百姓吗？"孟子答道："可以。"齐宣王又问："您凭什么知道我可以呢？"孟子继续答道："我听到您的近臣胡龁说，有一次大王您坐在堂上，有个人牵着牛走过堂下，您问他道：'牵牛上哪儿去？'他回话道：'要宰了它去祭钟。'您说：'放掉它吧！它这样没有罪过却往死地里送，看到它那吓得发抖的样子，我心里实在不忍。'那个人回问道：'那么，就废止祭钟的仪式吗？'您说：'怎么可以废止呢？拿只羊去换吧！'不知有没有这回事？"

▲ 牛图

齐宣王说："有这回事。"

曰："是心足以王矣，百姓皆以王为爱也[1]，臣固知王之不忍也。"王曰："然，诚有百姓者。齐国虽褊小[②]，吾何爱一牛？即不忍其觳觫，若无罪而就死地，故以羊易之也。”曰：“王无异于百姓之以王为爱也[③]。以小易大，彼恶知之？王若隐其无罪而就死地[④]，则牛羊何择焉？”王笑曰：“是诚何心哉？我非爱其财而易之以羊也。宜乎百姓之谓我爱也。”曰：“无伤也[⑤]，是乃仁术也，见牛未见羊也。君子之于禽兽也，见其生，不忍见其死；闻其声，不忍食其肉。是以君子远庖厨也[⑥]。”

【注释】

①爱：吝啬。②褊：狭小。③异：奇怪，疑怪，责怪。④隐：疼爱，可怜。⑤无伤：没有关系，不要紧。⑥庖厨：厨房。

【译文】

孟子说：“有这样的好心就足以凭借来施行王道了。百姓都以为大王吝啬，我本来就知道您是于心不忍哩。”齐宣王说：“对，如果真个像百姓所想的，齐国地方虽然不大，我怎么会舍不得一头牛呢？就是因为不忍心看到它吓得发抖，这样毫无罪过却要往死地里送，所以才说拿只羊去换它。”孟子说：“您不要怪百姓以为吝啬。拿小小的羊去换下头大牛来，他们又怎么知道您的用意呢？您要是哀怜牲畜没有罪过却往死地里送，那么在牛羊两者之中又有什么选择呢？”齐宣王不禁发笑道：“这真个是什么心理呢？我并不是吝惜钱财才拿只羊去替换它（牛），难怪百姓要说我吝啬哩。”孟子说：“这没有关系，这正是仁爱之道，因为你只见到牛没有见到羊。一个有仁爱之心的人对于那些家禽家畜，看到它们活得那么好，就不忍心看着它们死去；听到它们鸣叫的声音，便不忍心吃它们的肉。所以，一些居心仁厚的人们总是要把厨房建造得离自己的住地远一点。”

王说[①]，曰：“《诗》云[②]：‘他人有心，予忖度之[③]。’夫子之谓也。夫我乃行之，反而求之，不得吾心。夫子言之，于我心有戚戚焉[④]。此心之所以合于王者，何也？”曰：“有复于王者曰：‘吾力足以举百钧[⑤]，而不足以举一羽；明足以察秋毫之末[⑥]，而不见舆薪[⑦]，则王许之乎[⑧]？”曰：“否。”“今恩足以及禽兽，而功不至于百姓者，独何与？然则一羽之不举，为不用力焉；舆薪之不见，为不用明焉；百姓之不见保，为不用恩焉。故王之不王，不为也，非不能也。”

【注释】

①说：同“悦”。②《诗》云：引自《诗经·小雅·巧言》。③忖度：猜测，揣想。④戚戚：心有所动的感觉。⑤钧：古代重量单位，三十斤为一钧。⑥秋毫之末：指细微难见的东西。⑦舆：车子。薪：木柴。⑧许：赞许，同意。

【译文】

齐宣王听了，高兴地说：“《诗》里面讲过：‘别人有想法，我能猜中它。’这个话像是冲着您老先生说的。我自己做了这件事，回过头来要探索做它的目的意义，反而得不出。经您这样一讲，我心里又感到有些触动了。这种心地岂能与王道仁政合拍呢？”孟子说：“有人向大王禀告：‘我的力气能够举起三千斤重的东西，却拿不起一根羽毛；我的视力能够看清秋天里刚换过的兽毛的末梢，却看不见一大车木柴。’那么，您大王会同意他这种说法吗？”齐宣王说：“不，我不会同意。”孟子紧接上去说：“现在您大王一片仁心，使禽兽受惠，而百姓却一无所得，这是什么原因呢？这样看来，一根羽毛拿不起来，是因为不愿用手力；一车柴看不见，是因为不愿用目力；百姓不被爱护，是因为不愿广施恩泽。所以您大王的不行王道、统一天下，是不肯做，并不是不能做。”

曰：“不为者与不能者之形何以异①？”曰：“挟太山以超北海②，语人曰，‘我不能。’是诚不能也；为长者折枝，语人曰，‘我不能。’是不为也，非不能也。故王之不王，非挟太山以超北海之类也；王之不王，是折枝之类也。

“老吾老，以及人之老；幼吾幼，以及人之幼③。天下可运于掌④。《诗》云⑤：‘刑于寡妻⑥，至于兄弟，以御于家邦⑦。’言举斯心加诸彼而已。故推恩足以保四海，不推恩无以保妻子。古之人所以大过人者，无他焉，善推其所为而已矣。今恩足以及禽兽，而功不至于百姓者，独何与？

“权⑧，然后知轻重；度，然后知长短。物皆然，心为甚。王请度之！”

【注释】

①形：情况，状况。②太山：泰山。北海：渤海。③老吾老，以及人之老；幼吾幼，以及人之幼：第一个“老”和“幼”都作动词用。老，尊敬。幼，爱护。④运于掌：在手心里运转，比喻治理天下很容易。⑤《诗》云：以下三句引自《诗经·大雅·思齐》。⑥刑：同“型”，指树立榜样，做示范。寡妻：国君的正妻。⑦御：治理。⑧权：本指秤锤，这里用作动词，指称物。

【译文】

齐宣王问道：“不肯做和不能做，从外表上说来，有什么不同？”孟子说：“要一个人将泰山挟在腋下跳过渤海，他告诉别人说：‘我不能做。’这的确是不能做。叫一个人替年迈力衰的长辈按摩肢体，他告诉别人说：‘我不能做。’这是他不肯做，不是不能做。所以大王的不行王道、统一天下，不是属于将泰山挟在腋下跳过渤海一类事情；大王的不行王道、统一天下，是属于替年迈力衰的长辈按摩肢体一类的事情。

▲ 老吾老，以及人之老；幼吾幼，以及人之幼。

“尊奉自家的长辈，推广开去也尊奉人家的长辈，爱抚自家的儿童，推广开去也爱抚人家的儿童，那么，治理天下便可以像把一件小东西放在手掌上转动那么容易了。《诗》里面说过：‘在家先为妻子立榜样，然后兄弟也照样，再行推广治国安邦。’这不过是说拿自己的一片仁爱之心加到别人的身上罢了。因此，能够推广恩泽，爱护百姓的人就能保护天下，否则，就连自己的老婆孩子也保护不了。古代那些圣明的国君之所以能远远超过一般人，没有别的什么秘诀，只是善于推己及人罢了。现在您大王的恩泽能够施及禽兽，而百姓们却得不到点好处，这又是什么原因呢？

“称一称，然后才知道轻重；量一量，然后才知道长短。凡是物体，没有不是这样的，心的长短轻重就较一般物体更难齐一，尤其需要衡量。请大王您细加衡量吧！”

“抑王兴甲兵[①]，危士臣，构怨于诸侯[②]，然后快于心与？”王曰：“否，吾何快于是？将以求吾所大欲也。”曰：“王之所大欲，可得闻与？”王笑而不言。曰：“为肥甘不足于口与？轻暖不足于体与？抑为采色不足视于目与[③]？声音不足听于耳与？便嬖不足使令于前与[④]？王之诸臣，皆足以供之，而王岂为是哉？”曰：“否，吾不为是也。”曰：“然则王之所大欲可知已。欲辟土地[⑤]，朝秦楚[⑥]，莅中国而抚四夷也[⑦]。以若所为[⑧]，求若所欲，犹缘木而求鱼也。”王曰：“若是其甚与？”曰：“殆有甚焉[⑨]。缘木求鱼，虽不得鱼，无后灾；以若所为，求若所欲，尽心力而为之，后必有灾。”

【注释】

①抑：还是。②构怨：结怨，构成仇恨。③采色：即彩色。④便嬖：君王左右被宠爱的人。⑤辟：开辟。⑥朝：使……来朝。⑦莅：临。⑧若：你。⑨殆：表示不肯定，有“大概”“几乎”“可能”等多种含义。

【译文】

“难道大王您要兴师动众，使您的臣下和士兵冒生命的危险，和诸侯结下深仇大恨，然后心里才感到快活吗？”齐宣王说：“不，我对这个有什么快感？我之所以这样做，是想借此得到我所梦寐以求的东西。”孟子问道：“大王您所十分希望得到的东西，可以讲给我听听吗？”齐宣王只是笑笑，不回答。孟子先故意用试探的口吻问道：“是为了好吃的食品不够味吗？轻暖的衣着不够舒适吗？还是为了文采美色不中看吗？琴瑟歌唱不中听吗？侍奉左右的宠臣不够役使吗？大王您下面的臣子这些都能充分供给，您难道为的是这些吗？”齐宣王说：“不，我不是为这些。”孟子说：“那么，您所十分希望得到的东西可以知道了。您是想扩张国土，使秦、楚等大国北面朝见您，然后统治整个中原地带，安抚四方边远部族。凭您现在的所作所为，去追求您所想得到的东西，简直像是爬到树上去抓鱼一样。”齐宣王问道：“事情会像您讲的这么严重吗？”孟子说：“恐怕还要更严重哩。爬到树上去抓鱼，尽管抓不到鱼，却不会有什么后患；

凭您的所作所为，去追求您所希望得到的东西，要是尽心竭力地去做，必然会留下灾祸在后头。”

曰：“可得闻与？”曰：“邹人与楚人战[1]，则王以为孰胜？”曰：“楚人胜。”曰：“然则小固不可以敌大，寡固不可以敌众，弱固不可以敌强。海内之地，方千里者九，齐集有其一。以一服八，何以异于邹敌楚哉？盖亦反其本矣。

“今王发政施仁，使天下仕者皆欲立于王之朝，耕者皆欲耕于王之野，商贾皆欲藏于王之市，行旅皆欲出于王之涂[2]，天下之欲疾其君者，皆欲赴于王。其若是，孰能御之？”

【注释】

① 邹：国名，就是当时的邾国，国土很少，首都在今山东邹县东南的郏城。楚：即楚国，春秋和战国时期都是大国。② 涂：同“途”。

【译文】

▲ 争战不休

齐宣王说：“您可以把后必有灾的道理讲给我听听吗？”孟子反问道：“假如邹国人跟楚国人开战，那么大王您认为谁会得胜呢？”齐宣王回答说：“当然楚国人会得胜。”孟子说：“这样说来，小国本来就不可以抵挡大国，人数少的本来就不可以抵挡人数多的，势力弱的本来就不可以抵挡势力强的。现在天下拥有千里见方土地的国家一共只有九个，齐国的土地加起来也不过只占九分之一。拿九分之一的地方去征服九分之八的地方，这跟邹国去和楚国对敌又有什么两样呢？您又为什么不回到根本上去求得问题的解决呢？

“现在大王您如果发布命令，施行仁政，使天下想做官的人们都愿意在大王您的朝中做官，耕田的人都愿意在大王您的田野里种地，经商的人们都愿意到您大王的街市上做生意，旅行的人们都愿意到大王您的国土上来游历，天下那些对自己的国君不满的臣僚都愿来到大王您跟前申诉。要是真能做到这样，又有谁能跟您对敌呢？”

王曰："吾惛①，不能进于是矣。愿夫子辅吾志，明以教我。我虽不敏，请尝试之。"

曰："无恒产而有恒心者②，惟士为能；若民则无恒产，因无恒心。苟无恒心，放辟邪侈③，无不为已。及陷于罪，然后从而刑之，是罔民也④。焉有仁人在位，罔民而可为也？是故明君制民之产⑤，必使仰足以事父母，俯足以畜妻子，乐岁终身饱，凶年免于死亡；然后驱而之善，故民之从之也轻⑥。今也制民之产，仰不足以事父母，俯不足以畜妻子，乐岁终身苦，凶年不免于死亡。此惟救死而恐不赡⑦，奚暇治礼义哉⑧。王欲行之，则盍反其本矣⑨：五亩之宅，树之以桑，五十者可以衣帛矣。鸡豚狗彘之畜，无失其时，七十者可以食肉矣。百亩之田，勿夺其时，八口之家可以无饥矣。谨庠序之教，申之以孝悌之义，颁白者不负戴于道路矣。老者衣帛食肉，黎民不饥不寒，然而不王者，未之有也。"

【注释】

①惛：同"昏"，昏乱，糊涂。②恒产：可以赖以维持生活的固定财产，如土地、田园、林木、牧畜等。③放：放荡。辟：同"僻"，与"邪"的意思相近，均指歪门邪道。侈：放纵挥霍。放辟邪侈指放纵邪欲违法乱纪。④罔：同"网"，有"陷害"的意思。⑤制：订立制度、政策。⑥轻：轻松，容易。⑦赡：足够，充足。⑧奚暇：怎么顾得上。奚，疑问词，怎么，哪有。暇，余暇，空闲。⑨盍："何不"的合音字，为什么不。

【译文】

齐宣王说："我的脑子不大好使了，不能施行这样的仁政了。希望先生您辅助我实现我的志向，明确地教导我。我虽然缺乏才干，请让我试试看。"

孟子说："一个人没有一定的维持生计的产业，却能坚持一贯向善的好思想，这只有读书明理的人才做得到。至于普通老百姓，只要失去了一定的维持生计的产业，就会动摇一贯向善的好思想。假使真个没有了这种好思想，那就会肆意妄为，不守法纪，胡作非为，没有什么干不出来的。等到因此犯了罪，然后对他们施加刑罚，这等于设下罗网陷害人民。怎么会有仁爱的国君在位，却可以干出陷害人民的勾当的呢？所以贤明的国君规定老百姓的产业，一定要使他们上面足够奉养他们的父母亲，下面足够养活他们的老婆孩子；遇上好年成终身饱暖，即使是凶年饥岁，也不至于饿死；然后要求他们走上向善的道路，因此老百姓也就容易听从了。现在规定老百姓的产业，上面不够奉养父母亲，下面不够养活老婆孩子；即使年成好，也要终身困苦，遇上凶年饥岁，就更是免不了要饿死。这样就连救自家儿子的性命都还来不及，哪有空余时间去讲究什么礼义呢？大王您既然想成就统一天下的大业，何不回到根本上来呢：在五亩大的住宅旁，种上桑树，五十岁的人就可以穿丝绵袄了；鸡和猪狗一类家畜不要耽误它们繁殖饲养的时间，上了七十岁年纪的人就可以经常吃到肉食了。一家一户所种百亩的田地能及时得到耕种，八口人吃饭的人家，就可以不挨饿了。认真地搞好学校教育，反复地阐明孝顺父母、尊敬长辈的重要意义，须发花白的老人们就不再会肩挑背负地出现在道路上了。年老的人穿丝绵、吃肉食，一般老百姓不少食缺衣，这样还不能得到广大人民的拥戴，以实现王道的事，是绝对不会有的。”

梁惠王章句下

庄暴见孟子[1]，曰：“暴见于王[2]，王语暴以好乐，暴未有以对也。”曰：“好乐何如？”孟子曰：“王之好乐甚，则齐国其庶几乎！”他日见于王，曰：“王尝语庄子以好乐，有诸？”王变乎色，曰：“寡人非能好先王之乐也，直好世俗之乐耳。”

【注释】

①庄暴：齐国大臣。②王：指齐宣王。

【译文】

庄暴见到孟子，说：“齐王召见我，告诉我他喜欢音乐，我一时想不到用什么话来回答他。”庄暴稍停一会儿，接着问孟子道：“一个做国君的人喜欢音乐，到底应不应该呢？”孟子说：“齐王要喜欢音乐到了极点，那么，齐国差不多就可以治理好了啊！”后来有一天，孟子被齐宣王召见时，说：“您大王曾经告诉过庄暴您喜欢音乐，有这回事吗？”齐宣王一听，惭愧得脸上都变了颜色，说：“我喜欢的并不是先代帝王遗留下来的古乐，只不过是一些世俗流行的音乐罢了。”

曰：“王之好乐甚，则齐其庶几乎！今之乐，犹古之乐也[1]。”曰：“可得闻与[2]？”曰：“独乐乐[3]，与人乐乐，孰乐？”曰：“不若与人。”曰：“与少乐乐[4]，与众乐乐，孰乐？”曰：“不若与众。”

【注释】

①今之乐，犹古之乐也：当代的音乐犹如古代的音乐。②可得闻与：（这道理）可以让我听听吗？与，通“欤”。③独乐乐：独自一人娱乐的快乐。前一个“乐”作动词用。以下几句也类似。④少：少数人。

【译文】

孟子说：“大王您要是喜欢音乐到了极点，那么，齐国就治理得差不多了呢！时下流行的音乐和古代的音乐都一样嘛。”齐宣王说：“您可以把这个道理说给我听听吗？”孟子没有正面回答齐宣王，却反问道：“一个人独个儿享受听音乐的乐趣，和跟别人一道享受听音乐的乐趣，哪一种更令人快乐些呢？”齐宣王说：“一个人不如跟别人一道听音乐更快乐。”孟子继续问道：“跟少数人一道享受听音乐的乐趣和跟多

▲ 与众乐乐

数人享受听音乐的乐趣，哪一种更令人快乐些呢？”齐宣王说：“跟少数人不如跟多数人听音乐快乐。”

“臣请为王言乐。今王鼓乐于此，百姓闻王钟鼓之声，管籥之音①，举疾首蹙额而相告曰②：‘吾王之好鼓乐，夫何使我至于此极也？父子不相见，兄弟妻子离散！’今王田猎于此，百姓闻王车马之音，见羽旄之美③，举疾首蹙额而相告曰：‘吾王之好田猎，夫何使我至于此极也？父子不相见，兄弟妻子离散！’——此无他，不与民同乐也。

【注释】

①管：古管乐器名。籥：似笛而短小。②蹙额：蹙，紧缩。额，鼻梁。蹙额，形容愁眉苦脸的样子。③羽旄：鸟羽和旄牛尾。古人用作旗帜上的装饰，故可代指旗帜。

【译文】

孟子紧接着说：“请让我为您陈述一下应该怎样来享受欣赏音乐的乐趣吧。假如现在大王您在这里演奏音乐，老百姓一听到大王您钟鼓的声音和箫管吹出的曲调，大家全皱着眉头、痛苦地说：‘我们大王光顾自己听音乐，怎么把我们弄到妻离子散、父母兄弟天各一方这样困苦不堪的地步呢？’现在您大王在这里打猎，老百姓听到大王您的车子和马的声音，看见装饰得怪好看的旗帜，大家全皱着眉头、痛苦地说：‘我们大王光顾自己打猎开心，却把我们弄到妻离子散、父母兄弟天各一方这样困苦不堪的地步呢？’——这没有别的原因，只是由于不与老百姓一同娱乐的缘故。

“今王鼓乐于此，百姓闻王钟鼓之声，管之音，举欣欣然有喜色而相告曰：‘吾王庶几无疾病与，何以能鼓乐也？’今王田猎于此，百姓闻王车马之音，见羽旄之美，举欣欣然有喜色而相告曰：‘吾王庶几无疾病与，何以能田猎也？’——此无他，与民同乐也。今王与百姓同乐，则王矣。”

【译文】

“假如现在大王您在这里奏乐，老百姓一听到您钟鼓的声音和箫管吹出的曲调，大家都喜形于色地奔走相告道：‘我们大王应该没有什么疾病吧，不然，怎么能奏乐呢？’现在大王您在这里打猎，老百姓一听到大王您车子和马的声音，看见装饰得怪好看的旗帜，大家都喜形于色地奔走相告：‘我们大王应该没有什么疾病吧，不然，

▲ 清帝射猎图

怎么能打猎呢？'——这没有别的原因，只是由于与老百姓一同娱乐的缘故。现在只要大王您能跟老百姓一同娱乐，就能够使人民归附于您，天下就会得到统一了。"

齐宣王问曰："文王之囿方七十里[①]，有诸？"孟子对曰："于传有之。"曰："若是其大乎？"曰："民犹以为小也。"曰："寡人之囿方四十里，民犹以为大，何也？"曰："文王之囿方七十里，刍荛者往焉，雉兔者往焉，与民同之。民以为小，不亦宜乎？臣始至于境，问国之大禁，然后敢入。臣闻郊关之内有囿方四十里，杀其麋鹿者如杀人之罪，则是方四十里为阱于国中。民以为大，不亦宜乎？"

【注释】

①囿：古代畜养禽兽的园林。

【译文】

齐宣王问孟子道："传说周文王豢养禽兽种植花木的园子有七十里见方大，有这回事吗？"孟子回答说："在古书上是有这样的记载。"齐宣王说："真的有这样大吗？"孟子说："老百姓还以为小了呢。"齐宣王说："我的园子，只有四十里见方，老百姓还认为大了，这是什么原因呢？"孟子说："周文王的园子，周围七十里见方，割草和打柴的人可以到那里去，打野鸡、兔子的人也可以到那里去；文王与老百姓一同享有园子的利益，老百姓认为小了，难道不是应该的吗？我初踏上您的边境，先打听一下齐国有哪些重大的禁令，然后才敢进入国境。我听说齐国首都的远郊，有一个四十里见方的园子，射杀园子里的麋鹿的，就跟犯了杀人罪一个样，这就等于在国土上，设下了个见方四十里的大陷阱来坑害老百姓，老百姓嫌它大了难道不是合情合理的吗？"

齐宣王问曰："交邻国有道乎？"孟子对曰："有。惟仁者为能以大事小，是故汤事葛[①]，文王事昆夷[②]；惟智者为能以小事大，故太王事獯鬻[③]，勾践事吴[④]。以大事小者，乐天者也；以小事大者，畏天者也。乐天者保天下，畏天者保其国。《诗》云[⑤]：'畏天之威，于时保之。'"王曰："大哉言矣！寡人有疾，寡人好勇。"对曰："王请无好小勇。夫抚剑疾视曰：'彼恶敢当我哉！'此匹夫之勇，敌一人者也。王请大之！"

【注释】

①汤事葛：汤，商汤，商朝的创建人。葛，葛伯，葛国的国君。葛国是紧邻商的小国，故城在今河南宁陵北十五里处。②文王：周文王。昆夷：也写作"混夷"，周朝初年的西戎国名。③太王：周文王的祖父，即古公父。獯鬻：又称猃狁，当时北方的少数民族。④勾践：春秋时越国国君（公元前497～前465年在位）。吴：指春秋时吴国国君夫差。⑤《诗》云：以下引自《诗经·周颂·我将》。

【译文】

齐宣王问（孟子）道："跟邻国打交道有一定的原则和方法吗？"孟子回答说："有。只有以仁爱为怀的君主才能做到以大国的身份去侍奉小国，所以商汤王侍奉过葛伯、周文王侍奉过混夷。只有明智的君主才能做到以小国的身份侍奉大国，所以周的大王古公亶父侍奉过强悍的獯鬻族、越王勾践侍奉过打败了自己的吴王夫差。以大国的身份侍奉小国的，是喜爱天的美德（无往而不怡然自得）的人；以小国身份侍奉大国的，是害怕天的威严（无时不谨慎戒惧）的人。喜爱天的美德的人能够保有天下，害怕天的威严的人能够保住他们的国家。《诗经 · 周颂》中的《我将》篇说：'敬畏上天的威严，所以便保住了这国家的权柄。'"齐宣王说："您的话说得实在太好了啊！可惜我有个毛病，我喜爱勇敢，怕是难做到您所说的。"孟子回答道："我恳请大王您不要喜爱小勇。有这么一个人，手按佩剑、圆睁双目说：'他怎么敢抵挡我呢！'这只是能与个把人对敌的小勇。我恳请您大王把您喜爱的勇敢扩大一点吧！"

▲ 匹夫之勇，敌一人者也。

"《诗》云[①]：'王赫斯怒[②]，爰整其旅，以遏徂莒[③]，以笃周祜[④]，以对于天下。'此文王之勇也。文王一怒而安天下之民。《书》曰[⑤]：'天降下民，作之君，作之师，惟曰其助上帝宠之。四方有罪无罪惟我在，天下曷敢有越厥志[⑥]？'一人衡行于天下[⑦]，武王耻之，此武王之勇也。而武王亦一怒而安天下之民。今王亦一怒而安天下之民，民惟恐王之不好勇也。"

【注释】

①《诗云》：以下诗句引自《诗经 · 大雅 · 皇矣》。②赫斯：发怒的样子。③遏：止。徂：往、到。莒：古国名，在今山东莒县，公元前431年被楚国消灭。④笃：厚。祜：福。⑤《书》曰：书，《尚书》。以下引文见《尚书 · 周书 · 泰誓》。⑥厥：用法同"其"。⑦衡行：即"横行"。

【译文】

"《诗经 · 大雅》中的《皇矣》篇说：'我们文王对密须国人的侵暴行为勃然大怒，于是整顿好军队，以阻击侵犯莒国的敌寇，以增加我周朝的福泽，并回答天下对我周天子仰望的厚意。'这就是文王的大勇。文王一旦勃然大怒，便能使天下的人民得到安全。《尚书》里面说：'上天降生下人民，替他们立个君主，也替他们安排好老师，派给君主和老师们的任务只是帮助上天慈爱百姓。所以，四方的人有罪或是无罪，由我（姬发）来进行裁决。

有我在这里，天下谁敢超越它（上天）的意志起来作乱呢？'只要有一个人敢在天下横行无忌，武王便认为是自己的耻辱。这就是武王的大勇。武王也是只要一生气，便能使天下的人民得到安全。现在大王您要是也能做到一旦勃然大怒，便能使天下的人民得到安全，那人民便唯恐大王您不喜爱勇敢哩。"

齐宣王见孟子于雪宫①。王曰："贤者亦有此乐乎？"

孟子对曰："有。人不得，则非其上矣②。不得而非其上者③，非也；为民上而不与民同乐者，亦非也。乐民之乐者，民亦乐其乐；忧民之忧者，民亦忧其忧。乐以天下，忧以天下，然而不王者，未之有也。"

【注释】

①雪宫：齐宣王的离宫（古代帝王在正宫以外临时居住的宫室，相当于当今的别墅之类）。②非：认为……非，即非难，埋怨。③非：不对，错误。

【译文】

齐宣王在自己的离宫——雪宫里接见孟子。宣王问："贤德的人也有这种享乐吗？"

孟子回答道："有。人们得不到这种享乐，就会埋怨他们的君主。当然，得不到这种享乐便埋怨他们的君主，这样做是不对的；作为人民的君主却不与人民一同享受这种快乐，这也是不对的。以人民的快乐为自己的快乐的人，人民也会以他的快乐为他们的快乐；以人民的忧愁为自己的忧愁的人，人民也会以他的忧愁为他们的忧愁。乐与天下人民同乐，忧与天下人民同忧，这样还不能使天下归心的事，是绝不会有的。"

"昔者齐景公问于晏子曰①：'吾欲观于转附、朝②，遵海而南，放于琅琊③，吾何修，而可以比于先王观也？'

"晏子对曰：'善哉问也！天子适诸侯曰巡狩。巡狩者，巡所守也。诸侯朝于天子曰述职。述职者，述所职也。无非事者。春省耕而补不足，秋省敛而助不给。夏谚曰：吾王不游，吾何以休？吾王不豫④，吾何以助？一游一豫，为诸侯度。今也不然：师行而粮食，饥者弗食，劳者弗息。睊胥谗⑤，民乃作慝⑥。方命虐民⑦，饮食若流，流连荒亡，为诸侯忧。从流下而忘反谓之流，从流上而忘反谓之连，从兽无厌谓之荒，乐酒无厌谓之亡。先王无流连之乐、荒亡之行。惟君所行也。'

"景公说，大戒于国⑧，出舍于郊。于是始兴发补不足。召大师曰⑨：'为我作君臣相说之乐！'盖《徵招》《角招》是也。其诗曰：'畜君何尤⑩？'畜君者，好君也。"

【注释】

①齐景公：春秋时代齐国国君，公元前547～前490年在位。晏子：春秋时齐国贤相，名婴。②转附、朝：均为山名。③琅琊：山名，在今山东诸城东南。④豫：义同"游"。⑤胥：皆，

▲ 天子适诸侯曰巡狩。

都。谗：毁谤，说坏话。⑥慝：恶。⑦方命：违反命令。方，反，违反。⑧大戒：充分的准备。⑨大师：读为“太师”，古代的乐官。⑩蓄：爱好，喜爱。尤：错误，过失。

【译文】

“从前齐景公向晏婴问道：‘我打算到转附和朝两座名山去游览一番，然后沿着海岸向南走，直达琅琊邑，我应该怎样做才能比得上古代圣王的游历呢？’

“晏婴答道：‘您这个问题问得好！天子到诸侯的国家去叫巡狩——巡狩，就是巡视诸侯所守的疆土。诸侯到天子的朝廷去朝见叫述职——述职， 就是汇报诸侯自己所担负的职守的情况。无论是天子出外巡狩，还是诸侯入朝述职，没有不是结合着工作进行的：春天视察耕种，并借此补助农具、种子不足的农户；秋天视察收割，并借此救济劳力、口粮不足的农户。夏朝时的俗谚说：我们大王不出游，我怎能获得休息？我们大王不闲逛，我从哪里获得救助？我们大王出游或闲逛，全都可为诸侯学习的法度。现在情况就不同了，天子一出来巡游，一大群人要为他奔忙，一大批粮食要被他消耗，以致闹到饥饿的人吃不上饭，劳苦的人得不到休息。群众侧目而视，怨声载道，都要起来反抗了。这样放弃先王的教导，虐待老百姓，豪饮暴食，像流水般地没个穷尽。这种流连荒亡的行为，不能不使诸侯们为之深深担忧。什么叫流连荒亡呢？从上流放舟而下游乐而忘返叫作流，从下流挽舟而上游乐而忘返叫作连，打猎没有个厌倦叫作荒，酗酒没有个节制叫作亡。古代的圣王不搞这种流连忘返的游乐、荒亡无节制的行为。到底该怎么办，就由您大王自己选择了。’

“景公听了很高兴，在都城做好充分的准备，然后自己到郊外去住下，于是开始行德政，打开仓库拿出粮食来赈济缺衣少食的贫苦人民。并把乐官召来说：‘替我作一首君臣同乐歌吧！’大概就是《徵招》《角招》两首歌。那歌词中说：‘制止君主的物欲又有什么过错呢？’——制止君主的物欲，正是爱护君主呢。”

齐宣王问曰：“人皆谓我毁明堂①，毁诸？已乎②？”

孟子对曰：“夫明堂者，王者之堂也。王欲行王政，则勿毁之矣。”

王曰：“王政可得闻与？”

对曰：“昔者文王之治岐也③，耕者九一④，仕者世禄，关市讥而不征⑤，泽梁无禁⑥，罪人不孥⑦。老而无妻曰鳏，老而无夫曰寡，老而无子曰独，幼而无父曰孤：此四者，天下之穷民而无告者。文王发政施仁，必先斯四者。《诗》云⑧：‘哿矣富人⑨，哀此茕独！⑩’”

王曰：“善哉言乎！”

曰：“王如善之，则何为不行？”

【注释】

①明堂：为天子接见诸侯而设的建筑。这里是指泰山明堂，是周天子东巡时设，至汉代还有遗址。②已：止，不。③岐：地名，在今陕西岐山县一带。④耕者九一：指井田制。把耕地划成“井”字形，每井九百亩，周围八家各一百亩，属私田，中间一百亩属公田，由八家共同耕种，收入归公家，所以叫九一税制。⑤关：道路上的关卡，近于现代“海关”的概念。市：集市。讥：稽查。征：征税。⑥泽梁：在流水中拦鱼的设备。⑦孥：本指妻子儿女，这里用作动词，不孥即指不牵连妻子儿女。⑧《诗》云：以下引自《诗经·小雅·正月》。⑨哿：可以。⑩茕：孤单。

【译文】

齐宣王问（孟子）道：“人们都劝我拆掉明堂，是拆掉呢，还是不拆？”

孟子答道：“明堂是先代君王朝见诸侯、发布政令的殿堂。大王您要想实行王政，就不要拆掉。”

齐宣王说：“实行王政的道理和做法您可以说给我听听吗？”

孟子回答说：“当年文王做西伯治理岐周的时候，对耕田的人只抽九分之一的税，大夫以上的朝官俸禄可以子孙世代承袭，关卡和市场仅稽查语言装束不同一般的人，并不征税。池沼鱼梁所在的地方不悬挂捕鱼的禁令，对犯罪的人施加刑罚只限于他本人，不连累他的妻子和儿女。年老独身或是妻子死去的男人叫鳏夫，年老死了丈夫的妇女叫寡妇，年迈膝下没儿没女的人叫孤老，年龄小便失去父亲的孩子叫孤儿。这四种人，是世间最无依无靠的穷苦人民。文王发布政令施行仁政时，一定会把这四种人作为优先抚恤的对象。《诗经·小雅·正月》里说：‘过得称心如意的要数富人，最可哀怜的还是这些孤独者！’”

齐宣王说：“您说得真好啊！”

孟子说：“大王如果认为王政好，那么，您为什么不实行呢？”

王曰：“寡人有疾，寡人好货。”

对曰：“昔者公刘好货①。《诗》云②：‘乃积乃仓，乃裹糇粮③，于橐于囊④，思戢用光⑤；弓矢斯张，干戈戚扬⑥，爰方启行⑦。’故居者有积仓，行者有裹囊也，然后可以爰方启行。王如好货，与百姓同之，于王何有？”

王曰：“寡人有疾，寡人好色。”

对曰：“昔者大王好色，爱厥妃⑧。《诗》云⑨：‘古公亶父⑩，来朝走马，率西水浒⑪，至于岐下；爰及姜女⑫，聿来胥宇⑬。’当是诗也，内无怨女，外无旷夫⑭。王如好色，与百姓同之，于王何有？”

【注释】

①公刘：人名，后稷的后代，周朝的创业始祖。②《诗》云：以下诗句引自《诗经·大雅·公刘》。③糇粮：干粮。④橐、囊：都是盛物的东西，囊大橐小。⑤思：语气词，无义。戢：同“辑”，和睦。用：因而。光：发扬光大。⑥干戈戚扬：四种兵器。⑦爰：于是。方：开始。启行：出发。⑧厥：代词，他的，那个。⑨《诗》云：以下诗句引自《诗经·大雅·绵》。⑩古公亶父：即周文王的祖父周太王。⑪率：循着。浒：水边。⑫姜女：太王的妃子，也称太姜。⑬聿：语首词，无义。胥：动词，省视，视察。宇：屋宇。⑭内无怨女，外无旷夫：怨女，未出嫁的老处女。旷夫，未娶妻的单身汉。古代女子居内，男子居外，所以以内外代指。

【译文】

齐宣王说：“我有个缺点，我喜爱财物。”

孟子回答道：“这不要紧，从前周朝王业的创始人公刘也贪图财物。《诗经·大雅·公刘》篇说：‘将粮食收入仓廪，包裹好途中食用的干粮，装进小袋和大囊。一心想安抚人民以使国运光昌。弓儿箭儿准备好，还有干戈并戚扬，于是才开始迈步奔前方。’因此，必须做到不走的人仓里有积谷，走的人囊橐里面裹入了干粮，然后才可以出发。要是您大王贪图财物，与百姓一同享用，对于实行王政又有什么不可以呢。”

齐宣王又说：“我还有个缺点，就是好女色。”

孟子回答说：“这也不要紧，从前周朝王业的奠基人之一的大王（古公父）也好女色，宠爱他的妃子太姜。《诗经·大雅·绵》里说：‘古公父为立家，一大清早跨骏马，沿着西方水边走，一直来到岐山下，同来还有姜氏女，一心要把房基察。’在这个时候，真正做到了国内没有因为找不到丈夫或丈夫长期在外而埋怨的女子，国外没有娶不到妻子或与妻子长期分居的人。大王您要是好女色，也能注意广泛满足老百姓在这方面的需要，对于实行王政又有什么不行呢？”

孟子谓齐宣王曰：“王之臣，有托其妻子于其友，而之楚游者，比其反也①，则冻馁其妻子②，则如之何？”王曰：“弃之③。”曰：“士师不能治士④，则如之何？”王曰：“已之⑤。”曰：“四境之内不治，则如之何？”王顾左右而言他。

【注释】

①比：及，至，等到。反：同“返”。②则：这里的用法是表示事情的结果。③弃：断绝交情。④士师：司法官。⑤已：罢免。

【译文】

孟子对齐宣王说：“您的臣子中，有个把妻室儿女托付给他的朋友照看而自己到楚国去游学的人，等到他回来时，如果他的妻子儿女受冻挨饿，那么，应该怎样对待他那个朋友呢？”齐宣王说：“和他断绝交情。”孟子进一步问道：“监狱官假如不能管理他下面的属官，那该怎么办呢？”齐宣王说：“罢免他。”孟子再进一步问道：“一个国家假如没有治理好，那又该怎么办呢？”齐宣王无话可说，只好回过头去望着左右臣下谈别的问题。

孟子见齐宣王，曰：“所谓故国者①，非谓有乔木之谓也②，有世臣之谓也③。王无亲臣矣，昔者所进④，今日不知其亡也⑤。”

王曰：“吾何以识其不才而舍之？”

曰：“国君进贤，如不得已，将使卑逾尊，疏逾戚，可不慎与？左右皆曰贤，未可也；诸大夫皆曰贤，未可也；国人皆曰贤，然后察之。见贤焉，然后用之。左右皆曰不可，勿听；诸大夫皆曰不可，勿听；国人皆曰不可，然后察之。见不可焉，然后去之。左右皆曰可杀，勿听；诸大夫皆曰可杀，勿听；国人皆曰可杀，然后察之。见可杀焉，然后杀之。故曰，国人杀之也。如此，然后可以为民父母。”

【注释】

①故国：指历史悠久的国家。②乔木：高大的树木。③世臣：世代建立功勋的大臣。④进：进用。⑤亡：去位，去职。

【译文】

孟子谒见齐宣王时说：“我们平常所说的历史悠久的国家，不是说它有年代久远的高大树木的意思，而是说历代有功业旧臣、与国家同休戚共命运的贤臣的意思。大王您现在没有亲信的臣子了，过去您所任用的人，到今天不知不觉地都丢掉了职位。”

齐宣王说：“可是，我怎么样才能识别他无用而舍弃他呢？”

孟子说：“国君选用贤才，如果万不得已要选拔新秀，那就将有可能使地位低下的人超过地位高的人，关系疏的人超过关系密的人，这样的事能不慎重对待吗？因此，国君用人时，左右的人都说这个人贤能，不足凭信；朝里的官员们都说他贤能，还是不足凭信；全国的人都说他贤能，然后对他进行调查了解。发现他确是贤能，再起用他。左

▲ 孟子见齐王。

右的人都说这个人不行，先别听信；朝里的官员们都说他不行，也别听信；全国的人都说他不行，然后对他进行调查了解。发现他确是不行，再抛开他。左右的人都说这个人有可杀之罪，先别听信；朝里的官员们都说他有可杀之罪，也别听信；全国的人都说他有可杀之罪，然后对他进行调查了解。发现他确是有可杀之罪，然后杀掉他。所以说他是全国人都想杀掉的人。能够做到这样，才可以真正做人民的父母。”

齐宣王问曰：“汤放桀①，武王伐纣②，有诸？”孟子对曰：“于传有之。”曰：“臣弑其君，可乎？”曰：“贼仁者谓之‘贼’，贼义者谓之‘残’。残贼之人谓之‘一夫’。闻诛一夫纣矣，未闻弑君也。”

【注释】

①汤放桀：桀，夏朝最后一个君主，暴虐无道。传说商汤灭夏后，把桀流放到南巢（据传在今安徽巢县一带）。②武王伐纣：纣，商朝最后一个君主，昏乱残暴。周武王起兵讨伐，灭掉商朝，纣自焚而死。

【译文】

齐宣王问孟子道：“商汤王流放夏桀王，周武王攻打商纣王，有这些事吗？”孟子回答说：“在古代的史书上是载有这些事的。”齐宣王说：“为臣的人杀掉他的君主可以吗？”孟子答道：“损害仁爱、暴虐无道的人叫作‘贼’，损害正义、颠倒是非的人叫作‘残’，残贼的人，叫作‘独夫’，我只听说周武王杀了个‘独夫’纣王，没有听说过他杀了君主。”

孟子谓齐宣王曰：“为巨室，则必使工师求大木①。工师得大木，则王喜，以为能胜其任也。匠人斫而小之，则王怒，以为不胜其任矣。夫人幼而学之，壮而欲行之，王曰‘姑舍女所学而从我’，则何如？今有璞玉于此②，虽万镒③，必使玉人雕琢之。至于治国家，则曰‘姑舍女所学而从我’，则何以异于教玉人雕琢玉哉？”

【注释】

①工师：管理各种工匠的官员。②璞玉：未雕琢加工过的玉。③镒：古代重量单位，二十两（一说二十四两）为一镒。

【译文】

孟子谒见齐宣王时说：“您要建造大宫室，就一定要打发主管百工的官吏去寻求大木料。如果他找到了大木料，大王您就高兴，认为他能称职。一旦工匠把木料砍小了，大王您便要发怒，认为他不称职。一个人从小学习先王治天下的方术，希望长大成人后能够拿去实行，如果大王您说，‘暂且抛开你所学的东西，听从我的话去做’，那又怎么样呢？现在这里有块没有经过雕琢的璞玉，虽然价值很昂贵，也一定要请玉匠雕琢加工。至于治理国家，却说：‘暂且丢下你所学的那一套照我说的办吧！’那跟要玉匠按照您的吩咐去雕刻玉石又有什么区别呢？”

齐人伐燕①，胜之。宣王问曰：“或谓寡人勿取，或谓寡人取之。以万乘之国伐万乘之国，五旬而举之②，人力不至于此，不取，必有天殃③。取之，何如？”

孟子对曰：“取之而燕民悦，则取之。古之人有行之者，武王是也④。取之而燕民不悦，则勿取。古之人有行之者，文王是也⑤。以万乘之国伐万乘之国，箪食壶浆以迎王师⑥，岂有他哉？避水火也。如水益深，如火益热，亦运而已矣⑦。”

【注释】

① 齐人伐燕：公元前315年，燕王哙将燕国让给他的相国子之，国人不服气，将军市被和太子平进攻子之，子之反攻，杀死了市被和太子平，国内一片混乱。齐宣王趁机进攻燕国，很快就取得了胜利。② 五旬而举之：据《战国策·燕策》记载，当齐国的军队攻打燕国时，燕国“士卒不战，城门不闭”，因此齐国军队五十天就攻进了燕国的首都，杀死了燕王哙和子之。③ 不取，必有天殃：因齐宣王认为他攻打燕国太顺利，“人力不至于此”，是天意，所以，如果不占领它就是违背天意，必有灾殃。这是当时人流行的观念。④ 武王是也：指武王灭纣。⑤ 文王是也：指周文王在三分天下有其二时，仍然服侍商纣王的事。⑥ 箪食壶浆：用箪装着食物，用壶装着酒浆。箪，古代盛饭的圆形竹器。⑦ 运：转。

【译文】

▲ 对战之图

齐国人进攻燕国，战胜了它。齐宣王问孟子道：“有的人叫我不要吞并它，有的人却劝我吞并它。若一个有万辆兵车的大国去攻打另一个万辆兵车的大国，只五十天便攻下了它，如果不是天意，人力是做不到这样的。看来，不吞并它，一定会天灾降临。您觉得吞并它会有什么结果呢？”

孟子回答说：“如果吞并它，燕国的人民高兴，就吞并它。古代的周武王便是这样做的。要是吞并它，燕国的人民不高兴，就不要吞并它。古代的周文王便是这样做的。一个有万辆兵车的大国去攻打另一个有万辆兵车的大国，老百姓携着饭筐和酒壶来迎接您大王的军队，难道有别的用意吗？只是想避免再过那种水深火热的生活啊。如果燕国被吞并后，老百姓蒙受的灾难更加深重，那他们也就只好躲避到别的地方了。”

齐人伐燕，取之。诸侯将谋救燕。宣王曰：“诸侯多谋伐寡人者，何以待之？”

孟子对曰：“臣闻七十里为政于天下者，汤是也，未闻以千里畏人者也。《书》曰：‘汤一征，自葛始[①]。’天下信之。东面而征，西夷怨；南面而征，北狄怨，曰：‘奚为后我？’民望之，若大旱之望云霓也[②]。归市者不止[③]，耕者不变，诛其君而吊其民[④]，若时雨降，民大悦。《书》曰：‘徯我后[⑤]，后来其苏[⑥]。’

【注释】

①汤一征，自葛始：《尚书》逸文。②云霓：霓，虹霓。虹霓在清晨出现于西方是下雨的征兆。③归市者：指做生意的人。④吊：这里是安抚、慰问的意思。⑤徯：等待。后：王，君主。⑥后来其苏：君王来了就会有起色。苏，恢复，苏醒，复活。

【译文】

齐国人攻打燕国，占领了它。一些诸侯准备商讨援救燕国。齐宣王问孟子说：“诸侯们打算来攻打我，该用什么办法去对付他们呢？”

▲ 南面而征。

孟子回答道：“我只听说以区区七十里地统一天下的，汤便是。没有听说像您齐王这样拥有国土千里的人反而会畏惧人的。《尚书》中说：‘商汤王当初出征时，是从讨伐葛伯开始的。’天下的人对他非常信赖，当他东向出兵的时候，居住在西面的夷人就埋怨他；当他南向出兵的时候，居住在北面的狄人也埋怨他，他们都说：‘为什么把我们摆在后面呢？’老百姓盼望他，就像大旱年岁盼望天空出现预示天将降雨的虹霓一样。他的军队所到之处，做生意的不停止营业，种田的照常下田劳动，仅仅诛杀残害人民的暴君，对老百姓却能安抚慰问，使他们感到汤的到来，有如旱天及时降落的雨水。老百姓心里十分高兴。《尚书》里面说：‘盼望我们的君主啊，君主一到，我们就可以生存下去了！’

“今燕虐其民，王往而征之，民以为将拯己于水火之中也，箪食壶浆以迎王师。若杀其兄父，系累其子弟[①]，毁其宗庙[②]，迁其重器[③]，如之何其可也？天下固畏齐之强也，今又倍地而不行仁政，是动天下之兵也。王速出令，反其旄倪[④]，止其重器，谋于燕众，置君而后去之，则犹可及止也。”

【注释】

①系累：束缚，捆绑。②毁其宗庙：宗庙，天子、诸侯祭祀祖先的地方。国家保存，宗庙就得以保存。故“毁其宗庙”意味着灭其国家。③迁其重器：重器，古代君王所铸造的作

为传国宝器的鼎之类。迁其重器，意味着灭亡其国家。④旄倪：旄，通“耄”，八九十岁的人叫作耄，这里通指老年人。倪，指小孩子。

【译文】

“现在燕王虐待他的老百姓，大王您发兵去讨伐他，老百姓以为您将要把他们从水深火热中拯救出来，所以纷纷提着饭筐和酒壶来欢迎犒劳大王您的军队。如果您杀死他们的父兄，俘虏他们的子弟，拆毁他们的祖庙宗祠，抢走他们的传国宝器，那怎么行呢？天下的诸侯们本来就害怕齐国的强大，现在您的土地又扩大了一倍却不行仁政，这就必然要挑动天下的军队一齐来对付您。大王您现在要赶快发布命令，把俘虏的老人和小孩送回去，停止运走燕国的宝器，跟燕国的大众共同商议，拥立新的燕王，然后撤出军队，那就还来得及阻止各国的兴兵呢。”

邹与鲁閧①。穆公问曰②：“吾有司死者三十三人，而民莫之死也③。诛之，则不可胜诛；不诛，则疾视其长上之死而不救④。如之何则可也？”

孟子对曰：“凶年饥岁，君之民，老弱转乎沟壑⑤、壮者散而之四方者，几千人矣⑥；而君之仓廪实，府库充。有司莫以告，是上慢而残下也。曾子曰⑦：‘戒之戒之！出乎尔者，反乎尔者也。’夫民今而后得反之也。君无尤焉⑧。君行仁政，斯民亲其上，死其长矣。”

【注释】

①邹与鲁：邹国与鲁国交战。閧：争吵、冲突、交战。②穆公：即邹穆公。孟子是邹国人，所以穆公问他。③莫之死：即“莫死之”的倒装，之指“有司”。意思是“没有人为他们而死”。④疾：憎恨。⑤转：弃尸的意思。⑥几：将近，几乎。⑦曾子：曾参，字子舆，孔子弟子。⑧尤：动词，责备、归罪。

【译文】

邹国跟鲁国打仗。邹穆公问孟子道：“在这次战争中被打死的官吏达三十三人之多，可是，老百姓却没有一个为他们而死的。要是杀掉这些人吧，杀也杀不尽；要是不杀吧，那他们还是会仇视他们的长官，任官吏被打死而不加援救，您看要怎么办才好呢？”

孟子回答说：“在灾荒的年岁里，您的老百姓年老体弱的大批大批地死亡，连埋葬都成问题，只好把遗骸辗转抛到山沟里去，壮年人四出逃荒的，将近千人了；而大王您粮仓饱满，国库充足。管钱粮的官员们也不把这种严重的情况汇报给您，他们简直是高高在上，不仅不关心人民的疾苦，而且还残害人民。曾子说过：‘要警惕啊！要警惕啊！你怎样对待人家，人家便会怎样对待你。’过去邹国的官吏是那样残酷无情地对待老百姓，从今以后老百姓只要一有机会，就会用同样的手段来回敬那些官吏了。您别责怪他们。只要大王您真正施行德政，那么，老百姓便会敬爱君主和长官，并愿意为他们献出自己的生命。”

滕文公问曰[①]："滕，小国也，间于齐楚[②]，事齐乎？事楚乎？"

孟子对曰："是谋，非吾所能及也；无已，则有一焉：凿斯池也[③]，筑斯城也，与民守之，效死而民弗去[④]，则是可为也。"

【注释】

①滕文公：滕国国君。滕国，古国名，西周分封的诸侯国，姬姓，开国国君是周文王的儿子错叔绣。在今山东藤县西南。公元前414年被越国灭，不久复国，又被宋国消灭。②间：处。③池：城池，也就是护城河。④效：献，致。

【译文】

滕文公问孟子道："滕国是个弱小的国家，处于齐、楚两大国之间。侍奉齐国好呢，还是侍奉楚国好？"

孟子答道："决定这样重大的国策，不是我的力量所能办到的。如果万不得已要我谈，那就只有这么一个办法：加深这条护城河，加固这座城墙，与老百姓一条心，共同捍卫它，老百姓哪怕献出生命也不愿离开它，这样就还是有办法的。"

滕文公问曰："齐人将筑薛[①]，吾甚恐，如之何则可？"

孟子对曰："昔者大王居邠[②]，狄人侵之，去之岐山之下居焉[③]。非择而取之，不得已也。苟为善，后世子孙必有王者矣。君子创业垂统，为可继也。若夫成功，则天也。君如彼何哉？强为善而已矣。"

【注释】

①薛：国名，其地在今山东藤县东南，战国初期为齐所灭，后成为齐权臣田婴、田文的封邑。②邠：地名，在今陕西郴县。③岐山：在今陕西岐山县东北。

【译文】

滕文公问孟子道："齐国人正打算加固薛城以威胁滕国，我感到很害怕，您看怎么办才好？"

孟子回答说："从前周的祖先大王居住在邠地，狄人去侵犯他，他便离了邠地迁到岐山下定居。他并不是选择好那块地方才拿来作为自己定居之所的，实在是由于强敌的威逼，不得已而为之啊。如果一个国君肯行善，他本身也许来不及直接受到好处，可他后世的子孙一定会有创立王业的。品德高尚、眼光远大的君子创立事业，并传给后代，正是为了可以流芳百世。至于成功与否，那就要看天意如何了。现在您又能拿它强大的齐国怎么样呢？那也只好勉强行善政罢了。"

滕文公问曰："滕，小国也，竭力以事大国，则不得免焉，如之何则可？"

孟子对曰："昔者大王居邠，狄人侵之。事之以皮币[①]，不得免焉；事之以犬马，不得免焉；事之以珠玉，不得免焉。乃属其耆老而告之曰：‘狄人之所欲者，吾土地也。吾闻之也：君子不以其所以养人者害人。二三子何患乎无君[②]？我将去之。’去邠，逾梁山，邑于岐山之下居焉。邠人曰：‘仁人也，不可失也。’从之者如归市。

“或曰：‘世守也，非身之所能为也。效死勿去。’

“君请择于斯二者。”

【注释】

① 币：帛类织物。古代曾以帛为货币，故今人才有“钱币”的名称。② 二三子：你们这些人。

【译文】

▲ 我将去之。

滕文公问孟子道：“滕国是个小国，即使尽自己的力量去侍奉周围的大国，也还是免不了被大国侵犯，请问要怎么办才行呢？”

孟子答道：“从前古公亶父居住在邠地，狄人来侵扰他。古公拿皮袄丝绢去侍奉他们，他们不肯放过他；拿猎犬好马去侍奉他们， 还是不肯放过他；拿珠玉珍宝去侍奉他们，他们仍然不肯放过他。于是只得召集国里的父老们告诉他们说：‘狄人所索求的，无非是我的土地。我听前辈人说过：一个有道德的人决不愿拿他用来养活老百姓的东西去害老百姓。诸位又何必担心没有君主呢？我打算离开这里了。’所以离开了邠地，越过梁山，在岐山下面筑城定居下来。邠地的老百姓说：‘古公亶父真是个以仁爱为怀的人呀，我们万万不可以失去这样的好君主啊。’那些自愿追随他的人就像赶集市一样众多而又踊跃。

“但也有的人说：‘国土是祖先传下来应该由子孙世代保守住的基业，不是可以由我个人擅自做出处理的。就算牺牲生命也不能放弃它。’

“请您大王在上述二者中任择其一吧。”

鲁平公将出[①]，嬖人臧仓者请曰：“他日君出，则必命有司所之。今乘舆已驾矣，有司未知所之，敢请。”

公曰：“将见孟子。”

曰：“何哉，君所为轻身以先于匹夫者？以为贤乎？礼义由贤者出，而孟子之后丧逾前丧。君无见焉！”

公曰：“诺。”

乐正子入见[②]，曰：“君奚为不见孟轲也？”

曰："或告寡人曰：'孟子之后丧逾前丧'，是以不往见也。"

【注释】

①鲁平公：战国时鲁国国君姬叔，公元前316～前297年在位。②乐正子：即乐正克，孟子弟子，当时在鲁国做官。

【译文】

鲁平公正打算出门，他那个名叫臧仓的宠臣请示道："以前大王您将要外出，就一定要把您所去的地方告知管事的臣下。现在您的车都已经套好了马，可管事的臣下还不知道您所要去的地方，我斗胆向您请示一下。"

平公说："我将要去见孟子。"

臧仓说："您为着什么要降低身份先去拜访一个普普通通的人呢？您认为孟子贤德吗？可贤德的人是应该执行礼义的，而孟子呢，他办母亲的丧事超过先前办父亲的丧事，这是不合礼义的。您就别会见他了。"

平公说："好吧。"

孟子的学生乐正子进宫谒见鲁平公，说："您为什么不会见孟轲呢？"

平公说："有人告诉我说，'孟子办母亲的丧事超过先前办父亲的丧事'，就为了这个原因，我才没有去见他。"

曰："何哉，君所谓逾者？前以士，后以大夫；前以三鼎，而后以五鼎与？"曰："否，谓棺椁衣衾之美也①。"曰："非所谓逾也，贫富不同也。"

乐正子见孟子，曰："克告于君，君为来见也。嬖人有臧仓者沮君，君是以不果来也。"曰："行，或使之；止，或尼之②。行止，非人所能也。吾之不遇鲁侯，天也。臧氏之子焉能使予不遇哉？"

【注释】

①椁：外棺。衣衾：这里指死者入殓时所用的衣服被褥。②尼：阻止。

【译文】

乐正子说："您所说的'后丧超过前丧'，指的是什么呢？是说前面用士的礼仪葬父，后面用大夫的礼仪葬母，还是说前面用三鼎礼祭父、后面用五鼎礼祭母呢？"平公说："不是，我说的是装殓死者的棺椁衣衾的精美（后者超过前者）。"乐正子说："这不能说是'后丧超过前丧'，而是因为前后家境贫富不一样嘛。"

乐正子见了孟子，说："我把您推荐给了鲁君，鲁君本来将要来拜访您了。可是，有个名叫臧仓的宠臣阻止鲁君，鲁君就因为这个原因没能来。"孟子说："一个人干某件事时，无形中也许有一种力量在促使他这样做；他不干这件事时，又像是有一种力量在阻止他这样做。干这件事或不干这件事，不是人力所能决定的。我不能与鲁君相遇，是出于天命的支配。臧仓那个小子，又怎么能使我不与鲁君相遇呢？"

孟子散文的艺术特色

- 语言特色
  - 明白晓畅
  - 平实浅近
  - 精练准确
- 艺术特色
  - 长于论辩
  - 长于譬喻
- 风格特征
  - 气势浩然
  - 莫之能御

长于论辩

逻辑推理——类比推理——欲擒故纵——反复诘难——迂回曲折地把对方引入自己预设的结论中。

孟子谓齐宣王曰："王之臣，有托其妻子于其友而之楚游者，比其反也，则冻馁其妻子，则如之何？"王曰："弃之。"曰："士师不能治士，则如之何？"王曰："已之。"曰："四境之内不治，则如之何？"王顾左右而言他。

长于譬喻

"民之归仁也，犹水之就下、兽之走圹也"，简单的比喻表现民众归仁的必然趋势。

气势浩然

孟子内在精神修养上的浩然气概，是其散文气势充沛的根本原因，而外在表现是大量用排偶句、叠句等修辞手法，文气磅礴，若决江河，沛然莫之能御。

左传

郑伯克段于鄢

初，郑武公娶于申，曰武姜①，生庄公及共叔段。庄公寤生②，惊姜氏，故名曰寤生，遂恶之。爱共叔段，欲立之。亟请于武公③，公弗许。

及庄公即位，为之请制④。公曰："制，岩邑也⑤。虢叔死焉⑥，他邑唯命。"请京⑦，使居之，谓之京城大叔。

祭仲曰⑧："都城过百雉⑨，国之害也。先王之制，大都不过参国之一⑩，中五之一，小九之一。今京不度，非制也，君将不堪。"公曰："姜氏欲之，焉辟害⑪？"对曰："姜氏何厌之有！不如早为之所，无使滋蔓，蔓难图也。蔓草犹不可除，况君之宠弟乎！"公曰："多行不义必自毙，子姑待之。"

【注释】

①武姜："武"是丈夫的谥号，"姜"是娘家的姓氏。②寤生：难产。③亟：屡次。④制：郑国地名，在今河南荥阳西。⑤岩邑：险要的城邑。⑥虢叔：东虢国国君。⑦京：郑国地名，在今河南荥阳东南。⑧祭仲：郑国大夫，字足。⑨雉：古代计算城墙长度的单位，长三丈，高一丈，为一雉。⑩参国之一：国都的三分之一。⑪辟：通"避"。

【译文】

当初郑武公从申国娶来妻子，就是后来的武姜，生了庄公和共叔段。庄公出生时分娩困难，惊吓了姜氏，因而给庄公取名为"寤生"，于是厌恶他。姜氏喜爱共叔段，想立其为太子，屡次请求武公，武公都不答应。

等到庄公即位，姜氏为共叔段请求制邑。庄公说："制是险要之地，虢叔曾死在那里。别的地方听您吩咐。"姜氏于是为共叔段请求京邑，庄公便叫共叔段居住在了那里，称为京城太叔。

祭仲说："都市城墙边长超过三百丈，就是国家的祸害。先王的制度：大都市城墙，长不超过国都城墙三分之一；中等城市，不超过国都城墙的五分之一；小城市，不超过国都城墙的九分之一。如今京邑太大，不合制度，您将受不了。"庄公说："姜氏要这样，如何躲避祸害呢？"回答说："姜氏怎会满足？不如早做打算，不要使其滋长蔓延，一旦滋生成长起来就难以对付了。蔓延的草还难得清除，何况您被宠爱的弟弟呢？"庄公说："不义之事做多了必然会自取灭亡，你姑且等着看吧！”

既而大叔命西鄙[①]、北鄙贰于己[②]。公子吕曰[③]：“国不堪贰，君将若之何？欲与大叔，臣请事之；若弗与，则请除之，无生民心。”公曰：“无庸[④]，将自及。”大叔又收贰以为己邑，至于廪延[⑤]。子封曰：“可矣，厚将得众。”公曰：“不义不暱，厚将崩。”

大叔完聚[⑥]，缮甲兵，具卒乘，将袭郑。夫人将启之[⑦]。公闻其期，曰：“可矣！”命子封帅车二百乘以伐京。京叛大叔段。段入于鄢。公伐诸鄢。五月辛丑，大叔出奔共。

书曰：“郑伯克段于鄢。”段不弟，故不言弟[⑧]；如二君，故曰克；称郑伯，讥失教也；谓之郑志。不言出奔，难之也。

【注释】

①鄙：边界的城镇。②贰：双方共有。③公子吕：郑国大夫。④庸：用。⑤廪延：郑国地名，在今河南延津北。⑥完聚：指修治城郭、集结兵力。⑦启之：指开城门做内应。⑧弟：通“悌”，指对兄长敬爱顺从。

【译文】

不久，太叔命令西部和北部边境的一些地方一方面听从庄公的，一方面听从自己的。公子吕说：“国家不能忍受这样两面受命，您打算怎么办？如果您想将王位让给太叔，我就请求去侍奉他；如果您不想让位给他，就请您除掉他，不要使人民有二心。”庄公说：“用不着，他会自取其祸的。”太叔又进一步把西鄙、北鄙二地据为己有，还延伸到廪延。公子吕对庄公说：“行了，他羽翼已丰，会得到更多拥戴者。”庄公说：“他对君王不义，不顾手足之情，势力雄厚，反而会垮掉。”

太叔巩固城防，聚积粮草，修缮军备，准备兵士战车，打算偷袭庄公，姜氏也作为内应，想替他开启城门。庄公听到他举兵的日期，说：“可以了！”于是命令公子吕率战车二百辆讨伐京城。京城民众反叛了太叔。太叔逃往鄢邑。庄公又命讨伐鄢邑。五月二十三日，太叔逃往共国。

《春秋》上说：“郑伯克段于鄢。”共叔段不顾兄弟情谊，所以不用“弟”字；交战双方好像两个国君，所以用“克”字。称庄公为“郑伯”是讥讽他对弟弟不加管教，也符合郑国人民的意思。而不写太叔“出奔”，是责难庄公有杀弟的动机。

遂置姜氏于城颍，而誓之曰：“不及黄泉，无相见也。”既而悔之。颍考叔为颍谷封人，闻之，有献于公。公赐之食，食舍肉。公问之，对曰：“小人有母，皆尝小人之食矣，未尝君之羹，请以遗之。”公曰：“尔有母遗，繄我独无[①]！”颍考叔曰：“敢问何谓也？”公语之故，且告之悔。对曰：“君何患焉！若阙地及泉[②]，隧而相见[③]，其谁曰不然？”公从之。公入而赋：“大隧之中，其乐也融融！”姜出而赋：“大隧之外，其乐也泄泄[④]。”遂为母子如初。

君子曰："颍考叔，纯孝也。爱其母，施及庄公[⑤]。《诗》曰：'孝子不匮[⑥]，永锡尔类[⑦]。'其是之谓乎！"

【注释】

①繄：句首语气词。②阙：通"掘"。③隧：掘地而成隧道。④泄泄：形容快乐的样子。⑤施：扩展。⑥匮：匮乏，断绝。⑦锡：推及，影响。

【译文】

庄公把姜氏安置在城颍，发誓说："不到黄泉，不再相见！"不久又后悔。颍考叔是颍谷的地方官，听说这事，便来到国都，说是有礼献于庄公。庄公赐宴，吃饭时，颍考叔把肉放在一旁不吃。庄公问他原因，他回答说："我有老母，我的食物她都尝遍了，却没尝过您所吃的菜肴，我想留给她尝尝。"庄公说："你有母亲可以孝敬，独独我却没有。"颍考叔说："敢问这是什么意思？"庄公告诉他其中的缘故，并且讲出自己的悔意。颍考叔回答说："君王有什么好忧虑的！若掘地见泉，在隧道里相见，谁能有非议？"庄公依从了他的办法。庄公进入隧道，唱道："大隧之中，其乐融融。"姜氏从隧道中出来，唱道："大隧之外，心情愉快。"于是母子又和好如初了。

君子说："颍考叔的孝顺是纯正的。他孝敬爱戴自己的母亲，又用这样的孝敬和爱戴影响了庄公。《诗经》上说：'孝子之心不尽不竭，会推及影响到他的族类。'说的就是颍考叔这样的人吧！"

曹刿论战[①]

齐师伐我[②]。公将战。曹刿请见。其乡人曰："肉食者谋之，又何间焉？"刿曰："肉食者鄙[③]，未能远谋。"遂入见。

问："何以战？"公曰："衣食所安，弗敢专也[④]，必以分人。"对曰："小惠未遍，民弗从也。"公曰："牺牲玉帛[⑤]，弗敢加也，必以信。"对曰："小信未孚[⑥]，神弗福也。"公曰："小大之狱，虽不能察，必以情。"对曰："忠之属也[⑦]，可以一战。战则请从。"

公与之乘。战于长勺[⑧]。公将鼓之。刿曰："未可。"齐人三鼓，刿曰："可矣！"齐师败绩。公将驰之。刿曰："未可。"下视其辙，登轼而望之[⑨]，曰："可矣。"遂逐齐师。

既克，公问其故。对曰："夫战，勇气也。一鼓作气，再而衰，三而竭。彼竭我盈，故克之。夫大国，难测也，惧有伏焉。吾视其辙乱，望其旗靡[⑩]，故逐之。"

【注释】

①曹刿：人名，鲁国人。②我：指鲁国。③鄙：目光短浅。④专：独自享用。⑤牺牲：指古代供祭祀用的牛、羊等牲畜。玉帛：玉器和丝织品。⑥孚：为人所信服。⑦属：类。

⑧长勺：鲁地名，在今山东莱芜东北。⑨轼：古代车厢前面供人手扶的横木。⑩靡：倒下。

【译文】

鲁庄公十年春，齐国军队前来攻打鲁国，庄公准备迎击。曹刿请求进见。他的同乡人说：“大官们会谋划的，你又何必参与呢？”曹刿说：“大官们见识短浅，不能深谋远虑。”于是进见。

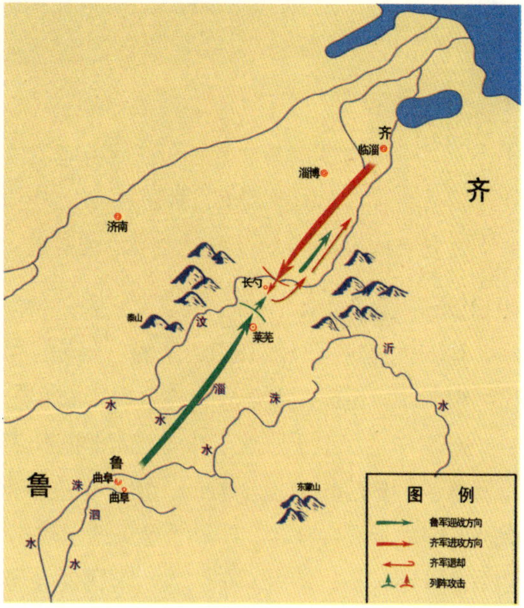

▲ 齐鲁长勺之战示意图

他问庄公凭什么来作战。庄公说：“衣着吃食的享受，不敢独自享用，必然分给别人。”曹刿答道：“小恩小惠不能遍及百姓，百姓是不会跟从您的。”庄公说：“祭祀用的牛羊玉帛，从不敢虚报，必说实话。”曹刿说：“小的诚实不能使神灵信任，神灵是不会赐福的。”庄公说：“大大小小的诉讼官司，虽不能一一明察，但一定做到合情合理。”曹刿答道：“这属于为百姓尽心办事的行动，可以凭这个条件打一仗。作战时请让我跟随您一起去。”

庄公和他同乘一辆兵车。与齐军交战于长勺。庄公将要击鼓进军。曹刿说：“不行。”齐军击鼓三次之后，曹刿说：“可以击鼓进军了。”齐军大败。庄公又要下令追击，曹刿说：“不行。”他下车看了齐军战车的轨迹，又登上车前的横木瞭望齐军撤退的情况，这才说：“可以了。”于是追击齐军。

战胜以后，庄公问他其中的缘故。曹刿回答说：“作战靠勇气。击第一通鼓的时候军队的士气便振作了起来，击第二通鼓的时候士气便开始减弱了，等到击第三通鼓的时候，士气就衰竭了。敌人的士气衰竭而我军的士气旺盛，所以能够战胜他们。大国难以捉摸，恐怕藏有伏兵。我看到他们战车的车辙杂乱，望见他们的旗子倒下了，确实是在败退，所以追击他们。”

子鱼论战

楚人伐宋以救郑。宋公将战，大司马固谏曰①：“天之弃商久矣②，君将兴之，弗可赦也已。”弗听。

及楚人战于泓③。宋人既成列，楚人未既济，司马曰：“彼众我寡，及其未既济也，请击之。”公曰：“不可。”既济而未成列，又以告。公曰：“未可。”既陈而后击之，宋师败绩。公伤股，门官歼焉④。

国人皆咎公。公曰："君子不重伤[⑤]，不禽二毛[⑥]。古之为军也，不以阻隘也。寡人虽亡国之余，不鼓不成列。"子鱼曰："君未知战。勍敌之人[⑦]，隘而不列，天赞我也。阻而鼓之，不亦可乎？犹有惧焉。且今之勍者，皆吾敌也。虽及胡耇[⑧]，获则取之，何有于二毛？明耻教战，求杀敌也。伤未及死，如何勿重？若爱重伤，则如勿伤；爱其二毛，则如服焉。三军以利用也，金鼓以声气也。利而用之，阻隘可也。声盛致志，鼓可儳也[⑨]。"

【注释】

①大司马：掌管军政的官员。②天之弃商久矣：宋国是商朝遗民的后裔。③泓：即泓水名，在今河南柘城西北。④门官：指国君的卫队。⑤重伤：再一次伤害。⑥禽：通"擒"。二毛：指头发花白的人。⑦勍敌：强劲有力的敌人。⑧胡耇：老人。⑨儳：不整齐。

【译文】

楚国攻打宋国以救郑国。宋襄公将要迎战，大司马公孙固劝谏说："上天抛弃我商国已经很久了，主公想要复兴，这是得不到宽恕的。"宋襄公不听。

宋军与楚军战于泓水。宋军已经摆好阵势，楚军还没有全部渡河。司马子鱼说："敌众我寡，趁他们没有完全渡河，请下令攻击他们。"宋襄公说："不行。"楚军已经全部渡河，但尚未摆好阵势，司马子鱼又请求攻击。宋襄公说："不行。"等楚军摆好了阵势，然后才开始攻击，结果宋军大败，宋襄公大腿受伤，卫队也被歼灭了。

宋国人都埋怨宋襄公。宋襄公说："君子不伤害已经受伤的人，不捉拿头发花白的人。古人作战，不在隘口处阻击敌人。我虽然是已然亡国的商朝的后代，但也不会攻击没有摆好阵势的敌人。"子鱼说："主公并不懂得战争。强大的敌人，因为地形的狭窄而摆不开阵势，这是上天在帮助我们，这时候对其加以拦截然后攻击他们，不也是可以的吗？就算是这样还怕不能取胜。况且今天这些强悍的楚兵，都是我们的敌人；即使是碰到老人，捉住了就把他抓回来，何况只是头发花白的人！对士兵讲明耻辱，教导作战，是为了杀死敌人。敌人受了伤但还没有死，为什么不能再次攻击使其毙命？如果是因为怜悯那些受伤的人而不想再次加以伤害，那就不如开始就不击伤他，同情年长的敌人，还不如向他们投降。用兵讲求抓住有利的条件和时机，那么即使是在隘口打击敌人，也是应该的；锣鼓响亮是为了振作士气，那么攻击没有摆开阵势的敌人也是可以的。"

介之推不言禄

晋侯赏从亡者，介之推不言禄[①]，禄亦弗及。

推曰："献公之子九人，唯君在矣。惠、怀无亲，外内弃之。天未绝晋，必将有主。主晋祀者，非君而谁？天实置之，而二三子以为己力，不亦诬乎？窃人之财，犹谓之盗，况贪天之功以为己力乎？下义其罪，上赏其奸，上下相蒙，难与处矣。"其母曰："盍

▲ 晋文公复国图卷　南宋　李唐

亦求之？以死，谁怼[2]？”对曰：“尤而效之，罪又甚焉。且出怨言，不食其食。”其母曰：“亦使知之，若何？”对曰：“言，身之文也；身将隐，焉用文之？是求显也。”其母曰：“能如是乎？与汝偕隐。”遂隐而死。

晋侯求之不获，以绵上为之田[3]。曰：“以志吾过，且旌善人。”

【注释】

① 介之推：人名，他曾追随重耳流亡，途中割自己腿上的肉熬汤献给重耳充饥。② 怼：怨恨。③ 绵上：介之推隐居处，在今山西介休东南。

【译文】

晋文公奖赏跟随他逃亡的人，介之推不求爵禄，而赏赐爵禄的时候也没有考虑到他。

介之推说：“献公有九个儿子，只有君侯还活在世上了。晋惠公、晋怀公没亲近的人，国外、国内都厌弃他们。上天还没有想让晋国灭亡，所以晋国一定会等到贤明的君主。能主持晋国祭祀大典的人，不是君侯又能是谁呢？这实在是上天要立他为君，而那几个人却认为是因为自己的力量所致，这不是欺骗吗？偷别人的财物，尚且叫作盗窃，何况是贪上天之功以为是自己的力量所致呢？下面的人把自己的罪过当成是正义，上面的人又奖赏他们的奸欺，上下相互蒙蔽，难以和他们相处。”他母亲说：“你为什么不一样去请求赏赐呢？就这样死去，又能怨恨谁呢？”介之推回答说：“明知错误而去效仿，罪过就重了。况且我已口出怨言，不能再吃他的俸禄了。”他母亲说：“也要让君侯知道一下此事，怎样？”介之推答道：“言语，是用来表白自己的。自身将要隐退，哪里还用得着表白？这样做就是想要求得显达了。”他母亲说：“你能够这样吗？我同你一起隐居吧。”于是便隐居到死。

晋文公寻访他们不到，就把绵上作为他的封田，说：“用这来记录我的过失，并且表彰善良的人。”

蹇叔哭师[1]

杞子自郑使告于秦曰[2]："郑人使我掌其北门之管，若潜师以来，国可得也。"穆公访诸蹇叔。蹇叔曰："劳师以袭远，非所闻也。师劳力竭，远主备之，无乃不可乎？师之所为，郑必知之。勤而无所，必有悖心[3]。且行千里，其谁不知？"公辞焉。召孟明、西乞、白乙[4]，使出师于东门之外。蹇叔哭之，曰："孟子，吾见师之出而不见其入也！"公使谓之曰："尔何知？中寿[5]，尔墓之木拱矣！"

蹇叔之子与师，哭而送之，曰："晋人御师必于殽[6]，殽有二陵焉：其南陵，夏后皋之墓也[7]；其北陵，文王之所辟风雨也。必死是间，余收尔骨焉。"秦师遂东。

【注释】

①蹇叔：秦国大夫。②杞子：秦国大夫。③悖心：怨恨之心。④孟明、西乞、白乙：三人都是秦国的将领。⑤中寿：约六七十岁。⑥殽：通"崤"，山名，在今河南洛宁县西北。⑦夏后皋：夏代天子，名皋。

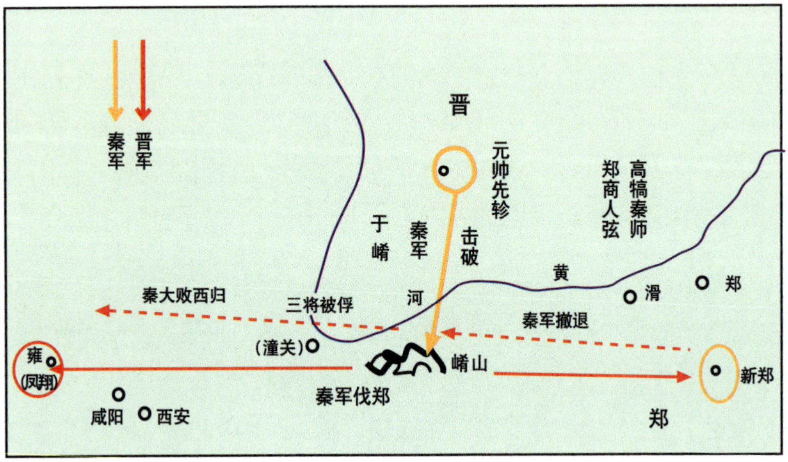

▲ 秦晋崤之战示意图

【译文】

秦国大夫杞子从郑国派人告诉秦国说："郑国人让我掌管他们国都北门的钥匙，如果偷偷派兵前来，郑国唾手可得。"秦穆公为此询问蹇叔。蹇叔说："动用军队去袭击远方的国家，我没有听说过。军队辛劳，精疲力竭，远方国家的君主又有所防备，这样做恐怕不行吧？我们军队的举动，郑国必定会知道。使军队辛苦奔波而无所得，军队一定会产生叛逆的念头。再说行军千里，谁会不知道？"秦穆公拒绝接受他的意见。召见了孟明、西乞和白乙，让他们从东门外出兵伐郑。蹇叔哭着送他们说："孟明啊，我看着大军出发却看不见他们回来了！"秦穆公派人对蹇叔说："你知道什么？如果你只活到六七十岁就死了的话，现在你坟上的树该长到两手合抱粗了！"

蹇叔的儿子在军队里，蹇叔哭着送儿子说："晋国人必定在崤山抗击我军，崤有两座山头。南面的山头是夏后皋的坟墓，北面的山头是周文王避风雨的地方。你们一定会战死在这两座山头之间，我就在那里收你的尸骨吧！"秦国军队接着就向东进发了。

王孙满对楚子[①]

楚子伐陆浑之戎[②]，遂至于洛[③]，观兵于周疆。定王使王孙满劳楚子。楚子问鼎之大小轻重焉。对曰："在德不在鼎。昔夏之方有德也，远方图物，贡金九牧。铸鼎象物，百物而为之备，使民知神奸。故民入川泽山林，不逢不若[④]。螭魅罔两[⑤]，莫能逢之。用能协于上下，以承天休。桀有昏德，鼎迁于商，载祀六百[⑥]。商纣暴虐，鼎迁于周。德之休明[⑦]，虽小，重也；其奸回昏乱[⑧]，虽大，轻也。天祚明德[⑨]，有所底止。成王定鼎于郏鄏[⑩]，卜世三十，卜年七百，天所命也。周德虽衰，天命未改。鼎之轻重，未可问也。"

【注释】

①王孙满：周大夫。②陆浑之戎：我国古代西北地区的少数民族。③洛：洛水。④不若：不顺利。⑤螭魅：通"魑魅"，古代传说中山神和精怪，能作祟祸人。罔两：通"魍魉"，传说是水中的精怪。⑥载祀：年的别名。⑦休明：美好清明。⑧奸回：奸恶邪僻。⑨祚：赐福。⑩郏鄏：周朝东都，在今河南省洛阳市。

▲ 后母戊大方鼎　商

【译文】

楚庄王攻打陆浑之戎，于是来到洛河，陈兵于周朝境内。周定王派王孙满慰劳楚庄王。楚庄王问起了九鼎的大小和轻重。王孙满回答说："大小、轻重在于德而不在于鼎。从前夏朝施行德政的时候，远方的国家把山川物产画成图像进献，九州又进贡了各自出产的铜。夏王于是用这些铜铸成了九鼎，把图像铸在鼎上，鼎上各种事物都已具备，使百姓懂得哪些是神、哪些是邪恶的东西。所以百姓进入川泽、山林，就不会碰上不顺利的事情。山神怪物也不能为害路人。因此能使上下协调一致，承受上天的福佑。夏桀昏乱无德，九鼎于是迁到商朝，前后六百年；商纣暴虐，九鼎又迁到了周朝。如果德行美好光明，九鼎虽小，也重得无法迁走；如果德行奸邪昏乱，九鼎再大，也是轻的。上天保佑有圣明德行的人，也是有限度的。成王将九鼎安放在王城时，曾占卜预告周朝传国三十代，享国七百年，这个期限是上天所决定的。周朝的德行虽然衰落，天命并没有改变。九鼎的轻重，也就不必询问了。"

诗经

关雎

关关雎鸠①，在河之洲②。窈窕淑女③，君子好逑④。参差荇菜⑤，左右流之⑥。窈窕淑女⑦，寤寐求之⑧。求之不得，寤寐思服⑨。悠哉悠哉⑩，辗转反侧⑪。参差荇菜，左右采之⑫。窈窕淑女，琴瑟友之⑬。参差荇菜，左右芼之⑭。窈窕淑女，钟鼓乐之。

【注释】

①关关：水鸟鸣叫的声音。雎鸠：一种水鸟。②洲：水中的陆地。③窈窕：内心、外貌美好的样子。淑：好，善。④君子：这里是女子对男子的尊称。逑：配偶。⑤参差：长短不齐的样子。荇菜：一种多年生的水草，叶子可以食用。⑥流：用作“求”，意思是选取，择取。⑦窈窕：轻盈、俏丽。淑：善良、端庄。⑧寤：睡醒。寐：睡着。⑨思：语气助词，没有实义。服：思念。⑩悠：忧思的样子。⑪辗转：转动。反侧：翻来覆去。⑫采：摘取。⑬琴瑟：琴和瑟都是古时的弦乐器。友：友好交往，亲近。⑭芼：采摘。

【译文】

雎鸠应和相鸣唱，在那河中小岛上。美丽善良好姑娘，她是我的好对象。荇菜有高又有低，左挑右选忙采摘。美丽善良好姑娘，一心在梦里求娶。求娶心思未实现，日夜把她勤思念。愁思绵绵把忧添，翻来覆去难入眠。荇菜高低一棵棵，左挑右选忙采摘。美丽善良好姑娘，弹琴奏瑟相亲热。荇菜高低一棵棵，左挑右选忙采摘。美丽善良好姑娘，敲钟打鼓逗她乐。

卷耳

采采卷耳①，不盈顷筐②。嗟我怀人③，寘彼周行④。陟彼崔嵬⑤，我马虺隤⑥。我姑酌彼金罍⑦，维以不永怀⑧。陟彼高冈，我马玄黄⑨。我姑酌彼兕觥⑩，维以不永伤⑪。陟彼砠矣⑫，我马瘏矣⑬，我仆痡矣⑭，云何吁矣⑮！

【注释】

①采采：采了又采。卷耳：野菜名，又叫苍耳。②盈：满。顷筐：浅而容易装满的竹筐。③嗟：叹息。怀：想，想念。④寘：放置。彼：那、那里，与“此”相对。周行：

大道。⑤ 陟：登上。崔嵬：山势高低不平。⑥ 虺隤：因疲乏而生病。⑦ 姑：姑且。金罍：青铜酒杯。⑧ 维：语气助词，无实义。永怀：长久思念。⑨ 玄黄：马因病而改变颜色。⑩ 兕觥：犀牛角做成的酒杯。⑪ 永伤：长久思念。⑫ 砠：有土的石山。⑬ 瘏：马疲劳而生病。⑭ 痡：人生病而不能走路。⑮ 云：语气助词，没有实义。何：多么。吁：忧愁。

【译文】

采卷耳啊采卷耳，久采未满斜口筐。可叹我把丈夫念，他正迈步大路上。我已登上高山顶，马儿疲劳上山难。且把浊酒来斟满，借此免把亲人念。我已登上高山冈，马儿累得毛黑黄。且把浊酒来斟满，借此浇去久忧伤。我已登上多石山，马儿累病在山间。车夫累病难向前，许多忧痛心不安。

桃　夭

桃之夭夭[1]，灼灼其华[2]。之子于归[3]，宜其室家[4]。桃之夭夭，有蕡其实[5]。之子于归，宜其家室。桃之夭夭，其叶蓁蓁[6]。之子于归，宜其家人。

【注释】

① 夭夭：桃树含苞欲放的样子。② 灼灼：花开鲜明的样子。华：花。③ 之：这，这个。子：指出嫁的姑娘。于：语气助词，无义。归：女子出嫁。④ 宜：和顺，和善。室家：夫妇。⑤ 蕡：果实很多的样子。⑥ 蓁蓁：树叶茂盛的样子。

【译文】

桃树茂盛幼枝发，枝枝绽放花鲜艳。这个姑娘要出嫁，善待夫婿大家夸。桃树茂盛幼枝发，桃子嫩白多肥大。这个姑娘要出嫁，善待夫婿大家夸。桃树茂盛幼枝发，叶儿繁多压枝杈。这个姑娘要出嫁，善待夫婿大家夸。

汉　广

南有乔木[1]，不可休思[2]。汉有游女[3]，不可求思[4]。汉之广矣[5]，不可泳思[6]，江之永矣[7]，不可方思[8]。翘翘错薪[9]，言刈其楚[10]。之子于归，言秣其马[11]。汉之广矣，不可泳思，江之永矣，不可方思。翘翘错薪，言刈其蒌[12]。之子于归，言秣其驹[13]。汉之广矣，不可泳思，江之永矣，不可方思。

【注释】

① 南：南边。乔木：高耸的树木。② 休：停靠、休息，在树下停靠、休息。思：语气助词，没有实义。③ 汉：汉水。游女：在汉水岸上出游的女子。④ 求：追求。⑤ 广：宽广。⑥ 泳：

泅渡。⑦江：长江。永：水流很长。⑧方：渡河的木排。这里指乘筏渡河。⑨翘翘：树枝挺出的样子。错薪：杂乱的柴草。⑩刈：割。楚：灌木的名称，即荆条。⑪秣：喂马。⑫蒌：蒿草。⑬驹：小马。

【译文】

南山有树高又高，不能乘凉树荫间。汉水有女在游玩，不能求爱吐真言。汉水河面宽又宽，不可渡河到对岸。长江水流长又长，不可乘船到对面。薪柴众多杂又乱，我割荆条放一旁。这个姑娘要出嫁，我喂马驹忙又忙。汉水河面宽又宽，不能游泳到对面。长江水流长又长，不可驾舟过大江。薪柴众多杂又乱，我割蒌蒿置身旁。这个姑娘要出嫁，我喂马驹忙又忙。汉水河面宽又宽，不能游泳到对面。长江水流长又长，不可驾船过大江。

君子偕老

君子偕老①，副笄六珈②。委委佗佗③，如山如河，象服是宜④。子之不淑，云如之何？玼兮玼兮⑤，其之翟也⑥。鬒发如云⑦，不屑髢也⑧。玉之瑱也⑨，象之揥也⑩，扬且之皙也⑪。胡然而天也⑫！胡然而帝也⑬！瑳兮瑳兮⑭，其之展也⑮。蒙彼绉絺⑯，是绁袢也⑰。子之清扬⑱，扬且之颜也⑲。展如之人兮⑳，邦之媛也㉑！

【注释】

①偕：一起，共同。②副：妇人的一种首饰。笄：用来盘发的簪子。六珈：笄饰。③委委佗佗：华贵大方。④象服：带有花纹图案的礼服。宜：恰当，得体。⑤玼：鲜艳夺目。⑥翟：画着野鸡彩绘的衣服。⑦鬒：黑发。⑧髢：假发。⑨瑱：耳旁的垂玉。⑩象之揥：象牙簪。⑪扬：额（宽）。皙：（肤）白。⑫胡：为什么。然：这样。天：天然美丽。⑬帝：高贵，端庄。⑭瑳：玉色鲜明洁白。⑮展：诚。⑯蒙：披，罩。绉絺：都是细麻布。⑰绁袢：贴身的内衣。⑱子：贵妇。清扬：眉目清秀。⑲颜：容貌。⑳展：的确。如：像。之人：这个人。㉑邦：国家。媛：美人。

【译文】

她是丈夫终生伴，头戴发髻金玉簪。举止端庄仪态美，庄重深沉似河山，穿起礼服身份显。她的品行好端端，还有何话可以说！华丽鲜明真高贵，绣雉礼服穿身上。头发如同乌云黑，假髻无须戴头间。美玉充耳垂耳边，象牙搔头真漂亮。眉宇宽阔白肤现。何似美丽天仙般？何似天神降人寰？华丽鲜亮真显贵，白纱礼服身上穿。上罩薄薄细纱衣，贴身内衣在里边。清秀美丽有气质，眉宇宽阔美容颜。确实就像这个人，倾城美人多娇艳！

相 鼠

相鼠有皮①，人而无仪②。人而无仪，不死何为？相鼠有齿，人而无止③。人而无止，不死何俟④？相鼠有体，人而无礼⑤。人而无礼，胡不遄死⑥？

【注释】

①相：察看。②仪：礼仪。③止：节制，一说同“耻”。④俟：等待。⑤礼：道义，道理。⑥遄：迅速。

【译文】

瞧那老鼠尚有皮，你是活人无礼仪。你是活人无礼仪，为何不死没道理。瞧那老鼠尚有齿，你是活人无羞耻。你是活人无羞耻，不死心中何所期？瞧那老鼠尚有体，你是活人无道义。你是活人无道义，何不快死离人世？

硕 人

硕人其颀①，衣锦褧衣②。齐侯之子，卫侯之妻，东宫之妹③，邢侯之姨，谭公维私④。手如柔荑⑤，肤如凝脂。领如蝤蛴⑥，齿如瓠犀⑦，螓首蛾眉⑧。巧笑倩兮⑨，美目盼兮⑩。硕人敖敖⑪，说于农郊⑫。四牡有骄⑬，朱幩镳镳⑭，翟茀以朝⑮。大夫夙退，无使君劳。河水洋洋⑯，北流活活⑰。施罛濊濊⑱，鳣鲔发发⑲，葭菼揭揭⑳。庶姜孽孽㉑，庶士有朅㉒。

【注释】

①硕：美。颀：身材修长的样子。②褧：麻布制的罩衣，用来遮灰尘。③东宫：指太子。④私：姐妹的丈夫。⑤荑：白茅初生的嫩芽。⑥领：脖子。蝤蛴：天牛的幼虫，身体长而白。⑦瓠犀：葫芦籽，洁白整齐。⑧螓：蝉类，头宽广方正。蛾：蚕蛾，眉细长而黑。⑨倩：笑时脸颊现出酒窝的样子。⑩盼：眼睛里黑白分明。⑪敖敖：身材苗条的样子。⑫说：同“税”，停息。农郊：近郊。⑬牡：雄，这里指雄马。骄：马身体雄壮。⑭朱：红色。幩：马嚼铁外挂的绸子。镳镳：马嚼子。⑮翟茀：车后遮挡围子上的野鸡毛，用作装饰。⑯洋洋：河水盛大的样子。⑰北流：向北流的河。活活：水奔流的样子。⑱施：设，放下。罛：大鱼网。濊濊：撒网的声音。⑲鳣：鳇鱼。鲔：鳝鱼。发发：鱼多的样子。⑳葭：初生的芦苇。菼：初生的荻。揭揭：长的样子。㉑庶姜：众姜，指随嫁的姜姓女子。孽孽：装饰华丽的样子。㉒士：陪嫁的媵臣。朅：威武的样子。

【译文】

个子高大卫庄姜，身穿斗篷新嫁娘。父乃齐国之国君，丈夫就是卫君王。东宫得臣是兄长，姐夫是那邢国王，谭侯之妻姐妹行。手如柔荑嫩而白，肤如凝固柔脂膏。脖似蝤蛴白又长，齿如葫籽齐而好，额像螓首蛾须眉。两腮酒窝因俏笑，美目流盼情态姣。身材高高卫庄姜，停车城郊修整忙。四匹公马多健壮，马衔红绸随风扬，她坐翟车见君王。大夫尽早退朝堂，莫使庄姜劳累伤。河水流淌浩荡荡，流向北方哗哗响。苏苏之声撒渔网，鲤鳝摆尾畅游荡，芦苇茂盛向高长。陪嫁齐女个子高，送嫁大夫多雄壮。

木　瓜

投我以木瓜①，报之以琼琚②，匪报也③，永以为好也④。投我以木桃，报之以琼瑶⑤，匪报也，永以为好也。投我以木李，报之以琼玖⑥，匪报也，永以为好也。

【注释】

①投：投送。②琼：美玉。琚：佩玉。③匪：非。④永以为好也：希望能永久相爱。⑤瑶：美玉。⑥玖：浅黑色的玉。

【译文】

她将木瓜赠送我，我拿琼琚回赠她。此非回赠相报答，欲结深情永爱她。她将木桃赠送我，我拿琼瑶回赠她。不是回赠相报答，欲结深情永爱她。她将木李赠送我，我拿琼玖回赠她。不是回赠相报答，欲结深情永爱她。

黍　离

彼黍离离①，彼稷之苗②。行迈靡靡③，中心摇摇④。知我者⑤，谓我心忧⑥。不知我者，谓我何求。悠悠苍天，此何人哉⑦？彼黍离离，彼稷之穗⑧。行迈靡靡⑨，中心如醉。知我者，谓我心忧。不知我者，谓我何求。悠悠苍天，此何人哉？彼黍离离，彼稷之实⑩。行迈靡靡，中心如噎⑪。知我者，谓我心忧。不知我者，谓我何求。悠悠苍天，此何人哉？

【注释】

①黍：谷物名。离离：成排成行的样子。②稷：谷物名。③行迈：前行。靡靡：步行缓慢的样子。④中心：心中。摇摇：心中不安的样子。⑤知我者：了解我的人。⑥谓：说。心忧：心里有忧愁。⑦此何人哉：这是怎样的人呢？⑧穗：谷穗。⑨行迈：走路。靡靡：迟缓的样子。⑩实：果实，种子。⑪噎：忧闷之极而气塞，无法喘息。

【译文】

那边黍秧一排排，那边稷苗长得旺。远行路上慢腾腾，心有隐忧暗悲怆。了解我的人们呀，说我心中有忧伤。不了解我的人们呀，说我寻物为哪桩。请问遥远上苍天，这是何人造灾殃？那边黍秧一排排，高粱结穗长得旺。远行路上慢腾腾，心中如醉暗凄怆。了解我的人们呀，说我心中有忧愁。不了解我的人们呀，说我寻物为哪桩。请问遥遥上苍天，这是何人造灾殃？那边黍秧一排排，高粱结粒田地上。远行路上慢腾腾，心如堵塞暗悲怆。了解我的人们呀，说我心中有忧伤。不了解我的人们呀，说我寻物为哪桩。请问遥远上苍天，这是何人造灾殃？

君子于役

君子于役，不知其期①。曷至哉②？鸡栖于埘③，日之夕矣，羊牛下来。君子于役，如之何勿思！君子于役，不日不月④。曷其有佸⑤？鸡栖于桀⑥，日之夕矣，羊牛下括⑦。君子于役，苟无饥渴⑧！

【注释】

①期：行期，期限。②曷：什么时候。至：回到家。③埘：墙壁上挖洞做成的鸡窠。④不日不月：不分日月。⑤有：同“又”，再一次。佸：相见，相聚。⑥桀：鸡栖木。⑦括：来。⑧苟：句首语气词，表示希望。

【译文】

丈夫前去服劳役，不知何时是归期。什么时候回家乡？小鸡栖息土窝里。太阳落山已黄昏，牛羊成群回圈里。丈夫前去服苦役，怎能让我不思念？丈夫前去服劳役，不知归来是何日，什么时候回家里？木橛上面鸡栖息。太阳落山已黄昏，牛羊自外进圈里。丈夫前去服苦役，盼他不渴也不饿。

扬之水

扬之水①，不流束薪②。彼其之子，不与我戍申③。怀哉怀哉，曷月予还归哉？扬之水，不流束楚④。彼其之子，不与我戍甫。怀哉怀哉，曷月予还归哉？扬之水，不流束蒲⑤。彼其之子，不与我戍许。怀哉怀哉，曷月予还归哉？

【注释】

①扬：缓慢的。②不流：带不走。束：捆。薪：柴。③不与我：不和我一起。戍申：驻守申地。④楚：灌木，荆条。⑤蒲：蒲柳。

【译文】

小河水啊河水小，不能冲走一捆柴。那个人啊是我妻，守申不能带她来。怀念她啊把她想，何时见妻释心怀？小河水啊河水小，一捆荆条冲不走。那个人啊我的妻，不能同我戍甫地。怀念她啊把她想，何时能见我的妻？小河水啊河水小，一捆蒲草冲不走。那个人啊是我妻，不能跟我戍许地。怀念她啊把她想，何时能见我的妻？

伐　檀

坎坎伐檀兮①，置之河之干兮②，河水清且涟猗③。不稼不穑④，胡取禾三百廛兮⑤？不狩不猎，胡瞻尔庭有县貆兮⑥？彼君子兮，不素餐兮⑦！坎坎伐辐兮⑧，置之河之侧兮，河水清且直猗⑨。不稼不穑，胡取禾三百亿兮⑩？不狩不猎，胡瞻尔庭有县特兮⑪？彼君子兮，不素食兮！坎坎伐轮兮，置之河之漘兮⑫，河水清且沦猗⑬。不稼不穑，胡取禾三百囷兮⑭？不狩不猎，胡瞻尔庭有县鹑兮⑮？彼君子兮，不素飧兮⑯！

【注释】

①坎坎：用力伐木的声音。②干：河岸。③涟：风吹水面形成的波纹。漪：语气助词，没有实义。④稼：种田。穑：收割。⑤禾：稻谷。廛：束，捆。⑥县：同“悬”，挂。貆：小貉。⑦素：空，白。素餐：意思是白吃饭不干活。⑧辐：车轮上的辐条。⑨直：河水直条状的波纹。⑩亿：束，捆。⑪特：三岁的兽。⑫漘：水边。⑬沦：小波。⑭囷：束，捆。⑮鹑：鹌鹑。⑯飧：熟食。

【译文】

砍伐檀树咚咚响，檀木放于河岸边，河水清清泛波澜。你们不种亦不收，为何取禾三百廛？你们从不来打猎，为何院中挂猪獾？那些大人先生们，不是白白吃闲饭！砍木做辐响叮当，车辐放于河岸旁，河水清清波浪直。你们不种亦不收，为何取禾三百亿？你们从不来打猎，为何大兽挂院里？那些大人先生们，不是白白把饭吃！砍木叮当作车轮，车轮放置在河岸，河水清清小波纹。你们不种亦不收，为何取禾三百捆？你们从不来打猎，为何院中挂鹌鹑？那些大人先生们，不是白白把饭吞！

硕　鼠

硕鼠硕鼠，无食我黍！三岁贯女①，莫我肯顾②。逝将去女③，适彼乐土。乐土乐土，爰得我所。硕鼠硕鼠，无食我麦！三岁贯女，莫我肯德④。逝将去女，适彼乐国。乐国乐国，爰得我直⑤。硕鼠硕鼠，无食我苗！三岁贯女，莫我肯劳⑥。逝将去女，适彼乐郊。乐郊乐郊，谁之永号⑦？

【注释】

①三岁：泛指多年。贯：事，侍奉。女：同“汝”，你。②顾：顾怜。莫我肯顾：莫肯顾我。③逝：用作“誓”。去：离开。④德：这里的意思是感激。⑤爰：乃。直：同“值”，代价。⑥劳：慰劳。⑦号：感激。

【译文】

大老鼠啊大老鼠，莫要再吃我的黍。多年我把你豢养，你却不把我照料。发誓将要离开你，前去幸福好乐土。乐土乐土真是好，那是我们好去处。大老鼠啊大老鼠，不要再吃我的粮。

多年把你来供养，得你感激是妄想。发誓将要离开你，前去乐国好地方。乐国乐国真是好，劳动所得自己享。大老鼠啊大老鼠，不要再吃我禾苗。多年把你来供养，你却不把我慰劳。发誓将要离开你，我们马上去乐郊。乐郊乐郊真是好，谁还长声去哀号？

蒹　葭

蒹葭苍苍①，白露为霜。所谓伊人②，在水一方。溯洄从之，道阻且长。溯游从之，宛在水中央。蒹葭萋萋，白露未晞③。所谓伊人，在水之湄④。溯洄从之，道阻且跻⑤。溯游从之，宛在水中坻⑥。蒹葭采采⑦，白露未已⑧。所谓伊人，在水之涘⑨。溯洄从之，道阻且右⑩。溯游从之，宛在水中沚⑪。

【注释】

①蒹葭：芦苇。苍苍：茂盛的样子。②伊人：那个人。③晞：干。④湄：岸边。⑤跻：登高。⑥坻：水中的小沙洲。⑦采采：茂盛的样子。⑧已：止，干。⑨涘：水边。⑩右：弯曲，迂回。⑪沚：水中的小沙洲。

【译文】

河岸芦苇茂苍苍，早晨秋露结成霜。心中思念好姑娘，她在小河那一边。逆河而上去找她，道路危险又漫长。顺水而下去找她，好像她在水中央。河岸芦苇茂又密，早晨露水未晒干。心中思念好姑娘，她在河的那一边，逆河而上去找她，道路渐高又危险。顺流而下把她找，好像她在水中滩。河岸芦苇密麻麻，早晨秋露未全干。心中思念好姑娘，她在河水那一边。逆河而上去找她，道路险阻又转弯。顺水而下去寻她，好像她在水中滩。

终　南

终南何有？有条有梅①。君子至止②，锦衣狐裘。颜如渥丹③，其君也哉？终南何有？有纪有堂④。君子至止，黻衣绣裳⑤。佩玉将将⑥，寿考不忘⑦。

【注释】

①条：山楸。梅：楠树。②至：到达，来到。止：句末语气词。③颜：脸色。如：像。渥：涂抹。丹：红色涂料。④纪：通“杞”，乔木名。堂：通“棠”，棠梨树。⑤黻：古代礼服上黑青相间的花纹。⑥将将：叮叮当当的声音。⑦寿考：健康长寿。不忘：不止，没有

尽头。

【译文】

终南山上有何物？有那山楸与楠树。君王驾临名山中，狐裘锦衣一身素。面色红润有光泽，真乃秦国好君主！终南山上有何物？有那杞柳棠梨树。秦王驾到大山中，绣花衣裙高贵服。身上佩玉锵锵响，祝君长寿永为王！

黄　鸟

交交黄鸟①，止于棘。谁从穆公②？子车奄息③。维此奄息，百夫之特④。临其穴，惴惴其慄⑤。彼苍者天，歼我良人⑥！如可赎兮⑦，人百其身⑧！交交黄鸟，止于桑。谁从穆公？子车仲行。维此仲行，百夫之防⑨。临其穴，惴惴其慄。彼苍者天，歼我良人！如可赎兮，人百其身！交交黄鸟，止于楚。谁从穆公？子车鍼虎。维此鍼虎，百夫之御⑩。临其穴，惴惴其慄。彼苍者天，歼我良人！如可赎兮，人百其身！

【注释】

①交交：飞而往来的样子。②从：殉葬。③子车：姓。奄息：名。④特：匹敌。⑤慄：战栗。⑥歼：消灭，杀尽。⑦如：如果，假设。可：可以，能够。赎：交换，换回。⑧人百其身：以百倍的生命来交换。⑨防：防范，防备。⑩御：抵御，抵挡。

【译文】

黄雀鸣叫声凄凉，栖息在那枣树上。谁随穆公一起死？子车奄息去殉葬。就是这位奄息，百个男人比不上。走近墓穴他惊望，全身发抖心慌张。高高苍天你在上，竟使好人被灭亡。如能允许赎他命，愿用百人来抵偿。黄雀鸣叫声凄凉，落在那棵桑树上。谁与穆公去死亡？子车仲行去陪葬。这位仲行才德强，百个男人也难挡。走近墓穴他惊望，全身发抖心惶恐。高高苍天你在上，怎使好人遭灭亡？如果可以赎他命，愿拿百人来抵偿。黄雀鸣叫声凄凉，停于那些荆条上。谁随穆公去死亡？子车鍼虎得殉葬。这位鍼虎有才德，百个男人比不了。走近墓穴他惊望，浑身发抖心慌张。苍天高高在上方，竟使好人遭灭亡。如果可以赎他命，愿用百人去抵偿。

无　衣

岂曰无衣？与子同袍。王于兴师①，修我戈矛，与子同仇②！岂曰无衣？与子同泽③。王于兴师，修我矛戟，与子偕作④！岂曰无衣？与子同裳。王于兴师，修我甲兵，与子偕行⑤！

【注释】

①王：国家。于：语气助词，没有实义。②同仇：有共同的敌人。③泽：内衣。④偕作：

一起行动。⑤ 偕行：一起前进，一起上战场。

【译文】

谁说没有军衣穿？和你同穿一战袍。国王御敌要出师，加紧修整戈和矛，共同对敌逞英豪。谁说没有军装穿？和你同穿那内衣。国王抗敌要兴兵，加紧修理矛和戟，共同前进去讨敌。谁说没有军服穿？和你同穿那衣裳。国王防敌要出兵，快修铠甲和武器，我们一起奔赴战场。

七　月

七月流火①，九月授衣②。一之日觱发③，二之日栗烈④。无衣无褐⑤，何以卒岁⑥？三之日于耜⑦，四之日举趾⑧。同我妇子，馌彼南亩⑨，田畯至喜⑩。七月流火，九月授衣。春日载阳⑪，有鸣仓庚⑫。女执懿筐⑬，遵彼微行⑭，爰求柔桑。春日迟迟，采蘩祁祁⑮。女心伤悲，殆及公子同归⑯。七月流火，八月萑苇⑰。蚕月条桑⑱，取彼斧斨⑲，以伐远扬⑳，猗彼女桑㉑。七月鸣鵙㉒，八月载绩㉓。载玄载黄，我朱孔阳㉔，为公子裳。四月秀葽㉕，五月鸣蜩㉖。八月其获，十月陨萚㉗。一之日于貉，取彼狐狸，为公子裘。二之日其同㉘，载缵武功㉙。言私其豵㉚，献豜于公㉛。五月斯螽动股㉜，六月莎鸡振羽㉝。七月在野，八月在宇。九月在户，十月蟋蟀入我床下。穹窒熏鼠㉞，塞向墐户㉟。嗟我妇子，曰为改岁㊱，入此室处。六月食郁及薁㊲，七月亨葵及菽㊳。八月剥枣，十月获稻；为此春酒，以介眉寿㊴。七月食瓜，八月断壶㊵，九月叔苴㊶。采荼薪樗㊷，食我农夫。九月筑场圃，十月纳禾稼，黍稷重穋㊸，禾麻菽麦。嗟我农夫！我稼既同，上入执宫功㊹；昼尔于茅㊺，宵尔索绹㊻，亟其乘屋㊼，其始播百谷。二之日凿冰冲冲㊽，三之日纳于凌阴㊾。四之日其蚤㊿，献羔祭韭。九月肃霜(51)，十月涤场(52)。朋酒斯飨(53)，曰杀羔羊，跻彼公堂(54)，称彼兕觥(55)，万寿无疆！

【注释】

① 流：落下。火：星名，又称大火。② 授衣：叫妇女缝制冬衣。③ 一之日：周历一月，夏历十一月。以下类推。发：寒风吹起。④ 栗烈：寒气袭人。⑤ 褐：粗布衣服。⑥ 卒岁：终岁，年底。⑦ 于：为，修理。耜：古代的一种农具。⑧ 举趾：抬足，这里指下地种田。⑨ 馌：往田里送饭。南亩：南边的田地。⑩ 田畯：农官。喜：请吃酒菜。⑪ 载阳：天气开始暖和。⑫ 仓庚：黄鹂。⑬ 懿筐：深筐。⑭ 遵：沿着。微行：小路。⑮ 蘩：白蒿。祁祁：人多的样子。⑯ 公子：诸侯的女儿。归：出嫁。⑰ 萑苇：芦苇。⑱ 蚕月：养蚕的月份，即夏历三月。条：修剪。⑲ 斧斨：装柄处圆孔的叫斧，方孔的叫斨。⑳ 远扬：向上长的长枝条。㉑ 猗：攀折。女桑：嫩桑。㉒ 鵙：伯劳鸟，叫声响亮。㉓ 绩：织麻布。㉔ 朱：红色。孔阳：很鲜艳。㉕ 秀葽：秀是草木结籽，葽是草名。㉖ 蜩：蝉，知了。㉗陨：落下。萚：枝叶脱落。㉘同：会合。㉙缵：继续。武功：指打猎。㉚豵：一岁的野猪。㉛豜：三岁的

野猪。㉜斯螽：蚱蜢。动股：蚱蜢鸣叫时要弹动腿。㉝莎鸡：纺织娘。㉞熏鼠：堵塞鼠洞。㉟向：朝北的窗户。墐：用泥涂抹。㊱改岁：除岁。㊲郁：郁李。薁：野葡萄。㊳亨：烹。葵：滑菜。菽：豆。㊴介：求取。眉寿：长寿。㊵壶：同"瓠"，葫芦。㊶叔：拾起。苴：秋麻籽，可吃。㊷荼：苦菜。薪：砍柴。樗：臭椿树。㊸重：晚熟作物。穋：早熟作物。㊹上：同"尚"。宫功：修建宫室。㊺于茅：割取茅草。㊻索绹：搓绳子。㊼亟：急忙。乘屋：爬上房顶去修理。㊽冲冲：用力敲冰的声音。㊾凌阴：冰室。㊿蚤：早，一种祭祖仪式。51 肃霜：降霜。52 涤场：打扫场院。53 朋酒：两壶酒。飨：用酒食招待客人。54 跻：登上。公堂：庙堂。55 称：举起。兕觥：古时的酒器。

【译文】

七月心宿偏西沉，九月制衣把令下。十一月来北风刮，十二月来天气寒。粗麻衣服没一件，我拿什么过年关？正月忙于修农具，二月抬脚来犁田。老婆孩子都劳动，向阳田里来送饭，田官赶来好欢喜。七月心宿偏西沉，九月制衣把令下。三月里来天温暖，黄莺鸣叫声婉转。女奴手提那深筐，沿着小路缓向前，采摘嫩桑于田间。春天白昼长又长，采蘩人多不得闲。姑娘心中有悲伤，怕被公子来糟践。七月心宿往西沉，八月割取芦苇忙。三月修整桑树枝，取来那些斧和斨。砍下高挑桑树枝，手拉枝条采嫩桑。七月伯劳声声唱，八月开始将麻纺。又染黑色又染黄，染成红色更鲜亮，我为公子做衣裳。四月远志把子结，五月蝉儿声声叫。八月开始割庄稼，十月落树叶儿掉。十一月来去打貉，猎取狐狸把皮挑，我给公子缝皮袄。十二月来需集中，练武打猎仍操劳。猎取小兽归自己，大兽要向公府交。五月蚱蜢唧唧叫，六月莎鸡振翅膀。蟋蟀七月在郊野，八月回归房檐下。九月来到大门旁，十月进屋床底藏。堵塞孔隙熏老鼠，泥抹门来封北窗。唉唉我妻和儿女，新年马上至身旁，住进此屋莫心凉。郁李葡萄六月吃，葵菜豆儿七月尝。八月枣熟打下来，十月割稻忙收获。用稻酿成好美酒，喝了延年又寿长。七月吃瓜多采摘，八月葫芦断下秧。九月全来拾麻子，臭椿当柴荼当粮，以此活命我心伤。九月筑成打谷场，十月五谷全进仓。小米高粱和杂粮，粟麻豆麦皆收藏。可怜我们众农夫，各种谷物全装仓，还去公家修住房：白天需去打茅草，晚上搓绳长又长。急忙登屋修好房，又将开始春播忙。十二月来凿冰响，一月里来冰窖藏。二月里来得早祭，摆上韭菜献羔羊。九月天高又气爽，十月万物尽凋伤。两壶美酒都奉上，宰杀一只小羔羊。走进学校议事堂，兕牛角杯高高举，"万寿无疆"喊得响亮。

鹿　鸣

呦呦鹿鸣①，食野之苹②。我有嘉宾，鼓瑟吹笙。吹笙鼓簧③，承筐是将④。人之好我⑤，示我周行⑥。呦呦鹿鸣，食野之蒿。我有嘉宾，德音孔昭⑦。视民不恌⑧，君子是则是效⑨。我有旨酒⑩，嘉宾式燕以敖⑪。呦呦鹿鸣，食野之芩⑫。我有嘉宾，鼓瑟鼓琴。鼓瑟鼓琴，和乐且湛⑬。我有旨酒，以燕乐嘉宾之心。

【注释】

①呦呦：鹿的叫声。②苹：草名，即皤蒿。③簧：乐器中用以发声的片状振动体，这里指乐器。④承：捧着。将：献上。⑤好：关爱。⑥周行：大路。⑦德音：美德。孔：很，十分。昭：鲜明。⑧视：示，昭示。恌：轻佻。⑨则：榜样。效：模仿。⑩旨酒：美酒。⑪式：语气助词，无实义。燕：同“宴”。敖：同“遨”，意思是游玩。⑫芩：草名，属蒿类植物。⑬湛：快活得长久。

【译文】

群鹿呦呦郊外鸣，尽情吃苹甚安闲。我有嘉宾来相会，奏瑟吹笙表欢迎。吹起笙来接贵客，捧筐赠物致敬情。贵客心中喜欢我，治国大道给我呈。群鹿呦呦在鸣叫，吃那青蒿野地里。我有嘉宾喜相见，他们德高美名彰。做民表率不轻薄，君子效法好榜样。我有甜酒来奉献，嘉宾宴饮心欢畅。群鹿呦呦鸣叫欢，野外食芩乐融融。我有嘉宾来相见，奏瑟弹琴热烈迎。奏瑟弹琴来助兴，和平安乐情意深。我有甜酒勤奉献，嘉宾畅饮心欢腾。

白驹

皎皎白驹①，食我场苗。絷之维之②，以永今朝③。所谓伊人，于焉逍遥④？皎皎白驹，食我场藿⑤。絷之维之，以永今夕。所谓伊人，于焉嘉客？皎皎白驹，贲然来思⑥。尔公尔侯？逸豫无期⑦？慎尔优游⑧，勉尔遁思⑨。皎皎白驹，在彼空谷⑩。生刍一束⑪，其人如玉。毋金玉尔音⑫，而有遐心⑬。

【注释】

①皎皎：洁白，光明。这里指马皮毛发光。②絷：绊。维：拴。③永：度过。④焉：犹言此，在这儿。⑤藿：豆叶。⑥贲然：华美的样子。来：来到这里。思：句末语气词。⑦逸豫：安乐。⑧慎：小心，珍惜。⑨勉：通“免”，打消。遁：逃离。思：想法。⑩空谷：深谷。⑪刍：喂牲口的草。⑫音：信。⑬遐：远。

【译文】

洁白光亮小马驹，于我园里吃菜苗。绊起马足系马缰，延长相聚时光好。殷勤想念我好友，这儿任你来逍遥。洁白光亮小马驹，于我菜园把藿尝。绊起马足系马缰，延长相会好时光。殷勤想念你这人，就在这里尽欢畅。洁白光亮小马驹，友人驱马跑得快。你是公来你是侯，安闲愉快无限期。悠闲逸乐要谨慎，消除遁世的心思。洁白光亮小马驹，于那山谷幽深处。青青牧草捆一束，我的友人像美玉。莫把音信当金玉，且莫存心远离去。

《诗经》的时代

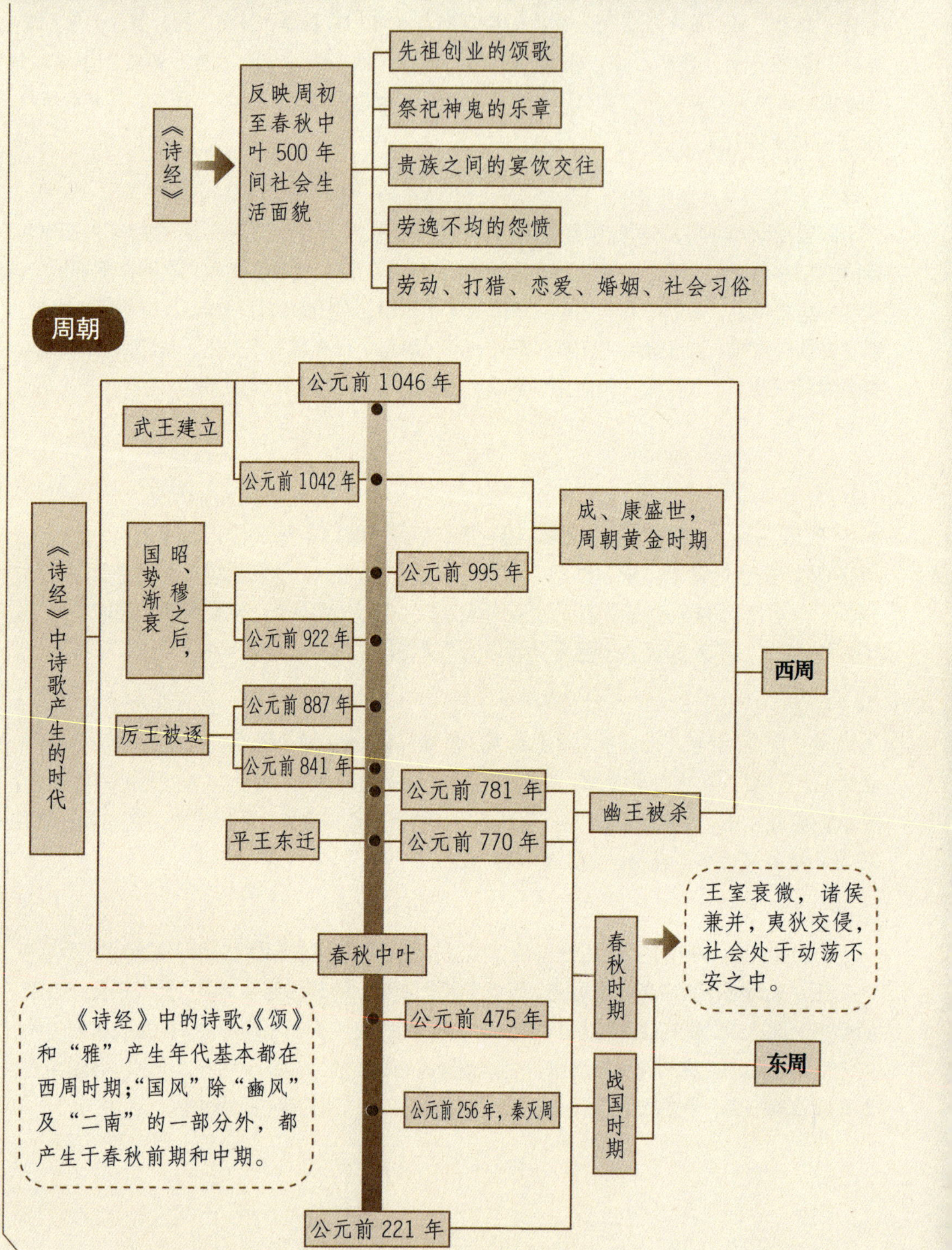
《诗经》
反映周初至春秋中叶500年间社会生活面貌
先祖创业的颂歌
祭祀神鬼的乐章
贵族之间的宴饮交往
劳逸不均的怨愤
劳动、打猎、恋爱、婚姻、社会习俗
周朝
公元前1046年
武王建立
公元前1042年
成、康盛世，周朝黄金时期
公元前995年
昭、穆之后，国势渐衰
公元前922年
公元前887年
厉王被逐
公元前841年
《诗经》中诗歌产生的时代
西周
公元前781年
幽王被杀
平王东迁
公元前770年
王室衰微，诸侯兼并，夷狄交侵，社会处于动荡不安之中。
春秋中叶
春秋时期
公元前475年
东周
《诗经》中的诗歌，《颂》和“雅”产生年代基本都在西周时期；“国风”除“豳风”及“二南”的一部分外，都产生于春秋前期和中期。
公元前256年，秦灭周
战国时期
公元前221年

采诗观风

《诗经》的来源

- 公卿、列士进献的乐歌
- 周王朝乐官制作的乐歌
- 原来流传于民间的歌谣

诸侯国乐师搜集民歌，丰富唱词和乐调。而后，诸侯之乐献给天子。

周王朝派专门的采诗人到民间搜集歌谣，了解政治和风俗的盛衰利弊。这就是“采诗观风”之说的由来。

采诗观风

采诗：周王朝派采诗之官深入到民间搜集民间歌谣。

观风：采诗之官把反映人民欢乐疾苦的诗歌整理后交给太师（负责音乐之官）谱曲，然后演唱给天子听，作为施政的参考。

西周时期，周天子具有很大的权威，各诸侯国每年要定时向周王朝缴纳贡赋和特殊物资。此外，诸侯也要对周王的死丧、婚嫁、巡游尽一定义务。诸侯如不履行义务或违反了周礼的规定，轻者受到谴责，重者被处死。

周 易

天行健，君子以自强不息。

【译文】

天道刚健有力，周而复始，君子效法天道自强不息努力向上，永无休止。

潜龙勿用。

【译文】

龙藏在水中养精蓄锐，暂时不宜妄动。

同声相应，同气相求。

【译文】

同类的声音互相应和，同种的气息互相觅求。形容志同道合的人自然会凑到一起。

地势坤，君子以厚德载物。

【译文】

地势柔顺，君子效法大地用宽厚的德行包容万物。

积善之家，必有余庆；积不善之家，必有余殃。

【译文】

积善的人家，一定多福庆；积不善的人家，一定多灾殃。

▲ 积善之家，必有余庆。

臣弑其君，子弑其父，非一朝一夕之故，其所由来者渐矣，由辩之不早辩也。

【译文】

臣弑君，儿弑父，不是一朝一夕就能变成这样的，它之所以变成这样是逐渐地，是由可以察觉却没有早点察觉而造成的。

天地变化，草木蕃；天地闭，贤人隐。

【译文】

天地顺时变化，草木就能旺盛；天地闭塞昏暗，贤人就会退隐。

以贵下贱，大得民也。

【译文】

身份尊贵却能谦待卑贱的人，才能够大获民心。

发蒙，利用刑人，用说桎梏，以往吝。

【译文】

去除蒙昧得利用制度刑律来约束并用礼乐来诱导；甚至要用刑罚以规范人的行为，但当蒙昧已除，严刑酷罚就要免除，否则就不利。

困蒙，吝。

【译文】

如果人被愚昧无知所困扰，就会有灾祸。

不利为寇，利御寇。

【译文】

去做盗贼是不利的，但防御盗贼是有利的。

君子以作事谋始。

【译文】

在开始做事之时就进行周密谋划，制定必要的行为准则和规章制度，使人们有所遵循，以防止争讼。

长子帅师，以中行也。

【译文】

长子率领军队出征会获胜，因为长子能够秉行正道。

▲ 长子帅师。

小人勿用，必乱邦也。

【译文】

小人不可对其信用，一旦信用就一定会导致邦国动乱。

比之匪人，不亦伤乎。

【译文】

去亲近恶人，这难道不是可悲的吗？

有孚挛如，富以其邻。

【译文】

要凭诚信和人交往，自己富裕的同时也使邻居富裕起来。

君子以辨上下定民志。

【译文】

君子要通过分清上下尊卑来安定民心。

视履，考祥，其旋元吉。

【译文】

回顾过去，考察得失积善行，无愧于心则可得元吉。

无平不陂，无往不复。

【译文】

没有只平不坡的，没有只往而不返的。

翩翩，不富以其邻，不戒以孚。

【译文】

（那人）做事游移，因为邻居的掠夺而变得不再富裕，因为不加戒备而被俘虏了。

君子以检德辟难，不可荣以禄。

【译文】

君子要通过检点自己的行为来避免灾难，不能把获得福禄当成是一种荣耀。

拔茅，茹以其汇。

【译文】

拔起茅草，连茅草的根一起拔出来了，因为它们全聚集在一起。比喻铲除朝中小人也要如此。

▲ 君子以检德辟难，不可荣以禄。

休否，大人吉，其亡其亡，系于苞桑。

【译文】

停止上下不通的局面，品德高尚的大人才能受到重用，从而施展其才能，不然就将衰亡，就像被系在脆弱的苞草和桑条上一样危险。

君子以类族辨物。

【译文】

君子运用物以类聚、人以群分的道理来明辨事物。

同人于宗，吝道也。

【译文】

只赞同或亲近同宗族的人（不能团结其他人），这是导致危险的根源。

公用亨于天子，小人害也。

【译文】

公卿向天子献礼致敬，这种事让小人来做就有害了。

谦尊而光，卑而不可逾。

【译文】

谦卑的人如果身居尊位，他的道德就能光大；就算身处卑贱之位，他的品行也不会被冒犯。

鸣豫，凶。

【译文】

如果安逸享乐，就会有凶险。

冥豫，成有渝，无咎。

【译文】

就算是达到了昏聩荒淫的地步，如果仍能够及时改过，还是可以避免灾祸的。

裕父之蛊，往见吝。

【译文】

纵容父亲的过失，这样发展下去会导致灾祸的。比喻弊乱需及时改变才可以改变逆势。

甘临，无攸利。

【译文】

用花言巧语来治理百姓，是得不到什么好处的。

童观，小人无咎，君子吝。

【译文】

幼稚的观察方法，对小人来说是没什么害处的，对君子来说可就有害处了。

观我生，进退。

【译文】

观察自己的所作所为，以便决定是进还是退。

君子尚消息盈虚，天行也。

【译文】

君子按自然消长盈虚的规律采取行动，这就是天道。

剥床以足，以灭下也。

【译文】

床脚剥落了——这是说根基变坏了。

不远复，无祇悔。

【译文】

刚迷失不远就能返回正道，这样才不会有大的悔恨。

不耕获，不菑畬，则利有攸往。

【译文】

不耕种不收获，不开荒不种地，（因为不会有什么收获）但外出（经商）是有利的。

▲ 利有攸往。

无妄之灾，或系之牛，行人得之，邑人之灾。

【译文】

没有胡来却遭了灾，如同（邑人）拴牛在外，路人顺手把牛牵走了，这就是邑人的灾殃。

无妄之药，不可试也。

【译文】

意外患病不能乱服药。

观颐，自求口实。

【译文】

观察颐养之道，应该明白用正当方式自力更生，自食其力。

虎视眈眈，其欲逐逐，无咎。

【译文】

像老虎那样紧盯着猎物，对猎物紧追不舍，这是不会造成什么危害的。

枯杨生华，何可久也。

【译文】

枯杨树开花，这种现象怎么能够长久呢。

天险不可升也，地险山川丘陵也。

【译文】

天险，是指天高不可攀；地险，是指地面山川丘陵密布。

来之坎坎，险且枕，入于坎窞，勿用。

【译文】

险象环生，坑险且深，落入坑中，掉进深处——这种卦象意味着不能盲目行动。

日月得天而能久照，四时变化而能久成。

【译文】

日月顺应天道（自然规律），所以能够长久照耀；四季更替有序，所以能够长久养物。

小人用壮，君子用罔。

【译文】

小人恃强而盛气凌人，为所欲为，君子则行止有节。

父父，子子，兄兄，弟弟，夫夫，妇妇，而家道正。正家而天下定矣。

【译文】

如果父有父样、子有子样、兄有兄样、弟有弟样、夫有夫样、妇有妇样，家道就正了。家道正了，天下也就安定了。

闲有家，悔亡。

【译文】

在家时多加防范，这样就不会产生什么悔恨了。

有孚威如，终吉。

【译文】

治家诚信而有威严，终究是吉利的。

君子以同而异。

【译文】

君子要在同的前提下，保留一定的不同。

负且乘，亦可丑也。自我致戎，又谁咎也。

【译文】

背着贵重的东西坐在车上，这是不对的（因为会招来盗匪）。自己招来了盗匪，又能怪谁呢？说明人不能轻易暴露自己拥有的东西，以免给自己带来祸害。

解而拇，朋至斯孚。

【译文】

解开你的脚，（让你到外面经商）钱财就会到来，于是就有收获了。

已事遄往，无咎。酌损之。

【译文】

如有要紧的事，要停止手上的事马上去做紧要事，这没什么坏处，不过要适当斟酌减损自己的部分利益。

▲ 解而拇，朋至斯孚。

三人行则损一人；一人行则得其友。

【译文】

三人共同行事，其中一人会因为牵肘而受到损害；一人独行，反而会因为一心一意而赢得朋友帮助而获得成功。

见善则迁，有过则改。

【译文】

看见好的要效法，有了过失要改正。

不胜而往，咎也。

【译文】

不能取胜还要贸然前往，这是有危险的。

惕号，莫夜有戎，勿恤。

【译文】

如果能时刻警惕、呼号，那么就算夜间出现敌兵，也不用担心失败。

有孚不终，乃乱乃萃。

【译文】

有俘虏（跑了），其不会有好下场的，因为他们聚集闹事造成了混乱。

萃如嗟如，无攸利。

【译文】

大家聚集在一起颓丧叹气——这是没什么好处的。

有言不信，尚口乃穷也。

【译文】

话是有的，却不能取信于人，这是因为他只看重空谈，这样做会导致穷途末路。

臀困于株木，入于幽谷，三岁不觌。

【译文】

身处困境，如屁股卡在树木中间，也有的如深隐于幽谷之内，几年都不见天日。

井泥不食，旧井无禽。

【译文】

井里积了淤泥，没有水喝了；破旧的井边没有鸟禽飞来。形容人只有不断自我反省完善，才能避免被淘汰。

鸿渐于木，或得其桷，无咎。

【译文】

大雁飞到树上，有的选择停在像方形椽子一样的树枝上，这样就没有危险了。说明在不利的环境中，要懂得因地制宜找到自己栖身的地方，这样才能避免危险。

君子以永终知敝。

【译文】

君子应当使婚姻白头到老，而不是出现弊端。

▲ 鸿渐于木，或得其桷，无咎。

史学篇

国 语

祭公谏征犬戎

穆王将征犬戎[1]，祭公谋父谏曰[2]："不可。先王耀德不观兵。夫兵，戢而时动，动则威。观则玩，玩则无震。是故周文公之《颂》曰[3]：'载戢干戈，载櫜弓矢[4]。我求懿德，肆于时夏。允王保之。'先王之于民也，茂正其德而厚其性[5]，阜其财求而利其器用；明利害之乡，以文修之，使务利而避害，怀德而畏威，故能保世以滋大。

【注释】

①犬戎：我国古代西北戎人的一支。②祭公谋父：周穆王的大臣。③周文公：周公姬旦，"文"是他的谥号。④櫜：收藏弓箭盔甲的器具。⑤茂：勉励。

【译文】

周穆王打算征讨犬戎，祭公谋父劝阻说："不可以。先王历来发扬德治，不炫耀武力。军队在平时应该保存实力，在适当的时候动用，一旦动用就要显出威势。草率用兵等于滥用，滥用便没有了威慑力。所以周文公作《颂》说：'收起干戈，藏起弓箭。我追求美好的德行，施行于华夏。相信我王定能保有天命！'先王对于百姓，勉励他们端正品德，使他们性情纯厚，丰富他们的财物，便利他们的器用；使他们了解利害之所在，再用礼法道德教导，使他们从事有利的事情而避免有害的事情，使他们感怀德治而又惧怕君王的威严，所以能够使先王的事业世代相传并且变得强大。

"昔我先世后稷[1]，以服事虞夏。及夏之衰也，弃稷弗务。我先王不窋用失其官[2]，而自窜于戎、翟之间[3]。不敢怠业，时序其德，纂修其绪[4]，修其训典，朝夕恪勤，守以惇笃，奉以忠信，奕世载德，不忝前人[5]。至于武王，昭前之光明而加之以慈和，事神保民，莫不欣喜。商王帝辛[6]，大恶于民，庶民弗忍，欣戴武王，以致戎于商牧。是先王非务武也，勤恤民隐而除其害也。

"夫先王之制：邦内甸服[7]，邦外侯服[8]，侯、卫宾服[9]，蛮、夷要服[10]，戎、翟荒服[11]。甸服者祭，侯服者祀，宾服者享，要服者贡，荒服者王。日祭、月祀、时享、岁贡、终王，先王之训也。有不祭，则修意；有不祀，则修言；有不享，则修文；

有不贡，则修名；有不王，则修德；序成而有不至，则修刑。于是乎有刑不祭，伐不祀，征不享，让不贡，告不王。于是乎有刑罚之辟，有攻伐之兵，有征讨之备，有威让之令，有文告之辞。布令陈辞而又不至，则又增修于德，无勤民于远。是以近无不听，远无不服。

【注释】

①后稷：周的始祖，因为曾掌管农事，所以也称为后稷。②不窋：弃的后代。③翟：通“狄”。④纂：同“缵”，继续。⑤忝：玷污。⑥帝辛：商纣王，名辛。⑦甸服：离王城五百里的区域之内的人服侍天子。⑧侯服：甸服以外五百里的区域。⑨宾服：不是诸侯，而是以宾客的身份服侍天子。⑩要服：指离都城一千五百里至两千里的地区。⑪荒服：要服以外五百里的区域。

【译文】

“过去我们的祖先后稷做了主管农业的官员，服侍虞、夏两朝。到夏朝衰败的时候，废除了农官，我祖不窋因此失掉官职，逃到西北少数民族地区。但他对农业仍然不敢怠慢，时常宣扬祖先的美德，继续奉行他的事业，修明教化制度，早晚恭敬勤劳，保持惇厚诚恳，奉行忠实守信的原则，不窋的后世子孙都一直保持着这些良好的品德，并不曾辱没前人。到了武王，他发扬前人光明磊落的德行，再加上慈爱和善，侍奉神明，保养百姓，没有人不为之喜悦的。商纣王对百姓极为暴虐，百姓不能忍受，都乐于拥护武王，就有了商郊的牧野之战。这不是武王崇尚武力，他是怜恤百姓之苦而为他们除掉祸害啊。

▲ 周穆王骏骑

“先王的制度是：天子邦畿之内叫甸服，天子邦畿之外的诸侯之地叫侯服，侯服以外叫宾服，蛮夷地区叫要服，戎、狄所居之地叫荒服。甸服的诸侯要参加天子对父亲、祖父的祭祀，侯服的诸侯要参加天子对高祖、曾祖的祭祀，宾服的君长要贡献周王始祖的祭物，要服的君长则要贡献周王对远祖以及天地之神的祭物，荒服的首领则要来朝见天子。祭祀祖父、父亲，是每天一次；祭祀曾祖、高祖，是每月一次；祭祀始祖，是每季一次；祭祀远祖、神灵，是每年一次；入朝见天子，是终身一次。这是先王的遗训。有不来日祭的，天子就应该检查自己的思想；有不来月祭的，天子就应该检查自己的言语；有不来季祭的，天子就应该搞好政令教化；有不来岁贡的，天子就应该修正尊卑名号；有不来朝见的，天子就应该检查自己的德行。依次检查完了，如果还有不来朝见的，就确立刑法。因此用刑法惩治不祭的，用军队讨伐不祀的，命令诸侯征剿不享的，派遣使者责备不贡的，写好文辞向天下通告那些不来朝见的。这样，就又有了处罚的条例、攻伐的军队、征讨的准备、斥责的命令和告谕的文辞。如果命令文辞发出了还不来，就重新检查并修明自己的道德，不要使百姓在边远地域作战。所以，近处的诸侯没有不听从的，远处诸侯没有不归服的。

"今自大毕、伯仕之终也，犬戎氏以其职来王，天子曰：'予必以不享征之，且观之兵。'其无乃废先王之训而王几顿乎①？吾闻夫犬戎树惇②，能帅旧德而守终纯固③，其有以御我矣！"

王不听，遂征之，得四白狼、四白鹿以归。自是荒服者不至。

【注释】

①几顿：几乎废弃。②树惇：立性敦厚。③纯固：专一。

【译文】

"现今自从大毕、伯仕两位犬戎君主死后，犬戎君长已经按照'荒服者王'的职分来朝见天子。您却说：'我要用不享的罪名来征讨他，而且要让他看看我们的军队。'这不是违反祖先的遗训而终王之礼几乎也要废弃了吗？我听说犬戎的君长树立了淳厚的德行，能够遵循他先代的德行，一直坚定不移，他凭着这些就有理由、有能力抗拒我们了。"

穆王不听，去征讨犬戎，只得了四只白狼、四只白鹿回来。从此荒服诸侯不再来朝见天子。

召公谏厉王止谤

厉王虐，国人谤王。召公告曰①："民不堪命矣！"王怒，得卫巫②，使监谤者，以告，则杀之。国人莫敢言，道路以目。

王喜，告召公曰："吾能弭谤矣③，乃不敢言。"召公曰："是鄣之也！防民之口，甚于防川。川壅而溃，伤人必多，民亦如之。是故为川者，决之使导；为民者，宣之使言④。故天子听政，使公卿至于列士献诗，瞽献典⑤，史献书，师箴，瞍赋⑥，矇诵⑦，百工谏，庶人传语，近臣尽规，亲戚补察，瞽、史教诲，耆、艾修之⑧，而后王斟酌焉，是以事行而不悖。

"民之有口也，犹土之有山川也，财用于是乎出；犹其有原隰衍沃也⑨，衣食于是乎生。口之宣言也，善败于是乎兴。行善而备败，所以阜财用衣食者也。夫民虑之于心而宣之于口，成而行之，胡可壅也？若壅其口，其与能几何？"

王弗听，于是国人莫敢出言，三年，乃流王于彘⑩。

【注释】

①召公：姬姓，名虎，周王卿士。②卫巫：卫国的巫师。③弭：消除。④宣：开导。⑤瞽：盲人。⑥瞍：目中无瞳仁的盲人。⑦矇：有瞳仁而看不见东西的盲人。⑧耆、艾：古时称六十岁的人为耆，五十岁的人为艾，这里是指德高望重的长者。⑨隰：低湿的地方。衍：低而平坦之地。⑩彘：晋地，在今山西霍县。

▲ 农耕图　南北朝

【译文】

周厉王暴虐无道，国都里的人指责他的过失。召公告诉厉王说："百姓受不了你的政令了。"周厉王很恼怒，找来一个卫国的巫师，监察指责自己的人，只要巫师来报告，厉王就将被告发的人杀掉。国里的人于是都不敢说话了，在道路上碰见，彼此只用眼神示意。

厉王很高兴，对召公说："我能够消除谤言了，他们不敢说话了。"召公说："这是堵住了百姓的嘴呀！不让百姓言论，比堵截江河水流还要危险。河流被堵塞，最终会造成堤坝崩溃，被伤害的人一定很多，禁止人们言论也是这样。所以治理水患的人，会疏浚水道以使水流畅通无阻；治理国家的人，应该开导百姓，让他们敢于讲话。所以天子处理政事时，让无论公卿大夫还是下层官员都可以进献讽谏的诗歌，让乐师进献乐典，外史献三皇五帝之治书，少师进规劝天子的箴言以正得失，让闭眼盲人背诵所献诗句，让光眼盲人演唱典书箴言，让各种艺人工匠向天子进谏，一般百姓的意见则间接地传达给天子。亲近的大臣要尽规劝国君的责任，和国君同宗的大臣要弥补国君过失和监督国君的行为。乐师和史官要用乐曲和史书来对国君进行教诲，朝中老臣要经常对天子进行劝诫，然后由天子亲自斟酌裁决，从而使自己的行事与常理不相违背。

"百姓有嘴，就像土地上有山与河流，财富由此产生；就像其上有原野沼泽，衣食皆从中出。让百姓知无不言，国家政事的好坏就能从他们的言论中反映出来。推行百姓认为是好的东西，防范百姓认为是坏的东西，这正是使衣食财富增多的好办法。百姓在心中思考，然后用议论表达出来，反复思虑成熟后便付诸行动，怎么能堵住他们的嘴呢？如果堵住了百姓的嘴，那又能堵塞多久呢？"

厉王不听召公的劝告，国都里的人没人敢讲话。三年后，国人就把厉王流放到了彘地。

叔向贺贫

叔向见韩宣子①，宣子忧贫，叔向贺之。宣子曰："吾有卿之名，而无其实，无以从二三子，吾是以忧，子贺我，何故？"

对曰："昔栾武子无一卒之田②，其官不备其宗器，宣其德行，顺其宪则，使越于诸侯。诸侯亲之，戎狄怀之，以正晋国。行刑不疚③，以免于难。及桓子④，骄泰奢侈，贪欲无艺，略则行志⑤，假货居贿；宜及于难，而赖武之德，以没其身。及怀子⑥，改桓之行，而修武之德；可以免于难，而离桓之罪⑦，以亡于楚。夫郤昭子⑧，其富半公室，其家半三军；恃其富宠，以泰于国，其身尸于朝，其宗灭于绛⑨。不然，夫八郤——五大夫、三卿，其宠大矣；一朝而灭，莫之哀也，惟无德也！今吾子有栾武子之贫，吾以为能其德矣，是以贺。若不忧德之不建，而患货之不足，将吊不暇，何贺之有？"

宣子拜稽首焉，曰："起也将亡，赖子存之。非起也敢专承之，其自桓叔以下，嘉吾子之赐。"

【注释】

①叔向：晋国大夫。韩宣子：韩起，晋国上卿。②栾武子：栾书，晋国上卿。一卒之田：即百顷田地。上卿享受的待遇应该是五百顷田地。③疚：弊病。④桓子：栾黡。栾书之子，晋国大夫。⑤略：犯。则：法。⑥怀子：栾盈。栾黡之子，晋国下卿。⑦离：同"罹"，遭受。⑧郤昭子：郤至，晋国卿。⑨绛：晋国的国都，今山西绛县。

【译文】

叔向去见韩宣子，宣子正为穷困发愁，叔向向他道贺。宣子说："我有卿之名，但无卿之实啊，我连和几个卿大夫来往应酬都常常是捉襟见肘，我因此正在发愁，你却祝贺我，这是什么缘故？"

叔向说："过去栾武子不曾有一百顷的田地，家里连祭器都不完备，但他却发扬德行，顺应法度，名声传播于诸侯之间。诸侯亲近他，戎狄归附他，晋国因此得到了安定。他执行刑法没有弊病，后来也因此而避免了灾难。他儿子桓子骄傲奢侈，贪得无厌，忽视法制，逞纵私欲，放债取利，囤积财富；这人本该受到灾祸，但赖于栾武子的德行，竟然得以善终。到了怀子，他一改父亲桓子胡作非为的行为方式，而是继承武子的德行；本该免于灾祸，但终究因为父亲的罪孽深重，自己不得不逃亡到楚国。再说郤昭子家吧，郤昭子的财富抵得上王室的一半，家人属下占据了军中一半的官职；可是他凭借财势，横行国内，结果尸体摆在朝廷示众，宗族也在绛被诛灭。不是这样的话，那郤家出来的八个人，有五位是大夫，三位是卿相，可谓是显赫庞大之极了；而一旦灭亡，没一个人同情，就是因为没有德行的缘故。

"现在您处在栾武子一样的贫困境地，我以为也应该继承他的德行，因此向您祝贺。假若不担忧德行尚未树立，却只担忧财产不够，我哀吊你都来不及，哪有什么可祝贺的？"

宣子听了作揖下拜，说："我也是将要被灭亡的啊，都是依靠您得以继续。不但我蒙受您的教诲，先祖桓叔的后代，都要拜谢赞颂您的恩赐啊。"

战国策

苏秦以连横说秦

苏秦始将连横说秦惠王①，曰："大王之国，西有巴、蜀、汉中之利②，北有胡貉、代马之用③，南有巫山、黔中之限④，东有殽、函之固⑤。田肥美，民殷富，战车万乘，奋击百万，沃野千里，蓄积饶多，地势形便，此所谓天府，天下之雄国也。以大王之贤，士民之众，车骑之用，兵法之教，可以并诸侯，吞天下，称帝而治。愿大王少留意，臣请奏其效！"

秦王曰："寡人闻之，毛羽不丰满者，不可以高飞；文章不成者，不可以诛罚；道德不厚者，不可以使民；政教不顺者，不可以烦大臣。今先生俨然不远千里而庭教之，愿以异日。"

【注释】

① 苏秦：字季子，战国时著名的纵横家。连横：战国时，随从强国去进攻其他弱国，称为连横，战国后期，秦最强大，连横就指这些国家中的某几国跟从秦国进攻其他国家。② 巴：今四川东部地区。蜀：今四川西部地区。汉中：今陕西南部地区。③ 胡貉：指北方少数民族地区出产的貉皮。代马：指今山西、河北北部出产的马。④ 黔中：地名，在今湖南常德。⑤ 函：函谷关。

【译文】

苏秦起初用连横的策略游说秦惠王，说："大王的国家西边有巴、蜀、汉中的富饶物产，北面有胡貉、代马可以使用，南方有巫山、黔中为屏障，东边有崤山、函谷关这样坚固的关塞，田地肥美，百姓殷实富足，还有兵车万辆，勇士百万，沃野千里，加之储备充足，地势险峻，便于攻守。这正是人们所说的肥美险固、物产饶多的天然府库，天下的强国啊！况且凭借大王的贤明，百姓的众多，车马的功用，兵法的教授，一定可以兼并诸侯，统一天下，称帝而治。我希望大王对此稍加留意，请允许我奏明这样做的成效吧。"

秦惠王说："寡人听说，羽毛长得不丰满，便不能高飞；法令条文不完备，就难以施行诛罚；道德行为不高尚，就不能够役使百姓；政治教化不合理，则不可以烦劳大臣。现在先生不远千里，郑重庄严地在宫廷上指教我，但我希望您还是改日再谈吧！"

苏秦曰："臣固疑大王之不能用也。昔者神农伐补遂[①]，黄帝伐涿鹿而禽蚩尤，尧伐驩兜[②]，舜伐三苗，禹伐共工，汤伐有夏，文王伐崇，武王伐纣，齐桓任战而霸天下。由此观之，恶有不战者乎？古者使车毂击驰[③]，言语相结，天下为一；约从连横，兵革不藏。文士并饬，诸侯乱惑，万端俱起，不可胜理。科条既备，民多伪态。书策稠浊，百姓不足。上下相愁，民无所聊。明言章理，兵甲愈起；辩言伟服，战攻不息；繁称文辞，天下不治；舌敝耳聋，不见成功；行义约信，天下不亲。于是乃废文任武，厚养死士，缀甲厉兵，效胜于战场。夫徒处而致利，安坐而广地，虽古五帝、三王、五霸，明主贤君，常欲坐而致之，其势不能，故以战续之。宽则两军相攻，迫则杖戟相撞，然后可建大功。是故兵胜于外，义强于内；威立于上，民服于下。今欲并天下，凌万乘，诎敌国[④]，制海内，子元元[⑤]，臣诸侯，非兵不可！今之嗣主，忽于至道，皆惛于教，乱于治，迷于言，惑于语，沉于辩，溺于辞，以此论之，王固不能行也。"

【注释】

①神农：传说中教人农耕，亲尝百草的远古帝王。②驩兜：尧的臣子，为人狠恶，不畏风雨禽兽。③车毂：车轮中心，有洞可以插轴的部分。④诎：通"屈"。⑤元元：平民，老百姓。

【译文】

苏秦回答说："我本来就疑惑您是否能采用我的主张。过去，神农氏讨伐补遂，黄帝大战于涿鹿而擒获蚩尤，唐尧讨伐驩兜，虞舜伐三苗，夏禹讨伐共工，商汤讨伐夏桀，周文王讨伐崇侯虎，周武王讨伐商纣王，齐桓公用武力称霸天下。由此看来，哪有不凭借武力的呢？古时各国使臣的车驾往来奔驰，车毂相击，互相之间用言语交结，使天下为一体；但结果或者约从，或者连横，兵革甲胄也并未因此藏起。辩士们都巧饰辞令，说得各国诸侯昏乱迷惑，各种事端层出不穷，不胜治理。规章制度虽已完备，人民的虚假欺诈行为却日益增多；国家法令琐碎混乱，百姓被弄得更加贫穷。君臣上下皆为此发愁，百姓无所依靠。冠冕堂皇的道理讲得愈多，战争反而愈加频繁；盛装打扮、巧言善辩的辩士愈多，诸侯间的战争就愈发不能停息；繁征博引的文辞愈多，天下愈是治理不好；说者唇焦口燥，听者昏昏生厌，看不出一点成效；施行仁义，诚信相约，天下却愈发地不相亲善。于是诸侯废文用武，以优厚的待遇供养敢死之士，制作铠甲，磨砺兵器，要在战场上争取胜利。如果空坐而能获得利益，安居而能扩大土地，即使是古代的五帝、三王、五霸和明主贤君，他们虽然也常想安坐而获得利益，然而在天下的大势下也终不可能办到！所以跟着就依靠武力来完成大业。如果地域宽阔，就两军对攻；倘若地势狭窄，就短兵相接。只有这样，才可能建立伟大的功业。所以只有对外用兵取得了胜利，对内能实行仁政才能强劲有力；只有在上树立了君王的威信，在下能使百姓服从。当今之世，如果想兼并天下，凌驾大国之上，威慑敌国，控制海内，抚有百姓，臣服诸侯，就非用武力不可！现在继承君位的人，忽视了这个重要的道理，一个个政教不明，治理混乱，被辩士们的花言巧语所迷惑，沉溺在烦琐的言辞中而不能自拔，这样看来，大王本来就不能采纳我的主张啊！”

说秦王收十上，而说不行。黑貂之裘敝，黄金百斤尽，资用乏绝，去秦而归。羸縢履蹻①，负书担囊，形容枯槁，面目犂黑②，状有愧色。归至家，妻不下纴③，嫂不为炊，父母不与言。苏秦喟然叹曰：“妻不以我为夫，嫂不以我为叔，父母不以我为子，是皆秦之罪也。”乃夜发书，陈箧数十，得太公《阴符》之谋，伏而诵之，简练以为揣摩。读书欲睡，引锥自刺其股，血流至足。曰：“安有说人主不能出其金玉锦绣，取卿相之尊者乎？”期年，揣摩成，曰：“此真可以说当世之君矣。”

于是乃摩燕乌集阙，见说赵王于华屋之下，抵掌而谈④。赵王大说，封为武安君，受相印。革车百乘，锦绣千纯⑤，白璧百双，黄金万镒⑥，以随其后，约从散横，以抑强秦。故苏秦相于赵，而关不通。

当此之时，天下之大，万民之众，王侯之威，谋臣之权，皆欲决于苏秦之策。不费斗粮，未烦一兵，未战一士，未绝一弦，未折一矢，诸侯相亲，贤于兄弟。夫贤人任而天下服，一人用而天下从。故曰：“式于政，不式于勇；式于廊庙之内，不式于四境之外。”当秦之隆，黄金万镒为用，转毂连骑，炫熿于道，山东之国，从风而服，使赵大重。

【注释】

① 羸：通“缧”，缠绕。縢：绑腿。蹻：草鞋。② 犂：黑中带黄的颜色。③ 纴：织布帛的丝缕，此指织机。④ 抵掌：拍手。⑤ 纯：匹，束。⑥ 镒：古代的重量单位，二十两或二十四两为一镒。

【译文】

苏秦向秦王上书有十次，可是他的主张终未被采纳，他的黑貂袍破了，带来的百斤黄金也用完了，以致用度缺乏，只得离秦归家。他绑裹着腿，穿着草鞋，背着书籍，挑着行李，形容憔悴，脸色黑黄，面带羞愧。回到家里，妻子不下织机迎接，嫂子不为他做饭，父母不和他说话。苏秦长叹一声说：“妻子不把我当丈夫，嫂嫂不把我当小叔子，父母不把我当儿子，这都是我的罪过啊！”于是他连夜清点书籍，摆开了几十只书箱，找到姜太公的兵书《阴符经》，立即伏案诵读，选择要点，反复揣摩领会。有时读书读得昏昏欲睡，他就用铁锥刺自己的大腿，以致血流到脚上。他说：“哪有去游说君主而不能

▲ 苏秦归家，妻不下机。

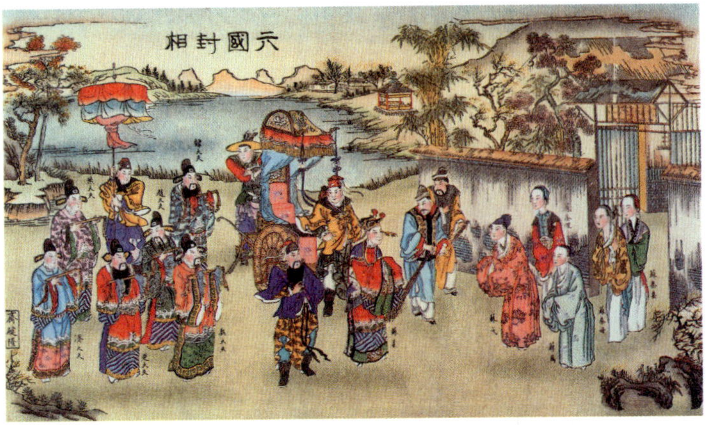

▲ 苏秦六国封相

使其拿出金玉锦缎，取得卿相的高贵地位的呢？”一年以后，他终于钻研成功，便说：“这次真的可以去游说当今的君主了。”

于是他赶往赵国的燕乌集阙，在华丽的殿堂上进见赵王，两人谈得拍起手来，十分投机。赵王很高兴，封苏秦为武安君，授给他相印，并赐他给兵车百辆，锦缎千匹，白璧百双，黄金万镒，让他带着这些，去联合六国，拆散连横，以抑制强大的秦国。因此苏秦当赵的相国时，秦国与六国断绝了来往。

在这期间，天下如此广大，百姓如此众多，王侯们这样的威严，谋臣们这样用权术，都要取决于苏秦的策略。没有花费一斗粮食，没有用一兵一卒，没有一个人参加战争，不曾断过一根弓弦，不曾折过一支箭，就能使六国相互亲睦，胜于兄弟。贤人在位而天下归服，一人得用而天下顺从，所以说：“要在政治上用力气而不要在武力上用力气；要在朝廷决策之上用力气而不在国境之外的战争上用力气。”当苏秦得意显耀之时，二十万两黄金归他使用，随从车骑络绎不绝，道路上仪仗闪耀，崤山以东的六国，一时间尽皆听从苏秦的指挥，从而使赵国在诸侯中的地位大大提高。

且夫苏秦，特穷巷掘门、桑户棬枢之士耳①，伏轼撙衔②，横历天下，庭说诸侯之主，杜左右之口，天下莫之伉。

将说楚王，路过洛阳，父母闻之，清宫除道，张乐设饮，郊迎三十里；妻侧目而视，侧耳而听；嫂蛇行匍伏，四拜自跪而谢。苏秦曰：“嫂！何前倨而后卑也？”嫂曰：“以季子位尊而多金。”苏秦曰：“嗟乎！贫穷则父母不子，富贵则亲戚畏惧，人生世上，势位富厚，盖可忽乎哉？”

【注释】

①掘门：掘墙为门。棬枢：用曲木做门轴。②撙衔：控制马勒，让马驯服。

【译文】

而苏秦只不过是位住在穷门陋巷的贫寒困苦的士人罢了，但他却坐车骑马，神气十足地周游天下，在朝廷之上游说各国君主，使国君左右的人无话可说，天下没有能与之相比的人了。

苏秦将要去游说楚王的时候，途经洛阳，他的父母闻讯，赶忙张罗打扫住处，清洁道路，并且演奏音乐，备办酒席，到郊外三十里去迎接。苏秦来到后，他的妻子不敢正视，只是偷偷地察言观色，恭敬地听他讲话。他的嫂嫂伏身在地，匍匐而行，四次跪拜谢罪。苏秦说："嫂嫂，为什么你以前那么傲慢而现在又如此谦卑了呢？"嫂嫂答道："因为弟弟现在地位显贵而且金钱很多啊！"苏秦叹道："唉！一个人在贫穷时，连父母也不把他当儿子看待；等到他富贵了，就是亲戚也都畏惧他。看来人生在世，对于权势富贵，怎么可以忽视呢？"

范雎说秦王

范雎至[①]，秦王庭迎范雎，敬执宾主之礼。范雎辞让。是日见范雎，见者无不变色易容者。秦王屏左右，宫中虚无人，秦王跪而进曰："先生何以幸教寡人？"范雎曰："唯唯。"有间，秦王复请。范雎曰："唯唯。"若是者三。秦王跽曰："先生不幸教寡人乎？"

范雎谢曰："非敢然也。臣闻始时吕尚之遇文王也，身为渔父而钓于渭阳之滨耳。若是者，交疏也。已，一说而立为太师，载与俱归者，其言深也。故文王果收功于吕尚，卒擅天下而身立为帝王。即使文王疏吕望而弗与深言，是周无天子之德，而文、武无与成其王也。今臣，羁旅之臣也，交疏于王，而所愿陈者，皆匡君臣之事，处人骨肉之间，愿以陈臣之陋忠，而未知王心也，所以王三问而不对者，是也。

"臣非有所畏而不敢言也。知今日言之于前，而明日伏诛于后，然臣弗敢畏也。大王信行臣之言，死不足以为臣患，亡不足以为臣忧；漆身而为厉，被发而为狂，不足以为臣耻。五帝之圣而死，三王之仁而死，五霸之贤而死，乌获之力而死[②]，奔、育之勇而死[③]。死者，人之所必不免；处必然之势，可以少有补于秦，此臣之所大愿也，臣何患乎？

【注释】

① 范雎：魏国人，因出使齐国时私自受赏而获罪，后逃往秦国，受到秦昭王的赏识，成为秦国相国。② 乌获：秦武王的力士。③ 奔、育：即孟奔和夏育，都是卫国的勇士。

【译文】

范雎来到秦国，秦昭王在宫廷前迎接他，以宾主的礼节恭恭敬敬地接待了他，范雎也是推辞谦让着。就在当天，秦昭王便召见了范雎，凡是见到接见场面的人没有不为之惊讶变色的。秦昭王让左右的人离开，宫中变得静悄悄的，只剩下他们两个，秦昭王于是跪了下来，膝行上前说："先生打算用什么指教我啊？"范雎却只是应声："是，是。"过了一会儿，秦昭王再次向他请教，范雎仍然只是应声："是，是。"一连三次都是如此，秦昭王挺直上身跪着说："难道先生不愿意指教我吗？"

范雎向秦王谢罪说："不敢这样呀。我听说当初吕尚遇到周文王的时候，不过是个在渭水北岸垂钓的一个渔翁。像当时他和文王之间的关系，可谓是扯不上边儿的；可是一会儿的工夫，他就因为向文王言明了自己的主张，受到了文王的赏识而被立为太师，与文王同车而归。这是由于他所说的道理很深刻的缘故。所以周文王也就靠着吕尚的辅佐而成就了功业，终于执掌了天下，成为一代帝王。如果当初周文王疏远吕尚而不与他深谈，就说明周室还不具备天子应有的德行，而文王、武王也就失去了帮助他们成就王业的人。而今我不过是一个在秦国客居的人，和大王的交情又是很疏浅的，而我想要陈述的都是匡正君臣关系的大事，而这些事又常常会触及亲戚骨肉之间的关系。我是很愿意说出自己那点儿浅陋的忠言，但不知道大王的心意如何，所以大王三次问我而我都没有回答的原因，就是这个。

“我不是因为有所畏忌而不敢讲话。我知道今天当着您的面把话讲出来，明天就可能会被诛杀，但是我也不敢因此而心存畏忌。只要大王肯听信并且能够实行我的主张，那么死不足以成为我的顾虑，亡不足以成为我的担忧；即使用漆涂身，变成癞子，披头散发，成为狂人，也不足以成为我的耻辱。五帝那样的圣明也终有一死，三王那样的仁德也终有一死，五霸那样的贤良也终有一死，乌获那样力大无穷也终有一死，孟奔、夏育那样的勇敢也终有一死。死，是人不可避免的事情；既是必然的趋势，如果我的死能够对秦国稍有补益，这便是我的最大心愿了，我还有什么可忧虑的呢？

“伍子胥橐载而出昭关①，夜行而昼伏，至于蔆水，无以糊其口，膝行蒲伏，乞食于吴市，卒兴吴国，阖闾为霸。使臣得进谋如伍子胥，加之以幽囚不复见，是臣说之行也，臣何忧乎？箕子、接舆②，漆身而为厉，被发而为狂，无益于殷、楚。使臣得同行于箕子、接舆，可以补所贤之主，是臣之大荣也，臣又何耻乎？

“臣之所恐者，独恐臣死之后，天下见臣尽忠而身蹶也③，是以杜口裹足，莫肯即秦耳。足下上畏太后之严，下惑奸臣之态，居深宫之中，不离保傅之手，终身暗惑，无与照奸。大者宗庙灭覆，小者身以孤危，此臣之所恐耳。若夫穷辱之事，死亡之患，臣弗敢畏也。臣死而秦治，贤于生也。”

秦王跪曰：“先生是何言也！夫秦国僻远，寡人愚不肖，先生乃幸至此，此天以寡人慁先生④，而存先王之庙也。寡人得受命于先生，此天所以幸先王而不弃其孤也。先生奈何而言若此？事无大小，上及太后，下至大臣，愿先生悉以教寡人，无疑寡人也。”范雎再拜，秦王亦再拜。

【注释】

①橐：口袋。②箕子：商纣王的叔父，曾因劝谏纣王而被囚禁，他便披发佯狂为奴。接舆：春秋时楚国的隐者，曾披发佯狂以避世。③蹶：跌倒。④慁：打扰，惊动。

【译文】

“伍子胥曾藏身于牛皮袋子之中，乘车逃出昭关，黑夜赶路，白天躲藏，到达蔆水的时候，已经没有糊口的东西了，只好跪着走，在地上爬，到吴国的市镇上讨饭，却最终振兴了吴国，使阖闾成为一方霸主。假如我能像伍子胥那样进献计谋，即使把我囚禁起来不再与大王相见，只要我的主张得以实行，我又有什么值得担忧的呢？箕子、接舆用漆涂身，遍体生癞，披头散发，变成狂人，但他们对殷朝和楚国并没有什么益处。假使要我像箕子、接舆一样能对贤明的君主有所裨益，这是我最大的荣耀了，我又有什么可耻辱呢？

“我所担心的，只是怕我死以后，天下人看到我是因为尽忠而死，从此便不敢再向您开口讲话，大家都裹足不前，不敢再到秦国来了。大王对上畏惧太后的威严，对下为奸臣的媚态所迷惑，住在深宫之中，不能离开保傅的照料，终生昏昧不明，没有人帮助您洞察奸邪。这样下去，大则使国家灭亡，小则自身孤危，这才是我所担心的。至于穷困受辱的事情，死亡的祸患，我是不敢有所畏忌的。我死了，而秦国得到治理，这比我活在世上还要好。”

秦王于是跪着说：“先生说的这是什么话！秦国处在偏远荒僻的地方，我又愚昧无能，幸蒙先生光临此地，这是上天让我来烦扰先生，使我先王的宗庙继续得以留存。我能得到先生的教导，这也是上天眷顾先王，而且不弃我的表现。先生怎么能说这样的话呢？以后，国家的事情，不论大小，上至太后，下至群臣，希望先生悉数对我进行指教，对我不要再有怀疑了。”范雎向秦王拜了两拜，秦王向范雎回拜了两拜。

邹忌讽齐王纳谏

邹忌修八尺有余①，而形貌昳丽②。朝服衣冠，窥镜，谓其妻曰：“我孰与城北徐公美？”其妻曰：“君美甚，徐公何能及君也！”城北徐公，齐国之美丽者也。忌不自信，而复问其妾曰：“吾孰与徐公美？”妾曰：“徐公何能及君也！”旦日，客从外来，与坐谈，问之：“吾与徐公孰美？”客曰：“徐公不若君之美也。”

明日，徐公来，熟视之，自以为不如；窥镜而自视，又弗如远甚。暮，寝而思之，曰：“吾妻之美我者，私我也；妾之美我者，畏我也；客之美我者，欲有求于我也。”

【注释】

①邹忌：战国时齐人，又名驺忌子。修：长。②昳丽：神采焕发，容貌美丽。

【译文】

邹忌身高八尺有余，体形容貌潇洒漂亮。有一天早上，他穿戴完毕，照着镜子，对他的妻子说：“我跟城北的徐公谁漂亮？”他的妻子说：“您漂亮极了，徐公怎能和您相比呀！”城北的徐公是齐国的美男子。邹忌不相信自己比他漂亮，就又问他的妾说：“我和徐公谁更漂亮？”他的妾说：“徐公哪里比得上您呢！”第二天，有位客人从外地过来，邹忌跟他坐着聊天，问他说：“我和徐公谁更漂亮？”客人说：“徐公不如您漂亮啊。”

▲ 我孰与城北徐公美？

又过了一天，徐公来了，邹忌端详了许久，自认为不如他漂亮；再次照着镜子看自己，更觉得自己差得很远。晚上躺在床上反复思考这件事，说：“我的妻子赞美我，是因为偏爱我；妾赞美我，是因为害怕我；客人赞美我，是有求于我。”

于是入朝见威王，曰：“臣诚知不如徐公美。臣之妻私臣，臣之妾畏臣，臣之客欲有求于臣，皆以美于徐公。今齐地方千里，百二十城，宫妇左右，莫不私王；朝廷之臣，莫不畏王；四境之内，莫不有求于王。由此观之，王之蔽甚矣！”

王曰：“善。”乃下令：“群臣吏民，能面刺寡人之过者，受上赏；上书谏寡人者，受中赏；能谤议于市朝，闻寡人之耳者，受下赏。”令初下，群臣进谏，门庭若市；数月之后，时时而间进①；期年之后，虽欲言，无可进者。燕、赵、韩、魏闻之，皆朝于齐。此所谓战胜于朝廷。

【注释】

①间：断断续续。

【译文】

于是邹忌上朝去见齐威王，说：“我的确知道自己不如徐公漂亮。可是，我的妻子偏爱我，我的妾怕我，我的客人有求于我，都说我比徐公漂亮。如今齐国领土方圆千里，城池一百二十座，后妃们和左右近臣没有不偏爱大王的，朝廷上的臣子没有不害怕大王的，全国没有谁不有求于大王的，由此看来，您受的蒙蔽一定是非常厉害的！”

威王说：“说得不错！”于是下令：“群臣、官吏和百姓能够当面指责我的过错的，得头等奖赏；上书劝谏我的，得中等奖赏；能够在公共场所指出我的过失并让我听到的，得三等奖赏。”命令刚下达的时候，许多大臣都来进言劝谏，门庭若市；几个月后，偶尔才有人进言劝谏；一年以后，有人虽然想进言劝谏，却没有什么可说的了。燕国、赵国、韩国、魏国听说了这件事，都到齐国来朝拜。这就是人们说的“在朝廷上征服了别的国家”。

触龙说赵太后

赵太后新用事①，秦急攻之，赵氏求救于齐。齐曰：“必以长安君为质②，兵乃出。”太后不肯，大臣强谏。太后明谓左右：“有复言令长安君为质者，老妇必唾其面！”

左师触龙愿见，太后盛气而揖之③。入而徐趋，至而自谢，曰：“老臣病足，曾不能疾走，不得见久矣，窃自恕，恐太后玉体之有所郄也④，故愿望见。”太后曰：“老妇恃辇而行。”曰：“日食饮得无衰乎？”曰：“恃鬻耳⑤。”曰：“老臣今者殊不欲食，乃自强步，日三四里，少益嗜食，和于身。”曰：“老妇不能。”太后之色少解。

【注释】

①赵太后：即赵威后，惠文王之妻。惠文王死后，因为其子孝成王年幼，所以由赵威后辅

佐执政。②长安君：赵威后幼子的封号。③揖：应作“胥”，“胥”同“须”，等待。④郄：身体不舒适。⑤鬻：通“粥”。

【译文】

赵太后刚刚执政，秦国就加紧攻赵，赵国向齐国求救。齐国说：“一定要用长安君作为人质，才派兵。”赵太后不肯答应，大臣们极力劝说，太后明确地对左右的人说：“有再来说要长安君作为人质的，我就要把唾沫啐在他的脸上！”

▲ 贵族服饰

左师触龙要求进见太后，太后气冲冲地等着他。触龙进门之后，缓慢地小步向前走着，到了太后跟前谢罪说：“老臣的脚有毛病，竟不能快步走了，好久没有见到太后了，只好私下里宽恕自己；但恐怕太后玉体欠安，所以想来看看您。”太后说：“老身也只是靠着辇车才能行动。”触龙又问：“太后每日饮食没减少吧？”太后说：“不过吃点稀饭罢了。”触龙说：“老臣近来特别不想吃东西，自己勉强散散步，每天走三四里，才稍稍增加了一些食欲，身体也安适了些。”太后说：“老身可做不到。”这时候太后脸上的怒色稍稍地缓和了一些。

左师公曰：“老臣贱息舒祺，最少，不肖。而臣衰，窃爱怜之，愿令补黑衣之数，以卫王宫。没死以闻[①]！”太后曰：“敬诺。年几何矣？”对曰：“十五岁矣。虽少，愿及未填沟壑而托之[②]。”太后曰：“丈夫亦爱怜其少子乎？”对曰：“甚于妇人。”太后曰：“妇人异甚！”对曰：“老臣窃以为媪之爱燕后贤于长安君[③]。”曰：“君过矣，不若长安君之甚！”

左师公曰：“父母之爱子，则为之计深远。媪之送燕后也，持其踵为之泣[④]，念悲其远也，亦哀之矣。已行，非弗思也，祭祀必祝之，祝曰：‘必勿使反。’岂非计久长，有子孙相继为王也哉？”太后曰：“然。”

【注释】

①没死：冒死。②填沟壑：指死。③媪：对老年妇女的称呼。燕后：赵威后的女儿，嫁给燕王为妻。④踵：脚后跟。

【译文】

触龙又说：“老臣的贱子舒祺，年纪最小，不成器得很；而我已经衰老了，心里很疼爱他，希望能让他补一名侍卫，来保卫王宫。我特地冒死来向您禀告。”太后回答说：“好吧。他多大年纪了？”触龙回答道：“十五岁了。虽说还小，我却希望趁我死之前把他托付给您。”太后问：“男人也爱他的小儿子吗？”触龙答道：“比女人疼爱得还要厉害。”太后答道：

“女人疼爱得更厉害！”触龙说：“我私下认为您对燕后的疼爱超过了长安君。”太后道：“您说错了，不像疼爱长安君那么厉害。”

触龙说：“父母疼爱自己的孩子，要替他们做长远的打算。您送燕后出嫁的时候，拉着她的脚跟，为她哭泣，为她远嫁而悲伤，这实在是令人悲伤的事情。燕后走了，并不是就不想念她了，可是祭祀时为她祝福，却说：‘千万别让她回来。’您这样做难道不是为长远打算，希望她的子孙能相继成为燕王吗？”太后答道：“是这样啊。”

左师公曰：“今三世以前，至于赵之为赵，赵王之子孙侯者，其继有在者乎？”曰：“无有。”曰：“微独赵，诸侯有在者乎？”曰：“老妇不闻也。”“此其近者祸及身，远者及其子孙。岂人主之子孙则必不善哉？位尊而无功，奉厚而无劳①，而挟重器多也。今媪尊长安之位，而封以膏腴之地，多予之重器，而不及今令有功于国；一旦山陵崩，长安君何以自托于赵？老臣以媪为长安君计短也，故以为其爱不若燕后。”太后曰：“诺，恣君之所使之②。”于是为长安君约车百乘，质于齐。齐兵乃出。

子义闻之曰：“人主之子也，骨肉之亲也，犹不能恃无功之尊、无劳之奉而守金玉之重也，而况人臣乎！”

【注释】

① 奉：通“俸”，即俸禄。② 恣：听任。

【译文】

触龙又说：“从现在上推三代，一直推到赵国刚刚开始建国的时候，历代赵王的子孙受封为侯的，他们的继承人还有存在的吗？”太后答道：“没有。”触龙又问：“不只是赵国，其他诸侯国里有相继为侯的吗？”太后说：“我还没听说过。”触龙说道：“这大概就是近的祸患落到自己身上，远的灾祸会累及子孙。难道国君的子孙一定都不好吗？只是因为他们地位尊贵，却无功于国；俸禄优厚，却无劳绩，而且拥有大量的贵重财宝。现在您使长安君地位尊贵，又分封给他肥沃的土地，赐给他很多宝物，而不让他及时地有功于国，有朝一日您不在了，长安君凭什么在赵国立身呢？老臣认为您没有替长安君做长远的打算呀，所以认为您对他的疼爱不如燕后。”太后听完了说：“好吧，任凭您把他派到哪里去吧。”于是为长安君准备了百辆车子，到齐国做了人质。齐国的军队这才出动。

子义听到了这件事，说：“国君的孩子，是国君的亲骨肉，尚且还不能依靠没有功勋的尊贵地位，没有劳绩的丰厚俸禄来守住金玉宝器，更何况是做臣子的呢！”

李斯谏逐客书

秦宗室大臣皆言秦王曰①：“诸侯人来事秦者，大抵为其主游间于秦耳，请一切逐客。”李斯议亦在逐中。

斯乃上书曰："臣闻吏议逐客，窃以为过矣。

"昔穆公求士，西取由余于戎②，东得百里奚于宛③，迎蹇叔于宋④，求丕豹、公孙支于晋⑤。此五子者，不产于秦，而穆公用之，并国二十，遂霸西戎。孝公用商鞅之法⑥，移风易俗，民以殷盛，国以富强，百姓乐用，诸侯亲服，获楚、魏之师，举地千里，至今治强。惠王用张仪之计，拔三川之地，西并巴、蜀，北收上郡⑦，南取汉中，包九夷⑧，制鄢、郢⑨，东据成皋之险⑩，割膏腴之壤⑪，遂散六国之从，使之西面事秦，功施到今。昭王得范雎⑫，废穰侯⑬，逐华阳⑭，强公室，杜私门，蚕食诸侯，使秦成帝业。此四君者，皆以客之功。由此观之，客何负于秦哉？向使四君却客而不内，疏士而不用，是使国无富利之实，而秦无强大之名也。

【注释】

① 秦王：即秦始皇嬴政。② 由余：春秋时晋国人，逃亡到戎地，戎王命他出使秦国，被秦穆公看中。后来秦穆公设计离间戎王和由余，使之归秦，在他的帮助之下称霸西戎。③ 百里奚：曾经沦为奴隶，后秦穆公用五张羊皮将他赎出，成为秦国的大夫。④ 蹇叔：百里奚的朋友，后经百里奚推荐，成了秦国的上大夫。⑤ 丕豹：晋国人，后被秦穆公任命为秦国的将领。公孙支：字子桑，游于晋，后入秦国成为穆公的谋臣。⑥ 商鞅：姓公孙，名鞅。曾经辅佐秦孝公变法，使秦国强盛起来。⑦ 上郡：魏地，郡城在今陕西榆林东南。⑧ 九夷：指巴蜀和楚国南阳一带的少数民族。⑨ 鄢：楚国别都，在今湖北宜城。郢：楚国国都，故址在今湖北江陵北。⑩ 成皋：亦名虎牢关，即今河南荥阳市的虎牢。⑪ 膏腴：肥沃。⑫ 范雎：魏国人，因出使齐国时私自受赏而获罪，后逃往秦国，受到秦昭王的赏识，成为秦国相国。⑬ 穰侯：即魏冉，秦昭王母宣太后的弟弟，曾为秦相，专权三十年。⑭ 华阳：即华阳君，秦昭王母宣太后的弟弟，因宣太后的关系而专权。

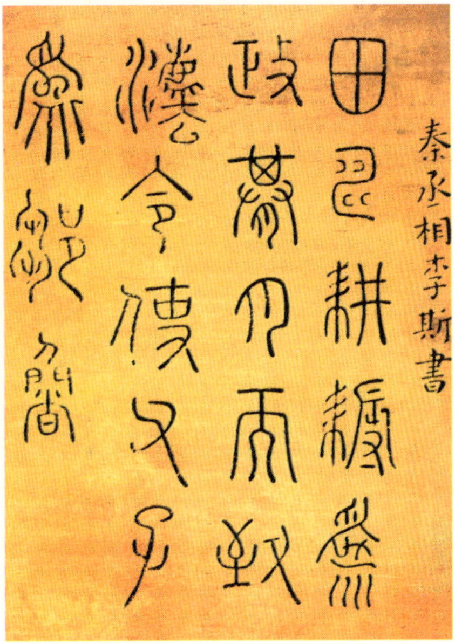

▲ 李斯书法

【译文】

秦国的宗室大臣都对秦王说："各诸侯国来侍奉秦国的人，大都是替他们各自的君主游说和离间秦国的，请把所有的客卿一律驱逐出境。"李斯也在被驱逐的行列里。

李斯于是上书秦王说："臣听说官吏们正在计议要驱逐客卿，臣私下里认为这是错误的。

"从前穆公访求贤才，从西戎争取到由余，从东边的宛得到百里奚，自宋国迎来蹇叔，从晋国招来丕豹、公孙支。这五位贤人都不是秦国人，可是穆公重用他们，因此吞并了二十个国家，称霸西戎。孝公施行商鞅的新法，移风易俗，人民生活因此而殷实富足，国家也因此而富裕强大起来，百姓乐于为国效命，各国诸侯也都亲近或臣服于秦国，后来秦国击败了楚、魏两国的军队，占领了上千里的土地，直到今天还是安定而强盛。惠王采用张仪的连横之计，攻占了三川地区，向西吞并了巴蜀，向北收得了上郡，向南攻取了汉中，并且兼并了许多蛮夷部族，控制了楚国的鄢、郢两都，东边占据了险要的成皋，割取了大量的肥沃土地，于是拆散了六国的合纵盟约，使它们面向西边侍奉秦国，功业一直延续到现在。昭王得到范睢，免去了穰侯，驱逐了华阳君，加强了秦王室的统治，制伏了豪门贵族的势力，逐步吞并了各诸侯国，为秦国完成了统一天下的大业奠定基础。这四位国君的成就，都是凭借了客卿的功劳。从这些事实看来，客卿有什么对不起秦国的地方呢？假使从前这四位君主拒绝客卿而不予接纳，疏远贤才而不任用，这就不会使秦国拥有雄厚富裕的实力，而且也不会有强大的威名了。

“今陛下致昆山之玉，有随、和之宝，垂明月之珠，服太阿之剑，乘纤离之马，建翠凤之旗，树灵鼍之鼓①。此数宝者，秦不生一焉，而陛下说之②，何也？必秦国之所生然后可，则是夜光之璧不饰朝廷；犀象之器不为玩好，郑、魏之女不充后宫，而骏马駃騠不实外厩③；江南金锡不为用，西蜀丹青不为采。所以饰后宫、充下陈、娱心意、说耳目者，必出于秦然后可，则是宛珠之簪、傅玑之珥、阿缟之衣、锦绣之饰④，不进于前；而随俗雅化，佳冶窈窕赵女不立于侧也。夫击瓮叩缶，弹筝搏髀⑤，而歌呼呜呜、快耳目者，真秦之声也；郑卫桑间⑥，韶虞武象者，异国之乐也。今弃击瓮而就郑卫，退弹筝而取韶虞，若是者何也？快意当前，适观而已矣。今取人则不然，不问可否，不论曲直，非秦者去，为客者逐。然则是所重者在乎色乐珠玉，而所轻者在乎人民也。此非所以跨海内、制诸侯之术也。

【注释】

①灵鼍：鳄鱼。②说：同“悦”。③駃騠：良马名。④傅：附着。珥：古时的珠玉耳饰。阿缟：齐国东阿出产的白色丝织品⑤髀：大腿。⑥桑间：卫国濮水边上的一个地名。

【译文】

“现在陛下获得了昆山的美玉，拥有了随侯的明珠及和氏璧，悬挂着明月宝珠，佩戴着太阿宝剑，骑着纤离的骏马，林列着翠凤之旗，竖起了鼍皮大鼓；这几件宝物没有一样是产自秦国的，但陛下却喜爱它们，这是为什么呢？如果一定要秦国出产的才可以使用，那么夜光之璧就不能装饰在朝堂之上，犀角、象牙制造的器皿就不能成为玩赏之物，郑国、魏国的美女就不会充满您的后宫，骏马就不会养在您的马厩之中，江南的金、锡就不能用来制作器物，西蜀的丹青就不能用来增添色彩。假如用来装饰后宫，充作姬妾，娱乐心意和快活耳目的东西，一定要秦国出产的才可以，那么，镶着宛珠的簪子，嵌着珠玑的耳环，东阿的丝绸衣服，刺绣华美的装饰，就都不能呈献到君王面前；而衣着时尚、装扮文雅、容貌娇艳、体态美好的赵国美女，也不能侍立在君王身边了。敲瓮击缶、弹筝拍腿，呜呜地唱着歌以娱乐耳目的，才是真正的秦国音乐；而郑国、卫国的新调，韶虞、武象之类的乐曲，都是外地的音乐。现在秦国抛弃自己的音乐而改听卫国、郑国的音乐，舍弃弹筝而采用韶虞之乐，这样做是为什么呢？还不是为了心情愉快，看着舒服罢了。如今用人却不是这个样子，不问才能优劣，不论德行好坏，只要不是秦国人就得离开，凡是外来的客卿就要驱逐出境，既然如此，可知秦国所重视的是美色、音乐、珠宝，而所轻视的却是人才，这实在不是用来统一天下、控制诸侯的方法啊！

“臣闻地广者粟多，国大者人众，兵强者士勇。是以泰山不让土壤，故能成其大；河海不择细流，故能就其深；王者不却众庶，故能明其德。是以地无四方，民无异国，四时充美，鬼神降福，此五帝三王之所以无敌也。今乃弃黔首以资敌国①，却宾客以业诸侯，使天下之士退而不敢西向，裹足不入秦，此所谓‘藉寇兵而赍盗粮’者也②。

“夫物不产于秦，可宝者多；士不产于秦，而愿忠者众。今逐客以资敌国，损民以益仇，内自虚而外树怨于诸侯，求国之无危，不可得也。”

秦王乃除逐客之令，复李斯官。

【注释】

①黔首：百姓。②赍：赠送。

【译文】

“我听说，土地广阔，粮食就会充足；国家强大，人口就会众多；装备精良，士兵就一定勇猛。因此，泰山不舍弃任何土壤，所以能够那么高大；河海能容纳各样的支流，所以能成就它的深邃；帝王不拒绝任何臣民，所以能显示出他们的恩德。所以，土地不论东西南北，民众不分本国、外国，四季都丰实美好，鬼神都来降福；这就是五帝三王所以无敌于天下的原因。现在秦国竟然抛弃人民来帮助敌国，排斥客卿以成就其他诸侯，使得天下的贤才退避而不敢前来西方，停下脚步而不愿再入秦国，这就叫作‘借武器给敌人，送粮食给强盗’啊！

“物品虽不是秦国出产的，可是珍贵的很多；人才虽不是在秦国出生的，可是愿意效忠者不少。如今驱逐客卿去帮助敌国，损害民众而使敌人得利，对内削弱了自己的国家，对外则和各诸侯结怨，这样下去，希望秦国不发生危机，也是不可能的啊！”

秦王于是废除了逐客令，恢复了李斯的官职。

游说之士的实战手册——《战国策》

·记载了西周、东周及秦、齐、楚、赵、魏、韩、燕、宋、卫、中山各国之事。

·记事年代起于战国初年，止于秦灭六国，约 240 年。

·12 策、33 卷、497 篇，约 12 万字。

·主要记述了战国时期的游说之士的政治主张和言行策略。

·善于述事明理，大量运用寓言、譬喻，语言生动，富于文采。

·作者非一人，西汉刘向编定了 33 篇，书名亦为刘向所拟定；成书非一时，具体成书当在秦统一后。

刘向小档案

姓名：姓刘，名向，字子政。

生卒：约公元前 77 ~前 6 年。

籍贯：楚国彭城（今江苏徐州）人。

年代：西汉。

职业：经学家、目录学家、文学家。

作品：《说苑》《列女传》《别录》《战国策》等。

"其文章之奇足以娱人耳目，而其机变之巧足以坏人之心术。"

——清初学者陆陇其称《战国策》

战国时代，国与国之间，讲的是以势相争、以智谋相夺。那些活跃在政治舞台上的策士，也只是以自己的才智向合适的买主换取功名利禄，朝秦暮楚，毫不为怪。

↓

《战国策》对司马迁《史记》的纪传体的形成，具有很大影响。《史记》有 90 卷的史料直接取自于《战国策》。

↓

历来研究者称赞《战国策》的文学价值，但对它的思想却是众说纷纭，主要因为该书与后世的儒家思想不符，过于追逐名利。

天下一统，儒学为尊。战国乱世，纵横为贵。

《战国策》主体上体现了纵横家的思想倾向，是游说辞总集。几乎所有纵横家谋士的言行都在此书，因此可以说它是游说之士的实战手册。《战国策》中描写记载的纵横家有苏秦、张仪、孙膑、庞涓、乐毅、范雎、邹忌，等等。

张仪首创连横外交策略，秦惠王封他为相，后出使游说各诸侯国，以横破纵，使各国纷纷由合纵抗秦转变为连横亲秦。

张仪

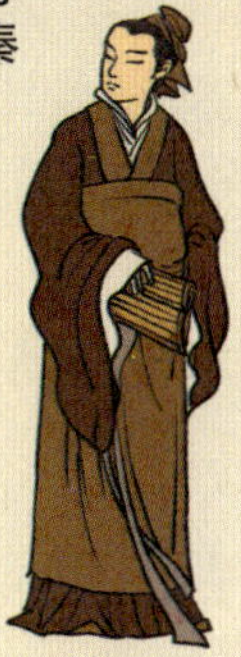
苏秦

苏秦提出合纵六国以抗秦的策略，并最终组建合纵联盟，兼佩六国相印，使秦15年不敢出函谷关。

庞涓，魏惠王的将军，认为才能比不上同窗孙膑，将他请到魏国捏造罪名处以膑刑。后在马陵之战中伏大败，自杀（一说被乱箭射死）。

庞涓

孙膑

孙膑受庞涓迫害遭受膑刑，后投奔齐国，被齐威王任命为军师，辅佐齐国大将田忌两次击败庞涓，取得了桂陵之战和马陵之战的胜利，奠定了齐国的霸业。

乐毅

公元前284年，乐毅统帅燕国等五国联军攻打齐国，接连攻下70余城，创造了中国古代战争史上以弱胜强的著名战例，报了强齐伐燕之仇。

秦国在发展的关键时刻采取了两项十分及时的措施，一是远交近攻的军事和外交策略；二是把分散的大权重新集中到秦王手中。而这一切，都是范雎的智谋。

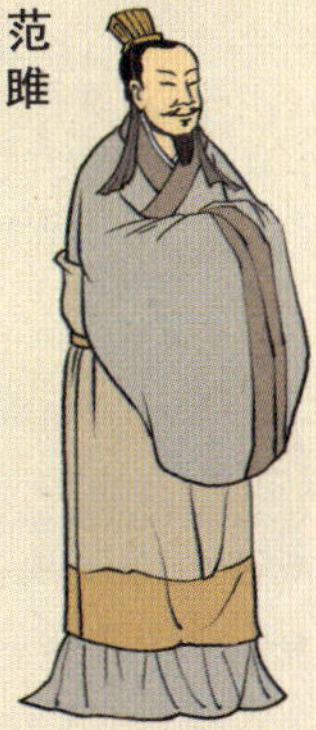
范雎

邹忌

邹忌以鼓琴游说齐威王，被任为相国。他曾劝说齐威王奖励群臣吏民进谏，主张革新政治，修订法律，选拔人才，奖励贤臣，处罚奸吏，并选荐得力大臣坚守四境，从此齐国渐强。

一言之辩，重于九鼎之宝。三寸之舌，强于百万雄师。

史 记

高祖本纪

高祖，沛丰邑中阳里人，姓刘氏，字季。父曰太公，母曰刘媪。其先，刘媪尝息大泽之陂，梦与神遇。是时雷电晦冥，太公往视，则见蛟龙于其上。已而有身，遂产高祖。

高祖为人，隆准而龙颜，美须髯，左股有七十二黑子。仁而爱人，喜施，意豁如也。常有大度，不事家人生产作业。及壮，试为吏，为泗水亭长，廷中吏无所不狎侮。好酒及色。常从王媪、武负贳酒，醉卧。武负、王媪见其上常有龙，怪之。高祖每酤留饮，酒雠数倍。及见怪，岁竟，此两家常折券弃债。

高祖常繇咸阳，纵观，观秦皇帝，喟然太息曰："嗟乎！大丈夫当如此也！"

【译文】

高祖，沛县丰邑中阳里人。姓刘，字季。人称其父为太公，其母为刘媪。先前刘媪曾经在大湖岸边休息，睡梦中与神相交合。这时雷电交加，天昏地暗。太公去看刘媪，见到一条蛟龙在她身上。后来刘媪怀了孕，就生了高祖。

▲ 汉高祖像

高祖这个人，高鼻梁，有像龙一样丰满的额角、漂亮的须髯，左腿上有七十二颗黑痣。仁慈宽厚，乐于施舍，胸襟开阔。他怀有远大的抱负，不愿从事一般百姓的生产作业。到了壮年，试做官吏，当了泗水亭亭长，公廷中的官吏，都和他相熟稔，受他戏弄。他爱好喝酒，喜欢女色。常常向王媪、武负赊酒，喝醉了卧睡，武负、王媪看见他上面常有一条龙，认为他不一般，高祖每次来买酒，留在酒店中饮酒，酒店的酒比平常多卖几倍。发现了奇怪的现象以后，年终时，这两家酒店常折毁账目，放弃债权。

高祖曾经到咸阳服徭役，（有一次秦始皇车驾出巡，）任人们观看，他看到了秦始皇，感慨叹息说："啊，大丈夫应当像这个样子！"

单父人吕公善沛令，避仇从之客，因家沛焉。沛中豪桀吏闻令有重客，皆往贺。萧何为主吏，主进，令诸大夫曰："进不满千钱，坐之堂下。"高祖为亭长，素易诸吏，乃绐为谒曰："贺钱万"，实不持一钱。谒入，吕公大惊，起，迎之门。吕公者，好相人，见高祖状貌，因重敬之，引入坐。萧何曰："刘季固多大言，少成事。"高祖因狎侮诸客，遂坐上坐，无所诎。酒阑，吕公因目固留高祖。高祖竟酒，后。吕公曰："臣少好相人，相人多矣，无如季相，愿季自爱。臣有息女，愿为季箕帚妾。"酒罢，吕媪怒吕公曰："公始常欲奇此女，与贵人。沛令善公，求之不与，何自妄许与刘季？"吕公曰："此非儿女子所知也。"卒与刘季。吕公女乃吕后也，生孝惠帝、鲁元公主。

【译文】

单父人吕公与沛县县令相交好，为了躲避仇人到县令家做客，于是全家搬到沛县居住。沛县中的豪杰官吏听说县令有贵客，都去送礼祝贺。萧何为县里的主吏，主管收礼物，对来祝贺的人说："礼物不满一千钱的，坐在堂下。"高祖做亭长，向来轻视那些官吏，于是在名刺上谎称"送贺礼一万钱"，其实没有拿出一个钱。名刺递了进去，吕公大惊，站起来，到门口迎接高祖。吕公这个人，好给人相面，看见高祖的相貌，就特别敬重他，领他到堂上入座。萧何说："刘季生来大话很多，很少成事。"高祖趁机戏辱堂上的客人，自己坐在尊贵的位置上，毫不谦让。酒席就要散尽，吕公用眼睛示意高祖不要走。高祖喝完了酒，留在后面。吕公说："我从年少时就好给人相面，相过的人多了，没有一个像你刘季这样的贵相，望你好自为之。我有一亲生女儿，愿意作为你刘季执帚洒扫的妻子。"酒席结束后，吕媪生吕公的气，说："你当初常想使女儿与众不同，把她嫁给贵人。沛县县令与你交好，求娶女儿，你不答应，为什么胡乱许配给了刘季？"吕公说："这不是妇孺之辈所能懂得的。"他最终把女儿嫁给了刘季。吕公的女儿就是吕后，她生了孝惠帝、鲁元公主。

高祖为亭长时，常告归之田。吕后与两子居田中耨，有一老父过请饮。吕后因餔之。老父相吕后曰："夫人天下贵人。"令相两子，见孝惠，曰："夫人所以贵者，乃此男也。"相鲁元，亦皆贵。老父已去，高祖适从旁舍来。吕后具言客有过，相我子母皆大贵。高祖问，曰："未远。"乃追及，问老父。老父曰："向者夫人、婴儿皆似君，君相贵不可言。"高祖乃谢曰："诚如父言，不敢忘德。"乃高祖贵，遂不知老父处。

高祖为亭长，乃以竹皮为冠，令求盗之薛治之，时时冠之。及贵常冠，所谓"刘氏冠"乃是也。

高祖以亭长为县送徒郦山，徒多道亡。自度比至皆亡之。到丰西泽中，止饮，夜乃解纵所送徒，曰："公等皆去，吾亦从此逝矣！"徒中壮士愿从者十余人。高祖被酒，夜径泽中，令一人行前。行前者还报曰："前者大蛇当径，愿还。"高祖醉，曰："壮士行，何畏！"乃前，拔剑击斩蛇。蛇遂分为两，径开。行数里，醉，因卧。后人来至蛇所，有一老妪夜哭。人问："何哭？"妪曰："人杀吾子，故哭之。"人曰："妪子何为见杀？"妪曰："吾子，白帝子也，化为蛇，当道。今为赤帝子斩之，故哭。"人乃以妪为不诚，欲告之。妪因忽不见。后人至，高祖觉。后人告高祖，高祖乃心独喜，自负。诸从者日益畏之。

▲ 泗水亭

【译文】

高祖做亭长时，曾经请假回家。吕后与两个孩子在田间除草，有一老人路过，向吕后要些水喝，吕后就请他吃了饭。老人家给吕后相面，说："夫人是天下的贵人。"吕后让他给两个孩子看相。老人看了孝惠，说："夫人之所以显贵，就是因为这个孩子的缘故。"给鲁元相面，也是贵相。老人已经走了，高祖正好来到田间，吕后告诉他一位客人从这里经过，给他们母子看相，说他们母子三人将来都是大贵人。高祖问老人在哪儿，吕后说："走出不远。"高祖追上了老人，向他询问。老人说："刚才相过夫人和孩子，他们都跟你相似，你的相貌，贵不可言。"高祖便道谢说："如果真像老人家所说的，绝不忘记您对我的恩德。"等到高祖显贵，最终不知道老人在何处。

高祖做亭长，以竹皮为帽，这帽子是他派求盗到薛县做的，经常戴着它，等到显贵时也仍然常常戴着，所谓"刘氏冠"，就是指这种帽子。

高祖因担任亭长，为县里送徒役去骊山，这些人中有很多都在半路上逃跑了。他估计，等走到骊山，大概都逃光了。到丰邑西面的沼泽地带，大家停下来喝酒，夜间高祖就解开绑绳释放了所押送的徒役。高祖说："各位都走吧，我也从此一去不返了！"徒役中有十多个年轻力壮的愿意跟随高祖。高祖带着酒意，当夜抄小路通过一片沼泽，派一人前行探路。在前面探路的人回来报告说："前面有条大蛇拦在路上，我们还是回去吧。"高祖醉醺醺地说："好汉走路，无所畏惧！"于是，就走上前去，拔出剑来，把蛇斩杀了，蛇分为两段，道路打通了。走了几里地，酒性发作，便躺下睡觉。后面的人来到斩蛇的地方，见到有一个老太太夜里哭泣。人们问："为什么哭？"老太太说："因为有人杀了我的儿子，所以我哭。"人们又说："老太太，你的儿子为什么被杀了？"老太太说："我儿子，是白帝的儿子，变幻为蛇，横在路当中，现在被赤帝的儿子杀了，所以我才哭。"人们以为老太太说的不是真的，想要给她点警告，老太太忽然不见了。落在后面的人到了高祖休息的地方，高祖已经醒了。他们把刚才发生的事告诉了高祖，高祖听了暗自高兴，觉得自己不一般。那些跟随他的人对他日益敬畏。

秦始皇帝常曰："东南有天子气。"于是因东游以厌之。高祖即自疑，亡匿，隐于芒、砀山泽岩石之间。吕后与人俱求，常得之。高祖怪问之。吕后曰："季所居上常有云气，故从往，常得季。"高祖心喜。沛中子弟或闻之，多欲附者矣。

秦二世元年秋，陈胜等起蕲，至陈而王，号为"张楚"。诸郡县皆多杀其长吏以应陈涉。沛令恐，欲以沛应涉。掾、主吏萧何、曹参乃曰："君为秦吏，今欲背之，率沛子弟，恐不听。愿君召诸亡在外者，可得数百人，因劫众，众不敢不听。"乃令樊哙召刘季。刘季之众已数十百人矣。

于是樊哙从刘季来。沛令后悔，恐其有变，乃闭城城守，欲诛萧、曹。萧、曹恐，逾城保刘季。刘季乃书帛射城上，谓沛父老曰："天下苦秦久矣。今父老虽为沛令守，诸侯并起，今屠沛。沛今共诛令，择子弟可立者立之，以应诸侯，则家室完。不然，父子俱屠，无为也。"父老乃率子弟共杀沛令，开城门迎刘季，欲以为沛令。刘季曰："天下方扰，诸侯并起，今置将不善，一败涂地。吾非敢自爱，恐能薄，不能完父兄子弟。此大事，愿更相推择可者。"萧、曹等皆文吏，自爱，恐事不就，后秦种族其家，尽让刘季。诸父老皆曰："平生所闻刘季诸珍怪，当贵，且卜筮之，莫如刘季最吉。"于是刘季数让，众莫敢为，乃立季为沛公。祠黄帝，祭蚩尤于沛庭，而衅鼓，旗帜皆赤。由所杀蛇白帝子，杀者赤帝子，故上赤。于是少年豪吏如萧、曹、樊哙等皆为收沛子弟二三千人，攻胡陵、方与，还守丰。

【译文】

秦始皇曾经说："东南有天子气。"因而巡游东方，想要以此来镇伏东南的天子气。高祖怀疑这指的是自己，就逃跑藏了起来，隐身在芒山、砀山一带的山林岩石之间。吕后和别人一块儿寻找，常常一去就找到了高祖。高祖感到奇怪，就问吕后原因，吕后说："你所处的地方上面常有云气。向着有云气的地方去找，常常可以找到你。"高祖心里非常高兴。沛县子弟有的听到这件事，很多人想归附他。

秦二世元年秋天，陈胜等人在蕲县起义，到了陈县自立为王，国号叫作"张楚"。各郡县的士卒大多都杀死长官，响应陈胜起义。沛县县令恐惧，想要在沛县发动起义来响应陈胜。主吏萧何、狱掾曹参对他说："您身为秦朝的官吏，如今要背叛秦朝，发动起义，率领沛县子弟，恐怕他们不愿听命。希望您召集逃亡在外面的人，可以得到几百人。利用这股力量胁迫民众，民众不敢不听您的命令。"县令就派樊哙去召回刘季，刘季的队伍已经近百人了。

于是，刘季跟着樊哙来到沛县。沛县县令又后悔了，恐怕刘季害自己，就关闭城门，派人防守（不

▲ 萧何像

让刘季进城），打算杀掉萧何、曹参。萧何、曹参恐惧，翻过城墙逃跑来归附刘季。刘季用帛写了一封信，用弓箭射到城上，告诉沛县父老说：“天下苦于秦朝的暴政已经很久了。现在父老为沛县县令守城，但各国诸侯都已起义，（一旦城破）就要屠戮沛县。如果沛县父老共同起来杀死沛县县令，选择子弟中可以立为首领的做领导，以响应诸侯的军队，那就能保全自家性命。不然的话，全城百姓都会遭到杀害，死得毫无意义。”父老们就率领子弟共同杀了沛县县令，打开城门，迎接刘季，想让他做沛县县令。刘季说：“天下正在混乱当中，诸侯都已起义，如果推选的将领不胜任，就会一败涂地。我不是吝惜自己的生命，只怕自己才能有限，不能保全父老乡亲们。这是件大事，希望另外共同推选一位能够胜任的人。”萧何、曹参都是文官，看重身家性命，怕事情不成，秦朝会诛灭他们的全族，所以都推刘季。父老们都说：“我们平时听到刘季许多奇异的事情，看来刘季应该是尊贵的人。而且又经过占卜，没有其他人比刘季为首领更吉利的。”这时刘季再三谦让，大家都不敢担任，最后还是立刘季为沛公。在沛县衙门的庭院里祭祀黄帝和蚩尤，又用牲血祭鼓。旗子一律红色，因为刘季所杀蛇是白帝的儿子，杀蛇的是赤帝的儿子，所以崇尚赤色。于是年轻的子弟和有势的官吏，如萧何、曹参、樊哙等人，都为沛公征集兵员，集合了两三千人，攻打胡陵、方与，撤回军队固守丰邑。

秦二世二年，陈涉之将周章军西至戏而还。燕、赵、齐、魏皆自立为王。项氏起吴。秦泗川监平将兵围丰，二日，出与战，破之。命雍齿守丰，引兵之薛。泗川守壮败于薛，走至戚，沛公左司马得泗川守壮，杀之。沛公还军亢父，至方与，未战。陈王使魏人周市略地。周市使人谓雍齿曰：“丰，故梁徙也。今魏地已定者数十城。齿今下魏，魏以齿为侯守丰。不下，且屠丰。”雍齿雅不欲属沛公，及魏招之，即反为魏守丰。沛公引兵攻丰，不能取。沛公病，还之沛。沛公怨雍齿与丰子弟叛之，闻东阳宁君、秦嘉立景驹为假王，在留，乃往从之，欲请兵以攻丰。是时秦将章邯从陈，别将司马枿将兵北定楚地，屠相，至砀。东阳宁君、沛公引兵西，与战萧西，不利。还收兵聚留，引兵攻砀，三日乃取砀，因收砀兵，得五六千人。攻下邑，拔之。还军丰。闻项梁在薛，从骑百余往见之。项梁益沛公卒五千人、五大夫将十人。沛公还，引兵攻丰。

【译文】

秦二世二年，陈胜的将领周章的军队向西攻打到戏，战败退回。燕、赵、齐、魏都自立为王。项梁、项羽在吴地率军起义。秦泗水郡郡监平率兵包围了丰， 两天后，沛公出兵应战，打败了秦军。沛公命令雍齿守卫丰邑，自己率军攻打薛，泗水郡郡守壮在薛战败，逃到戚。沛公左司马擒获泗水郡郡守壮，杀死了他。沛公回军亢父，到了方与，没有交战。陈王陈胜派魏人周市攻城略地。周市派人对雍齿说：“丰，原来梁王曾迁徙到这里。如今魏地已经攻占的有数十座城邑，你雍齿如果降魏，魏封你雍齿为侯，仍然驻守丰邑。不投降的话，我们的军队就要血洗丰邑。”雍齿本来就很不愿给沛公做下属。等到魏国招降他，就背叛沛公，为魏在丰驻守。沛公带领军队攻打丰，没有攻下。沛公病了，回到沛县。沛公怨恨雍齿和丰邑子弟都背叛他，听说东阳宁君、秦嘉立景驹为假王，住在留县，就去归服他们，想要借他们的兵力攻打丰。这时，秦将章邯在追击陈王的部队，秦的别将司马枿率军向北进军，攻占楚地，在相屠城，到了砀县。东阳宁君、沛公引兵西进，与司马枿在萧县西面交战，没有取得胜利。退回来收集散兵，聚集在留，带领军队进攻，三天就攻下了砀。收编砀投降的秦军，得到五六千人，进攻下邑，打了下来。然后回军丰县。听说项梁在薛县，就带了随从骑兵一百多人去见项梁。项梁给沛公增拨士兵五千人，五大夫一级的将领十人。沛公回来，率领军队进攻丰。

秦二世三年，楚怀王见项梁军破，恐，徙盱台，都彭城，并吕臣、项羽军自将之。以沛公为砀郡长，封为武安侯，将砀郡兵。封项羽为长安侯，号为鲁公。吕臣为司徒，其父吕青为令尹。

赵数请救，怀王乃以宋义为上将军，项羽为次将，范增为末将，北救赵。令沛公西略地入关，与诸将约，先入定关中者王之。

当是时，秦兵强，常乘胜逐北，诸将莫利先入关。独项羽怨秦破项梁军，奋，愿与沛公西入关。怀王诸老将皆曰：“项羽为人僄悍猾贼。项羽尝攻襄城，襄城无遗类，皆坑之，诸所过无不残灭。且楚数进取，前陈王、项梁皆败，不如更遣长者扶义而西，告谕秦父兄。秦父兄苦其主久矣，今诚得长者往，毋侵暴，宜可下。今项羽僄悍，今不可遣。独沛公素宽大长者，可遣。”卒不许项羽，而遣沛公西略地，收陈王、项梁散卒。乃道砀至成阳，与杠里秦军夹壁，破秦二军。楚军出兵击王离，大破之。

【译文】

秦二世三年，楚怀王看到项梁的军队被打垮了，心里恐惧，把都城从盱台迁到彭城，合并吕臣、项羽的军队，亲自统率。任命沛公为砀郡郡长，封为武安侯，统领砀郡的军队。封项羽为长安侯，号为鲁公，吕臣任司徒，他的父亲吕青做令尹。

赵多次向楚请求救援，楚怀王就任命宋义为上将军，项羽为次将，范增为末将，北上救赵。命令沛公向西攻城略地，打入关中。楚怀王同将领们约定：先攻入关中的，就封在关中做王。

那时候，秦军强盛，常常乘胜追击，将领们都认为先入关不利。唯独项羽痛恨秦军打垮了项梁的军队，心中愤激，愿和沛公向西攻打函谷关。怀王的老将都说：“项羽为人轻捷而凶猛，狡诈而残忍。项羽曾经

▲ 斗兽纹镜

攻打襄城，入城后没有留下一个活人，全都活埋了。项羽军队所经过的地方，没有不遭到残杀毁灭的。况且楚军多次进兵攻取，（没有获胜）以前陈王、项梁都失败了，不如另派宽厚长者率领军队，以正义为号召，向西进军关中，把道理向关中百姓讲清楚。关中百姓苦于他们君主的统治很久了，现在如果真能得到宽厚长者去关中，不欺凌暴虐关中百姓，应该能够拿下关中。而今项羽动作迅速凶猛，不可派遣。只有沛公向来被视为宽厚长者，可以派遣。”怀王终于没有答应项羽，而派遣沛公向西进军攻取秦地。沛公收集陈王、项梁的散兵，路经砀，到达成阳，与驻守杠里的秦军对垒，打败了秦军的两支部队。楚军出兵攻击王离，把他的军队打得大败。

汉元年十月，沛公兵遂先诸侯至霸上。秦王子婴素车白马，系颈以组，封皇帝玺符节，降轵道旁。诸将或言诛秦王。沛公曰：“始怀王遣我，固以能宽容，且人已服降，又杀之，不祥。”乃以秦王属吏，遂西入咸阳。欲止宫休舍，樊哙、张良谏，乃封秦重宝财物府库，还军霸上。召诸县父老豪杰曰：“父老苦秦苛法久矣，诽谤者族，偶语者弃市。吾与诸侯约，先入关者王之，吾当王关中。与父老约，法三章耳：杀人者死，伤人及盗抵罪。余悉除去秦法。诸吏人皆案堵如故。凡吾所以来，为父老除害，非有所侵暴，无恐！且吾所以还军霸上，待诸侯至而定约束耳。”乃使人与秦吏行县乡邑，告谕之。秦人大喜，争持牛羊酒食献飨军士。沛公又让不受，曰：“仓粟多，非乏，不欲费人。”人又益喜，唯恐沛公不为秦王。

【译文】

汉元年十月，沛公的军队先于各路诸侯到达霸上。秦王子婴乘坐白马素车，用丝带系着脖子，捧了皇帝的印玺和符节，在轵道旁投降。将领们有的主张杀死秦王。沛公说：“当初楚怀王派遣我率兵西进，本是因为我待人宽大。况且人家已经降服，还要杀死人家，不吉利。”于是就把秦王交给了部下看管，自己率兵向西进入咸阳。沛公想要留在秦宫中休息，樊哙、张良劝说后，沛公便下令封闭了有贵重珍宝和财物的宫殿和库房，率军队回到霸上安营。他召集各县的父老、豪杰说：“父老们在秦朝的严刑峻法下受苦已经很久了，批评朝政的要灭族，相聚议论的要处斩。我和诸侯们约定，先进入函谷关的在关中称王，我应当在关中为王。现在我同父老们约定，法律只有三条：杀人的处死，伤人和抢劫的处以刑罚。其余的秦朝法律全都废除。所有官吏和百姓都要像从前一样安心居住。我之所以进兵关中，是为父老们除害，不会有欺凌暴虐的行为，请你们不要害怕。我之所以撤回军队驻扎在霸上，是等待诸侯们到来制定统一的规约。”沛公派人与秦朝官吏到各处巡行，告谕百姓。秦地的百姓大为高兴，争先恐后地拿出牛羊酒食款待士兵。沛公又谦让不肯接受，说：“仓中的粮食很多，军队不缺粮食，百姓们不要破费了。”百姓更加高兴，唯恐沛公不在关中做王。

或说沛公曰:“秦富十倍天下,地形强。今闻章邯降项羽,项羽乃号为雍王,王关中。今则来,沛公恐不得有此。可急使兵守函谷关,无内诸侯军,稍征关中兵以自益,距之。”沛公然其计,从之。十一月中,项羽果率诸侯兵西,欲入关,关门闭。闻沛公已定关中,大怒,使黥布等攻破函谷关。十二月中,遂至戏。沛公左司马曹无伤闻项王怒,欲攻沛公,使人言项羽曰:“沛公欲王关中,令子婴为相,珍宝尽有之。”欲以求封。亚父劝项羽击沛公。方飨士,旦日合战。是时项羽兵四十万,号百万。沛公兵十万,号二十万,力不敌。会项伯欲活张良,夜往见良,因以文谕项羽,项羽乃止。沛公从百余骑,驱之鸿门,见谢项羽。项羽曰:“此沛公左司马曹无伤言之,不然,籍何以生此!”沛公以樊哙、张良故,得解归。归,立诛曹无伤。

【译文】

有人劝沛公说:“秦地比天下富足十倍,地势好。如今听说章邯投降了项羽,项羽就给了雍王的封号,让他在关中做王。现在他就要来关中了,你沛公恐怕不能占有这个地方了。应赶快派兵把守函谷关,不让诸侯军进来,在关中逐渐征集军队,以加强实力,抵抗诸侯的军队。”沛公赞成他的计策,照着做了。十一月中旬,项羽果然率领诸侯的军队向西进发,想要进入函谷关而关门闭着。听说沛公已经平定关中,项羽大怒,派黥布等攻破了函谷关。十二月中旬,就到了戏水。沛公左司马曹无伤听说项王发怒,要攻打沛公,派人告诉项羽说:“沛公想要在关中称王,让子婴做相国,珍宝全部被他占有。”打算以此求得项王的封赏。亚父劝项羽进攻沛公。当时项羽让士兵饱餐战饭,准备明日与沛公决战。这时项羽有军队四十万,号称百万。沛公有军队十万,号称二十万,兵力比不上项羽。恰巧项伯来救张良,夜间去见他。项伯用张良的话劝说项羽,项羽取消了进攻沛公的计划。沛公带来了一百多骑兵,一路奔驰到鸿门,来见项羽,表示歉意。项羽说:“这是你的左司马曹无伤向我说的。如果不是这样,我项羽何至于做这样的事。”沛公因为樊哙、张良的帮助,得以脱身返回军中。回来后,立刻杀了曹无伤。

▲ 鸿门宴壁画

项羽遂西,屠烧咸阳秦宫室,所过无不残破。秦人大失望,然恐,不敢不服耳。

项羽使人还报怀王。怀王曰:“如约。”项羽怨怀王不肯令与沛公俱西入关,而北救赵,后天下约。乃曰:“怀王者,吾家项梁所立耳,非有攻伐,何以得主约!本定天下，诸将及籍也。”乃详尊怀王为义帝，实不用其命。

正月，项羽自立为西楚霸王，王梁、楚地九郡，都彭城。负约，更立沛公为汉王，王巴、蜀、汉中，都南郑。三分关中，立秦三将：章邯为雍王，都废丘；司马欣为塞王，都栎阳；董翳为翟王，都高奴。楚将瑕丘申阳为河南王，都洛阳。赵将司马卬为殷王，都朝歌。赵王歇，徙王代。赵相张耳为常山王，都襄国。当阳君黥布为九江王，都六。怀王柱国共敖为临江王，都江陵。番君吴芮为衡山王，都邾。燕将臧荼为燕王，都蓟。故燕王韩广徙王辽东。广不听，臧荼攻杀之无终。封成安君陈余河间三县，居南皮。封梅鋗十万户。四月，兵罢戏下，诸侯各就国。

【译文】

项羽向西进军，屠杀无辜，烧毁了咸阳的秦朝宫殿，所经过的地方，都遭到摧残破坏。秦地的百姓大失所望，然而害怕项羽，不敢不服从。

项羽派人回去报告楚怀王，楚怀王说："按照原来的约定办。"项羽怨恨楚怀王不肯让他与沛公一起向西进兵，攻打关中，而派他向北率兵救赵，在天下诸侯争夺称王关中的约定中落在后面。就说："怀王这个人，我叔父项梁立他为王，没有什么功劳，凭什么主持约定。本来使天下安定的人，是诸位将领和我项籍。"就表面上推尊楚怀王为义帝，实际上不听从他的命令。

正月，项羽自立为西楚霸王，在梁、楚地区的九个郡称王，把都城建立在彭城。背弃原来的约定，改封沛公为汉王，统治巴、蜀、汉中地区，把都城建立在南郑。把关中分为三部分，封立秦朝的三个将领：章邯为雍王，以废丘为都，司马欣为塞王，以栎阳为都，董翳为翟王，以高奴为都。封楚将瑕丘申阳为河南王，以洛阳为都。封赵将司马卬为殷王，以朝歌为都。赵王歇迁徙代地称王。封赵将张耳为常山王，以襄国为都。封当阳君黥布为九江王，以六县为都。封楚怀王柱国共敖为临江王，以江陵为都。封少数民族首领吴芮为衡山王，以邾县为都。封燕将臧荼为燕王，以蓟县为都。将原来的燕王韩广迁徙辽东称王。韩广不服从，臧荼在无终进攻并杀死韩广。封给成安君陈余河间三县，住在南皮。封给梅鋗十万户的封邑。四月，诸侯离开项羽军队，各自回封地。

汉王之国，项王使卒三万人从，楚与诸侯之慕从者数万人，从杜南入蚀中。去辄烧绝栈道，以备诸侯盗兵袭之，亦示项羽无东意。至南郑，诸将及士卒多道亡归，士卒皆歌思东归。韩信说汉王曰："项羽王诸将之有功者，而王独居南郑，是迁也。军吏士卒皆山东之人也，日夜而望归，及其锋而用之，可以有大功。天下已定，人皆自宁，不可复用。不如决策东向，争权天下。"

八月，汉王用韩信之计，从故道还，袭雍王章邯。邯迎击汉陈仓，雍兵败，还走；止战好畤，又复败，走废丘。汉王遂定雍地。东至咸阳，引兵围雍王废丘，而遣诸将略定陇西、北地、上郡。令将军薛欧、王吸出武关，因王陵兵南阳，以迎太公、吕后于沛。楚闻之，发兵距之阳夏，不得前。令故吴令郑昌为韩王，距汉兵。

二年，汉王东略地，塞王欣、翟王翳、河南王申阳皆降。韩王昌不听，使韩信击破之。于是置陇西、北地、上郡、渭南、河上、中地郡；关外置河南郡。更立韩太尉信为韩王。诸将以万人若以一郡降者，封万户。缮治河上塞。诸故秦苑囿园池，皆令人得田之。正月，虏雍王弟章平，大赦罪人。

汉王之出关至陕，抚关外父老，还，张耳来见，汉王厚遇之。

【译文】

汉王前往封地，项王让他率领三万士兵，楚国和其他诸侯国的士卒仰慕汉王而追从的有几万人。他们从杜县南面进入蚀中，进入汉中后就烧断栈道，以防备诸侯军和匪徒的袭击，也以此向项羽表示没有东进的意图。到达南郑，众将领和士卒很多在半路逃跑，剩下的都唱歌表示思念东方欲归故乡。韩信劝汉王说："项羽封诸将有功的为王，而大王独自被封在南郑，这实际上是降职迁徙。军中官吏和士卒都是崤山以东的人，日夜翘首盼望回到自己的家乡。乘他们气势旺盛时加以利用，可以建立大的功业，等到天下稳定了，人们都安下心来，就不好再利用了。不如制订计划向东进军，争夺天下大权。"项羽出了函谷关，派人迁徙义帝。说："古代做帝王的统辖方圆千里见方的土地，必须居住在江河上游。"于是派使者把义帝迁徙到长沙郴县，催促义帝快走。群臣渐渐地背叛了项羽，项羽让衡山王、临江王袭击义帝，把义帝杀死在长江以南。项羽怨恨田荣，封齐将田都为齐王。田荣恼怒，就自立为齐王，杀死田都，反叛项羽，把将军印给了彭越，让他在梁地起兵反楚。楚派萧公角攻打彭越，彭越大败萧公角。陈余怨恨项羽不封自己为王，派夏说游说田荣，借兵攻打张耳。齐王田荣借兵给陈余，击败了常山王张耳，张耳逃跑归附了汉王。陈余从代接回赵王歇，重新立为赵王，赵王便封陈余为代王。项羽大怒，出兵向北攻打齐国。

八月，汉王用韩信的计策，从原来进汉中的那条路回军关中，袭击雍王章邯。章邯在陈仓迎击汉军，兵败退走，在好畤停下来应战，又被打败，只好逃到废丘。汉王随即平定了雍地。向东到达咸阳，率军队围攻雍王屯驻的废丘，又派遣将领攻占了陇西、北地、上郡。派将军薛欧、王吸率兵出武关，借助王陵驻扎在南阳的兵力，到沛县迎接太公、吕后。楚听到这一消息，出兵在阳夏阻挡，汉军不能通过。楚封原吴县县令郑昌为韩王，抵抗汉军。

▲ 栈道遗址

二年，汉王向东进攻，塞王司马欣、翟王董翳、河南王申阳都投降了。韩王郑昌不愿归附，汉王派韩信打败了他。于是设置了陇西、北地、上郡、渭南、河上、中地各郡，关外设置了河南郡。改立韩太尉信为韩王。将领中率领一万人或一郡投降的，封给一万户作为食邑。整修河上郡内的长城。原来秦王的猎场和园林都交还百姓开垦耕种。正月，俘虏了雍王的弟弟章平。大赦有罪的人。

汉王出函谷关到达陕县，抚慰关外百姓，回来后，张耳来求见，汉王给了他优厚的待遇。

楚汉久相持未决，丁壮苦军旅，老弱罢转饷。汉王、项羽相与临广武之间而语。项羽欲与汉王独身挑战。汉王数项羽曰："始与项羽俱受命怀王，曰'先入定关中者王之'，项羽负约，王我于蜀、汉，罪一。项羽矫杀卿子冠军而自尊，罪二。项羽已救赵，当还报，而擅劫诸侯兵入关，罪三。怀王约入秦无暴掠，项羽烧秦宫室，掘始皇帝冢，私收其财物，罪四。又强杀秦降王子婴，罪五。诈坑秦子弟新安二十万，王其将，罪六。项羽皆王诸将善地，而徙逐故主，令臣下争叛逆，罪七。项羽出逐义帝彭城，自都之，夺韩王地，并王梁、楚，多自予，罪八。项羽使人阴弑义帝江南，罪九。夫为人臣而弑其主，杀已降，为政不平，主约不信，天下所不容，大逆无道，罪十也。吾以义兵从诸侯诛残贼，使刑余罪人击杀项羽，何苦乃与公挑战！"项羽大怒，伏弩射中汉王。汉王伤匈，乃扪足曰："虏中吾指！"汉王病创卧，张良强请汉王起行劳军，以安士卒，毋令楚乘胜于汉。汉王出行军，病甚，因驰入成皋。

【译文】

楚、汉长期相持，胜负未决，年轻力壮的苦于当兵打仗，年老体弱的疲于转运粮草。一天，汉王、项羽一同站在广武涧两边对话。项羽想跟汉王单独决战。汉王列举项羽的罪过说："最初我和你项羽都接受怀王命令，说是先平定关中的，就在关中做王。你项羽违背约定，让我在蜀、汉做王，这是第一罪。你项羽假借怀王的命令，杀了主将宋义，而尊自己为上将军，这是第二罪。你项羽援救了赵地以后，应当返回复命，而你擅自胁迫诸侯的军队进入函谷关，这是第三罪。怀王约定到了秦地不要残暴掠夺，你项羽火烧秦朝宫室，掘了秦始皇的坟墓，私自聚敛财物，这是第四罪。你又强行杀掉已投降的秦王子婴，这是第五罪。用欺骗的手段把二十万秦军活埋在新安，而封他们的将领做王，这是第六罪。你项羽让自己的将领都在好地方做王，而迁走原来的诸侯王，使臣下争斗反叛，这是第七罪。你项羽把义帝驱逐出彭城，自己建都彭城，夺取韩王的土地，合并梁、楚土地，多划给自己土地，这是第八罪。你项羽派人在长江以南暗杀义帝，这是第九罪。为人臣下而杀害了他的君主。屠杀已经投降的人，执政不公允，主持约定不守信用，为天下人所不容，大逆不道，这是第十罪。我带领正义之师随从诸侯来诛除残暴的贼人，派受过刑的囚犯就可以杀死你项羽，我何苦与你挑战！"项羽大怒，埋伏弓弩射中了汉王。汉王伤了胸部，却摸着脚说："贼人射中了我的脚趾！"汉王身受箭伤，卧床不起，张良坚持请汉王巡行慰劳士卒，以安定军心，不让楚军乘机胜了汉军。汉王出来巡视军队，伤势加重，就驱车进入城皋。

当此时，彭越将兵居梁地，往来苦楚兵，绝其粮食。田横往从之。项羽数击彭越等，齐王信又进击楚。项羽恐，乃与汉王约，中分天下，割鸿沟而西者为汉，鸿沟而东者为楚。项王归汉王父母妻子，军中皆呼万岁，乃归而别去。

项羽解而东归。汉王欲引而西归，用留侯、陈平计，乃进兵追项羽。至阳夏南止军，与齐王信、建成侯彭越期会而击楚军。至固陵，不会。楚击汉军，大破之。汉王复入壁，深堑而守之。用张良计，于是韩信、彭越皆往。及刘贾入楚地，围寿春。汉王败固陵，乃使使者召大司马周殷举九江兵而迎武王，行屠城父，随刘贾、齐梁诸侯皆大会垓下。立武王布为淮南王。

五年，高祖与诸侯兵共击楚军，与项羽决胜垓下。淮阴侯将三十万自当之，孔将军居左，费将军居右，皇帝在后，绛侯、柴将军在皇帝后。项羽之卒可十万。淮阴先合，不利，却。孔将军、费将军纵，楚兵不利，淮阴侯复乘之，大败垓下。项羽卒闻汉军之楚歌，以为汉尽得楚地，项羽乃败而走，是以兵大败。使骑将灌婴追杀项羽东城，斩首八万，遂略定楚地。鲁为楚坚守不下。汉王引诸侯兵北，示鲁父老项羽头，鲁乃降。遂以鲁公号葬项羽谷城。还至定陶，驰入齐王壁，夺其军。

【译文】

当时，彭越带兵驻扎梁地，来回地骚扰楚军，断绝它的粮食。田横前往依附彭越。项羽多次攻打彭越等人，齐王韩信又进攻楚军。项羽恐惧，就与汉王约定，平分天下，割鸿沟以西归汉，鸿沟以东归楚。项王送回汉王的父母、妻子、儿女，汉军全都高呼万岁，楚军撤兵离去。

项羽率兵东撤。汉王想要带兵向西回关中，后来采用留侯、陈平的计策，进兵追击项羽，到达阳夏南面驻扎下来。与齐王韩信、建成侯彭越约定时间会合攻打楚军。到了固陵，

▲ 垓下遗址

没有会合。楚军进攻汉军，汉军大败。汉王又进入营垒，挖深了壕沟进行防守。使用了张良的计策，于是韩信、彭越都前来会合。刘贾进入楚地，围攻寿春。汉王在固陵战败，就派使者去告诉大司马周殷，让他用九江全部士卒迎接武王黥布，黥布、周殷行军至城父进行屠杀。他们随从刘贾和齐、梁的诸侯在垓下会合。汉王封武王黥布为淮南王。

五年，高祖和诸侯军一起攻打楚军，与项羽在垓下决一胜负。淮阴侯率兵三十万独当正面，其部属孔将军率军队布置在左面，费将军率军队布置在右面，汉王居后，绛侯、柴将军跟随在汉王后面。项羽率兵大约十万。淮阴侯首先与楚军交战，没有取胜，退却下来。孔将军、费将军纵兵出击，楚军不利，淮阴侯又乘势反攻，在垓下大败项羽。项羽突然听到汉军中的楚地歌声，以为汉军全部占领了楚地，项羽便败退逃跑，于是楚兵大败。汉王派骑兵将领灌婴在东城追击项羽，斩首八万，终于平定了楚地。鲁县为楚国坚守城池，汉军没有攻下，汉王带领诸侯军北上，把项羽的头给鲁县父老们看，鲁才投降了。于是就用鲁公的封号在谷城埋葬了项羽。汉王回到定陶，快速进入齐王韩信的营垒，夺了他的兵权。

正月，诸侯及将相相与共请尊汉王为皇帝。汉王曰："吾闻帝贤者有也，空言虚语，非所守也，吾不敢当帝位。"群臣皆曰："大王起微细，诛暴逆，平定四海，有功者辄裂地而封为王侯。大王不尊号，皆疑不信。臣等以死守之。"汉王三让，不得已，曰："诸君必以为便，便国家。"甲午，乃即皇帝位汜水之阳。

皇帝曰："义帝无后。齐王韩信习楚风俗，徙为楚王，都下邳。立建成侯彭越为梁王，都定陶。故韩王信为韩王，都阳翟。徙衡山王吴芮为长沙王，都临湘。番君之将梅鋗有功，从入武关，故德番君。淮南王布、燕王臧荼、赵王敖皆如故。"

高祖置酒雒阳南宫。高祖曰："列侯诸将无敢隐朕，皆言其情。吾所以有天下者何？项氏之所以失天下者何？"高起、王陵对曰："陛下慢而侮人，项羽仁而爱人。然陛下使人攻城略地，所降下者因以予之，与天下同利也。项羽妒贤嫉能，有功者害之，贤者疑之，战胜而不予人功，得地而不予人利，此所以先失下也。"高祖曰："公知其一，未知其二。夫运筹策帷帐之中，决胜于千里之外，吾不如子房；镇国家，抚百姓，给馈饷，不绝粮道，吾不如萧何；连百万之军，战必胜，攻必取，吾不如韩信。此三者，皆人杰也，吾能用之，此吾所以取天下也。项羽有一范增而不能用，此其所以为我擒也。"

【译文】

正月，诸侯和将相一起请求尊立汉王为皇帝。汉王说："我听说皇帝这一尊号，属于有贤德的人，不是我这种徒有虚名的人所能占有的，我不敢承受皇帝之位。"群臣都说："大王起于贫寒，诛暴讨逆，平定四海，有功的人就封王侯，赏罚分明。大王不尊称名号，大家对自己的封号都要疑虑，不敢信以为真。臣等誓死坚持大王尊称皇帝。"汉王再三谦让，才迫不得已地说："大家一定以为这样吉利，我就做有利于国家的事。"甲午日，在汜水北面即皇帝位。

皇帝说："义帝没有后代。齐王韩信熟悉楚地风俗，改封其为楚王，以下邳为都。封建成侯彭越为梁王，以定陶为都。原来的韩王信仍为韩王，以阳翟为都。迁徙衡山王吴芮为长沙王，以临湘为都。番君的将领梅鋗立有战功，跟随进入武关，皇帝以此感谢番君的恩德。淮南王黥布、燕王臧荼、赵王张敖都保持旧封。"

高祖在洛阳南宫摆设酒席。高祖说："各位诸侯和将领不要隐瞒我，都要说心里话。我能够得到天下是什么原因？项氏失去天下是什么原因？"高起、王陵回答说："陛下傲慢而侮辱人，项羽仁慈而爱护人。然而陛下派人攻城略地，所招降攻占的地方就封给他，与天下人利益相共。项羽嫉贤妒能，有功的人被陷害，贤能的人受到怀疑，打了胜仗却不论功行赏，取得了土地却不分给功臣好处，这就是他所以失去天下的原因。"高祖说："你们知其一，不知其二。说到在帷帐中运筹划策，决定千里之外的胜负，我不如张良。镇守国家，安抚百姓，供给军粮，畅通粮道，我不如萧何。统率百万大军，战必胜，攻必克，我不如韩信。这三个人，都是人中俊杰，我能任用他们，这是我取得天下的原因。项羽有一个范增而不能任用，这是他被我擒杀的原因。"

六年，高祖五日一朝太公，如家人父子礼。太公家令说太公曰："天无二日，土无二王。今高祖虽子，人主也；太公虽父，人臣也。奈何令人主拜人臣！如此则威重不行。"后高祖朝，太公拥彗迎门却行。高祖大惊，下扶太公。太公曰："帝，人主也，奈何以我乱天下法！"于是高祖乃尊太公为太上皇。心善家令言，赐金五百斤。

十二月，人有上变事告楚王信谋反，上问左右，左右争欲击之。用陈平计，乃伪游云梦，会诸侯于陈，楚王信迎，即因执之。是日，大赦天下。田肯贺，因说高祖曰："陛下得韩信，又治秦中。秦，形胜之国，带河山之险，县隔千里，持戟百万，秦得百二焉。地执便利，其以下兵于诸侯，譬犹居高屋之上建瓴水也。夫齐，东有琅邪、即墨之饶，南有泰山之固，西有浊河之限，北有勃海之利，地方二千里，持戟百万，县隔千里之外，齐得十二焉。故此东西秦也。非亲子弟，莫可使王齐矣。"高祖曰："善。"赐黄金五百斤。

后十余日，封韩信为淮阴侯，分其地为二国。高祖曰将军刘贾数有功，以为荆王，王淮东。弟交为楚王，王淮西。子肥为齐王，王七十余城，民能齐言者皆属齐。乃论功，与诸列侯剖符行封。徙韩王信太原。

七年，匈奴攻韩王信马邑，信因与谋反太原。白土曼丘臣、王黄立故赵将赵利为王以反，高祖自往击之。会天寒，士卒堕指者什二三，遂至平城。匈奴围我平城，七日而后罢去。令樊哙止定代地，立兄刘仲为代王。

【译文】

六年，高祖五天朝见一次太公，采用一般百姓的子拜父礼节。太公家的官吏劝诫太公说："天无二日，地无二主，如今高祖虽然是儿子，但他是万民的君主；太公虽然是父亲，但属于臣下。怎么能让君主拜见臣下！这样，就使君主失去了威严和尊贵。"后来高祖朝拜太公，太公抱着扫帚，面向门口，倒退着行走。高祖很吃惊，下车搀扶太公。太公说：“皇帝是万民的君主，怎么能因为我破坏了天下的法纪！”于是高祖就尊奉太公为太上皇。高祖心中很赞赏太公家的官吏的话，赏赐给他黄金五百斤。

▲ 韩信像

十二月，有人上书告发楚王韩信谋反。高祖询问大臣如何处理，大臣们争着要去攻打韩信。高祖采用陈平的计策，假装巡游云梦大泽，让诸侯到陈来朝见，楚王韩信去迎接，就趁机拘捕了他。这一天，大赦天下。田肯来祝贺，趁机劝高祖说：“陛下抓到韩信，又建都秦中。秦地是地理形势优越的地方，有阻山带河之险，与诸侯国相隔千里，天下若有一百万的军队，关中就占了百分之二。地势便利，从这里出兵诸侯，犹如高屋建瓴。齐地，东有琅琊、即墨的富饶，南有泰山的险固，西有浊河这一天然界限，北有渤海渔盐之利益，土地方圆两千里，一百万的军队，与各诸侯国相隔千里，齐地拥有天下兵力的十分之二，所以这两个地方是东秦和西秦。不是陛下的嫡亲子弟，不要派他在齐地做王。”高祖说：“好。”赏赐他黄金五百斤。

十多天以后，封韩信为淮阴侯，把他的封地分为两个部分。高祖说将军刘贾屡建战功，封为荆王，在淮东称王。封自己的弟弟刘交为楚王，在淮西称王。封儿子刘肥为齐王，封给七十余城，百姓中能讲齐地语言的都归属齐国。高祖论定功劳大小，与列侯剖开符节作为凭证，进行封赏，把韩王信迁徙到太原。

七年，匈奴在马邑攻打韩王信，韩王信趁机勾结匈奴在太原谋反。白土人曼丘臣、王黄立原来的赵国将领赵利为王，反叛汉朝，高祖亲自前往讨伐他们。正遇上天气寒冷，士卒十人中有两三个都冻掉了手指头，终于到达了平城。匈奴在平城包围高祖，七天之后才撤兵离去。高祖命令樊哙留下来平定代地，立哥哥刘仲为代王。

萧丞相营作未央宫，立东阙、北阙、前殿、武库、太仓。高祖还，见宫阙壮甚，怒，谓萧何曰：“天下匈匈苦战数岁，成败未可知，是何治宫室过度也？”萧何曰：“天下方未定，故可因遂就宫室。且夫天子以四海为家，非壮丽无以重威，且无令后世有以加也。”高祖乃悦。

未央宫成。高祖大朝诸侯群臣，置酒未央前殿。高祖奉玉卮，起为太上皇寿，曰：“始大人常以臣无赖，不能治产业，不如仲力。今某之业所就孰与仲多？”殿上群臣皆呼万岁，大笑为乐。

八月，赵相国陈豨反代地。上曰：“豨尝为吾使，甚有信。代地吾所急也，故封豨为列侯，以相国守代，今乃与王黄等劫掠代地！代地吏民非有罪也，其赦代吏民。”

九月，上自东往击之。至邯郸，上喜曰："豨不南据邯郸而阻漳水，吾知其无能为也。"闻豨将皆故贾人也，上曰："吾知所以与之。"乃多以金啖豨将，豨将多降者。

十一年，高祖在邯郸诛豨等未毕，豨将侯敞将万余人游行，王黄军曲逆，张春渡河击聊城。汉使将军郭蒙与齐将击，大破之。太尉周勃道太原入，定代地。至马邑，马邑不下，即攻残之。

豨将赵利守东垣，高祖攻之，不下。月余，卒骂高祖，高祖怒。城降，令出骂者斩之，不骂者原之。于是乃分赵山北，立子恒以为代王，都晋阳。

春，淮阴侯韩信谋反关中，夷三族。

【译文】

萧丞相修筑未央宫，建立东阙、北阙、前殿、武库、太仓。高祖回来，看见宫阙极为壮丽，非常生气，对萧何说："天下纷乱，苦战多年，成败尚未可知，现在为什么要修建豪华的宫室呢？"萧何说："天下没有安定，所以才乘这个时机建成宫室。况且天子统治天下，宫室不壮观华丽，就不足以显示天子的尊贵和威严，并且也是为了不让后世造宫殿时超过它。"于是高祖高兴了。

未央宫建成了。高祖召集诸侯和群臣，在未央宫前殿摆设酒宴。高祖手捧玉制酒杯，起身给太上皇敬酒，说："当初您常常认为我游手好闲，不能料理产业，不如二哥刘仲得力。如今我成就的事业与他相比，谁的多呢？"殿上群臣都高呼万岁，大笑作乐。

八月，赵相国陈豨在代地反叛。高祖说："陈豨曾经跟随过我，非常值得信赖。代地是我认为多事的地方，因此封陈豨为列侯，以相国名义守卫代地，如今竟和王黄等在代地反叛。代地的官吏和百姓并没有罪，赦免代地的官吏百姓。"九月，高祖亲自向东攻打陈豨。到达邯郸，高祖高兴地说："陈豨不向南占据守卫邯郸，却凭借着漳水摆开军队，我知道他是没有本事的。"听说陈豨的将领都是过去的商人，高祖说："我知道该怎样对付他们了。"就用黄金收买陈豨的将领，陈豨的将领有很多都投降了。

十一年，高祖在邯郸讨伐陈豨等人还没有结束，陈豨的将领侯敞带领一万多人游击作战，王黄在曲逆驻军，张春渡过黄河进攻聊城。汉军派将军郭蒙与齐国的将领联合进攻，把他们打得大败。太尉周勃从太原进军，平定代地。到了马邑，马邑叛军拒不投降，汉军就把它攻打得城破人亡。

陈豨的将领赵利固守东垣，高祖率军攻打，没有攻下。一个多月间，赵利士卒辱骂高祖，高祖十分气愤。后来叛军投降了，高祖命令找出辱骂自己的人把他们斩首，没有辱骂高祖的就宽恕他

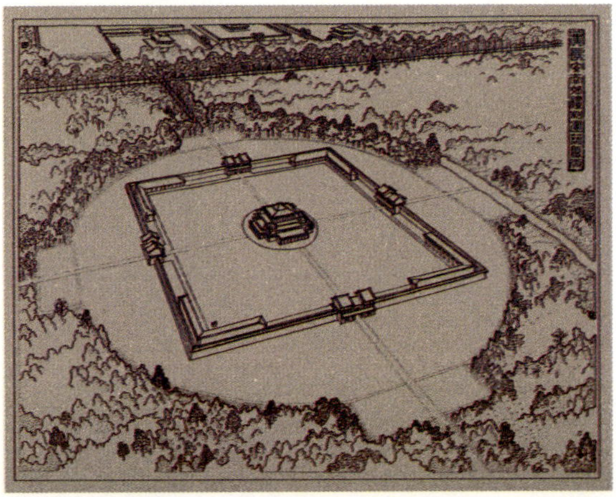

▲ 汉长安城建筑

们。于是划出赵国常山以北的地方，封儿子刘恒为代王，建都晋阳。

春天，淮阴侯韩信在关中谋反，被诛灭三族。

高祖还归，过沛，留。置酒沛宫，悉召故人父老子弟纵酒，发沛中儿得百二十人，教之歌。酒酣，高祖击筑，自为歌诗曰："大风起兮云飞扬，威加海内兮归故乡，安得猛士兮守四方！"令儿皆和习之。高祖乃起舞，慷慨伤怀，泣数行下。谓沛父兄曰："游子悲故乡。吾虽都关中，万岁后吾魂魄犹乐思沛。且朕自沛公以诛暴逆，遂有天下，其以沛为朕汤沐邑，复其民，世世无有所与。"沛父兄诸母故人日乐饮极欢，道旧故为笑乐。十余日，高祖欲去，沛父兄固请留高祖。高祖曰："吾人众多，父兄不能给。"乃去。沛中空县皆之邑西献。高祖复留止，张饮三日。沛父兄皆顿首曰："沛幸得复，丰未复，唯陛下哀怜之。"高祖曰："丰吾所生长，极不忘耳，吾特为其以雍齿故反我为魏。"沛父兄固请，乃并复丰，比沛。于是拜沛侯刘濞为吴王。

汉将别击布军洮水南北，皆大破之，追得斩布鄱阳。樊哙别将兵定代，斩陈豨当城。

【译文】

高祖率军归还，路过沛县，停留下来。在沛宫摆设酒宴，把过去的朋友和父老子弟全部召集来纵情畅饮。挑选沛中儿童一百二十人，教他们唱歌。酒喝到高兴时，高祖击着筑，自己作了一首诗，唱起来："大风起兮云飞扬，威加海内兮归故乡，安得猛士兮守四方！"让儿童都跟着学唱。高祖又跳起舞，慷慨悲壮，泪流满面。他对沛县父兄们说："远游的人思念故乡。我虽然把都城建在关中，百年以后，我的魂魄还是愿意回到沛县。我从做沛公开始，诛暴讨逆，终于取得了天下。用沛县作为我的休息停留的地方，免除沛县百姓的徭役，世世代代不用服徭役。"高祖与沛县父老兄弟、大婶大娘、旧日朋友天天开怀畅饮，取笑作乐。过了十多天，高祖要离去，沛县父老兄弟执意挽留高祖。高祖说："我的随从人员众多，父兄们供养不起。"于是高祖就动身了。沛县百姓倾城而出，都到城西争献酒肉。高祖又停留下来，搭起帐篷，饮宴三天。沛县父兄们都叩头请求说："沛县幸运地得以免除徭役，丰邑还没有获准免除。请陛下哀怜丰邑。"高祖说："丰邑是我生长的地方，绝不会忘记，我只是因为丰曾在雍齿的率领下反叛我而帮助魏国。"沛县父兄们坚持请求，这才一并免除了丰邑的徭役，和沛县相同。封沛侯刘濞为吴王。

▲ 歌风台

汉高祖平定了英布叛乱后，于归途中经故乡沛县，酒酣之时，有感于昔日亡秦灭楚的戎马生涯，欣喜于既成帝业，即兴击筑而歌："大风起兮云飞扬，威加海内兮归故乡，安得猛士兮守四方。"后沛人于鸣唱处筑"歌风台"以纪念。

汉军将领在洮水南北两路追击黥布的军队，都大获全胜，在鄱阳追获杀死了黥布。樊哙和另一位将领率兵平定代地，在当城杀死了陈豨。

高祖击布时，为流矢所中，行道病。病甚，吕后迎良医。医入见，高祖问医。医曰："病可治。"于是高祖嫚骂之曰："吾以布衣提三尺剑取天下，此非天命乎？命乃在天，虽扁鹊何益！"遂不使治病，赐金五十斤罢之。已而吕后问："陛下百岁后，萧相国即死，令谁代之？"上曰："曹参可。"问其次，上曰："王陵可。然陵少戆，陈平可以助之。陈平智有余，然难以独任。周勃重厚少文，然安刘氏者必勃也，可令为太尉。"吕后复问其次，上曰："此后亦非而所知也。"

卢绾与数千骑居塞下候伺，幸上病愈自入谢。

四月甲辰，高祖崩长乐宫。四日不发丧。吕后与审食其谋曰："诸将与帝为编户民，今北面为臣，此常怏怏，今乃事少主，非尽族是，天下不安。"人或闻之，语郦将军。郦将军往见审食其，曰："吾闻帝已崩，四日不发丧，欲诛诸将。诚如此，天下危矣。陈平，灌婴将十万守荥阳，樊哙、周勃将二十万定燕、代，此闻帝崩，诸将皆诛，必连兵还乡以攻关中。大臣内叛，诸侯外反，亡可翘足而待也。"审食其入言之，乃以丁未发丧，大赦天下。

卢绾闻高祖崩，遂亡入匈奴。

【译文】

高祖攻打黥布时，被乱箭射中，行进途中得了病。病情严重，吕后请来好医生。医生进去见高祖，高祖询问医生，医生说："病可以治好。"于是高祖谩骂医生说："我凭借一个平民的身份，用武力取得天下，这不是天命吗？命运在天，即使有神医扁鹊，又有什么用处！"高祖不让医生治病，赐给他黄金五十斤，让他走。不久吕后问高祖："陛下百年以后，萧相国如果死了，让谁接替他？"高祖说："曹参可以。" 又问接下来会是谁，高祖说："王陵可以。然而王陵稍为憨直，陈平可以帮助他。陈平聪明有余，然而难以独当大任。周勃稳重厚道，缺少文才，但能安定刘氏天下的一定是周勃，可以让他做太尉。"吕后又问接下来会是谁，高祖说："这以后也不是你所能知道的。"

卢绾和数千名骑兵停留在边塞等待着，希望高祖病好了，自己入朝请罪。

四月甲辰，高祖在长乐宫去世。过了四天仍不发丧。吕后和审食其商量说："将领们和皇帝是一样的平民，后来北面称臣，为此常常怏怏不乐。现在让他们侍奉年轻的皇帝，（心里会更不高兴）不彻底消灭这些人，天下不会安定。"有人听到了这个消息，告诉了将军郦商。郦将军去见审食其，说："我听说皇帝已经驾崩，四天不发丧，想要诛杀将领们。如果真是这样，天下就危险了。陈平、灌婴统率十万军队驻守荥阳，樊哙、周勃统率二十万军队平定燕、代，这时听到皇帝驾崩，将领们全都被杀，必定联合起来回来向关中进攻。大臣在内部叛乱，诸侯在外部造反，天下覆灭不远了。"审食其进宫把这些话告诉了吕后，于是就在丁未发丧，大赦天下。

卢绾听说高祖驾崩，就逃入匈奴。

司马迁与《史记》

司马迁的父亲司马谈，在汉武帝建元至元封年间任太史令，早年立志撰写一部通史，广泛地涉猎了各种资料。武帝元封元年（公元前110年），司马谈因病去世。弥留之际，对司马迁谆谆嘱咐：一定要继承遗志，写好一部史书。3年后，司马迁继任太史令。司马谈虽然未能动手撰写通史，但为《史记》的撰写积累了大量的第一手资料，确立了部分论点。而且，他在学术观点上的兼容并包而又崇尚道家的倾向，对司马迁有直接影响。

司马迁小档案

姓名： 司马迁，字子长。

年代： 西汉。

生卒： 公元前145～前90年。

籍贯： 夏阳（今陕西韩城南）人，一说龙门（今山西河津）人。

职业： 史学家、文学家、思想家。

官职： 太史令。

西汉史学家——司马迁

少年读书

司马迁在史官家庭中长大，受到良好的文化熏陶，10岁时在父亲的指导下开始诵读文献，打下了坚实的古文基础。

20岁时司马迁有过漫游的经历，到过东南许多地方。这不仅拓展了他的视野，而且为《史记》的写作搜集了许多新鲜的材料。

中年著书

公元前104年，司马迁开始编写《史记》。公元前98年，李陵战败投降匈奴，司马迁因替李陵辩解而被捕入狱，处以宫刑。出狱后，任中书令，他忍辱含垢，继续写作《史记》。至公元前90年，完成全书的撰写和修改工作，前后历时15年。

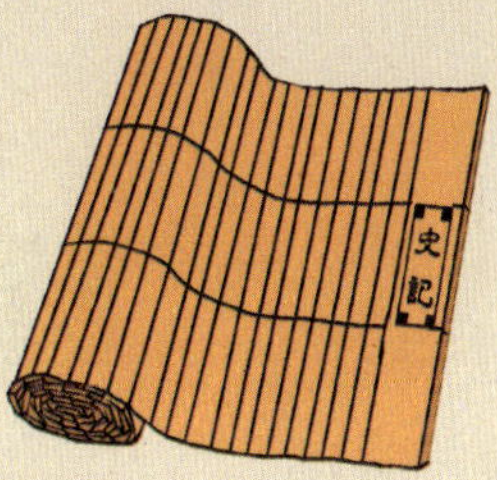

·司马迁以“究天人之际，通古今之变，成一家之言”的史识完成《史记》创作。

·《史记》记载了从上古传说中的黄帝时期，到汉武帝元狩元年（公元前122年），长达3000多年的历史。

·被鲁迅誉为“史家之绝唱，无韵之离骚”，对后世影响极为巨大。

·《史记》与《资治通鉴》并称为“史学双璧”，司马迁与司马光并称“史界两司马”。

《史记》		
	十二本纪	记历代帝王政绩。
	三十世家	记诸侯国和汉代诸侯、勋贵兴亡。
	七十列传	记重要人物的言行事迹，主要叙人臣，其中最后一篇为自序。
	十　　表	大事年表。
	八　　书	记各种典章制度，记礼、乐、音律、历法、天文、封禅、水利、财用。

·十二本纪是纲领，统摄上自黄帝、下至西汉武帝时代3000年的兴衰沿革。

·十表、八书作为十二本纪的补充，形成纵横交错的叙事网络。

·三十世家围绕十二本纪而展开，用司马迁自己的话来说，世家与本纪的关系，犹如“二十八宿环北拱，三十辐共一毂，运行无穷”。

·七十列传，则是历史天宇上北斗、二十八宿以外的群星。

《史记》是我国纪传体史学的奠基之作，同时也是我国传记文学的开端。中国古代史传文学在先秦时期就已经初具规模，记言为《尚书》，记事为《春秋》，其后又有编年体的《左传》和国别体的《国语》《战国策》。但是，以人物为中心的纪传体史学著作，却是司马迁首创。

司马迁

三国志

诸葛亮前出师表

臣亮言：先帝创业未半而中道崩殂①，今天下三分，益州疲敝，此诚危急存亡之秋也。然侍卫之臣不懈于内，忠志之士忘身于外者，盖追先帝之殊遇，欲报之于陛下也。诚宜开张圣听，以光先帝遗德，恢宏志士之气，不宜妄自菲薄，引喻失义，以塞忠谏之路也。宫中府中，俱为一体，陟罚臧否②，不宜异同。若有作奸犯科及为忠善者，宜付有司论其刑赏③，以昭陛下平明之治，不宜偏私，使内外异法也。

侍中、侍郎郭攸之、费祎、董允等，此皆良实，志虑忠纯，是以先帝简拔以遗陛下。愚以为宫中之事，事无大小，悉以咨之，然后施行，必能裨补阙漏④，有所广益。将军向宠，性行淑均，晓畅军事，试用于昔日，先帝称之曰能，是以众议举宠以为督。愚以为营中之事，事无大小，悉以咨之，必能使行阵和穆，优劣得所也。亲贤臣，远小人，此先汉所以兴隆也；亲小人，远贤臣，此后汉所以倾颓也。先帝在时，每与臣论此事，未尝不叹息痛恨于桓、灵也。侍中、尚书、长史、参军，此悉贞亮死节之臣也，愿陛下亲之信之，则汉室之隆，可计日而待也。

【注释】

①先帝：指刘备。殂：死亡。②陟：奖赏。臧：善。否：恶。③有司：有关部门。④裨：补助。

【译文】

臣诸葛亮上表进言：先帝创建大业未到一半而中途去世，现在天下三分，而益州地区国小兵弱，最为困苦疲惫，这实在是关系到国家存亡的危急时刻了。然而朝中侍卫大臣丝毫不放松懈怠，忠诚有志的将士在外舍生忘死，这是因为他们追念先帝对他们有不同一般的恩遇，想要在陛下身上有所报答啊。陛下实在应当广开言路，光大先帝的遗德，使忠臣志士的精神得以振奋，不应该随便看轻自己，常常言语失当，从而堵塞了忠臣进言规劝的道路啊。宫廷中的近臣和丞相府的官员，都是一个整体，奖善罚恶，不应该有所不同。如果有做奸邪之事、触犯法令的人，以及那些尽忠行善的人，应当交付有关部门评判他们应得的惩罚和奖赏，来表明陛下公正严明的治理方针，不应该有所偏袒，使得内廷外府法度不一。

侍中、侍郎郭攸之、费祎、董允等人，都是贤良而且实在的人，他们的志向思想忠诚纯正，因此先帝把他们选拔出来留给陛下。我认为宫廷里的事务，不论大小，都先向他们咨询，然后施行，那就一定能弥补缺漏，得到广泛的益处。将军向宠，性格和善，办事公正，精通军事，从前试用他的时候，先帝称赞他有才能，因此大家商议举荐他做中部督。我认为军中的事，不论大小，都向他咨询，这样一定能使军中将士和睦相处，才能不同的人能够各得其所。亲近贤臣，疏远小人，这是先汉得以兴盛的原因；亲近小人，疏远贤臣，这是后汉颓败的原因。先帝在世时，每次和我谈论此事，未尝不对桓、灵二帝表示遗憾、痛恨。侍中、尚书、长史、参军，这些人都是坚贞贤能，能以死殉节的忠臣，希望陛下亲近他们、信任他们，那么汉家的兴盛就可以计日而待了。

臣本布衣，躬耕于南阳，苟全性命于乱世，不求闻达于诸侯。先帝不以臣卑鄙，猥自枉屈，三顾臣于草庐之中，咨臣以当世之事，由是感激，遂许先帝以驱驰。后值倾覆，受任于败军之际，奉命于危难之间，尔来二十有一年矣。先帝知臣谨慎，故临崩寄臣以大事也。受命以来，夙夜忧叹，恐托付不效，以伤先帝之明，故五月渡泸，深入不毛。今南方已定，兵甲已足，当奖帅三军，北定中原，庶竭驽钝[①]，攘除奸凶，兴复汉室，还于旧都[②]。此臣之所以报先帝而忠陛下之职分也。

▲ 古隆中

至于斟酌损益，进尽忠言，则攸之、祎、允之任也。愿陛下托臣以讨贼兴复之效，不效，则治臣之罪，以告先帝之灵。若无兴德之言，则责攸之、祎、允之咎，以彰其慢。陛下亦宜自谋，以咨诹善道③，察纳雅言，深追先帝遗诏，臣不胜受恩感激。

今当远离，临表涕泣，不知所云。

【注释】

① 庶：但愿。驽钝：才能低下。② 旧都：指两汉都城长安和洛阳。③ 咨诹：询问。

【译文】

臣本来是个平民百姓，在南阳亲自耕田种地，只想于乱世中苟且保全性命，不希求在诸侯中间显身扬名。先帝不因为我地位低微、学识浅陋，自己降低身份，亲自三次到草庐中来拜访我，向臣咨询当今的大事， 故此我深为感动，于是答应为先帝奔走效劳。后来遭逢战败，我受任于败军之际，奉命于危难之中，到现在已经二十一年了。先帝知道我做事谨慎小心，所以临终之时把国家大事托付给我。我自从接受了先帝的遗命以来，早晚忧虑叹息，唯恐完不成先帝的托付，因而损害先帝的英明，所以在五月渡过泸水，深入到草木不生的荒凉地带。现在南方已然平定，武器军备已经充足，应当鼓励并率领三军进兵北方，平定中原。我也会竭尽自己愚钝的才能，铲除邪恶势力，兴复汉室，返还到故都去。这就是我用来报答先帝、效忠陛下所应尽的分内之事啊。

至于权衡利弊得失，进献忠言，那就是郭攸之、费祎、董允他们的职责了。希望陛下委托我完成讨伐奸贼、复兴汉室的使命，如果我做不出成效，那就治我的罪，用以上告先帝的英灵。如果没有要您发扬盛德的进言，那就责罚郭攸之、费祎、董允等人的过错，彰明他们的怠慢。陛下也应当自己谋划，征求治国的好办法，审察采纳正确的意见，深切地追念先帝的遗训，臣就受恩感激不尽了。

现在要离开陛下远行了，面对奏表我眼泪落下，不知道说了些什么。

▲ 诸葛亮出山图

诸子百家

孙子兵法

始计篇

孙子曰：兵者，国之大事，死生之地，存亡之道，不可不察也。

故经之以五事，校之以计而索其情：一曰道，二曰天，三曰地，四曰将，五曰法。道者，令民与上同意也，故可以与之死，可以与之生，而不畏危。天者，阴阳①、寒暑②、时制也③。地者，远近、险易、广狭、死生也。将者，智、信、仁、勇、严也④。法者，曲制⑤、官道⑥、主用也⑦。凡此五者，将莫不闻。知之者胜，不知者不胜。故校之以计而索其情，曰：主孰有道？将孰有能？天地孰得？法令孰行？兵众孰强？士卒孰练？赏罚孰明？吾以此知胜负矣。

【注释】

① 阴阳：指昼夜、晴雨等不同的气象变化。② 寒暑：指寒冷、炎热等气温差异。③ 时制：指春、夏、秋、冬四季时令的更替。④ 智、信、仁、勇、严：智，智谋才能。信，赏罚有信。仁，爱抚士卒。勇，勇敢果断。严，军纪严明。此句是孙子提出的作为优秀将帅所必须具备的五德。⑤ 曲制：有关军队的组织、编制、通信联络等具体制度。⑥ 官道：指各级将吏的管理制度。⑦ 主用：指各类军需物资的后勤保障制度。主，掌管。用，物资费用。

▲ 武官俑

【译文】

孙子说：战争是国家的大事，关系到军民的生死安危和国家的存亡，是不可以不认真考察研究的。

因此，必须审度敌我五个方面的情况，比较双方的条件，来获得对战争形势的认识。这五个方面一是政治，二是天时，三是地利，四是将领，五是法制。所谓政治，就是要让民众认同、拥护君主的意愿，使得他们能够做到死为君而死、生为君而生，而不害怕危险。所谓天时，就是指昼夜晴雨、寒冷酷热、四时节候的变化。所谓地利，就是指征战路途的远近、地势的险峻或平坦、作战区域的宽广或狭窄、地形对于攻守的益处或弊端。将领，就是说将帅要足智多谋，赏罚有信，爱抚部属，勇敢坚毅，军纪严明。所谓法制，就是指军队组织体制的建设，各级将吏的管理，军需物资的掌管。以上五个方面，作为将帅，都不能不充分了解。充分了解了这些情况，就能打胜仗。不了解这些情况，就不能打胜仗。所以要通过对双方五种情况的比较，来求得对战争形势的认识：哪一方君主政治清明？哪一方将帅更有才能？哪一方拥有天时地利？哪一方法令能够贯彻执行？哪一方武器精良、士卒众多？哪一方士卒训练有素？哪一方赏罚公正严明？我们根据这一切，就可以判断谁胜谁负。

将听吾计，用之必胜，留之。将不听吾计，用之必败，去之。

计利以听[①]，乃为之势，以佐其外。势者，因利而制权也[②]。

兵者，诡道也。故能而示之不能，用而示之不用，近而示之远，远而示之近，利而诱之，乱而取之，实而备之，强而避之，怒而挠之，卑而骄之，佚而劳之，亲而离之。攻其无备，出其不意。此兵家之胜，不可先传也。

夫未战而庙算胜者[③]，得算多也[④]；未战而庙算不胜者，得算少也。多算胜，少算不胜，而况于无算乎[⑤]？吾以此观之，胜负见矣。

【注释】

①计利：计谋有利。听：听从、采纳。②因利而制权也：因，根据、凭依。制，决定、采取之意。权，权变，灵活处置之意。意为根据利害关系采取灵活的对策。③庙算：古代兴师作战之前，通常要在庙堂里商议谋划，分析战争的利害得失，制定作战方略。这一作战准备程序，就叫作“庙算”。④得算多也：意为取得胜利的条件充分、众多。算，计数用的筹码。此处引申为取得胜利的条件。⑤多算胜，少算不胜，而况于无算乎：胜利条件具备多者可以获胜，反之，则无法取胜，更何况未曾具备任何取胜条件。而况，何况。于，至于。

【译文】

若能听从我的计谋，用兵打仗就一定胜利，我就留下。假如不能听从我的计谋，用兵打仗就必败无疑，我就离去。

筹划的有利的方略已被采纳，还要造成一种态势，来辅助对外的军事行动。所谓态势，即依凭有利于自己的原则，灵活机变，掌握战场的主动权。

用兵打仗是一种诡诈之术。能攻，却装作不能攻；要打，却装作不想打；明明要向近处进攻，却装作要打远处；即将进攻远处，却装作要攻近处；敌人贪利，就用利引诱他；敌人混乱，就乘机攻取他；敌人力量雄厚，就要注意防备他；敌人兵势强盛，就暂时避其锋芒；敌人易怒暴躁，就要挑逗以激怒他，使他轻举妄动；敌人示以卑怯，就设法使之骄横放松警备；敌人休整得好，就设法使之疲劳；敌人内部团结，就设法离间他们。要在敌人没有防备处发起进攻，在敌人意料不到时采取行动。所有这些，是军事家指挥艺术的奥妙，是不能事先呆板规定的，必须在战争中根据情况灵活运用。

开战之前就预计能够取胜的，是因为筹划周密，获得胜利的条件充分；开战之前就预计不能取胜的，是因为筹划不周，获得胜利的条件缺乏。筹划周密、条件具备就能取胜，筹划不周、条件缺乏就不能取胜，更何况不做筹划、毫无条件呢？我们依据这些来观察，那么胜负的结果也就很明显了。

作战篇

孙子曰：凡用兵之法，驰车千驷，革车千乘，带甲十万①，千里馈粮，则内外之费，宾客之用，胶漆之材②，车甲之奉③，日费千金，然后十万之师举矣。

其用战也胜，久则钝兵挫锐④，攻城则力屈，久暴师则国用不足⑤。夫钝兵挫锐，屈力殚货，则诸侯乘其弊而起，虽有智者，不能善其后矣。故兵闻拙速，未睹巧之久也⑥。夫兵久而国利者，未之有也。故不尽知用兵之害者，则不能尽知用兵之利也。

善用兵者，役不再籍⑦，粮不三载；取用于国，因粮于敌，故军食可足也。

国之贫于师者远输，远输则百姓贫。近于师者贵卖，贵卖则百姓财竭，财竭则急于丘役⑧。力屈、财殚，中原内虚于家⑨。百姓之费，十去其七；公家之费，破车罢马，甲胄矢弩，戟楯蔽橹⑩，丘牛大车，十去其六。

【注释】

①带甲：穿戴盔甲的士兵，此处泛指军队。②胶漆之材：通指制作和维修弓矢等军用器械的物资材料。③车甲之奉：泛指武器装备的保养、补充开销。车甲，车辆、盔甲。奉，同“俸”，指费用。④久则钝兵挫锐：言用兵旷日持久就会造成军队疲惫，锐气挫伤。钝，疲惫、困乏的意思。挫，挫伤。锐，锐气。⑤久暴师则国用不足：长久陈师于外就会给国家经济造成困难。暴，同“曝”，露在日光下，文中指在外作战。国用，国家的开支。⑥兵闻拙速，未睹巧之久也：拙，笨拙、不巧。速，迅速取胜。巧，工巧、巧妙。此句言用兵打仗宁肯指挥笨拙而求速胜，而没见过为求指挥巧妙而使战争长期拖延的。⑦役不再籍：役，兵役。籍，本义为名册，此处用作动词，即登记、征集。再，又一次。此句意即不一再从国内征集兵员。⑧急于丘役：急，在这里有加重之意。丘役，军赋，古代按丘为单位征集军赋，一丘为一百二十八家。⑨中原内虚于家：中原，此处指国中。此句意为国

▲ 取用于国，因粮于敌。

内百姓之家因远道运输而变得贫困、空虚。⑩戟楯蔽橹：戟，古代戈、矛功能合一的兵器。楯，同“盾”，盾牌，用于作战时防身。蔽橹，用于攻城的大盾牌。甲胄矢弩、戟楯矛橹，是对当时攻防兵器与装备的泛指。

【译文】

孙子说：凡兴师打仗的通常规律是，要动用轻型战车千辆、重型战车千辆、军队十万，同时还要越境千里运送军粮。前方后方的经费，款待列国使节的费用，维修器材的消耗，车辆兵甲的开销，每天都耗资巨大，然后十万大军才能出动。

用这样大规模的军队作战，就要求速胜。旷日持久就会使军队疲惫，锐气受挫。攻打城池，会使得兵力耗竭；军队长期在外作战，会使国家财力不继。如果军队疲惫、锐气挫伤、兵力耗尽、国家经济枯竭，那么诸侯列国就会乘此危机发兵进攻，那时候即使有足智多谋的人，也无法挽回危局了。所以，在军事上，只听说过指挥虽拙但求速胜的情况，而没有见过为讲究指挥工巧而追求旷日持久的现象。战事久拖不决而对国家有利的情形，从来不曾有过。所以不完全了解用兵弊端的人，也就无法真正理解用兵的益处。

善于用兵打仗的人，兵员不一再征集，粮草不多次运送。武器装备由国内提供，粮食给养在敌国补充，这样，军队的粮草供给就充足了。

国家之所以因用兵而导致贫困，就是由于远道运输。远道运输，就会使百姓陷于贫困，邻近驻军的地区的物价必定飞涨，物价飞涨，就会使得百姓之家资财枯竭。财产枯竭就必然导致加重赋役。力量耗尽，财富枯竭，国内便家家空虚。百姓的财产将会耗去十分之七，国家的财产也会由于车辆的损坏，马匹的疲敝，盔甲、箭弩、戟盾、大橹的制作和补充以及丘牛大车的征调，而消耗掉十分之六。

故智将务食于敌。食敌一钟，当吾二十钟；萁秆一石，当吾二十石。

故杀敌者，怒也；取敌之利者，货也。故车战，得车十乘已上，赏其先得者，而更其旌旗，车杂而乘之，卒善而养之，是谓胜敌而益强。

故兵贵胜，不贵久。

故知兵之将，生民之司命①，国家安危之主也②。

【注释】

①生民之司命：生民，泛指一般民众。司命，星名，传说主宰生死，此处引申为命运的主宰。

②国家安危之主：国家安危存亡的主宰者。主，主宰之意。

【译文】

所以，明智的将帅总是务求在敌国解决粮草的供给问题。消耗敌国的一钟粮食，等于从本国运送二十钟。耗费敌国的一石草料，相当于从本国运送二十石。

要使军队英勇杀敌，就应激发士兵同仇敌忾的士气；要想夺取敌人的军需物资，就必须借助物质奖励。所以，在车战中，凡是缴获战车十辆以上的，就奖赏最先夺得战车的人，并且（在缴获的战车上）换上己军的旗帜，混合编入自己的战车行列。对于战俘，要优待和保证供给。这就是说愈是战胜敌人，自己也就愈是强大。

因此，用兵打仗贵在速战速决，而不宜旷日持久。

懂得用兵之道的将帅，是民众生死的掌握者，是国家安危存亡的主宰。

兵势篇

孙子曰：凡治众如治寡，分数是也；斗众如斗寡，形名是也①；三军之众，可使必受敌而无败者，奇正是也②；兵之所加，如以碫投卵者，虚实是也。

凡战者，以正合，以奇胜。故善出奇者，无穷如天地，不竭如江河。终而复始，日月是也；死而复生，四时是也。声不过五③，五声之变，不可胜听也。色不过五，五色之变，不可胜观也。味不过五，五味之变，不可胜尝也。战势不过奇正，奇正之变，不可胜穷也。奇正相生，如循环之无端，孰能穷之？

激水之疾，至于漂石者，势也④；鸷鸟之疾，至于毁折者，节也⑤。是故善战者，其势险，其节短。势如旷弩⑥，节如发机⑦。

纷纷纭纭，斗乱而不可乱也；浑浑沌沌，形圆而不可败也。乱生于治，怯生于勇，弱生于强。治乱，数也；勇怯，势也；强弱，形也。故善动敌者，形之⑧，敌必从之；予之，敌必取之。以利动之，以卒待之。

故善战者，求之于势，不责于人⑨，故能择人而任势。任势者，其战人也，如转木石。木石之性，安则静，危则动，方则止，圆则行。故善战人之势，如转圆石于千仞之山者，势也。

【注释】

①形名是也：形，指旌旗。名，指金鼓。古战场上，投入兵力众多，分布面积也很宽广，临阵对敌，无从知道主帅的指挥意图和信息，所以设置旗帜，高举于手中，让将士知道前进或后退等，用击鼓来提示将士或进行战斗或终止战斗。②奇正是也：奇正，古兵法常用术语，指军队作战的特殊战法和常用战法。就兵力部署而言，以正面受敌者为正，以机动突击为奇；就作战方式言，正面进攻为正，侧翼包抄偷袭为奇；以实力围歼为正，以诱骗欺诈为奇等。③声不过五：声，即音乐之最基本的音阶。古代的基本音阶为宫、商、角、徵、羽五音。故此言声不过五。④势：这里指事物本身态势所形成的内在力量。⑤节：节奏。指动作爆发得既迅捷、猛烈，又恰到好处。⑥旷：弩弓张满的意思。旷弩，即张满待发之弩。⑦发机：机，即弩牙。发机即引发弩机的机钮，将弩箭突然射出。⑧形之：形，用作动词，即示形，示敌以形。指用假象迷惑、欺骗敌人，使其判断失误。⑨求之于势，不责于人：应追求有利的作战态势，而不是苛求下属。责，求、苛求。

【译文】

孙子说：通常而言，管理大部队如同管理小部队一样，这属于军队的组织编制问题；

指挥大部队作战如同指挥小部队作战一样，这属于指挥号令的问题；整个部队遭到敌人的进攻而没有溃败，这属于“奇正”的战术变化问题；对敌军所实施的打击，如同以石击卵一样，这属于“避实就虚”原则的正确运用问题。

一般的作战，总是以“正兵”合战，用“奇兵”取胜。所以，善于出奇制胜的人，其战法的变化如天地运行那样变化无穷，像江河那样奔流不息。终而复始，就像日月的运行；去而复来，如同四季的更替。乐音的基本音阶不过五个，然而五个音阶的变化，却是不可尽听；颜色，不过五种色素，然而五色的变化，却是不可尽观；滋味不过五样，然而五味的变化，却是不可尽尝。作战的方式方法不过“奇”“正”两种，可是“奇”“正”的变化，却永远不可穷尽。“奇”“正”之间的相互转化，就像顺着圆环旋绕似的，无始无终，又有谁能够使它穷尽呢?

湍急的流水迅猛地奔流，以致能够把巨石冲走，这是因为它的流速飞快形成的“势”；鸷鸟高飞迅疾，以致能捕杀鸟雀，这就是短促迅猛的“节”。因此，善于指挥作战的人，他所造成的态势险峻逼人，他进攻的节奏短促有力。险峻的态势就像张满的弓弩，迅疾的节奏犹似击发弩机把箭突然射出。

战旗纷乱，人马混杂，在混乱之中作战要使军队整齐不乱。在兵如潮涌、混沌不清的情况下战斗，要布阵周密，保持态势而不致失败。向敌诈示混乱，是由于己方组织编制的严整。向敌诈示怯懦，是由于己方具备了勇敢的素质。向敌诈示弱小，是由于己方拥有强大的兵力。严整或者混乱，是由组织编制的好坏所决定的。勇敢或怯懦，是由作战态势的优劣所造成的。强大或者弱小，是由双方实力大小的对比所显现的。所以善于调动敌人、伪装假象迷惑敌人，敌人便会上当；用好处引诱敌人，敌人就会前来争夺。总之，是用利益引诱敌人上当，再预备重兵伺机打击他。

善于用兵打仗的人，总是努力创造有利的态势，而不对部属求全责备，所以他能够选择人才并利用和创造有利的态势。善于利用态势的人指挥军队作战，就如同滚动木头、石头一般。木头和石头的特性是，放在平坦安稳之处就稳住，放在险峻陡峭之处就滚动。方的容易停止，圆的滚动灵活。所以，善于指挥作战的人所造成的有利态势，就像将圆石从万丈高山上推滚下来那样，这就是所谓的“势”。

军争篇

孙子曰：凡用兵之法，将受命于君，合军聚众，交和而舍[①]，莫难于军争。军争之难者，以迂为直，以患为利。故迂其途而诱之以利，后人发，先人至，此知迂直之计者也。

故军争为利，军争为危[②]。举军而争利则不及，委军而争利则辎重捐[③]。是故卷甲而趋，日夜不处，倍道兼行，百里而争利，则擒三将军，劲者先，疲者后，其法十一而至；五十里而争利，则蹶上将军[④]，其法半至；三十里而争利，则三分之二至。是故军无辎重则亡，无粮食则亡，无委积则亡[⑤]。

故不知诸侯之谋者，不能豫交；不知山林、险阻、沮泽之形者，不能行军；不用乡导者，不能得地利。故兵以诈立，以利动，以分合为变者也。故其疾如风，其徐如林，侵掠如火，不动如山，难知如阴，动如雷震。掠乡分众[⑥]，廓地分利，悬权而动[⑦]。先知迂直之计者胜，此军争之法也。

【注释】

①交和而舍：两军营垒对峙而处。交，接触。和，和门，即军门。两军军门相交，即两军对峙。舍，驻扎。②军争为利，军争为危：为，这里作"是""有"解。此句意为军争既有有利的一面，也有不利的一面。③委军而争利则辎重捐：委，丢弃、舍弃。辎重，包括军用器械、营具、粮秣、服装等。捐，弃、损失。此句意为如果扔下装备辎重去争利，则装备辎重将会受到损失。④五十里而争利，则蹶上将军：奔赴五十里而争利，则前军将领会受挫折。蹶，失败、损折。上将军，指前军、先头部队的将帅。⑤无委积则亡：委积，指物资储备。军队没有物资储备作补充，亦不能生存。⑥掠乡分众：乡，古代地方行政组织。此句意为掠取敌乡粮食、资财要兵分数路。⑦悬权而动：权，秤锤，用以称物的轻重。这里比喻权衡利害、虚实之意。即权衡利弊得失而后采取行动。

【译文】

孙子说，大凡用兵的法则，将帅接受国君的命令，从征集民众、组织军队直到同敌人对阵，在这中间没有比争夺制胜条件更为困难的了。而争夺制胜条件最困难的地方，在于如何通过看似迂远曲折的途径达到近直的目的，要把不利转化为有利。故意迂回绕道，并用小利引诱敌人，这样就能比敌人后出动而先抵达必争的战略要地。这就是掌握了以迂为直的方法。

军争既有有利的一面，同时也有危险的一面。如果全军携带所有的辎重去争利，就无法按时抵达预定地域；如果丢下辎重去争利，辎重装备就会损失。因此卷甲疾进，日夜兼程，走上百里路去争利，那么三军的将领就可能被敌所俘，健壮的士卒先到，疲弱的士卒掉队，其结果是只会有十分之一的兵力到位。走五十里去争利，就会损折前军的主将，只有一半的兵力能够到位。走上三十里路去争利，也只有三分之二的兵力能赶到。须知军队没有辎重就会失败，没有粮食就不能生存，没有物资储备就难以为继。

所以，不了解诸侯列国的战略意图，不能与其结交；不熟悉山林、险阻、沼泽的地形，不能行军；不利用向导，便不能得到地利。所以用兵打仗必须依靠诡诈多变来争取成功，依据是否有利来决定自己的行动，按照分散或集中兵力的方式来变换战术。所以，军队行动迅速时就像疾风骤起，行动舒缓时就像林木森然不乱，攻击敌人时像烈火，实施防御时像山岳，隐蔽时如同浓云遮蔽日月，冲锋时如迅雷不及掩耳。分遣兵众，掳掠敌方的乡邑，分兵扼守要地，扩展自己的领土，权衡利害关系，然后

▲ 春秋时期护胸牌饰

见机行动。懂得以迂为直方法的将帅就能取得胜利，这是争夺制胜条件的原则。

《军政》曰：“言不相闻，故为金鼓；视不相见，故为旌旗。”夫金鼓、旌旗者，所以一人之耳目也。人既专一，则勇者不得独进，怯者不得独退，此用众之法也。故夜战多火鼓，昼战多旌旗，所以变人之耳目也①。

故三军可夺气，将军可夺心。是故朝气锐，昼气惰，暮气归。故善用兵者，避其锐气，击其惰归，此治气者也。以治待乱，以静待哗，此治心者也。以近待远，以佚待劳，以饱待饥，此治力者也。无邀正正之旗②，勿击堂堂之陈③，此治变者也。

故用兵之法：高陵勿向，背丘勿逆，佯北勿从，锐卒勿攻④，饵兵勿食，归师勿遏，围师必阙⑤，穷寇勿迫，此用兵之法也。

【注释】

① 故夜战多火鼓，昼战多旌旗，所以变人之耳目也：变，适应。此句意为根据白天和黑夜的不同情况来变换指挥信号，以适应士卒的视听需要。② 无邀正正之旗：邀，迎击、截击。正正，严整的样子。此句意为勿迎击旗帜整齐、部署周密的敌人。③ 勿击堂堂之陈：陈，同“阵”。堂堂，壮大。此句意即不要去攻击阵容强大、实力雄厚的敌人。④ 锐卒勿攻：锐卒，士气旺盛的敌军。意为敌人的精锐部队，我军不要去攻击。⑤ 围师必阙：阙，同“缺”。此句意为在包围敌军作战时，当留有缺口，避免使敌做困兽之斗。

【译文】

《军政》里说：“语言指挥不能听到，所以设置金鼓；动作指挥不能看见，所以设置旌旗。”这些金鼓、旌旗是用来统一军队上下视听的。全军上下既然一致，那么，勇敢的士兵就不能单独冒进，怯懦的士兵也不敢单独后退了。这就是指挥大部队作战的方法。所以夜间作战多用火光、锣鼓，白昼作战多用旌旗，这都是出于适应士卒耳目视听的需要。

对于敌人的军队，可以使其士气低落；对于敌军的将帅，可以使其决心动摇。军队刚投入战斗时士气饱满，过了一段时间，士气就逐渐懈怠，到了最后，士气就完全衰竭了。所以善于用兵的人，总是先避开敌人初来时的锐气，进而等到敌人士气懈怠衰竭时再去打击他，这是掌握运用军队士气的方法。用自己的严整来对付敌人的混乱，用自己的镇静来对付敌人的躁动，这是掌握将帅心理的手段。用自己部队接近的战场来对付远道而来的敌人，用自己部队的安逸休整来对付疲于奔命的敌人，用自己部队的粮饷充足来对付饥饿不堪的敌人，这是把握军队战斗力的秘诀。不要去拦击旗帜整齐的敌人，不要去进攻阵容强大的敌人，这是掌握灵活机变的原则。

用兵的法则是：敌人占领山地就不要去仰攻，敌人背靠高地就不要正面迎击，敌人假装败退就不要跟踪追击，敌人的精锐不要去攻击，敌人的诱兵不要企图消灭；对退回本国途中的敌军不要拦阻，包围敌人时要留出缺口；对陷入绝境的敌人不要过分逼迫。这些都是用兵的法则。

老子其人

老子小档案

姓名：姓李，名耳，字聃。

生卒：约公元前 571 ～前 471 年。

职业：做过周朝守藏室之官（管理藏书的官）。

籍贯：楚国苦县厉乡曲仁里(今河南省鹿邑)人。

成就：创立道家学说。

著作：《道德经》。

人生简表

约公元前 571 年

胡适在《中国哲学史大纲》中说：“老子比孔子至多不过大 20 岁。”孔子生年为公元前 551 ～前 479 年，所以老子生年约公元前 571 ～前 471。

老子居周日久，学问日深，声名日响。春秋时称学识渊博者为“子”，以示尊敬，因此，人们称呼老聃为老子。

少年求学：相传老子自幼聪慧，静思好学，其母请精通殷商礼乐的商容教授其知识。

入周任职：后商容推荐老子入周求学。不久老子入守藏室为吏。其后，迁任守藏室史。

孔子问礼：孔子曾向老子问礼，老子与孔子彻夜长谈，又引孔子访大夫苌弘。

函谷著书：周王朝日渐衰微，老子决定归隐，出函谷关时，守关令关尹请他著书，以惠后世。随后老子写下《道德经》。

约公元前 471 年

老子入周，天文、地理、人伦，无所不学；文物、典章、史书无所不习，这为他作《道德经》打下了坚实的基础。

老 子

道可道，非常道；名可名，非常名。

【译文】

可以用语言来表达的道，不是永恒的“道”；可以用语言来表达的名，不是永恒的“名”。

天下皆知美之为美，斯恶已；皆知善之为善，斯不善已。

【译文】

天下人都知道美之所以成为美，这是因为有丑；都知道善之所以成为善，这是因为有恶。

有无相生，难易相成。

【译文】

有和无是相伴产生的，难和易是相伴形成的。

天地不仁，以万物为刍狗。

【译文】

天地无所谓仁爱，把万物当成刍狗一样看待，任其自生自灭。

▲ 天地不仁，以万物为刍狗。

天地之间，其犹橐籥乎！虚而不屈，动而愈出。

【译文】

天地之间，不就像是一个风箱吗！空虚而不穷竭，越鼓动风就越多。比喻天地无为，圣人不作。

天地之所以能长且久者，以其不自生，故能长生。

【译文】

天地之所以能够长久，是因为它不为自己而生，所以能够长生。

上善若水。水善利万物而不争，处众人之所恶，故几于道。

【译文】

善的最高境界就像水一样，水懂得滋养万物，不和万物相争，流动在人们所厌恶的地方，所以接近“道”。

持而盈之，不如其已。揣而锐之，不可长保。金玉满堂，莫之能守。富贵而骄，自遗其咎。功遂身退，天之道也。

【译文】

所拥有的够多了，不如就此罢手。利器锻造得很尖利，反而不能长久维持。财富满屋，但没人能守得住。富贵又骄横，就会给自己惹来灾祸。功成身退，这才是自然的法则。

五色令人目盲；五音令人耳聋；五味令人口爽；驰骋畋猎，令人心发狂；难得之货，令人行妨。是以圣人为腹不为目，故去彼取此。

【译文】

色彩繁多会导致人眼花缭乱；音乐杂乱会导致人耳朵不灵；饮食丰美会导致人味觉迟钝；驰骋狩猎，会导致人心思放荡；稀有的东西，会导致人品行恶化。所以圣人只求饱肚不求逸乐，追求无欲的生活，摈弃多欲的生活。

▲ 驰骋畋猎，令人心发狂。

夫物芸芸，各复归其根。

【译文】

万物纷繁复杂，最终都会回到它们的根本。

太上，下知有之；其次亲而誉之；其次畏之；其次侮之。

【译文】

最好的统治者，（无为而治从不张扬）所以百姓只知道有那么一个人而已；次一等的统治者，是能获得百姓的爱戴和赞誉的统治者；再次一等的统治者，是让百姓畏惧的统治者；再次一等的统治者，是会受百姓轻侮的统治者。

信不足焉，有不信焉。

【译文】

统治者对百姓轻诺寡信，失信于众，导致社会信用不够，所以有诚信的人也不能使人信任。

大道废，有仁义；智慧出，有大伪；六亲不和，有孝慈；国家昏乱，有忠臣。

【译文】

大道废弛了，才会强调仁义礼教以此端正人们的言行；有智慧，才会出现欺诈；父子、兄弟、夫妇六亲不和，才会倡导孝慈；君主昏庸、国家混乱，才会突显忠臣。

见素抱朴，少私寡欲，绝学无忧。

【译文】

保持人的本性和内心的质朴，减少私欲，抛弃人为的学问，这样才会没有忧虑。

唯之与呵，相去几何？美之与恶，相去若何。

【译文】

唯唯诺诺与严正呵斥，相差多少呢？善良和丑恶，又相差多少呢？

不自见，故明；不自是，故彰；不自伐，故有功；不自矜，故长。

【译文】

不自我张扬，所以才会使德行更加彰显；不自以为是，所以才能明察；不自我夸耀，所以才能做出成绩；不自我矜持，所以才能显示长处。

同于道者，道亦乐得之；同于德者，德亦乐得之；同于失者，失亦乐得之。

【译文】

能够使自己的言行符合大道的人，大道也会接受他；能够使自己的言行符合道德的人，道德也会接受他；抛弃大道和道德的人，将终以失败而告终。

企者不立，跨者不行；自见者不明；自是者不彰；自伐者无功；自矜者不长。

【译文】

踮起脚跟想高人一头的人会站不稳；大步跨行想先人一步的人反而走不快；固执己见的人不能明察；自以为是的人会难以显名；自我夸耀的人不会成功；自高自大的人不会有长进。

重为轻根，静为躁君。

【译文】

厚重是轻率的基础，静定是躁动的主宰。说明人行事不能轻举妄动。

善人者，不善人之师；不善人者，善人之资。

【译文】

善于遵循道行事的人，是不善于循道而行的人的老师；后者又是前者的借鉴。

知其雄，守其雌，为天下溪。

【译文】

知道刚强，却甘守柔顺，甘做世上的一条沟溪。

知止可以不殆。

【译文】

知道适可而止，就能避免危险了。

譬道之在天下，犹川谷之于江海。

【译文】

大道能使天下人归服，就像小河小溪都归向大海一样。

知人者智，自知者明。胜人者有力，自胜者强。

【译文】

能理解别人的人是聪明的，有自知之明的人是高明的，能战胜别人的人是有力量的，能战胜自己的人是强大的。

以其终不自为大，故能成其大。

【译文】

因为他最终能不自以为伟大，所以能成就伟大。

道之出口，淡乎其无味，视之不足见，听之不足闻，用之不足既。

【译文】

道如果用嘴巴说出来，那是平淡而无味的，看也看不着，听也听不到，但它的作用却是不会穷尽的。

将欲歙之，必固张之，将欲弱之，必固强之：将欲废之，必固举之；将欲夺之，必固与之。是谓微明，柔弱胜刚强。

【译文】

想要合上它，一定要暂且先打开它；想要削弱它，一定要暂且先增强它；想要废止它，一定要暂且先抬举它；想要夺得它，一定要暂且先给予它。这是成功的隐秘先兆，是柔弱战胜刚强的道理所在。

鱼不可脱于渊，国之利器，不可以示人。

【译文】

鱼不能离开水，国家的优势不能随便暴露给人看。

上德不德，是以有德；下德不失德，是以无德。

【译文】

品德崇高的人，不注重形式上的品德，追求获取有德的美誉所以是真正有品德；品德低下的人，注重形式上的品德，又沽名钓誉以博取有德的美名，所以反而是没有品德。

至誉无誉，不欲碌碌如玉，珞珞如石。

【译文】

真正的荣誉是无须赞誉的，不是像美玉一样华丽，而是像石块一样实在。

▲ 鱼不可脱于渊

天下万物生于有，有生于无。

【译文】

天下万物都是从有（看得见的具体事物）中产生的，而有又产生于无（看不见的“道”）。

大白若辱；大方无隅；大器晚成；大音希声；大象无形。

【译文】

最洁白的东西，反而像是含有污垢；最方正的东西，反而是没有棱角的；最贵重的器具，是最晚制作成的；最大的声响，听来反而是没有声响的；最大的形状，看上去是没有形状的。

强梁者不得其死。

【译文】

强横的人是会不得好死的。

天下之至柔，驰骋天下之至坚。

【译文】

天下最柔弱的，能够在天下最坚硬的东西中穿梭。

甚爱必大费，多藏必厚亡。故知足不辱，知止不殆。

【译文】

过度吝惜，就一定会耗费更多；过度积敛财富，就一定会招致惨重的损失。所以说知足才能不受屈辱，懂得适可而止才能避免危险。

大直若屈，大巧若拙，大辩若讷。

【译文】

最正直的东西，反而像是枉曲的；最灵巧的东西，反而像是笨拙的；最善辩的人，反而像是木讷的。

知足之足，常足矣。

【译文】

知道满足而止步的人，永远是满足的。

不出户，知天下；不窥牖，见天道。

【译文】

不出家门，就能推知天下大事；不察探窗外，就能懂得自然的规律。

圣人无常心，以百姓之心为心。

【译文】

圣人是没有私心的，把百姓的愿望当成自己的愿望。

道之尊，德之贵，夫莫之命而常自然。

【译文】

道之所以被尊崇，德之所以被珍视，是因为道和德不干涉万物生长、顺其自然。

善建者不拔，善抱者不脱，子孙以祭祀不辍。

【译文】

根基牢固再营建屋宇，建筑不易倒；不贪心，量力而行，得到的不会失去。子孙们如果能做到这样，那么香火就不会断绝了。

以身观身，以家观家，以乡观乡，以邦观邦，以天下观天下。

【译文】

用个人的观点来观察个人，用家庭的观点来观察家庭，用乡的观点来观察乡，用国的观点来观察国，用天下的观点来观察天下。

含德之厚，比于赤子。

【译文】

道德涵养深厚的人，就像婴儿一样纯朴。

知者不言，言者不知。

【译文】

智慧的人不表现自己，表现自己的人其实无知。

▲ 知者不言，言者不知。

圣人无为故无败，无执故无失。

【译文】

圣人不作为，所以没有失败；没有执着，所以不会失去。

以智治国，国之贼；不以智治国，国之福。

【译文】

用机巧治理国家，是国家的危害；不用机巧治理国家，才是国家的福气。

以其不争，故天下莫能与之争。

【译文】

因为他不和百姓相争，（从而获得百姓的拥戴）所以天下没有人能和他相争。

善为士者，不武；善战者，不怒；善胜敌者，不与；善用人者，为之下。

【译文】

懂得做将帅的人，不会逞武勇；擅长打仗的人，不会动辄发怒；擅长打胜仗的人，不会和敌人刀刃相见；擅长用人的人，态度是谦下的。

祸莫大于轻敌，轻敌几丧吾宝。

【译文】

最大的祸患莫过于轻敌，轻敌就要丧失“三宝”。

圣人被褐而怀玉。

【译文】

圣人穿粗布衣服，外表朴素无华，内在却高洁豁达。

知不知，尚矣；不知知，病也。

【译文】

知道自己还有不知道的，是最好的；不知道却自以为知道，是毛病。

圣人自知不自见，自爱不自贵。

【译文】

圣人知道自己知道就够了，不会去自我炫耀；知道自爱就够了，不会去自显高贵。

天网恢恢，疏而不失。

【译文】

自然规律的适用范围宽广无边，虽然有宽疏的时候，但不会漏失。

兵强则灭，木强则折。

【译文】

用兵逞强就会导致灭亡，树木太坚实了就会遭砍伐。

天下莫柔弱于水，而攻坚强者莫之能胜，以其无以易之。

【译文】

天下没有什么东西比水更柔弱了，但攻击坚强的东西，却没有能胜过水的，因为没有什么可以代替得了它。

▲ 天下莫柔弱于水。

和大怨，必有余怨；安可以为善。

【译文】

去化解巨大的怨恨，一定还会有残余的怨恨留下来；这怎么能算是好的解决办法呢?

信言不美，美言不信。善者不辩，辩者不善。知者不博，博者不知。

【译文】

可信的话是不好听的，好听的话是并不可信的。善良的人不狡辩，狡辩的人不善良。真正有知识的人不炫耀博学，炫耀博学的人不是真正有知识的。

庄 子

哀莫大于心死，而人死亦次之。

【译文】

最大的悲哀莫过于心死了，而人身的死亡倒还在其次。

安时而处顺，哀乐不能入也。

【译文】

安于时势、顺从自然，那么无论是哀伤还是欢乐便都不能侵扰人了。人可以无所牵挂而逍遥自在。

吾生也有涯，而知也无涯。以有涯随无涯，殆已。

【译文】

我们的生命是有限的，但知识是无限的。用有限的生命去追逐无限的知识，是会身心交瘁的。

直木先伐，甘井先竭。

【译文】

长得笔直的树木会首先被砍伐掉，甘甜的井水人人来取，因此会首先干涸。

观于浊水而迷于清渊。

【译文】

面对浑水能照面，面对清水反倒眼花缭乱了。比喻沉醉于利害而忘却了天性。

方舟而济于河，有虚船来触舟，虽有惼心之人不怒，有一人在其上，则呼张歙之，一呼而不闻，再呼而不闻，于是三呼邪，则必以恶声随之。向也不怒而今也怒，向也虚而今也实。人能虚己以游世，其孰能害之。

【译文】

把两条船连起来并行渡河，如果有空船碰了过来，就算是心地褊狭的人也是不会动怒的。但如果有人在撞过来的船上，就会大声叫他把船撑开。叫一次没有回应，叫两次还没有回应，叫第三次的时候，就一定会骂起来了。刚才不动怒而现在动怒了，这是因为刚才船上没人，现在船上有人。所以如果人能内心无我地生活，那么谁还能伤害到他呢！

▲ 方舟而济于河。

君其涉于江而浮于海，望之而不见其崖，愈往而不知其所穷。送君者皆自崖而反，君自此远矣。

【译文】

大王您渡过江河，在大海上浮游，一眼望去望不到大海的边际，越向前浮游就越不知道它的边际。送您的人都从岸边回去了，而您从此也远离世俗的困扰了！

好面誉人者，亦好背而毁之。

【译文】

爱当面赞人的人，也爱在背地里诋毁人。

人上寿百岁，中寿八十，下寿六十，除病瘦死丧忧患，其中开口而笑者，一月之中不过四五日而已矣。

【译文】

人高寿是一百岁，中寿是八十岁，低寿是六十岁，除掉疾病、死亡、忧患的日子，其中开口欢笑的日子，一月之中不过是四五天而已。

鉴明则尘垢不止，止则不明也。久与贤人处则无过。

【译文】

如果镜子明亮，就不会有灰尘蒙上，有灰尘的镜子就不明亮了。比喻人心纯洁就不会有龌龊的想法，有了龌龊的想法说明心地不够纯洁。长期和贤人待在一块儿就不会犯过失。

人莫鉴于流水而鉴于止水。

【译文】

人不会对着流动的水照面，只会对着静止的水照面。

▲ 人莫鉴于流水而鉴于止水。

德有所长而形有所忘，人不忘其所忘而忘其所不忘，此谓诚忘。

【译文】

人的德行崇高了，他外表的缺陷就会被人淡忘。人不能淡忘那应该淡忘的东西（即形体的缺陷），却淡忘了那不应该淡忘的东西（指道德的不足），这才是真正的淡忘。

鹪鹩巢于深林，不过一枝；偃鼠饮河，不过满腹。

【译文】

鹪鹩在森林中筑巢，占用的不过是一根树枝；鼹鼠在河边饮水，不过是喝满肚子。

庖人虽不治庖，尸祝不越樽俎而代之矣。

【译文】

厨师哪怕不下厨房了，主持祭祀的人也不会超越自己祭神的职责而代理他的工作。

朝菌不知晦朔，蟪蛄不知春秋。

【译文】

朝生暮死的菌类不会知道早晚是什么（因为这些菌类活不过一个早上），寒蝉也不会知道一年是什么样（因为寒蝉活不过一年）。

瞽者无以与乎文章之观，聋者无以与乎钟鼓之声。岂唯形骸有聋盲哉？夫知亦有之。

【译文】

盲人是没法欣赏纹饰的，聋人是没法聆听钟鼓的乐声的。岂止是形骸上有聋和瞎的情形呢？人的思想上也有聋和瞎的情形啊！

宋人资章甫而适诸越，越人断发文身，无所用之。

【译文】

宋国有人购买些帽子到越国卖，但越国人不蓄头发、文身，没有用得着帽子的地方。

其耆欲深者，其天机浅。

【译文】

那些欲望太多的人，他们天生的资质是浅薄的。

泉涸，鱼相与处于陆，相呴以湿，相濡以沫，不如相忘于江湖。

【译文】

泉水干涸了，鱼儿都被困在陆地上，彼此用湿气湿润着——与其在陆地上彼此用湿气湿润，不如在江湖里互相忘记。

死生，命也，其有夜旦之常，天也。

【译文】

生和死，是定数，就像黑夜和白天的永恒循环，是自然的规律一样。

窃钩者诛，窃国者为诸侯。

【译文】

窃夺腰带、环钩一类小东西的人被诛杀，窃夺整个国家的人却成了诸侯。

彼亦一是非，此亦一是非。

【译文】

在这里是对的，在那里就是错的了（这是庄子的一种带有诡辩色彩的相对主义论调）。

大知闲闲，小知间间；大言炎炎，小言詹詹。

【译文】

那些绝顶聪明的人自以为是，对别人的意见根本不听；那些才智低浅的人则只能在枝节问题上和别人计较。善于雄辩的人则猛如烈火，气势凌人；言不达意的则啰啰唆唆。

道行之而成，物谓之而然。

【译文】

道路人们去走，它就出来了；事物人们去叫，它就是人们叫的那个名字了。

道隐于小成，言隐于荣华。

【译文】

大道会被各人的主观意识所掩蔽，这些思想虽也有道理，但只是一管之见，言论会被

▲ 众狙皆悦。

浮华的辞藻所掩盖。

方其梦也，不知其梦也。梦之中又占其梦焉，觉而后知其梦也。且有大觉而后知此其大梦也。

【译文】

正在做梦的时候，人是不晓得自己正在做梦的。梦中又梦见卜问所做的梦的吉凶，醒来后才知道那是梦。只有大彻大悟了大道之后，人才能知道这人生就是一场大梦。此前一直没有觉悟。

狙公赋芧，曰："朝三而暮四。"众狙皆怒。曰："然则朝四而暮三。"众狙皆悦。

【译文】

养猴人分橡子给猴子，说："早上分三枚，晚上分四枚。"猴子听了都很愤怒。养猴人于是说："那么就早上四枚晚上三枚吧。"猴子听了就都很高兴。

天下莫大于秋毫之末，而大山为小；莫寿于殇子，而彭祖为夭。

【译文】

天下没有比秋天鸟兽身上新长的细毛的末端更大的了，而泰山反而是小的；世上没有什么比夭折的孩子更长寿的了，而传说中长寿的彭祖反而是短命的。大小、长短都是相对而言的，抛弃了比较的对象，或者转换了比较的对象论大小、长短，就是一种诡辩。

物无非彼，物无非是。自彼则不见，自知则知之。

【译文】

各种事物无不存在和它自身所对立的那一面，各种事物也无不存在和它自身所对立的这一面。从事物相对立的那一面看便看不见这一面，从这一面看才能对事物有所认识。

昔者庄周梦为胡蝶，栩栩然胡蝶也。自喻适志与！不知周也。俄然觉，则蘧蘧然周也。不知周之梦为胡蝶与，胡蝶之梦为周与。

【译文】

从前庄周梦见自己变成了蝴蝶，是翩翩起舞的一只蝴蝶，他感到心里惬意，竟然不知

▲ 梦蝶图

道自己原来是庄周了。突然醒来了，惊惶间才发现自己是庄周。不知道是庄周梦见自己变成了蝴蝶呢，还是蝴蝶梦见自己变成了庄周？

一受其成形，不亡以待尽。与物相刃相靡，其行尽如驰而莫之能止，不亦悲乎？终身役役而不见其成功，苶然疲役而不知其所归，可不哀邪。

【译文】

人一旦形成人身，就一直活着直到死亡。人和外界互相竞争、摩擦，不知停止地奔驰在死亡的道路上，这不是很可悲吗！他们终身忙碌却看不到成功，终身困顿疲于劳役却不知道归宿，这能不悲哀吗？

不能自胜而强不从者，此之谓重伤。重伤之人，无寿类矣。

【译文】

不能控制自己却又硬要那样去做，内心更增烦恼，使心性受到更多伤损，这样的人，就不能进入长寿的行列了。

身在江海之上，心居乎魏阙之下。

【译文】

身在江湖，心却流连朝廷。

以随侯之珠弹千仞之雀，世必笑之，是何也？则其所用者重而所要者轻也。

【译文】

用珍贵的随侯珠做成的弹丸去射飞得很高的麻雀，世人一定会讥笑他，为什么呢？因

▲ 仙人图

为他用来射击的东西是很珍贵的，而要射的东西反而是无足轻重的。

知止乎其所不能知，至矣。

【译文】

知识达到了所不能知道的境域，这就是达到了极点啊。

吹呴呼吸，吐故纳新，熊经鸟申，为寿而已矣。此道引之士，养形之人，彭祖寿考者之所好也。

【译文】

一呼一吸，呼出体内的浊气，吸进新鲜的空气；模仿熊悬挂身子、鸟伸展翅膀，只是为了延寿罢了。这是从事导引和养生的、像彭祖一类长寿的人所爱干的。

形劳而不休则弊，精用而不已则劳，劳则竭。

【译文】

身体操劳不歇就会衰敝，精神操劳不止就会疲乏，精神疲乏就会导致衰竭。

得之于手而应于心，口不能言，有数存焉于其间。

【译文】

得心应手，嘴里说不出来，但分寸大小心中有数。

东西之相反而不可以相无。

【译文】

东和西是方向相反的，但两者又相互依存，不会有东没有西、有西没有东，如同大小、有无。

以道观之，物无贵贱；以物观之，自贵而相贱。

【译文】

从自然的观点来看事物，事物是没有贵贱的分别的；从一人一物的观点来看事物，事物总是自认为自己尊贵，认为他人或他物是卑贱的。

知道者必达于理，达于理者必明于权，明于权者不以物害己。

【译文】

懂得大道的人一定通达事理，通达事理的人一定懂得变通，懂得变通的人是不会因为追求外物而伤害自己的。

吾在于天地之间，犹小石小木之在大山也。

【译文】

我存在天地之间，就像是小石子、小树木存在泰山之中一样。

庄子与惠子游于壕梁之上。庄子曰："儵鱼出游从容，是鱼之乐也。"惠子曰："子非鱼，安知鱼之乐？"庄子曰："子非我，安知我不知鱼之乐？"惠子曰："我非子，固不知子矣；子固非鱼也，子之不知鱼之乐，全矣。"庄子曰："请循其本。子曰'汝安知鱼乐'云者，既已知吾知之而问我。我知之濠上也。"

【译文】

庄子与惠子在濠河桥上游乐。庄子说："儵鱼自在地游来游去，这就是鱼的快乐呀。"惠子说："你又不是鱼，怎么能知道那是鱼的快乐？"庄子说："你又不是我，怎么能知道我不知道那是鱼的快乐？"惠子说："我不是你，确实是不知道；但你也确实不是鱼，你不知道鱼的快乐，是完全可以肯定的！"庄子说："还是回到开头的话上来。你所说的是'你怎么能知道那是鱼的快乐'，表明你是已经知道我知道鱼的快乐了才来问我的。（至于我知道鱼的快乐）我是在濠河桥上知道鱼的快乐的。"

凡人心险于山川，难于知天；天犹有春秋冬夏旦暮之期，人者厚貌深情。故有貌愿而益，有长若不肖，有慎懁而达，有坚而缦，有缓而釬。

【译文】

人心比险峻的山川还要险恶，比了解天还要困难；天尚且有春夏秋冬和早晚的一定的周期，人却外表老实而内心深隐。有的人外表谨慎却内心骄横，有的人外表友善却心术不正，有的人外表固执保守实际却通情达理，有的人外表强硬却内心软弱，有的人外表柔弱却内心强悍。

吾以天地为棺椁，以日月为连璧，星辰为珠玑，万物为赍送。吾葬具岂不备邪。

【译文】

我把天地当成棺材，把日月当成连璧，把星辰当成珠玑，万物都是我的陪葬品。我的陪葬品难道还不够完备吗？

古之所谓得志者，非轩冕之谓也，谓其无以益其乐而已矣。今之所谓得志者，轩冕之谓也。轩冕在身，非性命也，物之傥来，寄者也。

【译文】

古代所谓得志的人，不是说获得高官厚禄，而是说自己的快乐无以复加而已。现在所谓的得志的人，说的却是获得高官厚禄。获得高官厚禄，并不符合人的本真，而是偶然得来的东西，暂时寄存在人身上罢了。

丧己于物，失性于俗者，谓之倒置之民。

【译文】

因为追求外物患得患失而丧失自我、迎合世俗而丧失本性的人，是本末倒置的人。

绝迹易，无行地难。

【译文】

人不走路是容易的，走了路还能不在地上留下痕迹就难了。比喻人绝世容易，但涉世无心，不留形迹就难以做到了。

其作始也简，其将毕也必巨。

【译文】

开始时是简单的，将要结束时可就变得纷繁难搞了。

为人使易以伪，为天使难以伪。

【译文】

为他人所驱使，就容易导致作假；为天性所驱使，就很难伪装了。

无听之以耳，而听之以心。

【译文】

不要用耳朵去听，要用心去听。

小人则以身殉利，士则以身殉名，大夫则以身殉家，圣人则以身殉天下。故此数子者，事业不同，名声异号，其于伤性以身为殉，一也。

【译文】

小人为利而牺牲自己，士人为名而牺牲自己，大夫为国家而牺牲自己，圣人为天下而牺牲自己。所以这四种人，事业不同，名声也各有不同，但为了某种东西而损害本性、牺牲自己却是一样的。

以瓦注者巧，以钩注者惮，以黄金注者殙。其巧一也，而有所矜，则重外也。凡外重者内拙。

【译文】

拿瓦去赌博的，会感到轻松；拿银锞去赌博的，就有些顾虑；拿黄金去赌博的，就会心慌乱了。他们赌博的技巧是一样的，但却有所顾虑，这就是把身外的东西看得太重了。凡是把身外的利害得失看得太重的人，内心往往是愚拙的。

养形必先之以物，物有余而形不养者有之矣；有生必先无离形，形不离而生亡者有之矣。

【译文】

保养身体一定要先准备各种物质条件，但是物质条件有余而身体保养不成的人还是有的；保住生命一定要先使身体不死，但是身体未死而生命却已经如同死去的人也是有的。

以贤临人，未有得人者也；以贤下人，未有不得人者也。

【译文】

标榜自己贤能而盛气凌人，是不会赢得人心的；以贤明谦待比自己卑贱的人，就没有得不到人心的。

寓言十九，藉外论之。亲父不为其子媒。亲父誉之，不若非其父者也。非吾罪也，人之罪也。与己同则应，不与己同则反；同于己为是之，异于己为非之。

【译文】

寓言占了十分之九，这是说寓言是借助外

▲ 以贤临人，未有得人者也。

在的事物来论述道理。做父亲的不该给自己的儿子做媒。做父亲的赞誉儿子，总比不上别人赞誉来得真实可信；这不是做父亲的过错，而是世人太容易产生猜疑的过错。世人往往是和自己看法一致的就附和，和自己看法不一致的就反对；和自己看法相同的就肯定，和自己看法不相同的就否定。

与其誉尧而非桀，不如两忘而闭其所誉。

【译文】

与其赞誉尧而非议桀，不如把这两人都忘掉，把赞誉和非议都杜绝。

孝子不谀其亲，忠臣不谄其君，臣子之盛也。亲之所言而然，所行而善，则世俗谓之不肖子；君之所言而然，所行而善，则世俗谓之不肖臣。

【译文】

孝子不去讨好他的父母，忠臣不去谄媚他的君主，这就是最好的儿子、臣子。如果父母说的就都认为是对的，父母做的就都认为是好的，那么世人就会称这样的儿子是不肖之子；如果君主说的就都认为是对的，君主做的就都认为是好的，那么世人就会称这样的臣子是不肖之臣。

庄子妻死，惠子吊之，庄子则方箕踞鼓盆而歌。惠子曰："与人居，长子、老、身死，不哭亦足矣，又鼓盆而歌，不亦甚乎？"庄子曰："不然。是其始死也，我独何能无概！然察其始而本无生，非徒无生也，而本无形，非徒无形也，而本无气。杂乎芒芴之间，变而有气，气变而有形，形变而有生，今又变而之死，是相与为春秋冬夏四时行也。人且偃然寝于巨室，而我嗷嗷然随而哭之，自以为不通乎命，故止也。"

【译文】

庄子的妻子死了，惠子去吊丧，看见庄子正盘腿坐着敲击瓦盆唱歌。惠子说："你和你的妻子过活，孩子大了，她也老了，如今她死了你不哭也就算了，却又敲击瓦盆唱起歌来，不是太过分了吗！"庄子说："不是这样的。她刚死的那阵，我难道能不慨叹吗！但是推究根本，人本来是没有生命的，岂止是没有生命，而且本来是没有形体的；岂止是没有形体，而且本来是没有元气的。混茫之中产生变化而有了元气，元气产生变化而有了形体，形体产生变化而有了生命。现在生命又从生变回到死，这和春秋冬夏四季循环是一样的。如果有人安睡在天地之间，而我却因此而哭泣，我自认为这是不通天命的表现，所以我就停止哭泣了。"

庄子其人

庄子小档案

姓名：姓庄，名周。

生卒：不详。

籍贯：宋国蒙，今河南商丘，一说安徽蒙城。

成就：继承了老子的学说并加以深化和发展，形成了极具个性特色的思想学说，成为先秦道家学派的集大成者，与老子并称“道家之祖”。

生卒之谜

- 梁启超认为庄子生卒为公元前 375 ~ 前 300 年。
- 钱穆认为庄子生卒为公元前 368 年或稍后 ~ 前 268 年或稍后。
- 还有的人认为庄子生卒为公元前 369 ~ 前 286 年。

庄子寿命 75 ~ 100 岁，在古代算是高寿了。

人生经历

出生（约公元前 369 年）→ 约公元前 351 年：成长学习 → 成家生子 → 编草鞋挣钱养家 → 约公元前 340 年：漆园吏 → 讲学、著述，编草鞋养家 → 约公元前 286 年：死亡

漆园吏，一种说法是漆园这个地方的小官，另一种说法是管漆树种植和漆器加工的头头，相当于公有公营企业的厂长。庄子干了不久，就辞官了，此后余生从事讲学、著述，编草鞋养家。

韩非子

虚则知实之情，静则知动者正。

【译文】

清空内心不抱成见，就能了解事情的真相；保持静的状态，就能明白做事的标准。

国无常强，无常弱。

【译文】

一个国家不会永久强大，也不会永久衰弱。

天有大命，人有大命。

【译文】

自然有它的客观规律，人也有他的定数。

用一之道，以名为首。

【译文】

运用道的方法，首先是要确定名称。

夫妻持政，子无适从。

【译文】

如果丈夫和妻子共同主持家政，儿女们就不知道应该听谁的了。

明主之为官职爵禄也，所以进贤材劝有功也。

【译文】

明智的君主之所以要安排官职、爵位和俸禄，是为了选拔贤才，勉励有功劳的人。

行小忠，则大忠之贼也。

【译文】

奉行对人的小忠小诚，那是对大忠诚的损害。

顾小利，则大利之残也。

【译文】

只顾小利益，那是对大利益的残害。

贪愎好利，则灭国杀身之本也。

【译文】

贪婪固执、贪图好处，是亡国灭身的祸根。

凡法术之难行也，不独万乘，千乘亦然。

【译文】

大凡法令难以推行，不光是拥有万乘兵车的大国是这样，就是只拥有千乘兵车的小国也是这样。

凡说之难，在知所说之心，可以吾说当之。

【译文】

通常游说的难点，在于摸清被游说的君主的心思，用我的游说去迎合这种心思。

夫事以密成，语以泄败。

【译文】

事情是要保密才能成功的，讲话泄露了就会失败。

凡人之大体，取舍同者则相是也，取舍异者则相非也。

【译文】

大凡人的通性就是，取舍相同的人互相附和，取舍不同的人互相非难。

凡人主之国小而家大，权轻而臣重者，可亡也。

【译文】

凡是君主的国家弱小，而卿大夫的封邑却强大，君主权轻，而臣下却权重的，这种国家就可能败亡。

人臣之于其君，非有骨肉之亲也，缚于势而不得不事也。

【译文】

臣子对于他们的君主，并不是因为有什么骨肉亲情才去效劳的，而是因为受制于权势不得不去效劳罢了。

丈夫年五十而好色未解也，妇人年三十而美色衰矣。

【译文】

男人到五十岁时，好色的本性还没有减弱，而女人才到三十岁，美色就衰退了。

相爱者比周而相誉，相憎者朋党而相非。

【译文】

相互交好的臣子会勾结在一起，彼此吹捧；相互憎恨的臣子则会各自结成朋党，彼此毁谤。

小知不可使谋事，小忠不可使主法。

【译文】

玩弄小聪明的人，不可让他谋事；只对个人效忠的人，不可让他主管法制。

德者，内也；得者，外也。

【译文】

道德，是人内在的东西；得到的物质，是人身外的东西。

▲ 德者，内也。

仁者，谓其中心欣然爱人也。

【译文】

所谓仁，是说人从心底里快乐地爱人。

义者，君臣上下之事，父子贵贱之差也，知交朋友之接也，亲疏内外之分也。

【译文】

道义，是君臣上下之间的办事原则所在，是父子、贵贱等级差别，是朋友交往的原则所在，是亲疏远近、内外有别的原则所在。

礼者，所以貌情也，群义之文章也，君臣父子之交也，贵贱贤不肖之所以别也。

【译文】

礼，是体现情志的，是规定人际关系的准则所在，是君臣父子相处的准则所在，是区别贵贱、贤能和不肖的准则所在。

▲ 汉殿争功图

礼为情貌者也，文为质饰者也。

【译文】

礼是人的情志的体现，文采是本质的装饰。

人有祸，则心畏恐；心畏恐，则行端直；行端直，则思虑熟；思虑熟，则得事理。

【译文】

人有祸了，心里就会畏惧；心里畏惧，行为就会端正起来；行为端正，考虑问题就能深思熟虑；考虑问题深思熟虑，就可以认识到事理了。

聪明睿智，天也；动静思虑，人也。

【译文】

听力、视力、聪明，是天生的；动静、思考，是人为的。

人无毛羽，不衣则不犯寒；上不属天而下不著地，以肠胃为根本，不食则不能活。

【译文】

人没有羽毛，不穿衣服就不能抵御寒冷；人上不属天，下不属地，以肠胃为根本，不吃东西就不能活命。

故万物必有盛衰，万事必有弛张，国家必有文武，官治必有赏罚。

【译文】

所以万物必然会有盛有衰，万事必然会有张有驰，国家必然会有文有武，政治必然有奖有罚。

重，则能使轻；静，则能使躁。

【译文】

权重的，就能驱使权轻的；虚静以待的，就能控制浮躁不安的。

有形之类，大必起于小；行久之物，族必起于少。

【译文】

有形的东西，大的一定是从小的发展起来的；经久的事物，多的一定是从少的发展起来的。

夫物有常容，因乘以导之。

【译文】

事物都有它一般的规律，因而可以拿它的这种规律来引导它。

空窍者，神明之户牖也。

【译文】

耳朵、眼睛等孔穴，是精神的门窗。

知之难，不在见人，在自见。

【译文】

认识的困难，不在于看清别人，而在于看清自己。

是以志之难也，不在胜人，在自胜也。

【译文】

因此确立志向的困难，不在于超越别人，而在于超越自己。

常酒者，天子失天下，匹夫失其身。

【译文】

经常喝酒的人，如果是天子就会失去天下，如果是普通人就会失去性命。

失火而取水于海，海水虽多，火必不灭矣，远水不救近火也。

【译文】

失了火却跑到大海中去取水，海水虽然很多，火却一定灭不掉啊，远处的水是救不了近在眼前的火的。

故势不便，非所以逞能也。

【译文】

所以形势不利的话，不能逞强。

利之所在，皆为贲、诸。

【译文】

有利可图的地方，就人人都可以成为孟贲、专诸那样的勇士。

千里之马时一，其利缓；驽马日售，其利急。

【译文】

千里马很久才能出现一匹，所以售马的收益来得慢；普通的马天天都有买卖，所以售马的收益来得快。

事有举之而有败，而贤其毋举之者。

【译文】

事情做了却不成功的，这比不去做它要好。

行身亦然，无涤垩之地则寡非矣。

【译文】

为人也是这样，到了不需要洗涤和粉饰的境界时，过错就很少了。

▲ 奔马图

古之人目短于自见，故以镜观面；智短于自知，故以道正己。

【译文】

古人因为眼睛不能看到容貌，所以用镜子来照脸；因为智力不足以发现自己的过失，所以用道德来端正自己。

治世，使人乐生于为是，爱身于为非，小人少而君子多。

【译文】

治理社会，要使人们生活快乐而去做合法的事，爱护自身而不去做非法的事，使小人变少而君子多起来。

安危在是非，不在于强弱。

【译文】

国家的安危，关键是看政治上能否明辨是非，不是看国力的强弱。

善之生如春，恶之死如秋，故民劝极力而乐尽情。

【译文】

因为善能像春草春木一样不断生长，恶能像秋草秋木一样不断枯亡，所以百姓能互相劝勉为国家尽力，也乐意为君主尽心。

闻古之善用人者，必循天顺人而明赏罚。

【译文】

听说古代善于用人的人，一定是遵循着天道、顺应着人情，而且是严明赏罚的。

非天时，虽十尧不能冬生一穗；逆人心，虽贲、育不能尽人力。

【译文】

如果违背了天时，就算有十个唐尧也不能使冬天的土地长出一个穗子；如果违背了人心，就算是孟贲、夏育这样的勇士也不能使百姓尽力服务。

夫有材而无势，虽贤不能制不肖。

【译文】

如果有才能却没有权势，那么就算是贤人也不能制服不肖的人。

上不天则下不遍覆，心不地则物不毕载。

【译文】

如果顶上没有了天空，地面就不能被覆盖；如果心胸不能像大地一样宽广，就不能包容一切。

观听不参，则诚不闻；听有门户，则臣壅塞。

【译文】

君王观察臣子举止、听取臣下进言，如果不多加参照，就不能了解真实情况；如果抱着偏见去听取，就会受臣下蒙蔽。

子之服亲丧者，为爱之也。

【译文】

子女给父母服丧，是因为爱他们。

▲ 观听不参，则诚不闻。

事起而有所利，其尸主之；有所害，秘反察之。

【译文】

某事发生了而有好处，往往是捞到了好处的那方主谋干下的；有害处，就要不动声色地从反面来察看思考这个害处。

赏罚者，利器也。

【译文】

赏罚，是一种有力的统治手段。

利之所在，民归之；名之所彰，士死之。

【译文】

有利可图的地方，百姓就会跑去那里；能使名声得到彰显的事情，士人就会不惜性命去做。

小信成则大信立。

【译文】

小的诚信树立了，大的诚信才能树立。

夫良药苦于口，而智者劝而饮之，知其入而已己疾也。

【译文】

良药喝进口是苦的，但聪明的人还是勉励自己喝下去，他知道喝下去能治愈疾病。

誉所罪，毁所赏，虽尧不治。

【译文】

称赞本来应该惩罚的，诋毁本来应该奖赏的，这样的话就算是尧也不能治理好国家。

明主者，不恃其不我叛也，恃吾不可叛也；不恃其不我欺也，恃吾不可欺也。

【译文】

英明的君主，依靠的不是别人不背叛他，而是他不可以被别人背叛；凭借的不是别人不欺骗他，而是他不可以被别人欺骗。

国者，君之车也；势者，君之马也。

【译文】

国家，就像是君主的大车；权势，就像是君主用来拉车的马。

爵禄生于功，诛罚生于罪。

【译文】

爵位和俸禄从功劳中得来，诛杀和惩罚源自犯罪。

欲利而身，先利而君；欲富而家，先富而国。

【译文】

要想自己得利，先要让君主得利；要想自家富裕，先要使国家富裕。

人情莫不爱其身。

▲ 帝王与群臣图 唐

【译文】

人的本性，没有不爱护他自己的。

明主赏不加于无功，罚不加于无罪。

【译文】

英明的君主不赏赐给没有功劳的人，惩罚不施加于没有罪过的人。

言语辩，听之说。

【译文】

说话动听，听了就让人高兴。

好利恶害，夫人之所有也。

【译文】

爱好好处、厌恶祸患，这是人人具有的本性。

凡人于其亲爱也，始病而忧，临死而惧，已死而哀。

【译文】

一般来说，人对于他所亲爱的人，刚生病时会担忧，快死时会恐惧，逝世了会悲哀。

观人之所肃，非行情也。

【译文】

在公开场合看到人一本正经，那不是他的真实面目。

千金之家，其子不仁，人之急利甚也。

【译文】

富裕的家庭，他们的儿女是不会和睦相爱的，这是因为人都是求利心切的。

夫日兼照天下，一物不能当也。

【译文】

阳光普照天下，世间万物一个都挡不住它的光芒。

人之情性，贤者寡而不肖者众。

【译文】

就人的天性看起来，世上贤能的人少，不肖的人多。

令者，言最贵者也；法者，事最适者也。

【译文】

君命，是所有言论中最尊贵的；法律，是做事时最应当遵循的。

凡治之大者，非谓其赏罚之当也。

【译文】

一般说来，政治中最重要的问题，不是赏罚得当不得当的问题。

立法令者，以废私也。

【译文】

建立法令，是为了杜绝私利。

母之爱子也倍父，父令之行于子者十母。

【译文】

母亲对子女的爱是父亲的两倍，但父亲的话被子女所奉行的，却是母亲的十倍。

人皆寐，则盲者不知；皆嘿，则喑者不知。

【译文】

如果人人都睡着了，那么就是盲人也不可能被看出来；都沉默了，那么就是哑巴也不可能被发现。

法所以制事，事所以名功也。

【译文】

法律是用来约束人们办事的，办事是为了取得功绩。

书约而弟子辩，法省而民讼简。

【译文】

书策简约，学生就容易理解；法律明确，百姓的诉讼就会减少。

凡治天下，必因人情。

【译文】

大凡治理天下，一定要从人之常情下手。

世异则事异，事异则备变。

【译文】

世道变了处世行事的方法也就不一样了；事情不一样了，那么措施也就要随之改变。

夫严家无悍虏，而慈母有败子。

【译文】

管教严厉的家庭，不会出现凶悍的奴仆；慈母的溺爱，却可能出现败家子。

治也者，治常者也；道也者，道常者也。

【译文】

所谓治理，是说治理的对象是普通人；所谓治理的方式，是说治理的方式是为人所熟知的。

墨 子

兼相爱，交相利。

【译文】

人人平等不分亲疏、贵贱、贫富，一视同仁地爱所有人。人人互相帮助，共谋福利。

若使天下兼相爱，爱人若爱其身，犹有不孝者乎。

【译文】

如果天下能人人平等相爱，爱别人就像爱自己一样，还会有不孝的人吗？

天下兼相爱则治，交相恶则乱。

【译文】

如果天下能人人平等相爱，国家就会安定；人人相互憎恨，国家就会动乱。

若使天下兼相爱，国与国不相攻，家与家不相乱，盗贼无有，君臣父子皆能孝慈，若此则天下治。

【译文】

如果天下人人平等相爱，国家和国家之间互不攻打，封邑和封邑之间互不侵扰，盗和贼没有了，君臣父子都能尽孝尽慈，如果能这样那么天下就安定了。

仁人之所以为事者，必兴天下之利，除去天下之害。

【译文】

仁人处理事务的原则，一定是为了使天下获利，除去对天下有害的东西。

天下之人皆不相爱，强必执弱，富必侮贫，贵必敖贱，诈必欺愚。

【译文】

如果天下的人不平等相爱，强大的一定会奴役弱小的，人口多的一定会劫掠人口少的，富裕的一定会侮辱贫穷的，尊贵的一定会蔑视卑贱的，狡诈的一定会欺骗愚钝的。

凡天下祸篡怨恨，其所以起者，以不相爱生也。

【译文】

大凡天下的灾祸、篡夺、怨责、仇恨，它们之所以会产生，是因为不能平等相爱。

▲ 备者，国之重也。

爱人者，人必从而爱之；利人者，人必从而利之；恶人者，人必从而恶之；害人者，人必从而害之。

【译文】

爱别人的人，别人也一定会爱他；使别人获利的人，别人一定也会使他获利；厌恶别人的人，别人也一定会厌恶他；损害别人的人，别人也一定会损害他。

备者，国之重也。

【译文】

防备，是一个国家的要紧事。

食者，国之宝也；兵者，国之爪也。

【译文】

粮食，是国家的珍宝；兵器，是国家的工具。

财不足，则反之时，食不足，则反之用。

【译文】

财货不足时，就要注重农时；粮食不足时，就要节俭。

无不让也，不可，说在殆。

【译文】

什么都能礼让，这是不可以的。例如到了危险的境地时就不能礼让了。

以攻战亡者，不可胜数。

【译文】

由于攻战而亡国的，不计其数。

繁为攻伐，此实天下之巨害也。

【译文】

频繁地攻伐打仗，这其实是天下的大灾祸。

今小为非，则知而非之；大为非攻国，则不知非，从而誉之，谓之义。此可谓知义与不义之辩乎。

【译文】

如今人干了一点小坏事，人们就知道去反对；但出现了进攻别人国家那样的大坏事，人们却不知道去反对，反而去赞扬，并把它叫作“义”。这能算是懂得了“义”和“不义”的区别吗?

万事莫贵于义。

【译文】

天下万事，没有比道义更可贵的。

尽天下之卵，其石犹是也，不可毁也。

【译文】

用光天下的鸡蛋去碰石头，石头还是石头，并不能被打碎。

贫家而学富家之衣食多用，则速亡必矣。

【译文】

贫穷的人家，如果去效仿富贵人家穿吃花费，那么快速败亡就是必然的了。

▲ 贫家而学富家之衣食多用，则速亡必矣。

名不可简而成也，誉不可巧而立也，君子以身戴行者也。

【译文】

美名不是轻易可以获得的，荣誉不是巧诈可以树立的，君子要身体力行做到名副其实。

志不强者智不达；言不信者行不果。

【译文】

意志不坚的人智慧是高不起来的；讲话没信用的人行动是果敢不起来的。

贫则见廉，富则见义，生则见爱，死则见哀。

【译文】

贫穷时要展现出廉洁，富裕时要展现出道义，对活着的人要表示仁爱，对逝世了的人要表示哀痛。

君子战虽有陈，而勇为本焉；丧虽有礼，而哀为本焉；士虽有学，而行为本焉。

【译文】

君子打仗虽然讲究阵法，但战士的勇敢才是根本；服丧虽然讲究礼仪，但哀痛才是根本；当官虽然讲究才学，但德行才是根本。

置本不安者，无务丰末；近者不亲，无务求远；亲戚不附，无务外交；事无终始，无务多业；举物而暗，无务博闻。

【译文】

基础奠定得不牢靠，就谈不上使枝节繁盛；近处的人都亲近不了，就谈不上招徕远处的人；连亲戚都不能使他们顺服，就谈不上结纳外人；做事有始无终，就谈不上从事多种事业；一件东西还弄不清楚，就谈不上广见博闻。

见毁，而反之身者也，此以怨省而行修矣。

【译文】

被人诋毁了，就要反省自己，这样人们的怨悔就会减少，品行也会变得美好起来了。

谮慝之言，无入之耳；批扞之声，无出之口；杀伤人之孩，无存之心，虽有诋讦之民，无所依矣。

【译文】

谗害毁谤的话，不要随意听信；攻击人的话，不要乱说；伤害人的念头，不要产生，这样就算碰到好毁谤、好攻击的人，他也无从施展了。

钓者之恭，非为鱼也；饵鼠以虫，非爱之也。

【译文】

钓鱼人端坐水边，不言不语，并不是对鱼恭恭敬敬；用虫子做诱饵来捕捉老鼠，并不是喜欢老鼠。

义人在上，天下必治。

【译文】

有道义的人坐上了高位，天下就一定会安定。

天子为善，天能赏之；天子为暴，天能罚之。

【译文】

天子如果行善，上天会赏赐他；天子如果作恶，上天也能惩罚他。

政者，口言之，身必行之。

【译文】

为政者，嘴里说了，还得身体力行。

子不能治子之身，恶能治国政。

【译文】

你连你自己都管不好，怎么能管好国家政务呢?

夫尚贤者，政之本也。

【译文】

重视人才，是政治的根本所在。

▲ 夫尚贤者，政之本也。
唐太宗任用十八学士为政，重视贤才。

若苟赏不当贤而罚不当暴，则是为贤者不劝而为暴者不沮矣。

【译文】

如果奖赏的不是真正贤能的人，惩罚的不是真正作恶的人，那么贤能的人就会得不到勉励，而作恶的人就会得不到阻止了。

国有贤良之士众，则国家之治厚。

【译文】

国家如果有很多贤良的人，国家的治绩就会很大。

有能则举之，无能则下之。

【译文】

有能力的，就要举用他；没有能力的，就要罢免他。

得意，贤士不可不举；不得意，贤士不可不举。

【译文】

国家安定的时候，不能不举用贤能；国家不安定的时候，也不能不举用贤能。

善人赏而暴人罚，则国必治。

【译文】

如果能做到好人就奖赏，坏人就惩罚，那么国家就一定能安定。

一目之视也，不若二目之视也；一耳之听也，不若二耳之听也；一手之操也，不若二手之强也。

【译文】

一只眼睛看到的，比不上两只眼睛所看到的可靠；一只耳朵听到的，比不上两只耳朵听到的可信；一只手拿住的，比不上两只手拿住的稳当。

江河之水，非一源之水也；千镒之裘，非一狐之白也。

【译文】

江河里深广的水，不是一个水源流下的水可以形得成的；贵重的狐白裘，不是一只狐狸腋下的毛可以集得成的。

▲ 江河之水，非一源之水也。

归国宝，不若献贤而进士。

【译文】

赠送国宝，比不上举荐贤能、引进人才有价值。

良弓难张，然可以及高入深；良马难乘，然可以任重致远；良才难令，然可以致君见尊。

【译文】

良弓很难张开，但张开后就可以射得高、钻得深；良马很难驾驭，但驾驭后就可以载重物、走远路；优秀的人才很难控制，但控制后就可以使君主赢得尊重。

入国而不存其士，则亡国矣。

【译文】

治国而不注意爱惜贤士，就会亡国啊。

江河不恶小谷之满已也，故能大。

【译文】

江河不嫌弃山间小溪用水来灌注它，所以能变得深阔。

集篇

中国古代诗歌发展史

诗歌发展历程：《诗经》→ 楚辞→汉赋→汉乐府诗→建安诗歌→魏晋南北朝民歌→唐诗→宋词→元曲→明清诗歌→现代诗。简单总结是：歌而诗，诗而词，词而曲。

上古

口头歌谣

诗歌产生于文字发明之前，它是在人们的劳动、歌舞中渐渐形成和发展起来的。上古时代只是口头传唱，没有文字记录。

先秦

《诗经》和楚辞

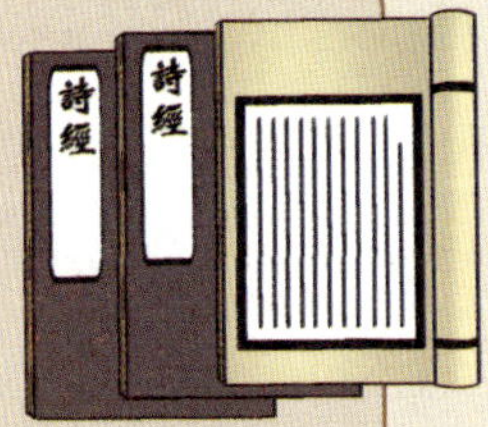

先秦诗歌的发展经历了一个从口头到书面、从民间到宫廷、从集体歌唱到诗人创作的漫长过程。周王朝为了制礼作乐，设有专门的采诗官，春秋两季到各地搜集歌谣；贵族为了祭祖、宴客、出兵、打猎、讽喻等目的写诗、献诗，在公元前6世纪左右编成《诗》。从汉武帝起儒家将其奉为经典，因此称为《诗经》。

楚辞是在楚地歌谣的基础上创作的有浓厚的地方色彩的新诗体。其影响最深远的为屈原，他开创了我国诗歌浪漫主义的先河。

屈原

汉代

汉乐府和《古诗十九首》

乐府诗歌继承《诗经》现实主义传统，全面而深刻地反映了当时的社会生活和人民的思想感情。《古诗十九首》标志着五言诗由产生发展到最终的成熟，它以怨而不怒的态度、形象的语言、比兴的手法形成独特的含蓄的风格，对后世的抒情诗有直接的影响。

魏晋南北朝

三曹和建安七子

三曹

建安七子

建安文学继承汉乐府民歌的现实主义传统，普遍采用五言形式，诗作表现了时代精神，具有慷慨悲壮的阳刚之气。

木兰代父从军

南北朝时期，最大的成就是民歌的发展。南朝民歌题材狭窄、风格艳丽、喜用双关，代表作《西洲曲》。北朝民歌题材广泛、风格刚健、语言直率，《木兰辞》代表了北朝民歌的最高成就。

隋唐五代

盛唐诗歌

唐诗是我国古代诗歌的最高峰。李白、杜甫分别代表了古典诗歌中浪漫主义和现实主义的最高成就。白居易是新乐府运动的倡导者。山水田园诗派以标举隐逸、寄情山水、歌咏田园生活为其特征，代表作家有王维、孟浩然。边塞诗派作品多描写塞外奇异风光，抒写将士乐观豪迈的精神及在征戎生活中的复杂矛盾情感，诗风奔放昂扬，代表作家高适、岑参。

宋代

诗重理趣

江西诗派：黄庭坚、陈师道、陈与义、苏轼。
南宋中兴四大诗人：陆游、尤袤、范成大、杨万里。
宋词：婉约派：柳永、李清照；豪放派：苏轼、辛弃疾。

元代

元曲四大家

元曲，包括散曲和杂剧。散曲是金、元两代兴起，由词蜕化出来的一种歌曲，体式与词相近，较为自由，可以在字数定格外加衬字，较多地使用口语。杂剧，以北曲演唱为基础的戏曲形式。成就最高者：关汉卿、白朴、马致远、郑光祖，史称元曲四大家。

清代

清诗（龚自珍）、清词（纳兰性德）

龚自珍是首开近代新诗风的最杰出的诗人，他的诗紧紧围绕现实政治这个中心，或批判，或抒慨，富有社会历史内容。纳兰性德是清代最著名的词人之一，他的词哀感顽艳、情真意切、痛彻肺腑，令人不忍卒读。

现代

白话诗

现代诗也叫白话诗，一般不拘格式和韵律。形式自由，意涵丰富，意象经营重于修辞运用，强调自由开放和直率陈述。

早期，诗、歌与乐、舞是合为一体的。诗即歌词，在实际表演中总是配合音乐、舞蹈而歌唱，后来诗、歌、乐、舞各自发展，独立成体，诗与歌统称诗歌。孔子认为，诗具有兴、观、群、怨四种作用。陆机则认为：“诗缘情而绮靡。”

楚辞

离骚

帝高阳之苗裔兮①，朕皇考曰伯庸②。摄提贞于孟陬兮③，惟庚寅吾以降④。

【注释】

①高阳：古代帝王颛顼的别号。颛顼是楚国的远祖，他的后人有熊绎，被周成王封于楚国。春秋时期楚武王有个儿子叫瑕，受封于屈邑，因此子孙都以屈为氏，屈原是屈瑕的后人，所以说自己是古帝王高阳氏的后代。苗裔：后代。②朕：我。秦以前是贵贱通用的第一人称代词，秦以后则成为封建帝王自称的专用词。皇考：皇，光明；考，对已故父亲的美称。伯庸：为屈原父亲的字或名，或化名，今已不可考。③摄提：摄提格的简称。古人把天宫由东向西划为子、丑、寅、卯、辰、巳、午、未、申、酉、戌、亥十二个等分，叫作十二宫。依照岁星（木星）在空中运转所指向的方位来纪年，岁星指向寅宫，则此年为寅年，摄提格，就是寅年的别名。贞：当，指向。孟：开端，始也。陬：夏历正月的别名，又称寅月。④惟：语助词，先秦时期习惯用法。庚寅：指庚寅这一天。古人以天干地支相配来纪日，庚寅是其中的一天。按：此处是指屈原吉祥的生日。据研究，楚人以寅日为吉利的日子。降：降生，出生。

皇览揆余初度兮①，肇锡余以嘉名②。名余曰正则兮③，字余曰灵均④。

【注释】

①皇：即上文皇考的省称，指他已死的父亲。览：观察。揆：测度，衡量。余：我，此处是屈原自指。初度：指初降生时的气度。②肇：开始，指初降生时。锡：古同“赐”，送给，给予。以：用，把。嘉名：美好的名字。③名：动词，命名的意思。正则：正，意为平；则，意为法，言其平正而有法则，解释出屈原名字的意思。④字：表字，这里用为动词，起个表字。灵均：灵，意为善；均，意为平地。灵均，很好的平地，就是“原”字的含义。

纷吾既有此内美兮①，又重之以修能②。扈江离与辟芷兮③，纫秋兰以为佩④。汩余若将不及兮⑤，恐年岁之不吾与⑥。朝搴阰之木兰兮⑦，夕揽洲之宿莽⑧。日月忽其不淹兮⑨，春与秋其代序⑩。惟草木之零落兮⑪，恐美人之迟暮⑫。不抚壮而弃秽兮[13]，何不改乎此度[14]？

【注释】

▲ 秭归屈原祠

①纷：多，繁盛。形容后面的内美两字。吾：屈原自指。既：已经。内美：内在的美好品质。②重：加上。修能：修，意为美好；能，意为通态，容貌。修能，指下文佩戴香草等，实际上是讲自己的德能。③扈：披在身上。辟芷：辟，通“僻”，偏僻的地方。芷，白芷，香草名，因生于幽僻之处所以叫辟芷。④纫：本义是绳索，此用作动词，穿结、连缀。秋兰：香草名，秋天开花且香。以为：以之为。佩：佩戴，装饰，象征自己的德行。⑤汩：水疾流的样子，此处用以形容时光飞逝。余：我，屈原自指。若将不及：好像跟不上时光的流逝了。⑥恐：担心。不吾与：即“不与吾”的倒文，意为不等待我。与，意为待。⑦朝：早晨。搴：拔取。阰：平顶小山或山坡，楚地方言。木兰：香木的一种，花状像莲，又称辛夷，今天通称紫玉兰。⑧揽：采摘。宿莽：草名。经冬不死，又名紫苏，楚语称作莽。所以有象征年华、生命的意味。木兰去皮不死，宿莽拔心不死，两者都有贞固的性格，故诗人用来作修身之物。⑨忽：迅疾的样子。淹：停留。⑩代序：代，意为更；序，意为次。代序即次第相代，指不断更迭。⑪惟：思虑。零落：凋零。⑫美人：楚辞是美人芳草皆有托。诗人有时用来比喻国君，有时用来比喻美好的人，有时用以自比。这里是指楚怀王，此句规劝怀王不要错过大好时机。迟暮：衰老。⑬抚：持，犹如现在所说的趁。壮：指壮盛年华。秽：草荒曰秽，这里用以比喻楚国的秽政。⑭此度：指现行的政治法度。

昔三后之纯粹兮[1]，固众芳之所在[2]。杂申椒与菌桂兮[3]，岂维纫夫蕙茝[4]！彼尧舜之耿介兮[5]，既遵道而得路[6]。何桀纣之昌披兮[7]，夫唯捷径以窘步[8]。惟夫党人之偷乐兮[9]，路幽昧以险隘[10]。岂余身之惮殃兮[11]，恐皇舆之败绩[12]！忽奔走以先后兮[13]，及前王之踵武[14]。荃不察余之中情兮[15]，反信谗而齌怒[16]。余固知謇謇之为患兮[17]，忍而不能舍也[18]。指九天以为正兮[19]，夫唯灵修之故也[20]。曰黄昏以为期兮，羌中道而改路[21]。初既与余成言兮[22]，后悔遁而有他[23]。余既不难夫离别兮[24]，伤灵修之数化[25]。

【注释】

①昔：从前。三后：后，君主。旧说不一，一说指楚国三位开国的先王：熊绎、若敖、蚡冒；一说即三皇，指黄帝、颛顼、帝喾。纯粹：“色不杂曰纯，米不杂曰粹，米至细曰精”，

这里用来形容三后的德行粹美完善。②固：固然，本来。众芳：众多的香草，用以比喻众多贤能的人。在：汇集。③杂：兼有。椒：香木名，就是现在的花椒。菌桂：即箘桂，桂的一种，香木名，白花黄蕊。④岂：难道，表示反向的语助词。维：当作“唯”，意为独。纫：连缀。蕙：香草名，生长在湿地处，麻叶，方茎红花，黑实。茝：同“芷”，白芷，也是香草名。申椒、菌桂、蕙、茝，都是用来比喻有才能的贤人，即上文所说的“众芳”。此处说三君杂用众贤才，国家因此而富强，并非独取蕙茝，只任用少数贤人。⑤彼：那。尧舜：传说中上古时代的两位贤君。耿介：耿，光明；介，正大。耿介即光明正大。⑥既：皆，尽。遵道：遵循正途。而：因而。路：大道。⑦何：何等，多么。桀纣：指夏桀和商纣王。是夏朝和商朝的末代之君，他们历来被作为暴君的代表。昌披：一作“猖披”。猖，狂妄；披，“诐”的假借字，偏邪的意思。⑧夫：发语词。唯：只是。捷径：斜出的小路，比喻不走正途。窘步：困窘失足。⑨惟：思。党人：古代的党人指朝廷中为私利而结成帮派的人。偷乐：苟且享乐。⑩路：指政治道路，楚国的前途。幽昧：黑暗。以：而。险隘：危险而狭窄。⑪岂：哪里。余身：我自身。惮：畏惧、惧怕。殃：灾祸。⑫皇舆：本指帝王所乘的车子，这里比喻国家政权。败绩：古代使用战车作战，车辙大乱，是溃不成军的表现。这里喻指君国之倾危。⑬忽：急匆匆的样子，根据下文，这里形容奔跑速度很快。奔走：奔跑。先后：指在君王的身边。奔走先后就是效力左右的意思，乃是从“皇舆”一语生发而来的。⑭及：赶上，追及，这里有“继承”之意。踵：脚跟；武：足迹。“踵武”连文为义，指前王的业绩。⑮荃：或说荪，石菖蒲一类的香草，叶形似剑，古人认为可以避邪。指称尊贵者，也以喻君，此为当时之俗。余：屈原自指。中情：忠心之情。⑯信谗：听信谗言。齌怒：盛怒、暴怒。⑰謇謇：謇，楚语，指发言之难，因口吃而说话艰难的样子。謇謇，此处形容忠贞直言的样子。为患：招致祸患。⑱舍：放弃的意思。⑲九天：九重天。正：通证。⑳灵修：楚人称神灵为灵修，此处代指楚君怀王。㉑“曰黄昏”二句是衍文，为《九章·抽思》语。期：约定。羌：楚语，表转折的意思，犹如今语的“却”。㉒初：当初，应指诗人受到楚怀王信任之时。成言：指彼此的话。此指屈原受重用时，共同制定的治国大策。㉓悔遁：遁，逃跑；悔遁在此是背弃成言之意。他：其他，另有打算。㉔既：本来。离别：分别，此指诗人被楚怀王疏远、放逐。㉕伤：悲伤、哀伤。数化：屡次变化。数，屡次之意。

余既滋兰之九畹兮①，又树蕙之百亩②。畦留夷与揭车兮③，杂杜衡与芳芷④。冀枝叶之峻茂兮⑤，愿俟时乎吾将刈⑥。虽萎绝其亦何伤兮⑦，哀众芳之芜秽⑧。众皆竞进以贪婪兮⑨，凭不厌乎求索⑩。羌内恕己以量人兮⑪，各兴心而嫉妒⑫。忽驰骛以追逐兮⑬，非余心之所急⑭。老冉冉其将至兮⑮，恐修名之不立⑯。

【注释】

①余：屈原自指。滋：栽培，培植。兰：香草名。畹：三十亩田为一畹，一说十二亩为一畹。②树：种植。蕙：香草名。树蕙：屈原曾为楚三闾大夫，负责贵族子弟的教育，树蕙指的是对贵族子弟的培育。③畦：四周有浅沟分隔的小块田地，这里用为动词。留夷、揭车：

香草名，都是楚地所产。④杂：指间种。杜衡：状与葵相似的一种香草，又称马蹄香。⑤冀：期待。峻：长大，高大。峻茂：高大而茂盛的样子。⑥俟：等待。俟时，即等到成熟的时候。刈：收割。这两句比喻把贤才培养好了，用他们治理国家。⑦虽：纵使。萎：枯萎。绝：凋落。何伤：何妨，有什么关系。⑧哀：痛惜。众芳：指前所培植的众香草——兰、蕙、留夷、揭车等，喻指“平日所栽培荐拔与己同志者”。芜秽：指众芳的变质。这两句用以比喻自己所培养的人才不但不为国家出力，反而改变节操，与“党人”同流合污。⑨众：指朋比为奸的贵族们。竞进：争逐权位。贪婪：贪求财物。⑩凭：楚方言，满之意，此处用作状语，“满不在乎”之满，形容党人不厌求索。不厌：不满足。求索：索取。⑪羌：楚方言，发语词，义近“乃”。恕：揣度。量：衡量。恕己量人：意为用自己的心去估量别人。⑫兴心：起心，打主意，即产生了嫉妒之心。此二句意为“党人贪婪竞进，而又以为贤者亦复如此，故嫉妒之也”。⑬忽：急急忙忙，疾速。骛：形容马乱跑的样子。追逐：与“驰骛”同义连用，意为钻营，追求自己的私利。⑭所急：急，指迫切需要。所急，指急于要做的事。⑮冉冉：渐渐，岁月流逝之意。⑯修名：美好的名声。立：树立。

朝饮木兰之坠露兮①，夕餐秋菊之落英②。苟余情其信姱以练要兮③，长顑颔亦何伤④。揽木根以结茝兮⑤，贯薜荔之落蕊⑥。矫菌桂以纫蕙兮⑦，索胡绳之纚纚⑧。謇吾法夫前修兮⑨，非世俗之所服⑩。虽不周于今之人兮⑪，愿依彭咸之遗则⑫。长太息以掩涕兮⑬，哀民生之多艰⑭。余虽好修姱以鞿羁兮⑮，謇朝谇而夕替⑯。既替余以蕙纕兮⑰，又申之以揽茝⑱。亦余心之所善兮⑲，虽九死其犹未悔⑳！

【注释】

①朝：早晨。坠露：坠落的露水，指从木兰花瓣上落下的露水。木兰花晚春开花，这句既指朝，又指春。②餐：吞食。落英：初开的花朵。木兰开于春，菊花发于秋。这句既指夕，又指秋。春与秋合起来说四时。此二句以“饮露餐英”喻自己长期服食美洁，修洁自身。③苟：只要，如果。余情：指内心。信姱：信，真实；姱，美好。信姱，诚然美好，言内美也。练要：精粹，犹言精练要约，指精练于要道。④顑颔：因饥饿而面色憔悴。何伤：何妨。⑤揽：持取，拿着。木根：指木兰之根。结：意为编结。⑥贯：贯穿，串联起。薜荔：一种蔓生的香草名。蕊：花心。⑦矫：高举，举起。犹言“取用”。菌桂：一种香木，即前“杂申椒与菌桂”的菌桂。⑧索：本义是绳索，这里用作动词，搓绳。胡绳：香草，茎叶可做绳索。纚纚：串联起来，

长而下垂，编织得整齐美好的样子。⑨謇：发语词，楚方言。此与前文“余固知謇謇之为患兮”之“謇”意义不同。法：取法，效法。夫：助词，彼。前修：前代的贤人。⑩世俗：指楚国政界庸俗之人。服：用。⑪虽：纵然。不周：不合，不能委曲周旋世故之意。⑫依：依照。彭咸：是屈原心目中所敬仰的人。殷商时期的贤人，据说他上谏国君不听，投水自杀而死。屈原此处言彭咸，表明自己将沉渊自杀。⑬太息：叹息。掩涕：擦眼泪。⑭民生：有多种解释，一说民生即人生，指诗人自己。艰：艰难。“民生多艰”，此处指屈子所见到、所体验到的楚人的遭遇，当然也包括自身在内。⑮好：喜好。修姱：修饰美好的品德。修，修饰，含修养之意；姱，指美好的品德。鞿：指马缰绳。羁：指马络头。鞿羁在此作动词，比喻自身约束自己。⑯谇：进谏。替：废除，撤职。⑰既：已经。以，助词，调整音节。蕙纕：用蕙草编缀成的带子。纕，本义指佩带。⑱申：申斥。揽：捋取。⑲亦：语助词，若是。善：用作动词，认为善。⑳虽：即使。九死其犹未悔：指不管遭受到多少次多么重大的打击也不会屈服。犹，还。

怨灵修之浩荡兮①，终不察夫民心②。众女嫉余之蛾眉兮③，谣诼谓余以善淫④。固时俗之工巧兮⑤，偭规矩而改错⑥。背绳墨以追曲兮⑦，竞周容以为度⑧。忳郁邑余侘傺兮⑨，吾独穷困乎此时也⑩。宁溘死以流亡兮⑪，余不忍为此态也⑫。

【注释】

①灵修：指楚怀王。浩荡：本义为大水横流的样子，此处喻指君王糊涂荒唐，恣意妄为而无定准。②终：始终。察：体察。民心：人的内心。③众女：喻指朝中绕于楚怀王周围的谗佞、群小。嫉：嫉妒。余：诗人自指。蛾眉：蛾指蚕蛾，蚕蛾之眉（实指须），细长而曲，指眉毛像蚕蛾触须般齐整，所以常用来比喻女人眉毛长得很美。此处是屈原喻指自己美好的品质。④谣诼：造谣诽谤。淫：邪乱。⑤固：本来。工巧：善于取巧。⑥偭：违背。规矩：本是木工的工具，量圆用的为规，量方用的为矩，引申为规则法度。改错：“错”通“措”，改错即改变措施。⑦绳墨：木工引绳弹墨，用以打直线，这里指法度。追曲：追，随；曲，邪曲。比喻贵妃宠臣违背正直之道而追求邪曲之行。⑧竞：争相。周容：无原则地取容，指奉迎苟合，讨好别人。以为：作为。度：法则，常法。⑨忳：烦闷，副词，作“郁邑”的状语。郁邑：忧虑烦恼。三个形容词连用，是楚辞的特有语法。侘傺：失意的样子，形容失志之人茫茫然无所适从。⑩穷困：指孤立无援的状况。⑪宁：宁愿。溘死：忽然死去。流亡：随水漂流而去。⑫余：我，屈原自指。此态：指“固容以为度”，即苟合取容之态。

鸷鸟之不群兮①，自前世而固然②。何方圆之能周兮③，夫孰异道而相安④？

【注释】

①鸷鸟：指鹰鹞一类品行刚烈、不肯与凡鸟同群的猛禽。不群：即指不与众鸟同群。诗人

以此表明自己不与凡庸为伍。② 前世：古代。固然：本来如此。③ 何方圆之能周：方的榫头和圆孔怎能相合。周，合。④ 异道：不同的道路，此处喻指不同的政治路线。

屈心而抑志兮①，忍尤而攘诟②。伏清白以死直兮③，固前圣之所厚④。悔相道之不察兮⑤，延伫乎吾将反⑥。回朕车以复路兮⑦，及行迷之未远⑧。步余马于兰皋兮⑨，驰椒丘且焉止息⑩。进不入以离尤兮⑪，退将复修吾初服⑫。

【注释】

① 屈心：与“抑志”同义，均指按捺自己的心志。屈：委屈。抑：抑制。② 忍尤：与“攘诟”同义，意思是能容忍外来的耻辱。攘，容忍。诟，耻辱。此为忍耻含辱之意。③ 伏：通“服”，保持，坚守。死直：死于正道、正义。④ 固：本来。前圣：指前代之圣贤，如尧、舜、禹、汤、文王。厚：赞许、嘉许。⑤ 悔：恨。相道：看，观看。察：看清楚。⑥ 延：引颈。伫：久立。延伫，意思是引颈怅惘，低回迟疑。反：同“返”。即指下文“退将复修吾初服”。⑦ 回：这里意指调转。复路：回归过去的道路。⑧ 及：趁着。行迷：指迷途。以上四句是屈原在政治上被排挤打击之后，产生了要退出政治舞台的消极想法。⑨ 步：解开驾车的马使之自在游走。兰皋：长满兰草的河岸。皋，河岸边。⑩ 驰：指马的奔跑。椒丘：长满椒木的土丘。且：暂且。焉：于此、在此。止息：休息一下。⑪ 进：仕进，指进身于君前，即受重用。不入：指不被君王所采纳。离：同“罹”，遭受。尤：罪过。⑫ 退：退隐。复：再，重新。初服：当初的服装，实指当初的初衷、宿志，即篇首所云之“内美”“修能”。修吾初服：指修身洁行。

制芰荷以为衣兮①，集芙蓉以为裳②。不吾知其亦已兮③，苟余情其信芳④。高余冠之岌岌兮⑤，长余佩之陆离⑥。芳与泽其杂糅兮⑦，唯昭质其犹未亏⑧。忽反顾以游目兮⑨，将往观乎四荒⑩。佩缤纷其繁饰兮⑪，芳菲菲其弥章⑫。民生各有所乐兮⑬，余独好修以为常⑭。虽体解吾犹未变兮⑮，岂余心之可惩⑯！

【注释】

① 制：裁制。芰：楚人称菱为芰。衣：上身所穿的叫衣。② 集：合，积聚。芙蓉：荷花。裳：下身所穿的叫裳。③ 不吾知：即“不知吾”的倒装，意指不了解我。已：止，算了罢。④ 苟：如果。余情：我之情实。信：诚然。芳：香洁。⑤ 高：高峻，此处用为动词，加高的意思。

岌岌：本指高耸的样子，此处指帽高。⑥长：修长，这里用为动词。陆离：修长而美好的样子。⑦芳：指芬芳之物。泽：说法不一，指腐臭之物，或说为润泽的意思。杂糅：掺杂在一起。芳泽杂糅，比喻自己和群小共处一朝。⑧唯：只有。昭质：指清白纯洁的本质。亏：亏损。⑨反顾：回顾，回头看。游目：纵目瞭望之意。⑩往观：前去观望。四荒：指四方荒远之地。这里是指重新寻找道路以实现自己的理想。⑪佩：佩戴，具体可以指香囊、玉佩。缤纷：盛，极言多。繁饰：饰物繁多。⑫菲菲：勃勃，形容香气浓郁。弥章：更加明显。⑬民生：人生。乐：爱好。⑭好修：好为修饰，即自我修洁的意思。常：恒常之法。⑮体解：肢解，古代把人的四肢分割下来的一种酷刑。犹：尚且。未变：不改变，指决不改变初衷。⑯岂：怎能。惩：指恐惧，解为"怨艾"亦通。

女嬃之婵媛兮①，申申其詈予②。曰："鲧婞直以亡身兮③，终然夭乎羽之野④。汝何博謇而好修兮⑤，纷独有此姱节⑥？薋菉葹以盈室兮⑦，判独离而不服⑧。众不可户说兮⑨，孰云察余之中情⑩？世并举而好朋兮⑪，夫何茕独而不予听⑫？"

【注释】

①女嬃：历来解说不一。一说是女人名，一说是女伴，一说是妾。当以侍妾说为是。婵媛：联绵词，眷恋。②申申：反反复复。詈：责骂，苦苦相劝。③鲧：神话传说中上古时期的治水人物，禹的父亲。婞直：倔强刚直。亡身：即忘身，意为忘记对自身的危害不顾生命的意思。④终然：终于。夭：夭折，死于非命。羽之野：羽，羽山，传说在今山东蓬莱东南。羽之野，指羽山的郊野。⑤汝：你，指屈原。何：为何。博謇：意为过于刚直。博，过甚。⑥纷：纷纷然，众多之意。独：唯独你。姱节：美好的节操。⑦薋、菉、葹：都是恶草名。此处用来比喻谗佞盈满于君王身边的人。盈室：满屋。⑧判：判然，区别。离：舍弃。服：使用，佩戴。⑨众：众人。户说：挨家挨户去解说。⑩孰：谁。云：助词，无词义。察：体察。余：这里指我们，实指屈原。中情：指内心。⑪世：当今，指世俗之人。并举：相互抬举。好朋：喜欢结为朋党。⑫夫：犹汝也。茕独：孤独。不予听：即"不听予"，不听我的劝告。予：我，女嬃自称，以上写女嬃幼劝他妥协。

"启《九辩》与《九歌》兮①，夏康娱以自纵②。不顾难以图后兮③，五子用失乎家巷④。

【注释】

①启：夏启，禹的儿子，继禹之后做了国君。《九辩》《九歌》：古代乐曲名。传说《九辩》《九歌》是天帝的乐曲，被夏启从天上偷下来带到了人间。②夏康：太康，启的儿子。以：而。自纵：自我放纵。太康用《九辩》《九歌》娱乐自己，任情放纵。③顾：环顾考虑。难：患难。不顾难，即不考虑祸难而为未来打算。图：谋，打算。④五子：太康的五个儿子。用失乎："失"可能是"夫"的误写。"乎"是"夫"误写后加上的。"用乎"之文，与用夫、用之同。用，因也；用乎，因此的意思。家巷：家族内部斗争。据记载五观作乱，启派兵讨平。

羿淫游以佚畋兮①，又好射夫封狐②。固乱流其鲜终兮③，浞又贪夫厥家④。浇身被服强圉兮⑤，纵欲而不忍⑥。日康娱而自忘兮⑦，厥首用夫颠陨⑧。夏桀之常违兮⑨，乃遂焉而逢殃⑩。后辛之菹醢兮⑪，殷宗用而不长⑫。汤、禹俨而祗敬兮⑬，周论道而莫差⑭。举贤而授能兮⑮，循绳墨而不颇⑯。皇天无私阿兮⑰，览民德焉错辅⑱。夫维圣哲之茂行兮⑲，苟得用此下土⑳。瞻前而顾后兮㉑，相观民之计极㉒。夫孰非义而可用兮㉓，孰非善而可服㉔？阽余身而危死兮㉕，览余初其犹未悔㉖。不量凿而正枘兮㉗，固前修以菹醢㉘。曾歔欷余郁邑兮㉙，哀朕时之不当㉚。揽茹蕙以掩涕兮㉛，沾余襟之浪浪㉜。"

【注释】

①羿：古代传说中的善射者。淫游：过度地游乐。佚畋：放纵而无节制地打猎。佚，放荡纵恣。②封：大也。封狐，大狐狸。③固：本来。乱流：意为逆行篡乱之流。鲜终：很少有好的结果。④浞：寒浞，羿的相。据《左传》记载，羿做国君后，逸乐无度，不理国政，寒浞令他的家臣逢蒙射杀了羿，抢夺了羿的妻子。贪：贪恋，此可作"霸占"解。厥：同"其"。家：指妻室。⑤浇：寒浞与羿妻生的儿子。被服：犹言"披服"，抢夺，依仗。强圉：有极大的力量。传说他能在陆地行船。⑥纵欲：放纵自身的欲望。不忍：不止，不能加以克制。⑦日：天天。康娱：安于娱乐，指沉浸在娱乐中。自忘：指忘掉自身的安危。⑧厥首：他的脑袋。用夫：因此。颠陨：坠落。⑨夏桀：夏朝末代的国君。常违：违，邪僻。常违，即"违常"，违背常道，行为邪僻。⑩乃：竟。遂：经究。焉：于是，指桀之违背常道之事。逢殃：遭到祸患，指为汤所放逐。⑪后辛：即商纣王，名辛，又称帝辛，商朝末代国君。菹醢：指把人剁成肉酱，古代的一种酷刑。⑫殷宗：指殷朝的祖祀。宗，宗族统治，即指殷代的统治。用而：因而。不长：指被周武王所灭。⑬汤、禹：商汤、夏禹，指古代贤君。俨：庄严，敬畏。⑭周：此指周文王、武王。论道：选择、讲求治国的道理。莫差：没有丝毫的差错。⑮举贤而授能：选拔任用有德有才的人。举，选用。授，任用。⑯循：遵照，遵守。

绳墨：木工画直线用的工具，喻指规矩、法度。不颇：颇，偏。不颇即无偏颇，与上文“莫差”义近。⑰皇天：上天。阿：偏袒、庇护。⑱览：察。民德：人之品德，实指君德。焉：于是。错：通“措”，安置。辅：辅助。⑲夫：发语词。维：同“惟”，独。圣哲：即有高智慧的圣贤。茂行：美好的德行。⑳苟得：才能够。用：享有。下土：天下。用此下土，即享有天下。㉑瞻前而顾后：即观察古往今来之成败。㉒相观：观察。此为动词连用，相、观，均为看、察之意。计极：即极计，指最终的法则和标准。计，策之意。㉓夫：发语词。孰：哪。非义：不行仁义。用：服用。这句是说哪有不义的国君能长久统治国家。㉔非善：不行善事。㉕阽：临近险境。危死：危亡几近于死。㉖览：反观。初：初心，本心。㉗量：度。凿：榫头的孔。枘：榫头。这句话的意思是说，枘要插进凿中，如不度量凿的方圆大小，就无法合榫。比喻臣子如不度量国君的贤愚就直言进谏，一定会招致灾祸。㉘固：应为“故”。前修：前贤，指被纣剁成肉酱的比干、梅伯等贤臣。以：因此。向重华的陈词到此结束。㉙曾：屡次，不断地。歔欷：气咽而抽泣的声音。郁邑：忧伤的样子。㉚时之不当：生不逢时之意。当，遇。㉛揽：取。茹：柔软。掩涕：擦眼泪。涕，眼泪。㉜沾：浸湿。浪浪：泪流不止的样子。以上通过向重华陈词，明确人生真谛，决定直面现实，虽死而不后悔。

跪敷衽以陈辞兮①，耿吾既得此中正②。驷玉虬以乘鹥兮③，溘埃风余上征④。朝发轫于苍梧兮⑤，夕余至乎县圃⑥。欲少留此灵琐兮⑦，日忽忽其将暮⑧。吾令羲和弭节兮⑨，望崦嵫而勿迫⑩。路曼曼其修远兮⑪，吾将上下而求索⑫。

【注释】

①敷衽：敷，铺开；衽，衣襟。即指铺开衣襟。陈辞：以上指向重华述说的话。②耿：光明。既：已经。中正：正直而不偏邪的品德，此处指治国之道。诗人在重华面前陈词后，感觉他已经在神灵面前印记了中正的治国之道。③驷：本义是四匹马拉的车，这里是动词，指驾车。玉虬：白色无角的龙，玉在此表示颜色。鹥：凤鸟一类。④溘：掩，压着。埃风：卷有尘土的大风。上征：上天远行。⑤朝：清晨。发轫：出发的意思。轫，挡住车轮转动的横木。

发轫，就是拿开挡车轮的横木，使车轮转动。苍梧：山名，据说舜葬于此地。因刚刚向舜陈述完，所以从苍梧山出发。⑥至乎：到达。乎，于。县圃：又称“玄圃”，神话中昆仑山上的仙山名，据说在昆仑山顶，为神灵所居。⑦少留：稍微停留一会儿。灵琐：神灵所居的门，实指县圃。琐，本指门上刻画的环形花纹，以此代门。⑧忽忽：匆匆，很快的样子。⑨令：命令。羲和：神话中的太阳神，给太阳驾车。弭节：指停车。弭，停止。节，马鞭。⑩崦嵫：神话中山名，日所入处。迫：近。⑪曼曼：同“漫漫”，路遥远的样子。修远：长远。修，长。⑫上下：犹云登降。上到天国，下到人间到处寻求，象征追求同心同德者。上下求索，体现了诗人追求理想实现的一种韧性精神。

饮余马于咸池兮①，总余辔乎扶桑②。折若木以拂日兮③，聊逍遥以相羊④。

【注释】

①咸池：神话中的池名，太阳出来洗澡的地方。②总：结，系。辔：马缰绳。扶桑：神话中的树名，太阳从它下面出来。③折：攀折。若木：神话中的树名，在昆仑山的极西，太阳所入之处。④聊：暂且。逍遥：自由自在的样子。相羊：徘徊，盘桓。

前望舒使先驱兮①，后飞廉使奔属②。鸾皇为余先戒兮③，雷师告余以未具④。吾令凤鸟飞腾兮⑤，继之以日夜⑥。飘风屯其相离兮⑦，帅云霓而来御⑧。纷总总其离合兮⑨，斑陆离其上下⑩。

【注释】

①前：在前面。望舒：月神的驭手。先驱：指在前面开路。②后：在后面。飞廉：风伯，风神。奔属：奔跑追随。③鸾：指凤鸟一类。皇：指雌凤一类。先戒：在前面警戒。④雷师：雷神丰隆。具：备，指车驾。⑤飞腾：腾空而飞。腾，飞之速也。⑥日夜：指日夜兼程。⑦飘风：旋风。屯：聚集。离：同“丽”，依附。⑧帅：率领。云霓：彩云，云虹。御：同“迓”，迎接。⑨纷总总：形容很多东西聚集在一起。离合：忽散忽聚。⑩斑：文彩杂乱，五彩缤纷。陆离：形容光彩斑斓参差错综。此二句既可看作是想象中的境况，又可看作诗人的心境描写。

吾令帝阍开关兮①，倚阊阖而望予②。时暧暧其将罢兮③，结幽兰而延伫④。世溷浊而不分兮⑤，好蔽美而嫉妒⑥。

【注释】

①帝阍：天帝的守门人。关：门。②倚：靠着。阊阖：天门。望：冷漠地看着，拒绝开门。上天求女象征着企求楚王的理解，帝阍不开门表示这一理想的破灭。③时：时光，此指日光。暧暧：昏暗的样子，光线渐渐微弱。④结：编结。延伫：徘徊迟缓。⑤溷浊：混乱污浊。不分：没有区别。⑥蔽：遮蔽，掩盖。蔽美：遮盖美好的东西。以上四句，承上言见帝之受阻，诗人感慨万千。

溘吾游此春宫兮①，折琼枝以继佩②。及荣华之未落兮③，相下女之可诒④。

【注释】

①溘：形容快。春宫：神话中东方青帝所住的仙宫。②琼枝：玉树的花枝。继：继续，补充。佩：佩戴。③及：趁着。荣华：花朵。荣，草本植物开的花。未落：尚未凋谢，指琼枝言。④相：察看。下女：宓妃诸人，对高丘而言，所以说下。可诒：可以赠送。诒，一本作“贻”。

吾令丰隆乘云兮①，求宓妃之所在②。解佩纕以结言兮③，吾令蹇修以为理④。纷总总其离合兮⑤，忽纬繣其难迁⑥。夕归次于穷石兮⑦，朝濯发乎洧盘⑧。保厥美以骄傲兮⑨，日康娱以淫游⑩。虽信美而无礼兮⑪，来违弃而改求⑫。

【注释】

①丰隆：云神。②求：寻求。宓妃：神话中古帝伏羲氏的女儿。溺死在洛水，后成为洛水女神。③佩纕：佩戴的香囊。结言：约好之言，以香囊为信物，此指定盟约。④蹇修：人名。旧说是伏羲的臣，不可信。理：提亲人。⑤纷总总：来去无定的样子，形容提亲人多次往返，费了不少口舌。离合：言辞未定。⑥纬繣：乖戾，不相投合。⑦次：住宿。穷石：神话中山名，传说是后羿居住的地方。⑧濯发：洗头发。洧盘：神话中的水名，出崦嵫山。这两句暗示宓妃与后羿有暧昧关系。⑨保：持，依仗。厥美：她的美貌。厥，其，此处指宓妃。骄傲：傲慢无礼。⑩日：成天。康娱：娱乐享受。淫游：过分的游乐。⑪虽：诚然。信美：确信美好。无礼：指生活放荡，不合理法。⑫来：乃，呼语。违弃：抛弃，放弃。改求：另外寻求。

览相观于四极兮①，周流乎天余乃下②。望瑶台之偃蹇兮③，见有娀之佚女④。吾令鸩为媒兮⑤，鸩告余以不好⑥。雄鸠之鸣逝兮⑦，余犹恶其佻巧⑧。心犹豫而狐疑兮⑨，欲自适而不可⑩。凤皇既受诒兮⑪，恐高辛之先我⑫。欲远集而无所止兮⑬，聊浮游以逍遥⑭。及少康之未家兮⑮，留有虞之二姚⑯。理弱而媒拙兮⑰，恐导言之不固⑱。世溷浊而嫉贤兮⑲，好蔽美而称恶⑳。闺中既以邃远兮㉑，哲王又不寤㉒。怀朕情而不发兮㉓，余焉能忍而与此终古㉔？

【注释】

①览相观：同义动词连用，都是“看”的意思，指细细观察。四极：东西南北极远的地方。②周流：周游，到处游览。③瑶台：用美玉砌成的台。偃蹇：高耸的样子。④有娀：有娀国，传说中的上古国名。此处即指简狄。⑤鸩：鸟名，传说把它的羽毛浸在酒中，喝其酒能毒死人。⑥不好：即以不好告我。⑦雄鸠：雄性鸠鸟。鸣逝：边叫边飞，意思是嘴巧腿勤。⑧犹：尚。恶：嫌弃，厌恶。佻巧：行为轻佻巧诈，言语巧辩。⑨犹豫：拿不定主意。⑩自适：亲自去。不可：因为不合当时礼法，所以不可以亲自去。⑪凤凰：凤鸟，即传说中的“玄鸟”。受诒：即“致诒”，指完成送聘礼之事。⑫高辛：五帝之一的帝喾称号。传说，帝喾曾令玄鸟给简狄送礼，成婚后生子契。⑬远集：远止。集，止，停留。所止：停留的地方。⑭浮游：漫游，遍游。⑮及：趁着。少康：夏代的中兴之王，夏启的曾孙。未家：未成家。⑯有虞：传说中上古国名。姚姓。二姚：指有虞国的两个女儿。有虞国君把两个女儿嫁给了少康。后来少康消灭了浞和浇，恢复了夏朝的统治。⑰理弱：指媒人软弱。拙：笨拙。⑱导言：媒人撮合的言辞。⑲嫉贤：嫉妒贤能。⑳称恶：称赞邪恶。称，举。此句意为推举邪恶之人。以上二句点明人间求女的象征意义。㉑闺中：女子居住的内室，指以上所求诸女的居室。以：助词，没有意义。㉒哲王：明智的君王，指楚怀王。不寤：不醒悟。前文帝阍不肯开天门，表明楚怀王不醒悟。㉓怀：怀抱。情：指忠情。不发：不能抒发。㉔焉能：安能，怎能。忍：忍受。此：这，指的上三句中所说的这种情况。终古：永久。

索藑茅以筳篿兮①，命灵氛为余占之②。曰：“两美其必合兮③，孰信修而慕之④？思九州之博大兮⑤，岂惟是其有女⑥？”曰：“勉远逝而无狐疑兮⑦，孰求美而释女⑧？何所独无芳草兮⑨，尔何怀乎故宇⑩？”世幽昧以昡曜兮⑪，孰云察余之善恶⑫？民好恶其不同兮⑬，惟此党人其独异⑭！户服艾以盈要兮⑮，谓幽兰其不可佩⑯。览察草木其犹未得兮⑰，岂珵美之能当⑱？苏粪壤以充帏兮⑲，谓申椒其不芳⑳。

【注释】

①索：取。藑茅：香茅之类，古代用茅草来占卜。以：与。筳篿：古代卜卦用的竹棍。②灵氛：传说中的上古神巫。巫是古代以从事与鬼神相关的职业的人，或歌舞降神，或为人推断吉凶，或为人治病。③曰：此指神巫说。以下四句是灵氛的话。两美其必合：两个品德、外貌、举止美好的人必定能够结合，借以比喻良臣必遇明君。④孰：谁。信修：诚然美好。慕：爱慕。之：代“信修”的人。⑤思：想。九州：古代将中国分为九个州，九州即指整个中国。⑥是：这，指楚国。女：美女。⑦曰：此亦为灵氛所说，灵氛见屈原沉默不语，接着又说了以下四句劝导的话。勉：努力。远逝：指勉力远去。⑧释：放开、舍弃。⑨何所：何处。

芳草：比喻理想的美人。⑩ 尔：你，指屈原。怀：怀恋。乎：彼也。故宇：故国，指楚国。灵氛劝行的话到此结束。以下是诗人自己的考虑。⑪ 世：当今之世。幽昧：幽深黑暗。以：而且。昡曜：惑乱混浊。⑫ 云：语中助词，能。余：我，代指屈原。察：明辨。⑬ 民：指天下众人。好恶：喜好和厌恶，或曰是非标准。其：借为"岂"，难道。⑭ 惟：通"唯"，只有。党人：朋党之人。独异：特别，与一般人不同。⑮ 户：指党人家家户户，言其多。服：佩用。艾：艾蒿。这种草有特殊气味，被作者看作恶草。盈：满，动词。要：同"腰"。⑯ 谓：说。此处指众人说。其：指代幽兰。⑰ 览察：察看，这里是通过察看加以辨别的意思。其：尚且。犹：还。未得：不能够。⑱ 岂：难道。珵美：即"美珵"，美玉。当：恰当。⑲ 苏：取。粪壤：粪土。充：塞满，装满。帏：佩戴在身上的香囊。⑳ 申椒：申地之椒。

欲从灵氛之吉占兮，心犹豫而狐疑。巫咸将夕降兮①，怀椒糈而要之②。百神翳其备降兮③，九疑缤其并迎④。皇剡剡其扬灵兮⑤，告余以吉故⑥。

【注释】

① 巫咸：古代的神巫，名咸。巫咸也是作品里的假想人物。夕降：傍晚从天而降。古人把巫看成是人神之间的中介，巫请神下降，向神申述人的请求，并把神的指示传达给人。② 怀：馈。椒糈：指椒浆和祭神用的精米。要：邀请，迎候。③ 百神：指天上的众神。翳其：翳然，遮蔽（天空），形容神遮天盖地而来。备降：全来。④ 九疑：九嶷山，指九嶷山上的神灵。缤其：纷纷，形容盛多的样子。并迎：一起来迎接。这里说到九嶷山的众神迎接天上百神。⑤ 皇：同"煌"，光明。剡剡：发光的样子。皇剡剡：光闪闪。灵：灵光。⑥ 吉故：明君遇贤臣的吉祥的故事。

曰："勉升降以上下兮①，求榘矱之所同②。汤、禹严而求合兮③，挚、咎繇而能调④。苟中情其好修兮⑤，又何必用夫行媒⑥？说操筑于傅岩兮⑦，武丁用而不疑⑧。

【注释】

① 曰：指巫咸传达天神的指示。勉：努力。升降以上下：意指俯仰浮沉到处求访。② 求：寻求。榘矱：榘，通"矩"，是画方形的工具，矱是量长短的工具，此处指法度。③ 汤、禹：指商汤和夏禹。严：恭敬。合：志同道合的人。④ 挚：商汤贤相伊尹的名。咎繇：皋陶，夏禹的贤臣。调：协调。⑤ 苟：如果。中情：指内心。⑥ 用：凭借。夫：彼的意思。行媒：指往来传话的媒人。⑦ 说：指傅说，殷高宗的贤相，他原来是在傅岩地方从事建筑的奴隶，后被殷高宗重用。操：持，拿。筑：即杵，筑土墙用的木杆。⑧ 武丁：殷高宗名。用：重用。疑：嫌恶。这句话说武丁不因傅说是干贱活的奴隶而嫌恶他。

吕望之鼓刀兮①，遭周文而得举②。宁戚之讴歌兮③，齐桓闻以该辅④。

【注释】

① 吕望：即吕尚。本姓姜，吕是他先人的封地，以封地名为氏。相传他曾在殷都朝歌做过屠夫，

后被周文王重用。鼓刀：屠宰牲畜时摆弄刀具，发出声响。②遭：遇。周文：周文王姬昌。举：选用，举用。③宁戚：春秋时卫国人，相传他曾经做过小商贩，在都东门外，边喂牛边敲牛角唱歌，齐桓公听后，得知其为贤人，便启用他为客卿。④齐桓：齐桓公，齐国国君姜小白，春秋五霸之一。该：周详，完备。该辅，备为辅佐，用为大臣。

及年岁之未晏兮①，时亦犹其未央②。恐鹈鴂之先鸣兮③，使夫百草为之不芳④。”何琼佩之偃蹇兮⑤，众薆然而蔽之⑥。惟此党人之不谅兮⑦，恐嫉妒而折之⑧。时缤纷其变易兮⑨，又何可以淹留？兰芷变而不芳兮，荃蕙化而为茅⑩。何昔日之芳草兮，今直为此萧艾也⑪？岂其有他故兮⑫，莫好修之害也⑬！余以兰为可恃兮⑭，羌无实而容长⑮。委厥美以从俗兮⑯，苟得列乎众芳⑰。椒专佞以慢慆兮⑱，榝又欲充夫佩帏⑲。既干进而务入兮⑳，又何芳之能祗㉑？固时俗之从流兮，又孰能无变化？览椒兰其若兹兮，又况揭车与江离㉒？惟兹佩之可贵兮㉓，委厥美而历兹㉔。芳菲菲而难亏兮㉕，芬至今犹未沬㉖。

【注释】

①及：趁着。晏：晚。②时：时光。犹其：尚且。未央：未尽。这句意思是说建功立业之时犹未过去，尚可有为。③鹈鴂：杜鹃，或曰子规、伯劳，初秋鸣叫，故有下文的百草不芳。④夫：助词。为之：因此。不芳：比喻错过时机而无所作为。巫咸劝行的话到此结束。下面是诗人自己的考虑。⑤何：何等。琼佩：用玉树花枝缀成的佩带。偃蹇：盛多美丽的样子，此乃形容琼佩之盛。⑥众：指楚国朝廷结党营私的一帮人，即下句中的“党人”。薆：遮蔽。⑦惟：思。谅：信。不谅，意指险诈不可信。⑧折：摧毁。之：指代琼佩。⑨时：时世。缤纷：纷乱。变易：变化。⑩茅：茅草，比喻已经蜕化变质的谗佞之人。⑪直：竟然、居然。萧艾：萧，即蒿，贱草。⑫他故：别故，指的是其他的理由。⑬莫：不。害：弊端。⑭兰：兰草，即前文“余既滋兰之九畹兮”的“兰”，是屈原苦心培养的人才之一，此处可能是影射楚怀王幼子令尹子兰。⑮无实：不结果实。容长：以容貌美好见长，意思是指徒有美好外表。⑯委：丢弃、抛弃。厥：他的，指代兰。从俗：追随世俗。⑰苟：在此表疑问，如何之意。得：得以，能够。这句是说它们如何可以得到众芳。⑱椒：花椒，亦指变质之贤者。一说是影射大夫子椒。专佞：专横谗佞。慢慆：傲慢放肆。⑲榝：茱萸一类的草，形状似椒而不香。椒本芳烈之物，茱萸似椒而非，比喻楚国官场的那些小人。⑳干进：求进。干，指求登高位。务入：指钻营。㉑祗：恭敬。

此句说又有什么品质美好的人能够庄敬自重呢？㉒揭车、江离：两种香草名，香味不如椒兰，比喻自己培育的一般人才。㉓惟：通“唯”，只有。兹佩：指上文“琼佩”，喻指屈原之内美与追求。㉔委：弃。这里是“被抛弃”的意思。厥美：它的美，指琼佩之美。历兹：即到如今这一地步。㉕菲菲：香喷喷，指香气浓郁。亏：减，损。㉖沬：消失。

和调度以自娱兮[①]，聊浮游而求女[②]。及余饰之方壮兮[③]，周流观乎上下[④]。灵氛既告余以吉占兮[⑤]，历吉日乎吾将行[⑥]。折琼枝以为羞兮[⑦]，精琼爢以为粻[⑧]。

【注释】

①和调度：三个字同义，为并列结构，指调节自己的心态，缓和自己的心情。人生各有所乐，屈原独以好修为常。自娱：自乐。②聊：姑且。浮游：飘游，漫游。求女：寻求志同道合之人。③方：正。壮：盛。本句“方壮”指“饰”，比喻年事尚不过高。④周流：周游。上下：上下四方，到处。⑤吉占：指两美必合而言。⑥历：选择。⑦琼枝：琼树的枝条。羞：美味。⑧精：动词，使精细。爢：细屑。粻：粮。

为余驾飞龙兮[①]，杂瑶象以为车[②]。何离心之可同兮[③]，吾将远逝以自疏[④]。邅吾道夫昆仑兮[⑤]，路修远以周流[⑥]。扬云霓之晻蔼兮[⑦]，鸣玉鸾之啾啾[⑧]。朝发轫于天津兮[⑨]，夕余至乎西极[⑩]。凤皇翼其承旂兮[⑪]，高翱翔之翼翼[⑫]。忽吾行此流沙兮[⑬]，遵赤水而容与[⑭]。麾蛟龙以梁津兮[⑮]，诏西皇使涉予[⑯]。路修远以多艰兮[⑰]，腾众车使径待[⑱]。路不周以左转兮[⑲]，指西海以为期[⑳]。

【注释】

①为余：为我，替我。飞龙：长翅膀的龙，用来驾车。②杂：间杂配合。瑶：美玉。象：象牙。这句是说杂用象牙、美玉来装饰车子。③离心：异志。心志不同。④远逝：远去。自疏：主动疏远他们。⑤邅：楚方言，转向。楚人名转为邅。道：用为动词，有取道之意。昆仑：神话中西部神山名。⑥周流：周游。⑦扬：飘扬。云霓：即虹，此处指以云霓为旌旗。晻蔼：旌旗（蔽天）日光暗淡的样子。⑧鸣：响起。玉鸾：用玉雕刻成的鸾形的车铃。啾啾：象声词，玉铃发出的声音。⑨发轫：出发。天津：指天河的渡口。⑩西极：西方的尽头。⑪翼：多。承：举接。旂：旗帜的通称。⑫翼翼：飞翔时的样子。⑬忽：匆匆。流沙：西方的沙漠因沙流动而得名。⑭遵：循着，沿着。赤水：神话中水名，发源于昆仑山。容与：从容徘徊而不前。⑮麾：指挥。蛟：龙的一种，能兴风作浪。梁：桥，此处用为动词，架桥的意思。津：渡口。⑯诏：告令。西皇：古帝少皞氏，西方的尊神。涉予：把我渡过河去。涉，渡。⑰艰：指路途艰险。⑱腾：飞驰。径待：径相侍卫以免渡河发生危险。即，径，直；待：应作“侍”。⑲路：路经。不周：不周山，神话中的山，在昆仑西北，因山有缺，故得此名。⑳指：直指，表示最终。西海：神话中西方之海，传说是西皇所居住的地方。期：期待。

屯余车其千乘兮①，齐玉轪而并驰②。驾八龙之婉婉兮③，载云旗之委蛇④。抑志而弭节兮⑤，神高驰之邈邈⑥。奏《九歌》而舞《韶》兮⑦，聊假日以媮乐⑧。

【注释】

①屯：聚集。千乘：指千辆车，极言其多。②齐：整齐，这里用为动词，排列整齐。玉轪：古称车轮为轪，玉轪即玉饰的车轮。并驰：并驾齐驱。③八龙：为余驾车的八条神龙。婉婉：在前进时蜿蜒曲折的样子。④委蛇：旗帜飘扬舒卷的样子。⑤抑志：志，通"帜"，即将旗帜下垂。弭节：放下赶车的马鞭，使车停止。⑥神：神思，指人的精神。邈邈：浩邈无际的样子。⑦舞《韶》：以《韶》乐伴奏的舞蹈。《韶》，即《九韶》，夏启的舞乐。⑧媮：通"愉"，与乐同义。

陟升皇之赫戏兮①，忽临睨夫旧乡②。仆夫悲余马怀兮③，蜷局顾而不行④。

【注释】

①陟升：两字同义，都是升高的意思。皇：天。赫戏：形容光明。②忽：突然之间。临：指由上而下观看。睨：斜着眼睛看。旧乡：指楚国。③仆夫：车御也，驾车的人。怀：思念。④蜷局：蜷曲不伸展。顾：回头看。

乱曰①：已矣哉②！国无人莫我知兮③，又何怀乎故都④！既莫足与为美政兮⑤，吾将从彭咸之所居⑥！

【注释】

①乱：古代音乐的最后一章为乱，后来辞赋最后总括全篇要旨的一段也叫作"乱"。②已矣哉：算了吧。为绝望时的哀叹。③国无人：国家无人。人，指贤人。莫我知：就是"莫知我"，即没有人了解我。④怀：念。⑤足：足以。与：跟、和。为：实行，实施。美政：诗人追求的美好理想的政治。⑥从：随从。居：住所，这里是指一生所选择的道路和归宿。

【译文】

我原本是上古帝王高阳氏的后裔啊，我那已经死去的父亲就名叫伯庸。正当寅年又是寅月啊，就在庚寅之日我降生。父亲看了我初生的器宇啊，依卦兆赐予我佳名。给我取的大名

▲《洛神赋图》

就叫作正则，给我取的表字叫灵均。我本来就拥有那么多美好的禀赋啊，又加上自己美好的德能。披上芬芳的江离和幽香的白芷啊，戴上编制的兰草作为饰佩。时光如流我总是追赶不上啊，唯恐年岁匆匆流逝不再将我等。清晨里我拔取了山南那去皮不死的木兰啊，傍晚时分我揽取沙洲的经冬不枯的宿莽。日月飞驰从未久留啊，春去秋来亘古不变。想到草木难免凋谢零落啊，担心美人终归也会迟暮。何不趁年壮抛弃污秽啊，何不改变如此陈旧的法度？

过往的三代里君德皆纯美无瑕啊，本来就有群芳的环绕辅佐。三代圣君杂用众贤才，并非独取“蕙茝”。那唐尧虞舜的光明正直啊，遵循正道就步入坦途。夏桀商纣何等狂乱放纵啊，因误入歧途而寸步难行。结党的小人苟且偷生贪求安乐啊，国家的前途暗淡而就要倾覆了。我哪里是害怕自己遭到祸殃啊，我所担心的是国家就要倾覆。匆匆奔走在君王的前后啊，就是想使您跟上前代圣君的脚步。君王您不体察我的苦心啊，相反听信了那些谗言而对我暴怒。我诚然明白耿直进言会招来祸患啊，纵使心中想忍却也一定要说。上指苍天来作证啊，那是为了君主的缘故。当初以黄昏作为约期啊，可是中途就改变了主意。那时候与我有过真诚的约定啊，到后来却反悔有了其他的企图。原本我并不怕与你离别啊，可是我痛惜君王你反复无常意志不坚。

我已经种植了兰花九畹啊，又培育了蕙草百亩。分垄栽种了留夷和揭车啊，还间杂种植着杜衡与芳芷。多么希望它们叶茂而枝盛，等到成熟的季节我就收割。纵然是枯萎凋零又何必悲伤啊，伤心的是众芬芳污秽变质。众人都竞相钻营贪求财物啊，贪得无厌地追逐从不满足。为什么总是用自己卑鄙的心理去估量别人啊，各怀鬼胎相互嫉妒。匆匆奔走追名逐利啊，那不是我心志追求所急。衰老渐渐地就要来临啊，担心的是修洁的美名无法得到确立。清晨啜木兰花上欲坠的香露啊，傍晚采食秋菊初绽的花瓣。只要我的内心诚然美好专一啊，纵使吃不饱而肌瘦憔悴又有什么关系？采撷木兰根来编结白芷啊，再穿结上香草薜荔落下的花房。举起香木菌桂来缀上蕙草啊，胡绳编结的绳索美好且又整齐。我一心效法前代的修洁圣贤啊，这不是世俗之人认可的衣冠。虽与当今之人做人的口味不相符合，我顺从于彭咸留下的典范。长叹息，擦干洒下的热泪啊，哀伤人生的道路是这样的艰险。

我虽然喜好修洁却被其连累啊，早晨进谏晚上就遭贬。我虽把蕙草的香囊抛弃啊，我又揽取芳芷当作我的佩帏。只要我的内心是美善的啊，就是为这死上九回也肯定不后悔。我责怨君王荒唐糊涂啊，终究不能省察我的善良心肠。朝中那些围绕于楚怀王身边的谗佞群小嫉妒我的美好德性，造谣诋毁说我过于淫荡。世俗本来就是善于投机取巧啊，违背规矩而改变举措。背叛规矩法度追随邪路啊，竞相苟合取容奉为做人的准则。我是那样忧愤而又心神不宁啊，只有我在这个时代困顿难行。就算猝然死去顺水漂流啊，我也不肯做出同样邪恶之态。雄鹰一类的猛鸟决不与凡鸟为伍啊，这样的事情从来就是如此。怎么可以让方的榫头和圆孔吻合在一起啊，谁又志趣不同而相安无事？可以委屈心意压抑志向啊，容忍强加的罪名和耻辱。伏身于清白之志和死于正直啊，这都是前代圣贤所提倡和赞许的。

悔恨观察道路不够审慎啊，踌躇不前我要回返。掉转我的车乘折回原路啊，趁着迷路尚还不算太远。骑马漫步在长满兰草的水边啊，奔驰到长满椒木的小山上暂且在此休息。在君前效命，政见不被接纳反而招致罪名啊，退隐后再修饰我当初的“旧服”。裁制荷叶做成上衣啊，采集荷花做成下裳。不被了解也就算了吧，只要我的内心诚然芬芳。把我的切云冠高高上耸，把我的玉佩打造得长长。芬芳和污浊杂糅在一起啊，唯独那洁白的本质不会损伤。忽然回首放眼眺望啊，将去观览遥远的四方。我的佩带缤纷而饰物繁多啊，芳香馥郁更加昭彰。人生的追求和志向各不相同啊，只有我喜好修洁习以为常。就算是把我的身体肢解也不会改变啊，怎能使我的心思受到挫伤。

我的密友女媭缠绵不舍啊，三番五次地把我斥责：“伯鲧刚直而总忘记自身的危险啊，最终惨死在羽山的郊野。你何必过于忠直又好修洁啊，偏偏富有如此的美好节操？恶草薋菉葹堆满了屋子啊，为什么你偏要与众不同不肯佩戴？众人那么多怎能一个个地说明啊，谁能体察我们心之衷情？世上喜好互相吹捧和结党啊，你为何坚守孤独我相劝也不听？”“夏启从上天那里偷来了乐章啊，太康过分地追求安逸自我放纵。不顾灾难也不作长远打算啊，五子叛乱最终失去家园。羿过分迷恋于田猎啊，又喜好射杀肥大的狐狸。本来淫逸没有好下场啊，寒浞霸占了羿的妻室做了丈夫。寒浞之子浇依仗力大无穷啊，放纵情欲不能克制。

每天都沉浸在淫乐中忘乎所以啊，他的头颅被少康所取。夏桀违背做君王的正道啊，最终遭到了灭国的祸殃。纣王无道乱用酷刑啊，殷代的宗祀因此断绝不能久长。汤、禹畏天而又尊重人才啊，周之文武讲论治国之道丝毫不错。推举而又授权给贤良啊，遵循法度走上坦途而没有偏颇。上天公正不讲偏爱私情啊，观察人的品德做出立君的裁决。只有那深具美德的圣贤啊，才能够获得养民天下的权力。细察往昔环视将来的成败啊，审视人们对是非成败思考的准则。哪有不义的国君能长久享国的啊，哪有不做善事的国君可以长久统治国家的？即使身处险境濒临死亡啊，回顾初衷我也毫不后悔。不量一下斧孔就要插进斧柄（喻指人臣不度量国君的贤愚而直言进谏）啊，这是前代贤人遭难的原因。不断抽泣我抑郁又惆怅啊，痛哀自己没有遇到好时光。拿起柔软的蕙草揩拭热泪啊，泪水簌簌打湿了我的衣裳。

向大舜铺开前襟长跪陈词啊，我得此中正之道而心中光明。驾着玉龙乘上彩凤啊，忽然风起我向天上飞腾。清晨从苍梧山起程啊，傍晚就到达昆仑山上的县圃。本想在仙门前稍作停留啊，可惜时光匆匆天色将暮。我让羲和停车慢行啊，望着崦嵫山我担心日落。前途漫漫又遥远啊，我将上天入地去追寻求索。让我和马在咸池饮足了水啊，把缰绳拴在神树扶桑。折下若木一枝揩拭日光啊（不让太阳落山），姑且在这里徘徊徜徉。派望舒为我引导啊，还有风神飞廉在后面奔跑追随。凤鸟为我在前面戒备开道啊，雷师丰隆却告诉我还没有准备好。我又叫凤鸟展翅高飞啊，开辟前路日夜兼程。旋风突起忽聚忽离啊，率领虹霞前来相迎。纷纭飘忽时聚时散啊，色彩斑斓乍离乍合。我让帝宫的门卫打开天门啊，他却倚着天门望着我发愣。日光渐渐暗了一天就要过去啊，编结着幽兰在这里久等。世道如此混浊善恶不分啊，总是嗜好压制贤能心生妒忌。忽然漫步到青帝的春宫啊，攀折玉树的花枝补续佩饰。趁着摘取的琼花尚未凋落啊，察看高丘下的女子可馈赠给谁。我让雷师丰隆乘云周行啊，寻找神女宓妃的住处。解下香佩作为信物订下盟约啊，又令贤人蹇修前去说媒。宓妃态度暧昧忽即忽离啊，乖戾的脾气难以迁就。夜晚回到穷石止宿啊，清晨又沐浴在洧盘。自恃美貌又如此傲慢啊，成天寻欢作乐自恣戏游。诚然貌美但却骄傲无礼啊，决意放弃她另寻追求。纵目远眺遥远的四方啊，遍游上天我又回到大地。远望美玉垒成高耸的瑶台啊，看见有娀氏美女简狄。我要鸩鸟为我做媒人啊，归来却欺骗我说她不好。雄鸠呱呱乱叫飞去替我说媒啊，我又厌恶它多言失于轻佻。心里犹豫疑惑无法决断啊，想亲自前往又与礼法不合。凤鸟已经带着聘礼准备前去啊，恐怕帝喾迎娶简狄比我领先。想远走高飞又不知去哪里啊，聊且逍遥漫游。趁着少康还没有成家啊，还留下有虞氏两位阿娇。媒人们无能又笨拙啊，担心传达我的话很难奏效。世上如此混浊又嫉妒贤才啊，偏好遮蔽美善而称赞邪恶。宫中之门很深远啊，本来明智的君王又不省悟。满怀忠情不得抒发啊，我如何才能隐忍了却此生？

索取灵草和竹片啊，请灵氛为我占卜推算。灵氛说："两美相遇必然结合啊，哪有诚然修美之人不被人思念？想天下如此宽阔广博啊，难道只有楚国才有娇娥？"他又说："自勉远逝不要犹豫啊，寻求美才的谁会把你放弃？什么地方没有芬芳的香草啊，你何必如此怀恋故里？"当今之世黑暗混乱啊，谁能考察我是善是恶？世人的好恶各不相同啊，只有那群党人特别古怪。个个把臭艾挂满腰带啊，反说幽兰恶臭不可佩戴。识别草木的香臭尚且做不到啊，辨别美玉的重任怎能担当？取来粪土充满了香囊啊，硬说芬芳的申椒毫不芬芳。想要听从灵氛的吉祥占卜啊，可心中还是犹豫迟疑。巫咸傍晚将要降临下界啊，怀抱香椒精米把他迎接。众神飞临遮天蔽日一起下降啊，九嶷山的众神也纷纷迎接天神。皇天扬灵光芒四射啊，把前代明君遇贤臣的佳话告诉我。说：“俯仰沉浮以求自勉啊，追求法度相似才能志同道合。商汤和夏禹敬承天道求其匹合啊，因而能得到伊尹、皋陶的辅佐。如果内心确实追求修好啊，又何必再请媒人说合？傅说曾是傅岩的泥瓦匠啊，殷武丁重用他却毫不迟疑。姜尚本是朝歌的屠夫啊，遇到文王就得到推举。宁戚喂牛而叩角商歌啊，齐桓一闻就准备召用。趁着年华尚未衰老啊，趁着时光尚且还未完尽。担心子规过早地啼鸣啊，使百草芬芳丧尽而凋零。”这玉佩是何等的美盛非凡啊，众小人纷纷把它遮掩。想到那些党人险诈毫无诚信啊，恐怕出于嫉妒而要损毁它。时世纷乱变化无常啊，我又怎么可以留？兰和芷都变质而不再芬芳啊，荃与蕙也变成了茅草。为什么从前芳香的花草啊，如今竟然成了艾草白蒿？难道说还有其他什么缘故吗？都因为不好修洁不要德行噢！我本以为兰是可靠的啊，可惜它却华而不实徒有外表。放弃它内在的美德顺从流俗啊，侥幸地挤进众芳来过市招摇。椒专横谗佞而又傲慢啊，榝却挤进香囊徒似香草。一味追求私利钻营攀缘啊，又有什么品质美好的人能够庄敬自重呢？世俗本来就是随波逐流啊，又有哪一个能够不变异？眼见椒木幽兰尚且如此啊，又何况那揭车和江离？唯有这一玉佩最为可贵啊，可它的美德被抛弃直到如今。香气浓郁毫不亏损啊，散发着芬芳至今犹存。调节心态执守忠贞自我宽娱啊，暂且徐徐漫游寻找志同道合者。趁着我的佩饰还鲜艳，年事尚不高，走遍四方上下去周游以寻求贤君。

灵氛已把占卜告诉我啊，选定吉日良辰我将要远航。折下玉树枝作为我的佳肴啊，碾成琼玉的玉屑做干粮。飞龙为我把车驾啊，美玉象牙装点我的行车。与志不同道不合的人怎能共处啊，我将远游自疏不再复合。转道我去往昆仑山啊，道路漫长四处游历。升起云旗遮蔽天日都暗淡啊，响起鸾铃啾啾大队车马都出发。清晨我从天河的渡口出发啊，傍晚我就到达西极之天涯。凤鸟纷飞举着龙虎大旗啊，高高翱翔在太空舒展着羽翼。我匆匆路过无尽的流沙之地啊，沿着昆仑东南的赤水徘徊犹豫。指挥蛟龙用它的身躯搭桥渡河啊，命令西皇少皞帝接我渡去。道路漫长遥远充满艰辛啊，飞腾的众车乘都来侍卫。路过不周山再向左转啊，约定西海在那里驻足。屯集车辆有一千乘啊，排列整齐将并驾向前行。乘上八龙驾的车逶迤行进啊，飘动的空中云旗随风卷起。垂下旌旗缓缓徐行啊，神气却高飘远去莫能抑。奏起《九歌》跳起《韶》舞啊，暂借这闲暇时光消忧欢娱。朝阳升起灿烂辉煌啊，刹那间俯视人寰看见了我的故乡。车夫悲痛我的马也思恋啊，卧身蜷曲回顾再不能向前。

算了吧！国中没有贤人了解我啊，我又何必怀念那故国呢？既然无人能与我共行美政啊，我将追随彭咸精神而长存！

东皇太一

吉日兮辰良①，穆将愉兮上皇②。抚长剑兮玉珥③，璆锵鸣兮琳琅④。瑶席兮玉瑱⑤，盍将把兮琼芳⑥。蕙肴蒸兮兰藉⑦，奠桂酒兮椒浆⑧。扬枹兮拊鼓⑨，疏缓节兮安歌⑩。陈竽瑟兮浩倡⑪。灵偃蹇兮姣服⑫，芳菲菲兮满堂⑬。五音纷兮繁会⑭，君欣欣兮乐康⑮。

【注释】

①吉日：吉利日子。辰良："良辰"的倒装。古代以甲乙等十干纪日，以子丑等十二支纪时辰，所以说"吉日良辰"。②穆：温和静敬之意。将：要。愉：喜悦。上皇：指东皇太一。③抚：持，按。长剑：主祭者之剑，即灵巫所持之剑。珥：剑环，剑柄和剑身相接处两旁的突出部分，即剑鼻。玉铒，指用玉装饰而成的珥，实际指剑柄。④璆锵：佩玉撞击发出的声响。璆，美玉名。琳琅：美玉名，谓佩玉也。⑤瑶席：瑶，指美玉，瑶席指华美如瑶的座席。瑱：读如"镇"。玉瑱，以玉压席。这里是指以玉制的器具来压住座席。⑥盍：集合之意，指将花扎在一起。将把：奉持。琼芳：色如美玉的芳草鲜花。⑦蕙：香草。肴蒸：肴为切成块的肉，蒸是指把块肉放在祭器上。蕙肴蒸，即用香草蕙来包裹祭肉。兰：兰草。藉：用……衬垫。⑧奠：祭献。桂酒：玉桂泡的酒。椒：花椒。浆：淡酒。以上蕙、兰、桂、椒四者皆取其芬芳以飨神。⑨扬枹：举起鼓槌。枹：鼓槌。拊：敲。⑩疏缓：疏疏缓缓。节：指音乐的节拍节奏。安歌：徐徐缓缓地轻歌。⑪陈：陈列，摆列。竽：簧管乐器，形似笙而较大，管数也较多。瑟：弹拨乐器，类似筝，二十五弦。陈竽瑟，意为吹竽弹瑟。浩倡：高声歌唱。倡，通"唱"。⑫灵：神灵，此指所祭之神东皇太一。一说指降神的巫师。偃蹇：徘徊不进的样子。姣服：华丽的服饰。姣，美好。⑬菲菲：香气馥郁。⑭五音：指古代五声上的五个音级，即宫、商、角、徵、羽，大体相当于现代乐谱上的1、2、3、5、6。纷：犹"纷纷"，众多的样子。繁会：错杂，指众乐一起演奏。⑮君：谓神，指东皇太一。欣欣：喜悦的样子。康：平和、安乐。

【译文】

在这吉日的美好时光，将要恭敬地祭拜太一上皇。手握长剑玉饰剑柄，佩玉琳琅铿锵作响。华美洁白的铺席玉镇压，献上如玉鲜花郁郁芬芳。蕙草包裹祭肉兰草衬垫，进上桂花酒和椒浆。高举鼓槌击起鼓，节奏疏缓轻歌飞扬，吹竽弹瑟放声歌唱。神灵华服徘徊云端，香气浓郁飘满厅堂。五音纷纷相交响，上皇喜乐又安康。

云中君

浴兰汤兮沐芳①，华采衣兮若英②。灵连蜷兮既留③，烂昭昭兮未央④。蹇将憺兮寿宫⑤，与日月兮齐光⑥。龙驾兮帝服⑦，聊翱游兮周章⑧。灵皇皇兮既降⑨，猋远举兮云中⑩。览冀州兮有余⑪，横四海兮焉穷⑫。思夫君兮太息⑬，极劳心兮忡忡⑭。

【注释】

①浴：洗澡。汤：热水。兰汤，用兰草泡的热水。沐：洗头。芳：芳香，指兰汤。这里写

的是古人在祭神前的斋戒沐浴等程序。② 华采：华丽的色彩。若英：像花一样生动、美丽。指饰神女巫的穿着打扮。③ 灵：神灵，指所祭神云中君。连蜷：连绵婉曲，形容姿态柔美。既：其（表推测）。留：指留在天上，尚未降临。这句是说女巫降神时，神灵附体。模拟云神的姿态。④ 烂昭昭：光明。烂，发光。昭昭，明亮的样子。未央：央，尽。未央即没有穷尽，不停地发光。⑤ 蹇：楚方言，发语词。将：暂且。憺：安。寿宫：上寿之宫，指云中君天上所居的宫殿，一说为供神处。⑥ 齐光：指与日月同其光明。齐，同。⑦ 龙驾：龙驾的车。帝：天帝。服：指王畿以外的地方。⑧ 聊：暂且。翱游：到处翱翔。周章：周游浏览。⑨ 灵：指云神。皇皇：同“煌煌”，光彩盛大的样子。既降：已下。⑩ 猋：指犬奔跑的样子，引申为迅速敏捷。远举：指高飞。这两句话叙写云神“一降而即去，不肯暂留”。⑪ 览：看。冀州：古有九州之说，冀、兖、青、徐、扬、荆、豫、梁、雍九州。冀州居九州之中，古代帝都多在冀州，所以有中土之称。有余：还要多。⑫ 横：横越。四海：古以中国四境有大海环绕，于是就以四海来代表中国以外的地域。焉：哪里，何。穷：尽。这里是说，云神广览四海，无不穷极。⑬ 夫君：指云中君。夫，指示词，这、那。太息：大声地叹息。太，通“大”。⑭ 极：非常、极度。劳心：苦苦思念。忡忡：忧愁不安的样子。

【译文】

沐浴着兰草做成的香汤，身着如鲜花般绚烂的衣裳。灵巫妖矫曼舞徘徊天上，神光灿烂啊永远辉煌。流连安详在云神宫殿，和日月一同焕发光芒。神龙驾车身披天帝的服装，姑且遨游在天地四方。灵光煌煌已从天降，又迅捷高飞向天上。遍览九州啊余光依然明亮，宽广的四海啊无边无疆。思念起云神啊我长声叹息，满怀幽思啊心神惶惶。

湘君

君不行兮夷犹[①]，蹇谁留兮中洲[②]？美要眇兮宜修[③]，沛吾乘兮桂舟[④]。令沅、湘兮无波[⑤]，使江水兮安流[⑥]。望夫君兮未来[⑦]，吹参差兮谁思[⑧]？驾飞龙兮北征[⑨]，邅吾道兮洞庭[⑩]。薜荔柏兮蕙绸[⑪]，荪桡兮兰旌[⑫]。望涔阳兮极浦[⑬]，横大江兮扬灵[⑭]。扬灵兮未极[⑮]，女婵媛兮为余太息[⑯]！横流涕兮潺湲[⑰]，隐思君兮陫侧[⑱]。桂棹兮兰枻[⑲]，斫冰兮积雪[20]。采薜荔兮水中，搴芙蓉兮木末[21]。心不同兮媒劳[22]，恩不甚兮轻绝[23]。石濑兮浅浅[24]，飞龙兮翩翩[25]。交不忠兮怨长[26]，期不信兮告余以不闲[27]。朝骋骛兮江皋[28]，夕弭节兮北渚[29]。鸟次兮屋上[30]，水周兮堂下[31]。捐余玦兮江中[32]，遗余佩兮澧浦[33]。采芳洲兮杜若，将以遗兮下女[34]。时不可兮再得[35]，聊逍遥兮容与[36]。

【注释】

①君：湘君，指湘水男神。不行：不来。夷犹：迟疑不前的样子。②蹇：通“謇”，楚方言，发语词。谁留：为谁停。中洲：即洲中，水中的陆地。此句是说为谁留在洲中而不肯前行。③要眇：好貌，指美好的容貌。宜修：善修饰，恰到好处。宜，善。④沛：本水急流的样子，这里是指桂舟顺流而下飞速的样子。吾：女神湘夫人自称。桂舟：用桂木做的船。⑤沅、湘：指沅水和湘水，都在今湖南境内，流入洞庭湖。溯湘江及其支流潇水而上，可到九嶷山。⑥江：指长江。流经湖南北部，与洞庭湖相接。安流：平稳地流淌。⑦夫：语气词。⑧参差：古乐器，即排箫。谁思：思谁。⑨飞龙：龙舟，湘君所驾的快船。北征：向北航行。征，行。以下即湘水女神想象中湘君乘船而来，并与之相会。⑩邅：楚方言，转弯、转道。洞庭：洞庭湖，在今岳阳。会合沅、湘诸水，北入长江。⑪薜荔：一种常绿藤本蔓生植物。柏：通“错”，帘子。蕙：香草名。绸：通“帱”，帐子之意。⑫荪：香草名。桡：船桨。一说是旗杆上的曲柄。旌：旗杆上的装饰。此二句写行船装饰得漂亮高洁。⑬涔阳：地名，在涔水的北岸，具体地点不详。古人称河水北岸为阳。极浦：遥远的水岸。浦，水滨。⑭横：横渡，指横渡大江。扬灵：飞速前行。灵，有屋的船。⑮极：终止。以下叙写湘夫人不见湘君的到来而感到哀怨。⑯女：指湘夫人的侍女。婵媛：眷恋而关切的样子。余：指女神湘夫人。太息：大声叹息。⑰横流涕：形容眼泪纵横。横，横溢。潺湲：泪流不止的样子。⑱隐：将思念之情藏在心底，一说指痛。陫侧：即“悱恻”，形容内心悲苦。⑲棹：长桨。枻：短桨。⑳斫冰兮积雪：江水结冰，上面有雪，所以用柱櫂兰枻把冰斫开，把雪堆起，为船开路。形容行进艰难，表示心情沉重。㉑搴：采摘拔取。木末：树梢。以上二句，薜荔，又名木莲，而要采之水中；芙蓉，荷花，而要求之于树上，比喻所求必不可得。㉒心不同：指男女间的感情相背，心意不同。劳：徒劳。㉓恩：恩爱。甚：深。轻绝：轻易弃绝。㉔石濑：山石间的急流。濑，湍水。浅浅：水流疾速的样子。㉕飞龙：即指上文“驾飞龙兮北征”之飞龙，指湘君所乘的船。翩翩：疾飞的样子，这里形容船行驶得很快。这两句是说，如果湘君守约前来的话，早该到了。㉖交不忠：指相交而不真诚。交，友。忠，诚心。怨长：怨深。㉗期：约会。不信：不守信用。不闲：不得空。㉘骋骛：疾驰乱跑。骋，直驰；骛，乱驰。江皋：江岸，江中，这里的江指湘江。㉙弭节：弭，指停止；节，车行的节奏。这里是停船的意思。北渚：洞庭湖北部水中的一个小洲。这里大概是湘君和湘夫人约定见面后一同去的地方，湘夫人等不到湘君，失望而归，在途中忽然想起，也许湘君已经去了北渚了，所以和侍女赶到这里。㉚次：停留，止宿。㉛周：环绕，指流水环绕堂下，哗哗地流淌着。“鸟次”“水周”两句表示时已黄昏，寂静无人。㉜捐：舍弃。玦：玉器，环形有缺口。㉝遗：弃，丢掉。佩：玉佩。澧浦：澧水之滨。澧，水名，在今湖南西部，

流入洞庭湖。㉞遗：赠送。下女：侍女，一说指湘君侍女，以寄情对湘君的爱恋。一说即指上文“女婵媛兮为余太息”之女。㉟时：时光。再得：再回，表示对时光流逝无可奈何的悲痛之情。㊱聊：姑且。逍遥：优游自得貌，因无可奈何，只好自我宽慰。容与：徘徊等待之意。

【译文】

湘君你犹豫迟迟不动，为谁停留在水中沙洲？我美好容貌又善打扮，顺水疾行啊乘着桂舟。让沅水湘水不起波涛，叫滚滚长江平稳缓流。（湘君）不来我望穿秋水，吹起悠悠洞箫把谁候？驾着快舟啊向北方行，改变了航向转道洞庭。薜荔为帘芳蕙做帐，香荪饰桨兰草饰旗旌。眺望涔水遥远的水岸，横渡大江啊扬帆前行。扬帆前行啊飞速不停，侍女惋惜为我叹息！涕泪俱下滚滚流淌，思念湘君悲伤又失意。桂木做桨兰做船舷，分开积雪啊冲破层冰，水里采薜荔，树梢折芙蓉。情感相背媒人徒劳，恩爱不深轻易绝情。石滩上湍水疾流匆匆，龙船疾驰如飞前行。相交不诚怨恨深，相约失信却说没空。清晨驾车直驰江边，傍晚停船在北边沙渚。只见鸟儿栖息在屋檐上，还有流水环绕堂阶哗哗流淌。抛弃我玉玦向那江中，扔掉我玉佩于澧水岸边。我采集杜若在那芳洲，还想寄情馈赠给你的侍女。相会的美好时光不可再得，姑且逍遥宽心等待徘徊。

湘夫人

帝子降兮北渚①，目眇眇兮愁予②。袅袅兮秋风③，洞庭波兮木叶下④。登白薠兮骋望⑤，与佳期兮夕张⑥。鸟何萃兮蘋中⑦？罾何为兮木上⑧？沅有茝兮澧有兰⑨，思公子兮未敢言⑩。荒忽兮远望⑪，观流水兮潺湲⑫。麋何食兮庭中⑬？蛟何为兮水裔⑭？朝驰余马兮江皋⑮，夕济兮西澨⑯。闻佳人兮召予⑰，将腾驾兮偕逝⑱。筑室兮水中⑲，葺之兮荷盖⑳。荪壁兮紫坛㉑，播芳椒兮成堂㉒。桂栋兮兰橑㉓，辛夷楣兮药房㉔。罔薜荔兮为帷㉕，擗蕙櫋兮既张㉖。白玉兮为镇㉗，疏石兰兮为芳㉘。芷葺兮荷屋㉙，缭之兮杜衡㉚。合百草兮实庭㉛，建芳馨兮庑门㉜。九嶷缤兮并迎㉝，灵之来兮如云㉞。捐余袂兮江中㉟，遗余褋兮澧浦㊱。搴汀洲兮杜若㊲，将以遗兮远者㊳。时不可兮骤得㊴，聊逍遥兮容与。

【注释】

① 帝子：谓湘夫人，传说她是帝尧的女儿。女儿古代也可以称为“子”。降：下。北渚：即《湘

君》“夕弭节兮北渚”之“北渚”。② 眇眇：眯着眼睛远视的样子。愁予：使我发愁。予，我，湘夫人自称。③ 袅袅：微风吹拂的样子。④ 波：用作动词，指泛起波浪。木：指洞庭湖畔的树木。下：指树叶脱落下来。⑤ 登：踏上。白薠：一种秋生草。薠草，有青白两种，青薠草似香附，生于楚北平地，白薠草似鹿草，生于楚南湖滨。骋望：纵目远望。⑥ 佳：指佳人，即指湘夫人。期：期会。夕：傍晚。张：陈设，准备。⑦ 萃：聚集。蘋：水草，根茎匍匐泥中，常见于水田、池塘中。这两句和《湘君》“采薜荔兮水中，搴芙蓉兮木末”两句意思相同。⑧ 罾：渔网。⑨ 沅：沅水。茝：即白芷，香草名。澧：澧水。兰：兰草。⑩ 公子：此处指湘夫人，古代人亦有称女子为公子。本篇“帝子”“公子”“佳人”，均指湘夫人。未敢言：指不知道如何来表达自己的思念感情，表现出了思念之切。⑪ 荒忽：通“恍惚”，隐约而不清楚的样子。⑫ 潺湲：水流缓慢的样子。⑬ 麋：兽名，麋鹿。庭：庭院。⑭ 蛟：蛟龙，常潜于深渊。水裔：指水边。这两句是说麋鹿本来生活于深山中，现在却跑到庭院中来；本来生活在深水中的蛟龙，现在却出现在浅水之中，比喻等待湘夫人没有结果。⑮ 江皋：江边低湿之地。⑯ 济：渡。澨：水边。⑰ 佳人：指湘夫人。召予：即召唤我。这又是湘君的幻觉。予，湘君自称。⑱ 腾驾：使马车飞驰，使船快航。偕逝：一同前往。⑲ 水中：指北渚之水。⑳ 葺：盖，指用茅草盖房屋。荷盖：荷叶。㉑ 荪：香草名。荪壁，指用香草荪来装饰墙壁。紫坛：以水中的宝物紫贝来铺修中庭的地面。紫，紫贝。㉒ 播：布，指涂抹。芳椒：芬芳的花椒。成：盈、满。堂：厅堂。㉓ 桂栋：用桂木做新屋的正梁。兰橑：以木兰做屋椽。㉔ 辛夷：香木。楣：门户上横木。药：白芷，香草。房：内室。㉕ 罔：同“网”，此作动词用，编结的意思。帷：指帷帐。㉖ 擗：通“擘”，剖开，分开。櫋：屋檐板。张：张开，陈设。㉗镇：压座席的东西。㉘疏：分布，散陈。石兰：此为香草。芳：芬芳的陈列品。㉙芷葺：用白芷把屋顶加厚，指在原有的荷叶屋顶上加盖一层白芷。荷屋：以荷为屋。㉚缭：缠绕。之：代词，指屋。杜衡：香草名，或称马蹄香，其叶似葵而有香味。㉛合：集合。百草：各式各样的花草，极言其多。实：动词，充满。庭：庭院。㉜建：树。芳馨：芳香。庑：堂外周围的廊屋。门：指大门。㉝九嶷：九嶷山，此处指九嶷山的众神。传说舜死于九嶷，葬于九嶷。该山在今湖南省宁远县南。缤兮：纷纷然，言其众多。并迎：一起来迎接。㉞灵：指众神。上文设想了湘夫人降临，建构出美好环境都成了空虚的幻想，所以才有了下文。㉟捐：弃。袂：衣袖。㊱褋：单衣。袂和褋大概都是湘夫人赠送给湘君的。㊲搴：拔取。汀：水中或水边平地。杜若：香草名。㊳远者：远方的人。㊴时：相会的机会。骤得：屡次得到。

【译文】

帝尧的女儿降临在北渚，眺望不见啊我心中忧伤。阵阵秋风轻轻吹，吹皱洞庭湖水黄叶飘飞。踏着白蘋极目远望，和佳人约会傍晚张设帷帐。鸟为何聚集在蘋草之上？渔网为何投在树梢上？沅水有白芷澧水有兰，暗恋着公主我不敢言。迷迷茫茫远处眺望，只见长长流水缓缓淌。麋鹿为何觅食于庭院？蛟龙为何在浅水边？清晨我驾车驰骋在江畔，傍晚我渡河到西边水涯。听说佳人在将我召唤，将让你带路啊我飞腾的车驾。我要在北渚水中筑起宫殿，用芬芳荷叶覆盖住屋顶。用荪草做墙紫贝铺堂，以椒泥涂墙散发幽幽清香。桂木做栋木兰做椽，辛夷为梁白芷妆房。编结薜荔香草织成帷帐，分结蕙草做一张高堂。白玉作那席上镇压之物，石兰的幽香在屋中荡漾。香芷涂在屋顶荷叶搭盖房屋，缭绕于屋子的是杜衡芳香。汇集的各种香草满庭芳，飘香远闻郁结门廊。九嶷山的众神纷纷来迎，诸神来临有如漫天的云。向那江水中抛弃我的衣袖，把我的单衣扔在澧水之滨。我采取沙洲里那杜若，寄情馈赠愈走愈远的人。相会的美好时光不会再有，姑且自我宽心等待徘徊。

山鬼

若有人兮山之阿①，被薜荔兮带女罗②。既含睇兮又宜笑③，子慕予兮善窈窕④。乘赤豹兮从文狸⑤，辛夷车兮结桂旗⑥。被石兰兮带杜衡⑦，折芳馨兮遗所思⑧。余处幽篁兮终不见天⑨，路险难兮独后来⑩。表独立兮山之上⑪，云容容兮而在下⑫。杳冥冥兮羌昼晦⑬，东风飘兮神灵雨⑭。留灵修兮憺忘归⑮，岁既晏兮孰华予⑯？采三秀兮於山间⑰，石磊磊兮葛蔓蔓⑱。怨公子兮怅忘归⑲，君思我兮不得闲⑳。山中人兮芳杜若㉑，饮石泉兮荫松柏㉒，君思我兮然疑作㉓。雷填填兮雨冥冥㉔，猿啾啾兮又夜鸣㉕。风飒飒兮木萧萧㉖，思公子兮徒离忧㉗。

【注释】

①若有人：谓山鬼。若，好像，仿佛。阿：山坳，指深山角落。这句是说山鬼常居之地。此句开始为迎神男巫所唱。②被：通“披”。薜荔：又名木莲，蔓生，常绿灌木植物。带：指衣带，用为动词。女罗：即“女萝”，又名“兔丝”，一种蔓生植物。这句言山鬼常服之物。③睇：斜视。含睇，脉脉含情，指以目传情。宜笑：指善于笑，笑得自然。含睇又宜笑，指山鬼的表情。④子：指山鬼。慕：爱慕、羡慕。予：迎神男巫的自称。善：善于。窈窕：美好的样子。⑤乘：驾。从：随行。文狸：有花纹的狸猫，毛黄黑间杂。此句开始为扮山鬼的女巫所唱。⑥辛夷：香木。辛夷车，以辛夷香木做成的车。结：拴结。结桂旗，拴结桂枝编成旌旗。⑦被：通“披”。石兰、杜衡：皆为香草名。⑧芳馨：泛指兰衡等香草。遗：赠送。所思：所思念之人。⑨余：山鬼自称。处：居。幽篁：幽深昏暗的竹林。篁，竹子的一种，引申为竹林。终：终日，整天。不见天：指见不到天日。⑩后来：指来迟。以上二句写山鬼与所思之人相约而不得相会，是自责之辞。⑪表：特出，屹然独立的

样子。以下为迎神男巫所唱。⑫容容：通“溶溶”，水盛，这里形容云盛的样子。下：山下。⑬杳：遥远的样子。冥冥：不明、黑暗。羌：将。昼晦：意为白天昏暗得像黑夜一样。昼，白天；晦，暗。⑭飘：风。神灵雨：指雨神下雨。⑮留：挽留，等待。灵修：指山鬼所思念的人。憺：安然。⑯岁：年华，年纪。晏：迟晚。岁晏，年纪老了。孰：谁。华：古“花”字。予：迎神男巫自称。孰华予，意为谁还能视我年轻如鲜花呢。⑰三秀：灵芝草的别名。於山：即巫山。此句开始为扮山鬼的女巫所唱。⑱磊磊：乱石堆积的样子。葛：葛藤。蔓蔓：蔓延的样子。⑲公子：山鬼所思念的人。怅：惆怅失望。⑳君：山鬼称恋人。我：山鬼自称。闲：空闲。此句意为对方并非不思念我，因为没有空闲所以不能来赴约。㉑山中人：山鬼自指。杜若：香草名。㉒石泉：从山石中流出的泉水。荫：动词，遮阴。㉓然：如此，肯定语气。疑：怀疑。作：产生。㉔填填：雷声。冥冥：昏暗不明的样子。㉕啾啾：猿猴鸣叫之声。又，一作“狖”，黑色长尾猿猴。㉖飒飒：风声。萧萧：风吹叶落发出的声响。㉗徒：徒然，白白地。离：通“罹”，遭受。

【译文】

山鬼忽隐忽现在山坳，木莲披身腰系着女罗。脉脉含情的眼嫣然笑，爱慕我美好的样子。乘坐着赤豹身后文狸随行，辛夷香木为车桂枝为旗。披着石兰杜衡饰带飘然而垂，折下芬草送给心爱的人。我身在幽深竹林终日不见天，道路险阻难行来得晚。孤独立在那高山上，飘荡的云气就在脚下翻。光线幽暗白天似黑夜，阵阵东风雨神降甘露。安然地等待你使我忘记了归去，时光已逝谁能给我好光华？采集灵芝在那巫山间，只见乱石累累藤葛蔓蔓。埋怨公子怅然忘记归去，你如果想我，心中怎会有空闲？山中的我芬芳似杜若，饮用清泉流水松柏遮阴，你的思念让人真是疑惑。雷声隆隆大雨绵绵，猿声凄厉哀鸣啾啾。山风呼啸山木飒飒，思念公子徒然忧愁。

天问

曰①：遂古之初，谁传道之②？上下未形，何由考之③？冥昭瞢暗，谁能极之④？冯翼惟像，何以识之⑤？明明暗暗，惟时何为⑥？阴阳三合，何本何化⑦？圜则九重，孰营度之⑧？惟兹何功，孰初作之⑨？斡维焉系？天极焉加⑩？八柱何当？东南何亏⑪？九天之际，安放安属⑫？隅隈多有，谁知其数⑬？天何所沓？十二焉分⑭？日月安属？列星安陈⑮？出于汤谷，次于蒙汜⑯。自明及晦，所行几里⑰？夜光何德，死则又育⑱？厥利维何，而顾菟在腹⑲？

【注释】

①曰：发问之词。②遂古：远古。遂，通“邃”，悠远。初：始。传道：传说。③上下：指天地。未形：未形成，指天地未分，宇宙一片混沌之时。何由：根据什么。考：考记，考究。④冥昭：昏暗。冥，昏暗；昭，明亮。冥昭，偏指冥。极：穷究。⑤冯翼：大气盛

满无形无状的样子。惟：应是“未”字之误。未像，无形。识：辨认。⑥ 明：指白天。暗：指黑夜。何为：为什么。⑦ 阴阳：哲学范畴的名词。古代人把它看成是自然界两种相互对立和消长的物质势力。三合：相互作用，三者结合，指阴阳与天结合。本：本体，本源。化：变化。⑧ 圜：同“圆”，指天。则：乃，是。九重：九层。古人认为天是圆的而且有九层。孰：谁。营度：环绕进行测量。营，通“环”，围绕，环绕；度，测量。⑨ 惟：思。兹：此，指九重天。功：功绩。初作：是说九重天的营造。⑩ 斡：车毂孔内插轴之处。维：指绳子。斡维，即指拴斡之绳，实指天体旋转得以维系的地方。焉：何。系：拴。天极：指天的南北二极。加：架。⑪ 八柱：八根柱子。古代传说有八座大山作为支柱，支撑起天空。当：在，坐落。亏：缺陷，缺损。古人认为，水向东流，因此“地不满东南”，有所亏损。⑫ 九天：指天的中央和八方，又称九野。际：边际。安：哪里。放：依傍。属：连接。⑬ 隅隈：角落弯曲的地方。多有：有几多也。⑭ 沓：“踏”之假借字，践踏，这里指延伸。十二：指十二辰。辰指日月交会点，一年之中，日与月会交合十二次。以子、丑、寅、卯、辰、巳、午、未、申、酉、戌、亥称之，曰十二辰。分：划分。⑮ 属：依附，附托。列星：众星。陈：陈列。⑯ 汤谷：古代神话中太阳升起的地方。次：止息。蒙汜：古代神话中太阳休息的处所。⑰ 及：到。晦：指天黑。⑱ 夜光：月亮。德：质性。死：指月亏之时。则：而。育：出。⑲ 厥：其，它的，指代月亮。利：好处。而：连词。顾：眷顾，顾惜，这里是“抚育”的意思。

女歧无合，夫焉取九子[①]？

【注释】

① 女歧：本来是尾星名，《史记·天官书》：“尾有九子。”所以又叫九子星。后来衍变成九子母的神话。合：配偶。取：有。

伯强何处？惠气安在[①]？

【注释】

① 伯强：即隅强，风神。原指二十八宿之箕宿，古人认为箕星主风，后来演变出风神故事，

出现伯强的名字。亦作禺京、禺强。《山海经·大荒东经》道："东海之渚中有神，人面鸟身，珥两黄蛇，践两黄蛇，名曰禺猇。黄帝生禺猇，禺猇生禺京，禺京处北海，禺猇处东海，是为海神。"渚，岛；珥，郭璞注："以蛇贯耳。"践，踏；禺京，郭璞注："即禺强也。"是为海神，郭璞注："言分治一海而为神也。"袁珂道："禺京既海神而兼风神，则其父禺猇亦必海神而兼风神，观其人面鸟身之形，与子同状，可知也矣。"惠：有寒凉之意。

何阖而晦？何开而明①？角宿未旦，曜灵安藏②？

【注释】

①阖：关闭。晦：暗。②角宿：二十八宿之一，东方苍龙七宿中的第一宿，共有两颗亮星，传说这两颗星其间为天门，黄道通过这里。旦：天明。曜灵：太阳。安藏：藏于何处。

不任汩鸿，师何以尚之①？佥曰"何忧"，何不课而行之②？鸱龟曳衔，鲧何听焉③？顺欲成功，帝何刑焉④？永遏在羽山，夫何三年不施⑤？伯禹腹鲧，夫何以变化⑥？纂就前绪，遂成考功⑦。何续初继业，而厥谋不同⑧？洪泉极深，何以填之⑨？地方九则，何以坟之⑩？

【注释】

①任：胜任。汩：治理。鸿：通"洪"，指大水。师：众人，一说百官。尚：崇尚，此处为"推举"之意。之：指代官鲧。②佥：都。课：考核，试验。行：用。此句是说众官推荐鲧治水的故事。③鸱龟：形似鸱鸮的大龟。曳：拉牵。衔：相衔接。听：听从，听任。④顺欲：指顺从众人的愿望。帝：指帝尧。刑：惩罚。焉：之，指代鲧。⑤永：长期。遏：囚禁，禁锢。羽山：神话中山名。夫：发语词。施：释放。⑥伯禹：鲧的儿子，即禹，称帝前封为夏伯，所以称伯禹。腹鲧：意谓禹从鲧的腹中生出来。传说鲧死于羽山郊野，尸体三年不腐烂，舜派人用吴刀剖开他的肚子，禹从中跳了出来。变化：指与鲧的智性不同。⑦纂就：继续。就，从事。前绪：从前的事业。绪，本指丝端，引申为余事，此处指鲧未完成的治水之事。遂：因此。成：完成。考：父死曰考，此处指鲧。功：事。⑧初：指当初鲧的治水之职。厥：其，指禹。谋：指治水的方略。古籍记载，鲧与禹的治水方法不同，鲧主张堵，禹主张疏导。⑨洪泉：指洪水的源泉。一说泉通"渊"。传说禹治水时先堵塞了九个洪水的源头。何以：以何，用什么（办法）。填：填塞。⑩地：大地。方：分。九则：九州，一说九等。坟：土堆，引申为堆积，用为动词。

应龙何画？河海何历①？鲧何所营？禹何所成②？

【注释】

①应龙：长有羽翼能飞的一种龙。传说禹治洪水时，有应龙用尾巴画地，帮助疏导。河海：指疏通的或新开的江河流入大海。历：指流经。②营：经营、营建。成：成就。

康回冯怒，地何故以东南倾[①]？九州安错？川谷何洿[②]？东流不溢，孰知其故[③]？东西南北，其修孰多[④]？南北顺椭，其衍几何[⑤]？昆仑县圃，其尻安在[⑥]？增城九重，其高几里[⑦]？四方之门，其谁从焉[⑧]？西北辟启，何气通焉[⑨]？

【注释】

①康回：即共工，古代部族的首领，传说他与颛顼争帝位失败，怒触不周山，使天柱折断了，所以天向西北倾斜，地向东南倾斜，所以河流都向东流，在东南形成了大海。冯怒：大怒，盛怒。②错：借为“措”，安置。洿：低洼，深陷。一说为开掘。③东流：指百川向东流入海。溢：满。此句指百川归海，大海也不溢满。④东西：指大地从东至西的长度。南北：指大地从南至北的长度。修：长。孰：哪个。孰多，哪个长。⑤椭：狭长。一说椭圆。衍：余，多出。几何：多少。古代人认为，大地的南北长度要比东西的短，所以，此是问南北比东西短，那么差距是多少呢？⑥昆仑：昆仑山。县圃：即“玄圃”，传说中昆仑山上的神山，山顶是与天的相通之处，上不连天，下不连地，故称。尻：古“居”字，坐落。安在：何在。⑦增城：神话中地名，传说在昆仑山县圃之上，城有九层，每层相离万里。⑧四方：指昆仑山神山的四个门，一说天的四方的四个天门。其谁：有谁。从：指进出。⑨辟启：开启，敞开。气：指风。通：通过。

日安不到？烛龙何照[①]？羲和之未扬，若华何光[②]？何所冬暖？何所夏寒[③]？

【注释】

①安：代词，表示疑问，相当于“什么”或者“什么地方”。烛龙：神话中的神龙名，传说是住在日月都照不到的西北方的神。②羲和：神话中替太阳驾车的神。扬：指扬鞭起程。若华：若木花。若木是神话中的树名，开红花，散发出光。③所：处所。

焉有石林？何兽能言[①]？

【注释】

①焉有：哪里有。石林：像树木一样耸立的群石。兽能言：指会说话的兽。一说即看守昆仑的大门的“开明兽”。

焉有虬龙，负熊以游[①]？

【注释】

①焉有：哪里有。虬：传说中无角的龙。负：背负。

雄虺九首，倏忽焉在[①]？

【注释】

①雄：大。虺：一种毒蛇。九首：九个头。倏忽：迅疾的样子。

何所不死？长人何守[①]？靡萍九衢，枲华安居[②]？

【注释】

①不死：长寿不死。长人：巨人，指防风氏。传说他身长三丈，死后一节骨头就装满了一车。守：守卫。传说禹令防风氏守封、嵎之山。②靡萍：又叫淋萍，木中异草。九衢：靡萍分九个杈。枲：麻的别名。华：古“花”字。分杈的靡萍和开花的枲麻都是不常见的奇异景象。

一蛇吞象，厥大何如[①]？

【注释】

①一蛇吞象：一本作“灵蛇吞象”，指传说中的“巴蛇吞象”。厥：其，此处指一蛇。

黑水、玄趾，三危安在[①]？延年不死，寿何所止[②]？鲮鱼何所？鬿堆焉处[③]？

【注释】

①黑水：传说中的水名，出昆仑山。玄趾：神话中山名。一说为黑水中岛名。三危：山名。传说中这一水二山同在西北方，乃不死之国、长寿之乡。②延年：指延长寿命。何所止：指寿命无期。③鲮鱼：即陵鱼，古时传说的怪鱼。鬿堆：即鬿雀，一种怪鸟。

羿焉彃日？乌焉解羽[①]？

【注释】

①羿：古代传说中的善射者。彃：射。乌：神话传说中太阳里有三只脚的乌鸦。古人根据这一说法，称太阳为金乌。焉：哪里。解羽：指翅膀附落下来。羽，翅。

禹之力献功，降省下土方[①]。焉得彼涂山女，而通之于台桑[②]？闵妃匹合，厥身是继[③]。胡为嗜不同味，而快朝饱[④]？启代益作后，卒然离蠥[⑤]。何启惟忧，而能拘是达[⑥]？皆归射鞫，而无害厥躬[⑦]。何后益作革，而禹播降[⑧]？启棘宾商，《九辩》《九歌》[⑨]。何勤子屠母，而死分竟地[⑩]？

【注释】

①之：用。献功：献上功绩。降：从天上下来，这里是把禹看成神话人物，指他从天上下降到人间来治水。省：察。下土方：即下土，指天下。②涂山：古国名。传说禹在治水的过程中娶涂山氏之女为妻。③闵：忧。妃：配偶。匹合：配合。指“通之于台桑”。厥身：其身，指禹。继：继续，延续。④胡为：为何。嗜：嗜好，爱好。不同味：这里是说与众不同的爱好。快：快意，满足。朝饱：与“朝食”“朝饥”同义，似指男女结合的隐语。据古籍记载，禹刚刚新婚第四天就离开家出去治水了，诗人据此而发问：大禹为什么有与众不同的嗜好，使他不把男欢女爱当作快事？⑤启：禹之子，夏代开国之君。代：取代。益：夏禹贤臣，相传禹曾把君位禅让给他，史称“后益”，后来被启杀死并夺去君位。作后：当国君。作，为之意。卒然：仓促之间。离：通“罹”，遭受。孽：灾难、忧患。⑥惟：通“罹”，遭受。拘：囚禁。达：意逃脱。以上四句是说，夏启想取代后益做国君，仓促间被囚禁起来。为什么夏启有了灾难，却能够从囚禁中逃离出来？⑦皆：指益与启。归：归于。躬鞠：《广雅》释为“谨敬”。无害厥躬：他们本身没有恶劣的行为。⑧作：国运，指统治权。革：改，指益之君位被启所替代。播：借为“番”。降：借为“隆”。播降，即“番隆”，番衍兴旺。这里是问伯益为什么国运不长，而启独能复禹之祚，番衍兴旺呢。⑨棘：通“亟”，急迫。宾：宾客。商：可能是“帝”的误写。《九辩》《九歌》：乐曲名。一说启所作乐；一说天帝乐。⑩勤：这里作“爱惜”之意。子：儿子，此指启。屠：裂。母：指涂山氏女。屠母，分裂母亲，指涂山嫒，石破裂后生出启。死：通“屍”，现简写作“尸”。分：分裂。竟：满。竟地，不复活。

帝降夷羿，革孽夏民①。胡射夫河伯，而妻彼雒嫔②？冯珧利决，封狶是射③。何献蒸肉之膏，而后帝不若④？浞娶纯狐，眩妻爰谋⑤。何羿之射革，而交吞揆之⑥？

【注释】

①帝：指天帝。降：派遣。夷羿：夏时东夷族有穷国的首领，后取代夏后相帝位，自立为君，后又被寒浞所杀。因羿属东夷族，所以称夷羿。革：除。孽：灾祸。这两句的意思是说，天帝派遣夷羿，为了革除夏民的忧患。②胡：何。夫：助词，彼。河伯：黄河神。妻：用作动词，以……为妻。彼：那个。雒嫔：即“洛嫔”，洛水女神，即指宓妃。雒，同“洛”；嫔，古代妇女的美称。这两句是说，可是夷羿为何射杀了河伯，还娶了洛水女神为妻。③冯：依靠、恃。珧：弓名。利：用，这里有便利的意思。决：套在大拇指上的扳指圈，通常用

玉石或兽骨做成。利决，很利索地运用扳指，说明善于射箭。封狶：大野猪。封，大。④蒸肉：冬祭用的肉。蒸，通“烝”，指冬祭。膏：肥肉。后帝：指天帝。若：顺，指心情舒畅。⑤浞：寒浞。相传寒浞很善于谄媚讨巧，取得羿的信任，任其为相，后来寒浞与羿之妻纯狐氏之女合谋，乘羿打猎之机将羿杀死，并娶她为妻。眩：迷惑。爰：借为“援”。谋：谋划。⑥射革：射穿皮革，相传羿能射穿七层皮革。交：合力。吞：灭。揆：计谋。此二句意思是羿能射穿七层皮革，为什么让人们合力计谋而吞灭他呢。相传羿被杀后，让其家众烹而食之。

阻穷西征，岩何越焉①？化为黄熊，巫何活焉②？咸播秬黍，莆雚是营③。何由并投，而鲧疾修盈④？

【注释】

①阻穷：形容道路的阻隔困难。阻，阻挡，指有岩挡着。穷，尽，指没有路。西征：自西而东行。岩：险峰峻岭。越：过。②化为黄熊：传说中尧杀鲧于羽山，鲧变成黄熊，跳进羽山旁边的一个深渊。羽渊在羽山西边，所以上句问西行没有路，鲧是怎么走过羽山的。巫：指古代神职人员。活：复活。③咸：皆，都。秬黍：泛指五谷。秬，黑黍子，皮黑米白。黍：黍子，去皮后叫黄米。莆雚：泛指杂草。莆，一种水草。营：耕作、经营。此二句是说，禹治洪水成功后，率领民众都种上了五谷，连杂草丛生的地也被除草成了良田，大家过上了好日子。④何由：因何。并：通“屏”，这里有“放逐”的意思。投：弃置。疾：罪恶。修盈：是说鲧的罪恶名声多而久远。修，意为长。盈，意为满。

白蜺婴茀，胡为此堂①？安得夫良药，不能固臧②？天式从横，阳离爰死③。大鸟何鸣，夫焉丧厥体④？

【注释】

①白蜺：此处似指嫦娥白色衣裙。蜺，同“霓”，指霓裳。婴：缠绕。茀：逶迤曲折的云。胡为：何为，做什么。堂：厅堂。②良药：指不死之药。固：牢固安稳。臧：借为“藏”字。③天式：犹言天道，自然法则。天，自然。式，法式。从横：同“纵横”，指阴阳二气结合。阳：阳气，也指人的灵魂。爰：乃就。④大鸟：似指羿死后化成的大鸟。丧：失去。厥体：羿的尸体。厥，他的。

萍号起雨，何以兴之①？撰体协胁，鹿何膺之②？鳌戴山抃，何以安之③？释舟陵行，何以迁之④？

【注释】

①萍：即萍翳，为雨神。号：大声叫。起雨：下雨。兴：发动。②撰：柔顺。协：合、柔。胁：身体两侧有肋骨的部位。这两句是说，风神飞廉的性情那样柔顺，又是如何响应雨师的呢。③鳌：传说中海里的大龟。戴：背负，载。抃：拍手，这里是指鳌的四条腿舞动。安之：使之安稳。

此二句说的是渤海之东的巨龟背负大山的神话。传说有个极大的龟背负着蓬莱，在海里舞动着四条腿嬉戏。④释：舍，放。舟：船，这里借指水。陵：大土山，这里指陆地。迁：移动。

惟浇在户，何求于嫂①？何少康逐犬，而颠陨厥首②？女岐缝裳，而馆同爰止③。何颠易厥首，而亲以逢殆④？

【注释】

①浇：传说中的寒浞之子，能在陆地行舟。户：门。嫂：指浇的寡嫂，即下文的女岐。②少康：传说中夏代的中兴之主，夏后相之子，他杀死了浇，恢复了夏朝。逐犬：指打猎，意指放逐猎犬以追逐野兽。传说少康最终利用打猎的机会，放出猎犬杀死了浇。颠陨：掉下落地。厥首：指浇的头。③女岐：即上文所说浇之嫂。馆：读为"奸"。同：犹"通"也。馆同，即"奸同"，私通。爰：于焉的合音，于此的意思。止：宿，停息。④易：换，这里是错换的意思。厥首：指女岐的脑袋。亲：亲身，这里是指浇。逢殆：遭殃，指后来浇的被杀。一说此二句是说，少康派女艾暗中侦察浇的行动。浇与女岐私通之时，女艾夜里去杀浇，结果错杀了女岐。后来乘浇出猎时，才杀了浇。

汤谋易旅，何以厚之①？复舟斟寻，何道取之②？

【注释】

①汤：疑是"康"字的误字，一指少康。②复舟斟寻：指浇消灭斟灌、斟寻事。二斟为夏同姓诸侯国。夏后相失国，依于二斟，后被浇所灭。何道取之：少康取浇之事。何道，何种办法。以上四句的句意是：少康佯装打猎而实际要动用武力杀浇，他是如何得到人心的？浇使二斟并夏后相有灭顶之灾，少康用什么办法取得了浇的脑袋呢？

桀伐蒙山，何所得焉①？妹嬉何肆，汤何殛焉②？

【注释】

①桀：夏朝末代君主。伐：讨伐。蒙山：即岷山，古国名。②何：不。肆：放肆。汤：商汤。殛：惩罚，诛杀。

▲ 商汤网开三面以示爱惜生灵。

舜闵在家，父何以鳏①？尧不姚告，二女何亲②？厥萌在初，何所亿焉③？璜台十成，谁所极焉④？

【注释】

①舜：古帝名。尧死后禅让帝位给他，号有虞氏，世称"虞舜"。父：应是"夫"的错字。鳏：

▲ 屈原卜居图

指无妻或丧妻的男子。② 尧：古帝名，号陶唐氏，世称“唐尧”。姚：舜的姓，这里是指舜父瞽叟。二女：指尧的两个女儿娥皇、女英。尧将两个女儿嫁给了舜，事先没有告诉舜的父亲，怕遭到反对。亲：亲近。③ 厥萌：其萌，指事物的初始状态。萌，萌芽，开始发生。初：始也。亿：通“臆”，猜测，预测。④ 璜台：用玉石砌成的高石。十成：即十重，十层。极：穷尽。

登立为帝，孰道尚之①？女娲有体，孰制匠之②？

【注释】

① 登立：登位。立，通“位”，这一句指女娲登位为帝。帝：帝王。孰道：何由，根据什么。尚：上，推崇的意思。② 女娲：传说中上古女帝名，姓风，人头蛇尾，品德高尚，智能超凡。曾造人补天。

舜服厥弟，终然为害①。何肆犬体，而厥身不危败②？

【注释】

① 服：服从。厥弟：其弟，指舜的弟弟象。终然：终于。为害：被谋害。此处指舜弟象与其父母合谋陷害舜之事。② 肆：放肆。犬体：狗心，指像狗一样的恶毒之心。厥身：这里指舜的弟弟象。危败：毁灭败亡。后来，舜继尧为君，不仅不惩罚象，相反把象封到有庳做官。

吴获迄古，南岳是止①。孰期去斯，得两男子②？

【注释】

① 吴：古吴国。在今天的江苏、浙江一带。获：得。迄古：终古，指时间悠久。南岳：泛指南方大山，此处指南方。止：居。② 期：预料。去：当是“夫”的错字，于。斯：此，指吴地。得：得益于。两男子：指太伯、仲雍。此二句意为谁能料想到在那吴国，会得益于两位贤德的男子呢？

缘鹄饰玉，后帝是飨①。何承谋夏桀，终以灭丧②？帝乃降观，下逢伊挚③。何条放致罚，而黎服大说④？

【注释】

①缘：沿着边装饰。鹄：天鹅，这里指装饰有天鹅图案用以烹煮的鼎。饰玉：指鼎上的玉饰。②承：接受，担当。谋：图谋。传说中商汤派伊尹做夏桀的大臣，他勾结桀的元妃妹嬉与汤里应外合，灭掉了夏朝。灭丧：灭亡。③帝：指商汤。降观：意思是深入民间观察民情。逢：遇。伊挚：即伊尹，名挚。④条：指鸣条，地名，传说是商汤打败夏桀或流放夏桀的地方。放：流放。致：给予。黎服：黎民，即“菔”，是楚地对农民的称谓。说：通“悦”。

简狄在台，喾何宜①？玄鸟致贻，女何喜②。

【注释】

①简狄：帝喾次妃，传说有娀氏的美女，生商代始祖契。台：坛。喾：帝喾，号高辛氏。宜：祭天求福。②玄鸟：燕子。致：授送。贻：赠送，这里指赠送的礼物，即指《吕氏春秋》中所说的“遗卵”，据说简狄吞食此卵而生契。女：指简狄。

该秉季德，厥父是臧①。

【注释】

①该：即王亥，殷人远祖，契六世孙。秉：通“禀”，继承。季：王亥的父亲。传说他做过夏朝的水官，勤于官事，后被水淹死。厥父：其父，即指王亥父亲。臧：善，这里用作动词，以之为善的意思。

胡终弊于有扈，牧夫牛羊①？

【注释】

①弊：通“毙”，死亡。有扈：应当是“有易”，古国名，在今河北北部一带。

干协时舞，何以怀之①？

【注释】

①干协：盾牌，又称胁盾。协即胁，古人操盾牌时将其顶在胁部故称。时：是也。怀之：使之怀恋。这两句意为王亥以歌舞诱惑有易女事，王亥跳起干盾之舞，怎么就让她有了怀念之情呢。

平胁曼肤，何以肥之①？

【注释】

①平胁：丰满的胸部。曼：柔曼。曼肤，指细嫩光泽的皮肤。此是说有易女容态丰腴。肥：

即“妃”，匹配。

有扈牧竖，云何而逢①？击床先出，其命何从②？

【注释】

①有扈：当为“有易”。牧竖：即牧人。竖，贱称，这里指王亥。逢：指与有易女相逢。②击床：指有易之君绵臣想在王亥与其妻私通时，将其杀死在床上。先出：指王亥事先走出，暂免一死。命：性命，指王亥。何从：由何而出。此二句意思是击杀王亥在床笫之上，他是怎样逃脱性命的呢？

恒秉季德，焉得夫朴牛①？何往营班禄，不但还来②？

【注释】

①恒：殷王恒，王亥的弟弟。秉：继承，秉承。季：王季（冥），王亥、王恒的父亲。朴牛：即“服牛”，拉车的牛。②往营：指外出谋求。往，出；营，谋求。班：指官位的等级。禄：指食邑的多寡。不但：不得。还来：归来。这两句是说恒外出去谋求爵禄，但最终不得而回。

昏微遵迹，有狄不宁①。何繁鸟萃棘，负子肆情②？

【注释】

①昏微：即王亥之子上甲微。遵迹：遵循轨迹，继承先人的事业，继承祖德。有狄：狄通“易”，即“有易”。宁：安宁。②萃棘：丛集。萃，聚焦。肆：放纵。

眩弟并淫，危害厥兄①。何变化以作诈，后嗣而逢长②？

【注释】

①眩弟：惑乱的弟弟。眩，本指目视昏花，此指昏乱迷惑。兄：指上甲微。②作诈：行奸诈之事。逢长：犹言长久。

成汤东巡，有莘爰极①。何乞彼小臣，而吉妃是得②？水滨之木，得彼小子③。夫何恶之，媵有莘之妇④？汤出重泉，夫何罪尤⑤？不胜心伐帝，夫谁使挑之⑥？会朝争盟，何践吾期⑦？

【注释】

①成汤：即商汤，商开国国君，“成”是谥号。有莘：古国名，在今河南中北部。爰：乃。极：至，到达的意思。此言商汤东巡，到达有莘国。②乞：求。小臣：奴隶，指伊尹。吉妃：良配。传说中汤听说伊尹的才能，向有莘氏索要，不给。于是汤请求娶有莘氏的女儿，有莘氏很高兴，就把伊尹作为陪嫁送给商汤了。③水滨：水边。木：指空心桑树。小子：

婴儿，指伊尹。此二句是说伊尹奇特降生。据《吕氏春秋·本味篇》载，有莘国的一位采桑女，在一棵空桑树中捡到一婴儿，把他交给了国君，国君就让厨师抚养他，这就是伊尹。据说伊尹的母亲住在伊水边，怀孕时曾梦见神告诉她石臼中出水就赶紧往东跑，不要回头。第二天确实看见石臼出水，告诉了邻居，向东跑十里远后还是回头看了，发现整个地方都被淹了，她自己也变成一棵空心桑树，这空心桑树就是伊尹母亲的化身。④恶：用为动词，厌恶。媵：陪嫁。有莘之妇：指有莘国君的女儿。这两句是说，有莘国君为什么讨厌伊尹，让他做了女儿陪嫁的奴隶呢。⑤汤：商汤。出：被释放。重泉：地名，夏桀囚汤的地方。⑥不胜：不可忍受。不胜心，即指无法忍受内心，含有情不自禁的意思。伐：讨伐。帝：指夏桀。使挑：唆使挑动。⑦会：会合。朝：指甲子日。争：争相。盟：指盟誓，践：遵守，实践。吾：代武王言。期：约定的日期。据《史记·周本纪》《吕氏春秋》记载，武王起兵伐纣，八百诸侯响应，并约定“以甲子至殷郊”，果然在这一天，武王与各路诸侯会师于殷都朝歌附近的牧野。

苍鸟群飞，孰使萃之[①]？列击纣躬，叔旦不嘉[②]。何亲揆发足，周之命以咨嗟[③]？授殷天下，其位安施[④]？反成乃亡，其罪伊何[⑤]？争遣伐器，何以行之[⑥]？并驱击翼，何以将之[⑦]？

【注释】

①苍鸟：苍鹰，喻指武士、将士勇猛。萃：聚焦。这里描述了勇士攻打殷都的情形。这句话上接前一句话说，意为各路诸侯如约会合在甲日并争相盟誓，他们是如何遵守武王规定的日期来到的呢。勇猛的武士如同搏击天空的群鹰一样，是谁使他们聚集在朝歌呢？②列击：分解砍断。纣躬：指纣王的躯体。叔旦：即武王弟弟周公旦。不嘉：不赞许。《史记·周本纪》载，殷都被武王攻陷后，纣王自杀。武王又用轻剑击刺其尸体，并用大斧砍断纣王的头，挂在大白旗上。③亲：亲自，指周公。揆：度量，引申为“谋划”。发足：启行。周之命：指天命周期的国运，即上天给予周的政权。咨嗟：叹息、赞美。这句是问：周公既亲自出谋划策，定了国家的天下，为何还发出叹息之声？④授：给予。其位：殷之王位。施：通“移”，改易。⑤反：一作“及”，意为等到。意思是从殷王朝的建成最终又让它灭亡。伊何：是什么。⑥争：争相。遣：派遣。伐器：作战的武器，此指手持武器的军队。何以：为何。行：动员。⑦并驱：并驾齐驱，指周军的进攻。击翼：出击两侧的军队。将：统率，率领。以上两句写武王克商之事。

▲ 商代战车

昭后成游，南土爰底①。厥利惟何，逢彼白雉②？

【注释】

①昭后：周昭王，西周第四代君主。成：通“盛”，指率军出游规模盛大。南土：南方，此指楚国。底：至，到。②厥利：其利，它的好处。惟何：为何，是什么。逢：迎，迎取。白雉：白色的野鸡。

穆王巧梅，夫何为周流①？环理天下，夫何索求②？妖夫曳衒，何号于市③？周幽谁诛，焉得夫褒姒④？

【注释】

①穆王：周穆王，昭王的儿子。巧：巧于，善于。梅：通“枚”，指马鞭。周流：即周游同行。②环理：周游。理，通“履”，行。索：取。③妖夫：妖人，不祥之人。指传说中叫卖山桑弓、箕木袋（箕服）的那对夫妇。曳：前后牵引拉扶。衒：指夸耀所卖货物的好处。号：喊叫，指叫卖声。④周幽：周幽王，西周末代君主。诛：责罚。谁诛，被谁诛杀。褒姒：周幽王的王后。周幽王的太子叫宜臼，其母是申侯的女儿。后来幽王宠爱褒姒，废申后与太子宜臼，而立褒姒为后，褒姒子伯服为太子。以上四句意为，那对妖人夫妇一前一后，边走边叫卖，在街上呼喊着什么。周幽王是被谁诛杀的，又怎么得到那位褒姒呢？

天命反侧，何罚何佑①？齐桓九会，卒然身杀②。

【注释】

①反侧：反复无常。何罚何佑：惩罚什么、保佑什么。②齐桓：齐桓公，齐国国君，春秋五霸之一。九会：指多次召集诸侯会盟，说明其依靠管仲之力，不用兵革就在诸侯中争得霸主的地位。卒然：终于。身杀：被杀害。

彼王纣之躬，孰使乱惑①？何恶辅弼，谗谄是服②？比干何逆，而抑沈之③？雷开何顺，而赐封之④？何圣人之一德，卒其异方⑤？梅伯受醢，箕子详狂⑥？

【注释】

①王纣：殷纣王。躬：自身。乱：昏乱。惑：迷惑。②恶：讨厌。辅弼：辅佐，这里指辅佐君王的贤臣。谗：毁谤奉承。这里指进谗言的小人。谄：指讨好奉承的小人。服：用。③比干：纣王的叔父，被纣王剖心而死。逆：违背。“何逆”，指什么违背了纣的心意。抑沈：压制。沈，同“沉”。

▲ 比干何逆？

④雷开：纣王身边的谗佞之臣。何顺：如何顺从奉承。赐封：赏赐封爵。⑤圣人：指下文的梅伯与箕子。一德：相同品德。卒：最终。异方：指不同的结局。⑥梅伯：纣王时的诸侯，因直谏被杀。醢：指古时一种酷刑，把人剁成肉酱。箕子：纣王的叔父，见比干被杀，披发装疯，以免被害。详狂：即“佯狂”，装疯。详，通“佯”。

稷维元子，帝何竺之①？投之于冰上，鸟何燠之②？何冯弓挟矢，殊能将之③？既惊帝切激，何逢长之④？伯昌号衰，秉鞭作牧⑤。何令彻彼岐社，命有殷国⑥？迁藏就岐，何能依⑦？殷有惑妇，何所讥⑧？受赐兹醢，西伯上告⑨。何亲就上帝罚，殷之命以不救⑩？

【注释】

①稷：后稷，名弃。传说，帝喾的元妃姜嫄，踩到上天的脚印而怀孕，生稷，出生时胎儿形体异常，认为不祥而弃之冰上，又有大鸟飞来用羽翅温暖保护他。后稷少而聪慧，精于农事，教民稼穑，成为周人的始祖。维：是。元子：指嫡长子，后稷是帝喾的元子。帝：指帝喾。竺：通“毒”，憎恶的意思。②投：指抛弃。之：指稷。燠：暖。③冯：挟。挟：带着。殊能：奇异的才能。将之：帮助了他（稷）。④惊帝：使天帝震惊，一说指帝喾。切激：激烈。逢长：兴旺久长。以上四句意为：为什么后稷长大成人手持强弓携带箭矢，上天给他的奇异的才能帮助了他？既然他的降生让上天惊恐万分，还为什么使他的后代兴旺久长？⑤伯昌：周文王，姬姓名昌。号：动词，意为发号令。衰：指殷衰微之时。秉：执，拿。鞭：马鞭，指权柄。秉鞭，指执政。牧：地方长官。⑥何：谁。彻：彻法，周朝的一种赋税法。岐：地名，在今陕西岐山县界。周族史上，文王的祖父太王古公亶父，曾由豳地迁至岐山脚下，奠定了周朝兴旺的根基。社：当为土，声误。彻彼岐土，即在岐的土地上推行彻法。有殷国：指取代殷朝。⑦藏：指财产。就：到。何能依：即何能为民所依。⑧殷：指纣王。惑妇：迷惑人的女子，此指纣宠妃妲己。⑨受：纣王的名。兹：“子”的假借字。醢：肉酱。上告：向上天报告。《吕氏春秋》等说纣王把梅伯剁成肉酱分赐诸侯。民间传说，剁的、赐的都是文王长子伯邑考的肉（这本是一种厌胜巫术），所以西伯（文王）上告于天。⑩亲：指纣王亲自。上天罚：接受上天的惩罚。命：国运，指殷朝的统治。

师望在肆，昌何识①？鼓刀扬声，后何喜②？武发杀殷，何所悒③？载尸集战，何所急④？

【注释】

①师：太师。望：吕望（姜尚），即姜太公。肆：店铺。昌：姬昌，即周文王。识：知。相传吕望曾在殷都朝歌肉店中鼓刀卖肉，文王遇到他，识得他的才，大喜，载以俱归。②鼓刀扬声：宰杀牲畜时摆弄刀子发出的声响。后：君，指文王。③武发：指周武王姬发。杀：攻伐。殷：指纣王。悒：愤恨。④载尸：载灵牌于兵车上。尸，这里指木主，即灵牌。集战：会战。

伯林雉经，维其何故[①]？何感天抑地，夫谁畏惧[②]？

【注释】

①伯：当为“燔”。林：薪火。伯林，似指殷纣王。雉经：自缢。雉，即绳索，以绳缢为经。维：是。其：乃。②感天抑地：感动天地。谁畏惧：即畏惧谁。

皇天集命，惟何戒之[①]？受礼天下，又使至代之[②]？初汤臣挚，后兹承辅[③]。何卒官汤，尊食宗绪[④]？

【注释】

①皇天：对天的尊称。皇，大，美好。集命：降命。惟：又。戒之：告诫他。②受：同“授”，授予。礼：借为“理”，治。至：来，此指后来者。③初：当初。臣挚：以挚为臣，指当初成汤东巡，伊尹（挚）作为陪嫁的奴隶来到汤身边。后：后来。兹：连词，乃。承辅：辅佐。④卒：终于。官汤：做汤的相。宗绪：世世代代。此二句言伊尹辅弼汤之功，足配享于汤之太庙。

勋阖、梦生，少离散亡[①]。何壮武厉，能流厥严[②]？

【注释】

①勋：功勋。阖：指吴王阖闾，春秋五霸之一。梦：寿梦，吴王阖闾的祖父。生：同“姓”，指子孙。少：少时。离：同“罹”，遭遇。散亡：家破人亡。②壮：壮年。武：英武勇猛。厉：勤奋。流：显露。严：应作“庄”，这里有威武的意思。

彭铿斟雉，帝何飨[①]？受寿永多，夫何长[②]？

【注释】

①彭铿：即彭祖，传说是颛顼的后裔，活了八百岁。斟雉：用野鸡调制的肉汤。传说中彭铿善于烹调。帝：指尧。飨：享用。②受：同“授”，意为给予。永：长。这里是说，上天给彭祖享寿之长到八百岁是为什么。

▲ 采薇图

中央共牧，后何怒[①]？蜂蛾微命，力何固[②]？

【注释】

①中央：意为中国。牧：治。②蛾：古“蚁”字。蜂蛾，即蜜蜂与蚂蚁等微小的昆虫。此处指反抗厉王的百姓。

惊女采薇，鹿何佑[①]？北至回水，萃何喜[②]？

【注释】

①薇：一种野菜。佑：帮助。传说伯夷、叔齐绝食后，山里的百鹿曾给他们喂奶。②回水：河水的弯曲处，即河曲，指首阳山所在。萃：止，停留的意思。以上四句意思是，夷、齐采薇，惊闻女子之言，甘心饿死，可为什么鹿以乳相喂前来保佑。夷、齐向北走到回水边，兄弟双双饿死可为什么感到高兴。

兄有噬犬，弟何欲[①]？易之以百两，卒无禄[②]？

【注释】

①兄：指春秋时秦国的国君秦景公。噬犬：猛犬。弟：指景公之弟。②易：交换。两：同“辆”，指车数。卒：最终。禄：爵禄。

薄暮雷电，归何忧[①]？厥严不奉，帝何求[②]？伏匿穴处，爰何云[③]？荆勋作师，夫何长[④]？悟过改更，我又何言[⑤]？吴光争国，久余是胜[⑥]？何环穿自闾社丘陵，爰出子文[⑦]？吾告堵敖以不长[⑧]。何试上自予，忠名弥彰[⑨]？

【注释】

①薄暮：傍晚。雷电：雷电交加。归：回去，归去。②厥：其，指楚怀王，亦指楚国。严：威严。不奉：不得保持。奉，持。帝：指上天。求：求助。③匿：隐藏。穴处：本指山洞，这里指作者自己被流放，住在荒野山林。“伏匿穴处”，指诗人被流放之事。爰：助词，起补充音节的作用。何云：说什么。④荆：楚国的旧称。勋：动的错字。作师：兴兵。何长：有什么好的办法。⑤悟过：对自己的过错有所醒悟。悟，知晓。更：改变。⑥吴光：即吴国公子阖闾。争国：吴与楚相争伐。久余是胜：意为“久胜余”，即常战胜楚国。⑦环穿：环绕穿过。闾、社：古代最小的行政单位，如后来的村落。闾社丘陵，乃指幽会淫荡之处。爰：乃，原来是。出：生。子文：楚成王时令尹。⑧吾：疑为“牾”的错字，即忤。告：说。堵敖：熊艰，楚文王子，成王熊恽兄。文王十二年，文王卒，子熊艰立。⑨何：岂也，怎能。试：弑。上：指堵敖。予：疑为“干”的错字。自予，自干君位。弥：更加。彰：显著。

【译文】

请问：往古初年的情况，是谁把它传述了下来？天地混沌一片，根据什么来考察确定？

▲ 北斗与二十八宿苍龙星座画像砖

昼夜未分混沌昏暗，根据什么来穷究看透？大气弥漫无形又无像，又是凭借什么来识辨？白昼黑夜相交替，那是为什么？阴阳相合化生万物，什么是本体什么是衍生体？浑圆的天体有九层，是谁围绕测量知晓的？这功绩如此的浩大，可最初由谁来开创？天体如车盖系在哪里？天枢北斗又是架在何处？撑天的八柱坐落在何方？东南的天柱为何缺损不一般长？九野之间的边际，又如何安放如何连接？九天有许多弯曲角落，谁能知道它的数目？天与地相会在何处？子丑寅卯十二辰又怎样划分？日月怎样挂在天体上？群星又如何陈列在太空上？太阳从东方汤谷出发，夜晚歇息在蒙水边。从早晨一直到黄昏，一共走了多少里路？月亮具有什么本领，居然能够死而复生？把兔子抚养在腹中，这样对它有何好处？女歧从未有配偶，如何生出九个儿子？风神隅强住在何处？寒凉的风又是从哪里生成？为什么天门关闭就天黑？为什么天门打开就天亮？当东方还没发亮，太阳如何隐藏自己那万丈光芒？

鲧不胜治水重任，众人为何还将他推举？都对尧说“不必太过担忧”，为何不试一试再任用？鸱龟拖土衔泥，鲧为何对它们言听计从？鲧顺从众人愿望欲立治水之功，帝尧为何对鲧加刑？长期把鲧幽禁在东海羽山，为何多年也未赦免？大禹从鲧的腹中出生，与鲧治水的方略因何不同？继续先前治水的工程，父辈的事业终于成功。为什么大禹子承父业，而大禹的措施截然不同？洪水的源泉深不见底，他用什么办法来填平？广袤的大地被分为九州，又如何使它高于水面？应龙是如何以尾画地的？河流是流经何处入海的？鲧在治水时采取了哪些办法？禹在治水中有哪些成就？共工怒撞天柱不周山，可大地为何都向东南斜倾？大地九州如何安置？山川谷地都有多深？百川归海，大海不会满溢，有谁知道它的缘故？从东至西从南到北，它的长度相比哪个更长？如果南北狭长，又比东西短多少？昆仑山顶上的玄圃，到底在哪个地方？昆仑山上又九重增城，它的高度有多少里？昆仑四面的山门，有谁从这里进进出出？当西北方的大门开启，是什么风从那里流通？太阳何处普照不到，为何还要烛龙照亮？羲和尚未扬鞭起程，若木为何放射光芒？什么地方冬天温暖？什么地方酷夏寒凉？哪里有石头的树林？什么兽类能讲人言？哪里有无角的虬龙，背负大熊四处荡游？长着九个脑袋的毒蛇雄虺迅疾往来去了哪里？什么地方是不死之国？巨人守卫着什么？水中异草居然长出九个枝丫，枲麻又开花在何处？一条巴蛇可以吞掉大象，它的身子该有多么庞大？黑水、玄趾和三危，这些地方都在哪里？哪里的人长生不死，生命究竟到何时？兴风作浪的鲮鱼生活在哪里？虎爪鼠足的鬿雀居住在何处？后羿在哪里射下九个太阳？日中金乌于何处坠翅丧生？大禹努力贡献全部力量，从天而降巡视下界四方。在何处遇到那位涂山女子，而又和她结成夫妇在台桑？

大禹忧虑没有配偶而在路途结婚，自己身后有人继承。为什么嗜好与众不同，不贪图男欢女爱的情欲？启取代益做了国君，猝然间遭到囚禁的灾殃。为何夏启遭受灾难，却能从拘禁的祸难中逃离？益和禹都以谨敬为宗旨，他们没有恶劣的行为。为何益的国运不长，而夏启的统治昌盛兴旺？启多次献女给天帝，带回帝乐《九辩》与《九歌》。为什么这么贤德的儿子，却屠母而生，意使他母亲尸体分裂，委弃于地？上天降下善射的夷羿，为的是革除忧患拯救夏民。可为什么他要射杀河伯，强娶了他的妻子洛水女神？拉开大弓扣动扳指，把巨大的野猪杀死。给天帝献上肉，上天为什么不顺畅领情？寒浞得到羿妻纯狐，两人合谋把后羿害死。为什么能射穿透七层皮革的羿，却被阴谋勾结所算计？鲧被放逐羽山自西而东艰难险阻，如何越过那高山峻岭？深渊中伯鲧化身为黄熊，神巫怎样使他起死回生？禹平治洪水率民种五谷，除去杂草变成良田。为什么一样被流放，而鲧的坏名声是又多又长？为什么祠堂中画着曲折的云彩缠绕着白蜺？羿从哪里得来不死之药，却为何不能妥善保藏？自然之道不可阻挡，阳气消散就会死亡。羿死后化为大鸟飞鸣而去，他原来的躯体消逝在何方？雨师萍翳兴云布雨，大雨倾盆如何发动？风神飞廉的性情那样柔顺，可他又是如何呼应雨师的呢？大鳌背负仙山起舞，仙山为何还能安稳？浇能撑船在陆地行走，怎么让船就能移动？浇来到嫂嫂女岐的门口，对嫂嫂有何相求？为何少康放逐猎犬，而被砍落在地的却是浇的头？女岐为浇缝制衣裳，两人淫乱同宿共眠。为什么少康斩错了脑袋，女岐自己遭殃身亡？少康谋划治一旅之众，用什么方法厚待他们呢？浇能使二斟覆亡，少康用什么计谋砍下浇的脑袋？夏桀出征讨伐蒙山，他这样做究竟有何收获？妺嬉若不放荡，商汤为何把她诛杀？虞舜在家忧愁不堪，父亲瞽叟为何不给他娶妻？唐尧嫁二女不告知舜的父母，否则娥皇、女英怎么和舜成亲？舜当初是一介平民，又是怎样预料成为尊贵？殷纣王修玉台共有十层，谁又能想象到后果？女娲登基称帝，是由谁来引导？女娲那奇异变幻的形体，又由谁来制造的？舜以仁爱之心厚待的弟弟，却始终被弟弟加害。为何舜放任象作恶，自己却能不受伤？吴国从太伯始获有悠久历史，立国于横山一带大江以南。谁能料到这开启的土地，会得益于两贤人？用雕有天鹅饰玉的鼎烹饪美味，帝王商汤高兴地享用佳肴。伊尹如何做了内应，终于把夏灭亡？商汤到民间巡视四方，正好遇奴隶出身的伊尹。夏桀被流放鸣条受惩，为何黎民百姓那样欢欣？

简狄、帝喾在坛上祈求什么福？燕子遗卵送来礼物，简狄吃后为何怀孕？王亥秉承王季的德业，和他父亲一样善良。其为有易氏放牧牛羊，为何终于被害？王亥跳起干盾之舞，如何让有易女子深深爱恋？王亥为什么与有易女私通？那个女子胸部丰满皮肤细嫩。身为有易普通的牧人，如何与有易女相逢？击杀床第之上王亥已逃，他从何处逃脱？王恒也继承王季的德行，哪里得到哥哥丢失的服牛？为何恒外出谋求爵禄，但最终不得而回？昏庸的上甲微遵循父亲的事业，打得有易国不得安宁。为何他终日畋猎鸟兽，荒淫无道？昏惑的弟弟共同淫佚长嫂，以致害死她的长兄。为什么有人诡计多端，他们的后代却兴旺绵延？商汤去往东方巡视，到达有莘之国才停止。本来要寻求小臣伊尹，却得到一位美丽的贤妃。

水边空心的桑树中，捡到了婴儿伊尹。有莘国君为什么讨厌他，让他做女儿的陪嫁？汤走出被囚禁的重泉，他究竟犯下了什么罪过？忍无可忍商汤才去讨伐桀，自食恶果还用挑唆？诸侯朝会争相发誓，为何都遵守前定的日期？军队前进勇如雄鹰，是谁让他们聚集在一起？分解砍断殷纣王的尸体，周公姬旦并不赞许。可是他亲自辅佐武王，周得天命他却又为何叹息？上天把天下授予商，是由于商施行了什么德政？从它建成到最终又灭亡，它的罪过是什么？诸侯争相派遣着军队，武王是怎样动员他们的？齐头并进出击两翼，如何统率进攻的？周昭王去南方巡游，一直到达荆楚土地。他那样有什么好处？难道是为了迎取白色的野鸡？周穆王图谋很宏大，为什么满世界地去周游？环游治理天下，到底有何索取贪求？那对妖人夫妇拖着货物，为何叫卖于市井？周幽王到底被谁诛杀，又如何得到褒姒？

天命真是反复无常，惩罚什么又保佑什么？齐桓九合诸侯而称霸天下，最终却被人害死。殷纣王的所作所为，是谁使他那样昏乱迷惑？为什么厌恶辅佐的忠臣，专门任用谗佞的小人？比干什么事违背了他的心意，不被重用最后还剖了心？雷开怎样顺从逢迎，让纣王对他那样加封？为什么圣人美德相同，结局却大不相同？梅伯直谏被杀受酷刑，箕子无奈披发装疯？后稷本是帝喾的长子，可帝喾为什么对他那样憎恶？把出生的婴儿抛弃在冰面上，鸟为何用羽翅温暖他？他如何挟持着弓矢，利用异能把诸侯一统？既然他的降生让上天惊恐，为什么还让他子孙繁衍昌盛？商朝衰落西伯姬昌发号令，执政在雍州之牧。周如何在岐的土地上推行彻法，从而受命取代殷朝？太王带着财产迁往岐山，是什么让民众相依从？殷纣有了宠妃妲己，有什么可讽谏的？纣赐诸侯梅伯被烹的肉羹，西伯姬昌将此事向上天控告。为何纣王接受上天的惩罚，殷朝的国运仍无法挽回？姜尚曾在朝歌肉店舞着刀，西伯姬昌为何赏识他？宰割牛羊发出的声响，文王听后为何如此高兴？武王姬发讨伐殷纣，为什么如此愤恨？载着文王灵位就去会战，他为什么这样着急？殷纣王被悬尸，这究竟是什么缘故？武王既要伐纣，何必感动天地，坦然行义有谁使他畏惧？上天既然降命给殷商，又是如何告诫他的？既然授命予他治理天下，为何又让周人代替他？当初伊尹只是媵臣，后来就担当王朝的宰相。为什么伊尹最终追随商汤，死后能在商王的宗庙里配享？功勋卓著的阖闾是寿梦的长孙，年少时遭受排挤而坎坷流荡。为何壮年孔武勇猛，威武声名能够远扬？彭祖调和野鸡肉羹，帝尧为何享用？上天赐给他的寿命长久是为什么？共伯和行天子事，厉王降灾作祟为何事？百姓渺小若蜂蚁，云集响应不可摧。伯夷、叔齐采薇充饥听了讥讽而绝食，白鹿何以乳汁相保佑？伯夷叔齐采薇向北而行到回水，双双饿死可为什么还很高兴？秦景公有条猛犬，他的弟弟为何非要得到？用一百辆车交换那只狗，最终失去爵位还遭哥哥放逐？

天近黄昏电闪雷鸣，上天还有什么忧愁可说？国与君的尊严都得不到保持，对上天还有什么要求？我隐居在这荒山野林，忧愤填胸还能说什么？楚君好大喜功屡战屡败，国家还能撑多久？对自己的过错如能幡然悔改，我还能说什么话？吴王阖闾与楚交战，长期以来总能战胜楚国。门伯比环绕闾阎，穿越丘陵，和郊女私通，怎么能生出有令尹之才的子文呢？成王和堵敖相牾逆，堵敖因此不长久。为什么熊恽杀君并夺取君位，反而获得显著的忠名？

菜根谭

栖守道德者，寂寞一时；依阿权势者，凄凉万古。达人观物外之物，思身后之身，宁受一时之寂寞，毋取万古之凄凉。

【译文】

一个能够坚守道德准则的人，也许会寂寞一时；一个依附权贵的人，却会永远孤独。心胸豁达宽广的人，考虑到死后的千古名誉，所以宁可坚守道德准则而忍受一时的寂寞，也绝不会因依附权贵而遭受万世的凄凉。

君子之心事，天青日白，不可使人不知；君子之才华，玉韫珠藏，不可使人易知。

【译文】

有道德有修养的正人君子，他的思想行为应该像青天白日一样光明磊落，没有什么需要隐藏的阴暗行为；而他的才情和能力应该像珍贵的珠宝一样不浮浅外露，从不轻易地向人炫耀。

势利纷华，不近者为洁，近之而不染者为尤洁；智械机巧，不知者为高，知之而不用者为尤高。

【译文】

面对世上纷纷扰扰的追逐名利的恶行，不去接近是志向高洁，然而接近了却不受污染则更为品质高尚；面对计谋权术这样的奸猾手段，不知道它的人固然是高尚的，而知道了却不去用这种手段者则无疑更为高尚可贵。

天地寂然不动，而气机无息稍停；日月昼夜奔驰，而贞明万古不易。故君子闲时要有吃紧的心思，忙处要有悠闲的趣味。

【译文】

天地看起来好像很安宁，没有什么变动，其实充盈在里面的阴阳之气时时在运动，没有一刻会停歇；太阳和月亮白天黑夜不停地运转，但它的光明自古以来没有改变。所以君子在闲散时要有紧迫感，在忙碌时要有悠闲的情趣。

恩里由来生害，故快意时，须早回首；败后或反成功，故拂心处，莫便放手。

【译文】

在得到恩惠时往往会招来祸害，所以在称心快意的时候要想到早点回头；在遇到失败挫折时或许有助于成功，所以在不如意的时候不要轻易放弃追求。

藜口苋肠者，多冰清玉洁；衮衣玉食者，甘婢膝奴颜。盖志以澹泊明，而节从肥甘丧也。

【译文】

能够忍受得了粗茶淡饭的人，大多具有冰清玉洁的高尚情操；追求锦衣玉食的人，多甘受奴颜婢膝的屈辱。从淡泊名利中可以看得出高尚的志向，而高尚的志向也可在锦衣玉食中丧失。

径路窄处，留一步与人行；滋味浓的，减三分让人尝。此是涉世一极安乐法。

【译文】

在经过狭窄的道路时，要留一步让别人走得过去；在享受甘美的滋味时，要分一些给别人品尝。这就是为人处世中取得快乐的最好方法。

作人无甚高远事业，摆脱得俗情，便入名流；为学无甚增益功夫，减除得物累，便超圣境。

【译文】

做人并不一定需要成就什么了不起的事业，能够摆脱世俗的功名利禄，就可跻身于名流；做学问没有什么特别的好办法，能够去掉名利的束缚，便进入了圣贤的境界。

交友须带三分侠气，做人要存一点素心。

【译文】

交朋友要有几分侠肝义胆的气概，为人处世要保存一种赤子的情怀。

完名美节，不宜独任，分些与人，可以远害全身；辱行污名，不宜全推，引些归己，可以韬光养德。

【译文】

完美的名声和高尚的节操，不应该自己独自拥有，与大家共同分享这些名节，可以避免发生祸害之事而保全自己；令人耻辱的事情和不利于己的名声，不应该全部推到别人身上，自己主动承担几分责任，才能够做到收敛锋芒而修养品德。

事事留个有余不尽的意思，便造物不能忌我，鬼神不能损我。若业必求满，功必求盈者，不生内变，必招外忧。

【译文】

如果做任何事都留些余地，那么全能的造物主就不会忌恨我，鬼神也不能对我有所伤害。如果做事情一定要做到极点，求取功名一定要得到最高，那么即使内部不发生变化，也必然会招来外面的忧患。

攻人之恶，毋太严，要思其堪受；教人以善，毋过高，当使其可从。

【译文】

批评别人的过错不要太严厉，要顾及别人是否能够承受；教人家做善事，也不要要求过高，要考虑对方是否能够做到，不要使其感到太为难。

饱后思味，则浓淡之境都消；色后思淫，则男女之见尽绝。故人常以事后之悔悟，破临事之痴迷，则性定而动无不正。

【译文】

如果在吃饱喝足之后再来品尝美味佳肴，那么食物的所有甘美味道都体会不出；满足了色欲之后再来回想淫邪之事，一定无法激起男欢女爱的念头。所以人们如果常常用事后的悔悟心情，来解除眼前的痴狂迷妄，便可以保持自己纯真的本性，在行动上便会有正确的原则，而不至于出轨。

居轩冕之中，不可无山林之气味；处林泉之下，须要怀廊庙之经纶。

▲ 处林泉之下，须要怀廊庙之经纶。

【译文】

身居要职享受高官厚禄的人，要有山林之中淡泊名利的思想；而隐居山林清泉的人，要有治理国家的大志和才能。

处世不必邀功，无过便是功；与人不求感德，无怨便是德。

【译文】

为人处世不能够刻意去追逐名利，能够做到不犯错误就是最大的功劳；对待他人多予施舍不一定要求回报，只要别人没有怨恨，就是最好的回报。

富贵家宜宽厚，而反忌刻，是富贵而贫贱其行矣！如何能享？聪明人宜敛藏，而反炫耀，是聪明而愚懵其病矣！如何不败？

【译文】

富贵之家应该待人宽容仁厚，如果对人挑剔苛刻，那么即使是处在富贵之中，其行为和贫贱无知的人没有两样，怎么能够长久享受幸福美满的生活？聪明有才华的人应该隐藏自己的才智，如果到处炫耀张扬，那么这种聪明就跟愚蠢没有什么区别，哪有不败的道理？

居卑而后知登高之为危，处晦而后知向明之太露，守静而后知好动之过劳，养默而后知多言之为躁。

【译文】

到了低矮的地方观察，才知道向高处攀登充满着危险；到了黑暗的地方，才知道当初的光亮过于耀眼；持有宁静的心情，才知道四处奔波的辛苦；保持沉默，才知道过多的言语所带来的烦躁不安。

放得功名富贵之心下，便可脱凡；放得道德仁义之心下，才可入圣。

【译文】

如果能够抛弃功名富贵之心，就能做一个超凡脱俗的人；如果能够摆脱仁义道德之心，就可以达到圣人的境界。

人情反复，世路崎岖。行不去处，须知退一步之法；行得去处，务加让三分之功。

【译文】

人间世情变化不定，人生之路曲折艰难，充满坎坷。在人生之路走不通的地方，要知道退让一步、让人先行的道理；在走得过去的地方，也一定要给予人家三分的便利，这样才能逢凶化吉，一帆风顺。

待小人，不难于严，而难于不恶；待君子，不难于恭，而难于有礼。

【译文】

对待心术不正的小人，要做到对他们严厉苛刻并不难，难的是不去憎恶他们；对待品德高尚的君子，要做到对他们恭敬并不难，难的是遵守适当的礼节。

宁守浑噩而黜聪明，留些正气还天地；宁谢纷华而甘澹泊，遗个清白在乾坤。

【译文】

做人宁可保持纯朴自然的本性，抛弃机心巧诈的聪明，也要留些浩然正气还给大自然；宁可谢绝富丽繁华的诱惑，甘心过着淡泊宁静的生活，也要留个清白的声名在世间。

念头浓者，自待厚，待人亦厚，处处皆浓；念头淡者，自待薄，待人亦薄，事事皆淡。故君子居常嗜好，不可太浓艳，亦不宜太枯寂。

【译文】

一个对任何事情念头太多的人，往往能够善待自己，同时也能善待别人，他要求处处都丰富、气派、讲究；一个对任何事情念头很淡的人，不仅处处苛刻自己，同时也处处苛刻别人，于是事事便显得枯燥无味，毫无生气。所以作为一个真正有修养的人，日常生活的喜好，既不可过度奢侈华丽，也不可过度枯燥孤寂。

彼富我仁，彼爵我义，君子故不为君相所牢笼；人定胜天，志一动气，君子亦不受造物之陶铸。

【译文】

别人拥有富贵我拥有仁德，别人拥有爵禄我拥有正义，如果是一个有高尚心性的正人君子，就不会被统治者的高官厚禄所束缚；人的力量一定能够战胜自然的力量，意志坚定可以发挥出无坚不摧的精气，所以君子当然不会被造物者所局限。

立身不高一步立，如尘里振衣，泥中濯足，如何超达？处世不退一步处，如飞蛾投烛，羝羊触藩，如何安乐？

【译文】

立身如果不能站在更高的境界，就如同在灰尘中抖衣服、在泥水中洗脚一样，怎么能够做到超凡脱俗呢？为人处世如果不退一步着想，就像飞蛾投入烛火中、公羊用角去抵藩篱一样，怎么会有安乐的生活呢？

学者要收拾精神，并归一路。如修德而留意于事功名誉，必无实诣；读书而寄兴于吟咏风雅，定不深心。

【译文】

做学问就要集中精神，一心一意致力于研究。如果在修养道德的时候仍不忘记成败与名誉，必定不会有真正的造诣；如果读书的时候只喜欢附庸风雅，吟诗咏文，必定难以深入内心，有所收获。

进德修道，要个木石的念头，若一有欣羡，便趋欲境；济世经邦，要段云水的趣味，若一有贪著，便坠危机。

【译文】

凡是培养道德磨炼心性的人，必须具有木石般坚定的意志，如果对世间的名利奢华稍有羡慕，那么就会落入被物欲困扰的境地；凡是治理国家拯救世间的人，必须有一种行云流水般淡泊的胸怀，如果有了贪图荣华富贵的念头，就会陷入危险的深渊。

心地干净，方可读书学古。不然，见一善行，窃以济私，闻一善言，假以覆短，是又藉寇兵而济盗粮矣。

【译文】

心中有一方净土，能够做到纯洁无瑕的人，才能够研读诗书，学习圣贤的美德。如果不是这样的话，看见一个好的行为就偷偷地用来满足自己的私欲，听到一句好的话就借以来掩盖自己的缺点，这种行为便成了向敌人资助武器和向盗贼赠送粮食了。

▲ 心地干净，方可读书学古。

肝受病，则目不能视；肾受病，则耳不能听。病受于人所不见，必发于人所共见。故君子欲无得罪于昭昭，先无得罪于冥冥。

【译文】

肝脏有了疾病，那么就会表现出眼睛看不见的症状；肾脏发生毛病，那么就会表现出耳朵听不见的症状。病症发生在人看不见的地方，可是表现出来一定是人看得见的症状。所以正人君子要想在明处不表现出过错，那么就要先在不易察觉的细微之处不犯过错。

奢者富而不足，何如俭者贫而有余？能者劳而府怨，何如拙者逸而全真？

【译文】

生活奢侈的人即使拥有再多的财富也不会感到满足，哪里比得上那些虽然贫穷却因为节俭而有富余的人呢？有能力的人辛勤劳作而招致众人的怨恨，还不如那些生性笨拙的人无所事事而使自己保持纯真的本性。

苦心中，常得悦心之趣；得意时，便生失意之悲。

【译文】

人们在苦心追求时，因为感受到追求成功的喜悦而觉得乐趣无穷；人们在得意时，因为面临着顶峰过后的低谷，往往潜藏着失意的悲哀。

富贵名誉，自道德来者，如山林中花，自是舒徐繁衍；自功业来者，如盆槛中花，便有迁徙兴废；若以权力得者，如瓶钵中花，其根不植，其萎可立而待矣。

【译文】

世间的财富、地位和名声，如果是通过提高品行和修养所得来，那么就像生长在山野的花草，自然会繁荣昌盛、绵延不断；如果是通过建立功业所换来，那么就像生长在花盆中的花草，会因为迁移变动而枯萎；如果是通过玩弄权术或依靠暴力得到，那么就像插在花瓶中的花草，因为没有根基，花草很快就会枯萎。

学者有段兢业的心思，又要有段潇洒的趣味。若一味敛束清苦，是有秋杀无春生，何以发育万物？

【译文】

做学问的人要抱有专心求学的想法，行为谨慎，忧勤事业，也要有大度洒脱、不受拘束的情怀，这样才能体会到人生的真趣味。如果一味地约束自己的言行，过着清苦克制的生活，那么这样的人生就只像秋天一样充满肃杀凄凉之感，而缺乏春天般万木争发的勃勃生机，如何去培育万物成长呢？

真廉无廉名，立名者正所以为贪；大巧无巧术，用术者乃所以为拙。

【译文】

真正廉洁的人并不一定树立廉洁的名声，那些为自己树立名声的人正是因为贪图名声；一个真正有大智慧的人不会去卖弄技巧，卖弄技巧的人正是为了掩饰自己的拙劣。

心体光明，暗室中有青天；念头暗昧，白日下有厉鬼。

【译文】

心中光明磊落，即使是在黑暗的地方，也如同在晴朗的天空下一样；心中邪恶不正，即使在青天白日下也像有恶鬼一样。

人知名位为乐，不知无名无位之乐为最真；人知饥寒为忧，不知不饥不寒之忧为更甚。

【译文】

人们只知道有了名声地位是一种快乐，殊不知那种没有名声地位牵累的快乐才是真正的快乐；人们只知道吃不饱穿不暖令人忧愁，殊不知那些没有饥寒之苦的人精神上的空虚忧愁更为痛苦。

燥性者火炽，遇物则焚；寡恩者冰清，逢物必杀；凝滞固执者，如死水腐木，生机已绝。俱难建功业而延福祉。

【译文】

那些性情暴躁的人就像炽热的火焰，遇到物体就会点燃烧毁；那些刻薄寡恩的人就像冰块一样冷酷，遇到物体就会无情残杀；那些固执呆板的人，就像静止的死水和腐朽的枯木，毫无一线生机。这些人都难以建立功业、延续幸福。

▲ 养喜神，以为召福之本。

福不可徼，养喜神，以为召福之本而已；祸不可避，去杀机，以为远祸之方而已。

【译文】

福分不可强求，只有保持愉快的心境，才是追求人生幸福的根本态度；祸患不可逃避，只有排除怨恨的心绪，才是远离祸患的办法。

十语九中，未必称奇，一语不中，则愆尤骈集；十谋九成，未必归功，一谋不成，则訾议丛兴。君子所以宁默毋躁，宁拙毋巧。

【译文】

十句话有九次都说得很正确，人们也不会称赞你，但是如果有一句话说得不正确，那么就会受到众多的指责；十次谋略有九次成功，人们不一定会赞赏你的成功，但是如果有一次谋略失败，那么批评的话就纷至沓来。这就是君子宁可保持沉默也不浮躁多言，宁可显得笨拙也不自作聪明的缘故。

天理路上甚宽，稍游心，胸中便觉广大宏朗；人欲路上甚窄，才寄迹，眼前俱是荆棘泥涂。

【译文】

追求自然真理的正道非常宽广，稍微用心追求，就感觉心胸坦荡开朗；追求个人欲望的邪道非常狭窄，刚一跻身于此，就发现眼前布满了荆棘泥泞，寸步难行。

一苦一乐相磨炼，练极而成福者，其福始久；一疑一信相参勘，勘极而成知者，其知始真。

【译文】

在人生路上经过艰难困苦的磨炼，磨炼到极致就会获得幸福，这样的幸福才会长久；对知识的学习和怀疑，交替验证探索研究，探索到最后而获得的知识，才是千真万确的真理。

心不可不虚，虚则义理来居；心不可不实，实则物欲不入。

【译文】

人一定要有虚怀若谷的胸襟，只有谦虚谨慎才能获得真知灼见；人一定要坚强执着、意志坚定，这样才能不受名利的诱惑。

耳目见闻为外贼，情欲意识为内贼。只是主人翁惺惺不昧，独坐中堂，贼便化为家人矣！

【译文】

耳朵听到美音，眼睛看到美色，这些诱惑都是外来的贼，而心中的情感和欲念则都是人内心中潜藏的贼。可是只要灵魂保持正直清醒，保持一片纯净的心境，那么这些诱惑人的感受和心理都能化作培养正直品德的好帮手。

泛驾之马可就驰驱，跃冶之金终归型范。只一优游不振，便终身无个进步。白沙云："为人多病未足羞，一生无病是吾忧。"真确论也。

【译文】

在原野上奔驰的野马经过人的驯养可以成为供人驾驭奔跑的好马，溅到熔炉外面的金属最终还是被人放在模具中熔铸成可用之物。而人只要一陷入游手好闲、不思振作的地步，那么就永远不会有什么出息。所以白沙先生说："一个人有很多毛病并不是可耻的事，而一生都看不到自己毛病的人才是最令人担忧的。"这真是至理名言。

贫家净扫地，贫女净梳头，景色虽不艳丽，气度自是风雅。士君子一当穷愁寥落，奈何辄自废弛哉！

【译文】

贫穷的人家要经常把地扫得干干净净，穷人的女儿要把头梳得整整齐齐，虽然没有艳丽奢华的陈设和美丽的装饰，却有一种自然朴实的风雅。有才之君子，怎能一遇穷困忧愁或者际遇不佳，受到冷落，就自暴自弃呢！

图未就之功，不如保已成之业；悔既往之失，不如防将来之非。

【译文】

与其去谋划不能完成的事业，不如将精力用来坚持已经完成的事业；与其去追悔过去的失误，不如将精力用来防止再发生错误。

气象要高旷，而不可疏狂；心思要缜密，而不可琐屑；趣味要冲淡，而不可偏枯；操守要严明，而不可激烈。

【译文】

一个人的气度要高远旷达，但是不能太粗疏狂放；思维要细致周密，但是不能太杂乱琐碎；趣味要高雅清淡，但是不能太单调枯燥；节操要严正光明，但是不要太偏执刚烈。

闲中不放过，忙处有受用；静中不落空，动处有受用；暗中不欺隐，明处有受用。

【译文】

在闲暇时不让时光轻易流走，抓紧时间做些准备，到了忙的时候自然会用得着；在平静时不让心灵空虚，在遇到变化的时候自然能够应付自如；在无人知道的时候不做邪恶阴暗的事，在大庭广众之下自然会受到尊敬。

风来疏竹，风过而竹不留声；雁渡寒潭，雁去而潭不留影。故君子事来而心始现，事去而心随空。

【译文】

当风吹过稀疏的竹林时会发出沙沙的声响，当风过之后，竹林又依然归于寂静，而不会将声响留下；当大雁飞过寒冷的潭水时，潭面映出大雁的身影，可是雁儿飞过之后，潭面依然晶莹一片，不会留下大雁的身影。所以君子临事之时才会显现出本来的心性，可是事情处理完后，心中也恢复了平静。

▲ 风来疏竹，风过而竹不留声。

静中念虑澄澈，见心之真体；闲中气象从容，识心之真机；淡中意趣冲夷，得心之真味。观心证道，无如此三者。

【译文】

在平静中意念思虑清澈不染，可以看出心性的真正本源；在闲暇中气度舒畅悠闲，可以发觉心中真正的玄机；在淡泊中性情谦静冲和，可以体会心中真正的趣味。省察内心以觉悟天地间的至理，没有比这三种方法更好的了。

静中静非真静，动处静得来，才是性天之真境；乐处乐非真乐，苦中乐得来，才是心体之真机。

【译文】

在悄然无声的环境中所得来的宁静不能算是真正的宁静，只有从嘈杂喧闹的环境中得来的宁静，才是人类本性中真正静的境界；在快乐的地方得到乐趣不能算是真快乐，只有在艰苦的环境中仍然能保持乐观的心情，这种快乐才是人类本性中真正快乐的境界。

声妓晚景从良，一世之烟花无碍；贞妇白头失守，半生之清苦俱非。语云："看人只看后半截。"真名言也。

【译文】

从事声色之业的妓女在晚年的时候能够结束卖笑生涯成为良家妇女，那么过去的风尘生活对她的生活不会有什么妨碍；坚守节操的妇女如果在晚年的时候失却了贞操，那么她前半生的辛苦守节都白费了。所以俗语说："看一个人的节操如何，主要是看他的后半生。"这真是一句至理名言啊。

家人有过，不宜暴怒，不宜轻弃。此事难言，借他事隐讽之；今日不悟，俟来日再警之。如春风解冻，如和气消冰，才是家庭的型范。

【译文】

家里有人犯了过错，不应该大发脾气，也不应该轻易地放弃不管。如果这件事不好直接说，可以借其他的事来提醒暗示，使他知错改正；今天不能使他醒悟，可以过一些时候再耐心劝告。这就像温暖的春风化解大地的冻土，暖和的气候使冰消融一样，是处理家庭琐事的典范。

此心常看得圆满，天下自无缺陷之世界；此心常放得宽平，天下自无险侧之人情。

【译文】

如果自己内心平易圆满，那么世界就会是一个没有缺陷的世界；如果自己内心宽大公正，那么世界也会是一个没有阴险诡计的世界。

澹泊之士，必为浓艳者所疑；检饰之人，多为放肆者所忌。君子处此，固不可少变其操履，亦不可太露其锋芒。

【译文】

志向淡泊的人，必定会受到那些热衷于名利的人的怀疑；生活俭朴谨慎的人，大多会被行为放荡的人所妒忌。一个坚守正道的君子，固然不应该稍稍改变自己的节操，但是也不能过于锋芒毕露。

人心一真，便霜可飞，城可陨，金石可贯。若伪妄之人，形骸徒具，真宰已亡，对人则面目可憎，独居则形影自愧。

【译文】

人心只要做到至诚，就可以感动上天，在六月降下霜雪，使城墙可以被哭倒，而坚固的金石也可以被雕琢。如果是一个虚伪奸邪的人，就只是白白地有一个人的皮囊，真正的灵魂早已消亡，与人相处会让人觉得面目可憎，独自一个人时也会为自己的形体和灵魂感到惭愧。

居逆境中，周身皆针砭药石，砥节砺行而不觉；处顺境内，眼前尽兵刃戈矛，销膏靡骨而不知。

【译文】

人处在逆境中，仿佛置身于治病用的针灸药石之中，可时时自觉纠正自己的过失，陶冶自己的性情；处在顺境中，眼前就像布满了看不见的刀枪戈矛，人的意志逐渐消磨也浑然不觉。

文章做到极处，无有他奇，只是恰好；人品做到极处，无有他异，只是本然。

【译文】

文章写到最美妙的境界，没有什么特别奇异之处，只是写得恰到好处；品德修炼到最高尚的境界，没有什么特别的地方，只是表现出人最善良的本性。

爽口之味，皆烂肠腐骨之药，五分便无殃；快心之事，悉败身丧德之媒，五分便无悔。

【译文】

那些可口的美味佳肴，都是容易伤害肠胃的毒药，如果只吃五分饱便不会受到伤害；令人赏心悦目的事情，都是导致身败名裂的媒介，只享受五分便不至于事后悔恨。

处父兄骨肉之变，宜从容，不宜激烈；遇朋友交游之失，宜剀切，不宜优游。

【译文】

面对父兄或骨肉至亲之间发生的变故，应该沉着处理，不宜感情用事，采取激烈的态度；在与朋友的交往过程中，一旦朋友有什么过失，应该态度诚恳地规劝，不宜放任不管，让他错下去。

千金难结一时之欢，一饭竟致终身之感。盖爱重反为仇，薄极反成喜也。

【译文】

有时候，价值千金的恩惠也难以打动人心，换得一时之欢喜；有时候，只一顿饭的恩惠却能使人终身感激。这是因为有时爱到极点反而反目成仇，而一点小小的恩惠反而容易令人欢喜。

藏巧于拙，用晦而明，寓清于浊，以屈为伸，真涉世之一壶、藏身之三窟也。

【译文】

一个人再聪明也不宜锋芒毕露，不妨装得笨拙一点；即使非常清楚明白也不宜过于表现，宁可用谦虚来收敛自己；志节很高也不要孤芳自赏，宁可随和一点；在有能力时也不宜过于激进，宁可以退为进，这才是真正安身立命、高枕无忧的处世法宝。

衰飒的景象，就在盛满中；发生的机缄，即在零落内。故君子居安宜操一心以虑患，处变当坚百忍以图成。

【译文】

凡是衰败的结局往往很早就在一片繁华的盛况之中隐藏着；凡是草木的蓬勃生机也早就孕育在换季的凋零时刻。所以一个聪明的人，当自己处在顺境中平安无事时，要有防患于未然的思想准备，而当自己处在动乱和灾祸中时，也要用坚韧不拔的意志来争取事业最后的成功。

毋偏信而为奸所欺，毋自任而为气所使；毋以己之长而形人之短，毋因己之拙而忌人之能。

【译文】

不要盲目相信某一方面的言辞而被那些奸邪的小人所欺骗，也不要自以为绝对正确而被一时的意气所驱使；不要用自己的长处来比较人家的短处，不要因自己的笨拙而嫉妒人家的才能。

人之短处，要曲为弥缝，如暴而扬之，是以短攻短；人有顽固，要善为化诲，如忿而疾之，是以顽济顽。

【译文】

对于他人的不足之处，要想办法为其掩饰弥补，故意暴露宣扬，那就是用自己的毛病去攻击人家的毛病；对于别人的执拗，要善于诱导教诲劝解，因为他的固执而愤怒或讨厌他，不仅不能使他改变固执，还等于用自己的固执来强化别人的固执。

遇沉沉不语之士，且莫输心；见悻悻自好之人，应须防口。

【译文】

遇到阴沉不说话的人，暂时不要急着和他交心谈心；遇到高傲自大、愤愤不平的人，要谨慎自己的言谈。

念头昏散处，要知提醒；念头吃紧时，要知放下。不然恐去昏昏之病，又来憧憧之扰矣。

【译文】

当感到头脑昏沉纷乱，精神无法集中时，要注意使自己平静下来，清醒一下头脑；当工作烦忙、心理紧张时，可以暂时将工作放下使自己轻松一下。如果不这样注意调节情绪，就容易出现多种毛病，一会儿头昏脑涨，一会儿又神思恍惚。

横逆困穷，是锻炼豪杰的一副炉锤。能受其锻炼，则身心交益；不受其锻炼，则身心交损。

【译文】

突然遭遇到的灾难和穷困窘迫的境遇是锻炼英雄豪杰的熔炉。能够经受这种锻炼，那么身体和头脑都会得到好处；承受不了这种锻炼，那么对身体和头脑来说都是一种损害。

吾身一小天地也，使喜怒不愆，好恶有则，便是燮理的功夫；天地一大父母也，使民无怨咨，物无氛疹，亦是敦睦的气象。

【译文】

我们的身体就是一个小世界，如果能做到使高兴和快乐都不逾越规矩，使自己的好恶遵守一定的准则，这就是做人的一种调理谐和的功夫；大自然就像是人类的父母，如果能让百姓没有怨恨和叹息，万事万物没有灾害，便能够呈现一片祥和太平的景象。

▲ 吾身一小天地也。

善人未能急亲，不宜颂扬，恐来谗谮之奸；恶人未能轻去，不宜先发，恐遭媒孽之祸。

【译文】

好人不能急着和他亲近，也不应当事先就去赞扬他的美德，为的是防止遭受奸邪小人的诽谤；坏人不能轻易除去，不应当事先揭发他的罪行，为的是防止遭到报复和陷害之灾祸。

青天白日的节义，自暗室屋漏中培来；旋乾转坤的经纶，自临深履薄处操出。

【译文】

像青天白日那样光明磊落的节操，是在艰苦和默默无闻的环境中培养出来的；可以扭转乾坤担当重任的本领，是从谨慎严密的处事态度中磨炼出来的。

有妍必有丑为之对，我不夸妍，谁能丑我？有洁必有污为之仇，我不好洁，谁能污我？

【译文】

有美丽必然就有丑陋作为对比，我不自夸自大宣扬自己美丽，谁又能指责我丑陋呢？有干净必然就有脏污作为对比，我不宣扬自己如何干净，谁又能讥讽我脏污呢？

恶忌阴，善忌阳。故恶之显者祸浅，而隐者祸深；善之显者功小，而隐者功大。

【译文】

做了坏事最忌讳认识不到自己的过错反而拼命遮掩，做好事忌讳为了显示自己的功劳而到处宣扬。所以显而易见的坏事所造成的灾祸较小，不为人知的坏事所造成的灾祸较大；显而易见的善事所积的功德较小，不为人知的善事所积的功德较大。

德者才之主，才者德之奴。有才无德，如家无主而奴用事矣，几何不魍魉猖狂。

【译文】

品德是一个人才能的主人，而才能是品德的奴婢。如果一个人只有才能而缺乏品德，就好像一个家庭没有主人而由奴婢当家，哪有不胡作非为、放纵嚣张的呢？

锄奸杜倖，要放他一条去路。若使之一无所容，譬如塞鼠穴者，一切去路都塞尽，则一切好物俱咬破矣。

【译文】

要想铲除杜绝那些邪恶奸诈之人，就要给他们一条改过自新、重新做人的路。如果使他们走投无路、无立锥之地的话，就好像堵塞老鼠洞一样，一切进出的道路都堵死了，一切好的东西也都被咬坏了。

士君子，贫不能济物者，遇人痴迷处，出一言提醒之，遇人急难处，出一言解救之，亦是无量功德。

【译文】

一个有学问、有节操的人，虽然贫穷无法用物质去接济他人，但当碰到别人为某件事执迷不悟时，能去指点他、提醒他，使他领悟，在别人危急困难时，能为他说几句公道的话，说几句安慰的话，使他摆脱困境，这也算是功德无量了。

饥则附，饱则扬，燠则趋，寒则弃，人情通患也。

【译文】

饥饿潦倒时就去投靠人家，富裕饱足时就远走高飞；看到富贵人家就去巴结，当人家衰败贫穷时就掉头而去，这是一般人都会有的通病。

▲ 遇人痴迷处，出一言提醒之。

君子宜净拭冷眼，慎勿轻动刚肠。

【译文】

一个有才学品德的君子，要以冷静的态度来面对事物，要小心处世，不要轻易地表露自己刚直的心肠。

德随量进，量由识长。故欲厚其德，不可不弘其量；欲弘其量，不可不大其识。

【译文】

人的道德随着气量的增长而提高，人的气量也是由于见识的增加而更宽宏。所以想使自己的道德更加完美，不能不使自己的气量更宽宏；要使自己的气量更宽宏，不能不增长自己的见识。

鱼网之设，鸿则罹其中；螳螂之贪，雀又乘其后。机里藏机，变外生变，智巧何足恃哉！

【译文】

人们制造渔网是用来捕鱼的，可是鸿雁却落入网中；螳螂正想贪吃眼前的蝉，可是哪里知道黄雀在背后乘机偷袭？玄机里面暗藏玄机，变化之外还会再生变化，人的智慧和计谋怎么能够凭恃呢？

一灯萤然，万籁无声，此吾人初入宴寂时也；晓梦初醒，群动未起，此吾人初出混沌处也。乘此而一念回光，炯然返照，始知耳目口鼻皆桎梏，而情欲嗜好悉机械矣。

【译文】

当夜晚时分，清灯枯照，万籁俱寂，这正是人们入睡的时候；而当清晨人们从睡梦中醒来，万物还未复苏，这正是我们刚刚从蒙蒙眬眬的睡意中清醒的时刻。如果能利用这一刻来澄清自己的内心，来反省自身的一切，便会明白耳目口鼻是束缚我们心智的工具，而情欲爱好等都是使我们堕落的机关。

水不波则自定，鉴不翳则自明。故心无可清，去其混之者，而清自现；乐不必寻，去其苦之者，而乐自存。

【译文】

水没有波浪自然平静，镜子没有灰尘自然明净。所以人并不需要刻意去追求什么清静，只要去掉了私心杂念，就自然会明澈清静；快乐不必刻意去寻找，只要远离那些痛苦和烦恼，那么快乐就自然会出现。

作人无点真恳念头，便成个花子，事事皆虚；涉世无段圆活机趣，便是个木人，处处有碍。

【译文】

做人如果没有一点真诚恳切的心意，那就成了一个华而不实的人，做什么事情都不实在；处世如果没有一些灵活的技巧，那么就成了一个木头人，时时处处都会受到阻碍。

有一念而犯鬼神之禁，一言而伤天地之和，一事而酿子孙之祸者，最宜切戒。

【译文】

如果有一个念头容易触犯鬼神的禁忌，说一句话会伤害人间的祥和之气，做一件事会造成子孙后代的祸患，那么这便是我们要切记并引以为戒的。

谢事当谢于正盛之时，居身宜居于独后之地。

【译文】

急流勇退应当在事情正处于巅峰的时候，这样才能使自己有一个完满的结局；而处身则应在清静、不与人争先的地方，这样才可能真正地修身养性。

谨德须谨于至微之事，施恩务施于不报之人。

【译文】

谨守品德应该注意到最细微的地方，恩惠应该施予那些根本无法回报你的人。

交市人不如友山翁，谒朱门不如亲白屋；听街谈巷语，不如闻樵歌牧咏；谈今人失德过举，不如述古人嘉言懿行。

【译文】

与市井凡俗之人交朋友不如与深山中的老翁交朋友，去拜谒达官贵人还不如亲近普通的平民百姓；听街头巷尾的是是非非，还不如去听樵夫和牧童歌唱；议论当今的人违背道德的行为和失当的举动，还不如讲述古代圣贤的美好言行。

▲ 交市人不如友山翁。

德者事业之基，未有基不固而栋宇坚久者。

【译文】

美好的品德是一切事业的基础，正如盖房子一样，如果没有坚实的地基，就不可能修建坚固而耐用的房屋。

心者后裔之根，未有根不植而枝叶荣茂者。

【译文】

善良的心地是子孙后代的根本，就像栽花种树一样，如果没有牢固的根基，就不可能有繁花似锦、枝叶茂盛的景象。

前人云："抛却自家无尽藏，沿门持钵效贫儿。"又云："暴富贫儿休说梦，谁家灶里火无烟？"一箴自昧所有，一箴自夸所有，可为学问切戒。

【译文】

古人说过："有人把自家无尽的财富放在一边不用，却仿效一无所有的穷人拿着钵子沿门沿户去讨饭。"又说："突然暴富的穷人不要信口开河，哪家的炉灶烟囱不冒烟呢？"前一句话告诫人们不要妄自菲薄，后一句话是告诫人们不要自我夸耀，所说的这两种情况都应该作为做学问的鉴戒。

道是一重公众物事，当随人而接引；学是一个寻常家饭，当随事而警惕。

【译文】

真理是大家都可以去追求和探索的，应该随着个人的性情来加以引导；做学问就像平常所吃的家常便饭一样，应该随着事情的变化而有所戒备和警惕。

念头宽厚的，如春风煦育，万物遭之而生；念头忌刻的，如朔雪阴凝，万物遭之而死。

【译文】

一个胸怀宽广的人，应当像春风催生万物，万物感觉到它的温暖就会充满生机；而心胸狭窄刻薄的人，就像北风呼啸，冰雪带来寒冷，万物感觉到它的刻薄就会被摧残。

为善不见其益，如草里冬瓜，自应暗长；为恶不见其损，如庭前春雪，当必潜消。

【译文】

虽然做好事不一定能立即看到什么好处，但是好事的益处就像掩在草里面的冬瓜一样，于不知不觉中长大；做了坏事也许不会立即看出对自己的损害，但它就像春天庭院中的积雪一样，暗地里必然消融。

遇故旧之交，意气要愈新；处隐微之事，心迹宜愈显；待衰朽之人，恩礼当愈隆。

【译文】

遇到过去的老朋友，情意要如同对待新知一样热烈真诚；处理某些隐秘细微的事情，态度要更加光明磊落；对待年老体弱的人，礼节应当更加恭敬周到。

勤者敏于德义，而世人借勤以济其贫；俭者淡于货利，而世人假俭以饰其吝。君子持身之符，反为小人营私之具矣，惜哉！

【译文】

勤奋的人会十分注意加强道义和品德的修养，而世人却用勤奋作为解决贫困的办法；俭朴的人对财物和金钱都很淡泊，但是世人却以俭朴作为掩饰吝啬的借口。君子修身立德的标准成了小人营私谋利的工具，可惜啊！

人之过误宜恕，而在己则不可恕；己之困辱宜忍，而在人则不可忍。

【译文】

对于别人的过失应该采取宽恕的态度，而如果错误在自己就不能宽恕；自己遇到困境和屈辱应当尽量忍受，如果困境和屈辱在别人身上就不能置之不问。

为鼠常留饭，怜蛾不点灯，古人此等念头，是吾人一点生生之机。无此，便所为土木形骸而已。

【译文】

担心老鼠挨饿常常留下一些饭粒，怕飞蛾扑火而亡因此不点亮油灯，古代的人常有这些仁慈的心肠，这些慈悲之心正是我们人类繁衍不息的生机。没有这些，那么人类也就与那些木偶泥塑没有什么区别了。

▲ 心虚则性现。

心虚则性现，不息心而求见性，如拨波觅月；意净则心清，不了意而求明心，如索镜增尘。

【译文】

内心祛除杂念，平静如镜时，本性就会流露出来，不使心灵平静却去寻找人的自然本性，就像拨开水中的波浪去捞月亮一样只是一场空；意念保持纯洁澄净，心灵就会清明，如果不能洞察存在的意念而要求内心清明，就像是落满灰尘的镜子又增加了灰尘一样。

我贵而人奉之，奉此峨冠大带也；我贱而人侮之，侮此布衣草履也。然则原非奉我，我胡为喜？原非侮我，我胡为怒？

【译文】

我富贵了人们就敬重我，敬重的是我穿着的威严的华服；我贫穷了人们就轻视我，轻视的是我穿着的布衣和草鞋。人们原本敬重的是华服而不是我本人，我有什么可高兴的呢？人们原本轻视的是布衣草鞋而不是轻视我，我有什么可恼怒的呢？

心体便是天体。一念之喜，景星庆云；一念之怒，震雷暴雨；一念之慈，和风甘露；一念之严，烈日秋霜。何者少得，只要随起随灭，廓然无碍，便与太虚同体。

【译文】

人心的本性与大自然宇宙的本体是一致的。当人心中有了喜悦的念头时，就像大自然的天空出现瑞星祥云；当人的心中有了愤怒的念头时 ，就像是大自然中雷雨交加的天气；当心中有慈悲的念头时，就像是春风雨露滋润天下万物；当心中有严厉的念头时，就像寒霜烈日冷热逼人。有哪些又能少得了呢？只要人类的喜怒哀乐可以在兴起之后立即消失，心体如同天体广袤无边、毫无阻碍，便可以和天地同为一体了。

标节义者，必以节义受谤；榜道学者，常因道学招尤。故君子不近恶事，亦不立善名，只浑然和气，才是居身之珍。

【译文】

标榜节义的人，必然会因为节义受到别人的毁谤；标榜道德学问的人，常会因为道德学问遭到他人的指责。所以一个有德行的君子，既不做坏事，也不去争得美名，只要做到纯朴敦厚，保持和气，才是立身处世中最珍贵的东西。

遇欺诈之人，以诚心感动之；遇暴戾之人，以和气薰蒸之；遇倾邪私曲之人，以名义气节激励之。天下无不入我陶冶中矣。

【译文】

遇到狡诈不诚实的人，用真诚的态度去感动他；遇到粗暴乖戾的人，用平和的态度去感染他；遇到行为不正、自私自利的人，用道义名节去激励他。那么天下就没有人不受我的感化了。

一念慈祥，可以酝酿两间和气；寸心洁白，可以昭垂百代清芬。

【译文】

心中存有慈祥的念头，可以形成天地间温暖平和的气息；心地保持纯洁清白，可以留给后世百代美好的名声。

阴谋怪习，异行奇能，俱是涉世的祸胎。只一个庸德庸行，便可以完混沌而招和平。

【译文】

阴险的诡计，古怪的陋习，奇异的行为和能力，都是涉身处世时招致祸害的根源。只要谨守平凡的品德和言行，就可以合乎自然的本性而带来和平。

语云："登山耐侧路，踏雪耐危桥。"一"耐"字极有意味，如倾险之人情，坎坷之世道，若不得一耐字撑持过去，几何不堕入榛莽坑堑哉？

【译文】

俗话说："爬山要能耐得住险峻难行的路，踏雪要耐得住危险的桥梁。"这一个"耐"字意味深长，就像险恶的人情，坎坷难行的世道，如果不能用一个"耐"字撑过去，几乎没有不掉入荆棘遍布的深涧中的。

夸逞功业，炫耀文章，皆是靠外物做人。不知心体莹然，本来不失，即无寸功只字，亦自有堂堂正正做人处。

【译文】

夸耀自己的功业，炫耀所写的文章，这些都是依靠外在之物

来做人。殊不知只要保持心地的洁白纯净，不失自然的本性，即使没有半点功业，没有片纸文章，也自然可以堂堂正正地做人。

不昧己心，不尽人情，不竭物力。三者可以为天地立心，为生民立命，为子孙造福。

【译文】

不违背自己的良心，不违背人之常情，不浪费物资财力。做到这三点就可以在天地之间树立善良的心性，为生生不息的民众创造命脉，为子子孙孙造福。

居官有二语，曰：惟公则生明，惟廉则生威。居家有二语，曰：惟恕则情平，惟俭则用足。

【译文】

做官有两句格言，即只有公正无私才能明断是非，只有廉洁才能树立威信。治家也有两句格言：只有宽容才能心情平和，只有节俭家用才能充足。

持身不可太皎洁，一切污辱垢秽，要茹纳得；与人不可太分明，一切善恶贤愚，要包容得。

【译文】

立身处世不能太过清高，对于污浊、屈辱、丑恶的东西要能够接受；与人相处不能太过计较，对于善良的、邪恶的、智慧的、愚蠢的人都要能够理解包容。

休与小人仇雠，小人自有对头；休向君子谄媚，君子原无私惠。

【译文】

不要与那些行为不正的小人结下仇怨，小人自然有他的冤家对头；不要向君子去讨好献媚，君子本来就不会因为私情而给予恩惠。

纵欲之病可医，而势理之病难医；事物之障可除，而义理之障难除。

【译文】

放纵欲念的毛病还可以医治，而事理上顽固不化却难以纠正；一般事物的障碍还能够排除，但是义理方面的障碍却难以化解。

谗夫毁士，如寸云蔽日，不久自明；媚子阿人，似隙风侵肌，不觉其损。

【译文】

那些喜爱搬弄是非的人对有德行君子的污蔑诽谤，只不过像一片薄云遮蔽太阳一样，不久就会风吹云散重见光明；而那些喜欢阿谀奉承去巴结别人的人，却像从门缝中吹进的风侵袭肌肤，人们感觉不到受了损害。

山之高峻处无木，而溪谷回环则草木丛生；水之湍急处无鱼，而渊潭停蓄则鱼鳖聚集。此高绝之行，偏急之衷，君子重有戒焉。

【译文】

山峰险峻的地方没有树木生长，而在溪谷蜿蜒曲折的地方却草木丛生；在水流湍急的地方没有鱼儿停留，而平静的深水潭下则生活着大量鱼鳖 。所以过于清高的行为，过于偏激的心理，对一个有德行的君子来说，是应当努力戒除的。

建功立业者，多虚圆之士；偾事失机者，必执拗之人。

【译文】

能够建立宏大功业的人，大多是处世谦虚圆融的人；容易失败抓不住机会的人，一定是性情刚愎固执的人。

处世不宜与俗同，亦不宜与俗异；做事不宜令人厌，亦不宜令人喜。

【译文】

为人处世既不要同流合污陷于庸俗，也不故作清高、标新立异；做事情不应该使人产生厌恶，也不应该故意迎合讨人欢心。

鹰立如睡，虎行似病，正是它取人噬人手段处。故君子要聪明不露，才华不逞，才有肩鸿任钜的力量。

【译文】

老鹰站立时双目半睁半闭仿佛处于睡态，老虎行走时慵懒无力仿佛处于病态，实际上这些正是它们准备取食的高明手段。所以有德行的君子要做到不炫耀自己的聪明，不显示自己的才华，才能够有力量担任艰巨的任务。

日既暮而犹烟霞绚烂，岁将晚而更橙桔芳馨。故末路晚年，君子更宜精神百倍。

【译文】

在夕阳西下时，天空出现的晚霞放射出灿烂的光彩，绚丽夺目；在晚秋季节时，橙桔正结出芬芳金黄的果实。所以到了晚年的时候，一个有德行的君子更应该精神百倍地充满生活的信心。

俭，美德也，过则为悭吝，为鄙啬，反伤雅道；让，懿行也，过则为足恭，为曲谨，多出机心。

【译文】

生活俭朴是一种美德，可是如果俭朴过分就是吝啬小气、斤斤计较，反而伤害了与人交往的雅趣；谦让是一种高尚的行为，可是如果谦让过分就显得卑躬屈膝、谨小慎微，反而让人觉得是心计过多。

毋忧拂意，毋喜快心，毋恃久安，毋惮初难。

【译文】

对于不合意的事不要感到忧心忡忡，对于让人高兴的事不要欣喜若狂，对长久的安定不要过于依赖，对遇到的困难不要畏惧害怕。

饮宴之乐多，不是个好人家；声华之习胜，不是个好士子；名位之念重，不是个好臣士。

【译文】

经常举行宴会饮酒作乐的，不会是正派的人家；喜欢声色奢华的人，不是正人君子；对于名声地位非常看重的，不是好臣子。

▲ 饮宴之乐多，不是个好人家；声华之习胜，不是个好士子。

仁人心地宽舒，便福厚而庆长，事事成个宽舒气象；鄙夫念头迫促，便禄薄而泽短，事事得个迫促规模。

【译文】

仁慈博爱的人心胸宽广舒畅，所以能够福禄丰厚而长久，事事都能表现出宽宏大度的气概；浅薄无知的人心胸狭窄，所以福禄微薄而短暂，事事都表现出目光短小、狭隘局促的格局。

性躁心粗者，一事无成；心和气平者，百福自集。

【译文】

性情急躁粗暴的人，一件事情也做不成；心地温和的人，所有的幸福都会为他降临。

风斜雨急处，要立得脚定；花浓柳艳处，要著得眼高；路危径险处，要回得头早。

【译文】

面临急风暴雨这样危险的处境，要站稳自己的立场；在令人眼花缭乱的环境中，要眼界高远以免被冲昏了头脑；在山路狭窄危险处，要及早回头，以免深陷其中。

闻恶不可就恶，恐为谗夫泄怒；闻善不可即亲，恐引奸人进身。

【译文】

听到别人有恶行，不能马上就起厌恶之心，要仔细判断，看是否有人故意诬陷泄愤；听说别人的善行不要立刻相信并去亲近他，以防有奸邪的人作为谋求晋升的手段。

节义之人济以和衷，才不启忿争之路；功名之士承以谦德，方不开嫉妒之门。

【译文】

崇尚节义的人要用谦和诚恳的态度来适当加以调和，才不至于留下引起激烈纷争的隐患；功成名就的人要保持谦恭和蔼的美德，这样才不会给人留下嫉妒的把柄。

士大夫居官，不可竿牍无节，要使人难见，以杜幸端；居乡，不可崖岸太高，要使人易见，以敦旧好。

【译文】

读书人做了官以后不能无节制地接受各种书信的推荐，要让那些求职的人难以见面，以防止那些投机取巧的人乘机钻营；退隐居住到家乡后，不能过于清高自傲，要态度平和使人容易接近，以保持亲族邻里之间的友好感情。

善读书者，要读到手舞足蹈处，方不落筌蹄；善观物者，要观到心融神洽时，方不泥迹象。

【译文】

善于读书的人，当读到心领神会而忘形地手舞足蹈时，不会掉入文字的陷阱；善于观察事物的人，当观察到全神贯注与事物融为一体时，不拘泥于表面现象而了解了事物的本质。

事稍拂逆，便思不如我的人，则怨尤自消；心稍怠荒，便思胜似我的人，则精神自奋。

【译文】

处理事情遇到不顺心的时候，就想想那些境遇不如自己的人，那么心中的怨恨会很快消失；心中一出现懒怠松懈的念头，就想想那些比自己强的人，那么精神马上会振作起来。

天贤一人，以诲众人之愚，而世反逞所长，以形人之短；天富一人，以济众人之困，而世反挟所有，以凌人之贫。真天之戮民哉！

【译文】

上天给予一个人聪明才智，是要让他来教诲众人的愚昧，没想到世间的一些聪明人却卖弄自己的才华，以暴露别人的短处；上天给予一个人财富，是让他帮助众人解除困难，没想到世间的有钱人却依仗自己的财富，来欺凌贫穷的人。这两种人真是上天的罪人。

子弟者，大人之胚胎；秀才者，士大夫之胚胎。此时若火力不到，陶铸不纯，他日涉世立朝，终难成个令器。

【译文】

小孩是大人的雏形，秀才是官吏的雏形。但如果锻炼得不够火候、陶冶得不够精纯，无论以后走向社会或者在朝做官，都难以成为一个有用的人才。

桃李虽艳，何如松苍柏翠之坚贞？梨杏虽甘，何如橙黄桔绿之馨冽？信乎，浓夭不及淡久，早秀不如晚成也。

【译文】

桃李的花朵虽然鲜艳，怎么比得上苍松翠柏的坚强不屈？梨杏果实虽然甘甜，怎么能比得上黄橙绿桔蕴含的芬芳？确实如此，浓烈却消逝得快还不如清淡而维持得长久，少年得志还不如大器晚成。

君子处患难而不忧，当宴游而惕虑，遇权豪而不惧，对茕独而惊心。

【译文】

有能力和德行的君子哪怕面临困难的环境也不会忧虑，而在安乐宴饮时却知道警惕，遇到有权势或蛮横的人并不害怕，而对那些年老无助的人却很同情。

风恬浪静中，见人生之真境；味淡声稀处，识心体之本然。

【译文】

在风平浪静的环境下，可以显现出人生的真实境界；在朴实淡泊的地方，才能体会心性的本来面貌。

释氏随缘，吾儒素位，四字是渡海的浮囊。盖世路茫茫，一念求全，则万绪纷起；随遇而安，则无人不得矣。

【译文】

佛家讲求顺应因缘、顺应自然，而儒家讲究保守本分，“随缘素位”这四个字是渡过人生苦海的宝船。大概因为人生之路茫茫无边，一产生追求完美的想法，那么各种纷乱的头绪就会不断；能够安然面对所遇到的事物，无论在哪里都可以怡然自得。

谈山林之乐者，未必真得山林之趣；厌名利之谈者，未必尽忘名利之情。

【译文】

好谈山居生活之乐的人，未必真的领悟了山林生活的乐趣；口头上说讨厌名利的人，未必真的将名利忘却。

钓水，逸事也，尚持生杀之柄；弈棋，清戏也，且动战争之心。可见事不如省事之为适，多能不若无能之全真。

【译文】

钓鱼本来是一种清闲洒脱的事，而其中却掌握着鱼儿的生杀予夺之权；下棋本来是轻松的娱乐游戏，而其中还充斥着争强好胜的战争心理。从中可以看出，多一事不如少一事，让人更加闲适，多才不如平凡无才，这样才能够保全自己的真实本性。

莺花茂而山浓谷艳，总是乾坤之幻境；水木落而石瘦崖枯，才见天地之真吾。

【译文】

鸟语花香，草木繁茂，山谷溪流中充满了艳丽风光，然而这一切不过是大自然的虚幻境像；流水干枯，山崖光秃凋零，石面清冷，这才是天地间的真实境界。

岁月本长，而忙者自促；天地本宽，而鄙者自隘；风花雪月本闲，而劳攘者自冗。

【译文】

岁月本来是很漫长的，而那些忙碌的人觉得时间短暂；天地之间本来宽阔无垠，而那些心胸狭窄的人却感觉到局促；风花雪月本来是增加闲情逸致的，而那些庸庸碌碌的人却觉得多余。

洪应明其人其书

洪应明小档案

姓名： 姓洪，名应明。字自诚，号还初道人。
生卒年： 不详。
籍贯： 一说今江苏金坛，一说今四川新都。
学术研究： 佛教、道教、儒教。
人生总结： 早年热衷于仕途功名，晚年归隐山林，洗心礼佛。
代表作品： 《菜根谭》。
其他著作： 《仙佛奇踪》。

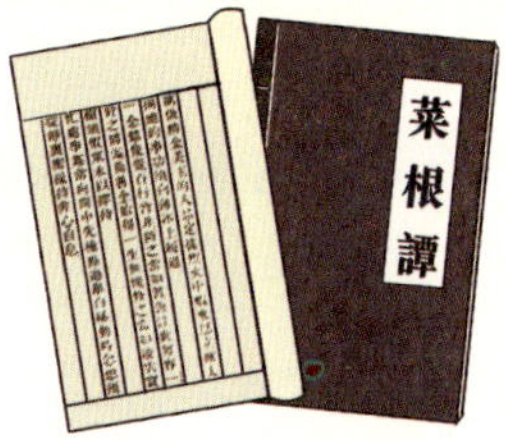

书名来历

“菜根谭”取自宋儒汪信民语：“人能咬得菜根，则百事可做。”意思是说，一个人只要能够坚强地适应清贫的生活，不论做什么事情，都会有所成就。

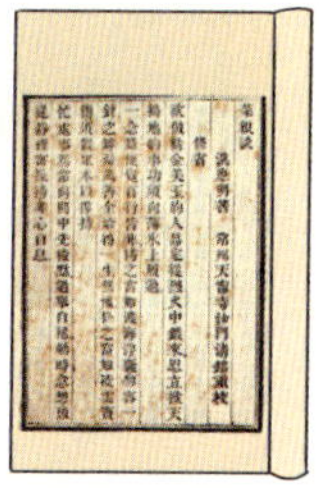
《菜根谭》

成书时间

《菜根谭》成书于明朝万历年间，距今已有近四百年的历史。在相当长的时间里，它并未受到足够的重视，清乾隆间编纂《四库全书》，连“存目”都未收入。

《仙佛奇踪》

明代洪应明的另一部作品《仙佛奇踪》，又名《月旦堂仙佛奇踪》，共八卷。此书前四卷属道家，后四卷属佛家，共收入历代仙真一百人，每人一传一画。

世说新语

支道林因人就深公买印山，深公答曰：未闻巢、由买山而隐。

【译文】

支道林通过他人向竺道潜买山隐居。竺道潜回答说："没听说过巢父、许由是买了山再去隐居的。"

郝隆七月七日日中仰卧。人问其故，答曰："我晒书。"

【译文】

郝隆在七月七日那天躺在太阳底下。有人问他在干什么，他回答说："我在晒书。"

▲ 许由濯足。

山不高则不灵，渊不深则不清。

【译文】

山峰不高就不神灵，潭水不深就不清澈。

盲人骑瞎马，夜半临深池。

【译文】

瞎子骑着瞎马，半夜来到了深池旁。形容人对自己所处的险境一无所知，令人担心。

王因谓曰："簸之扬之，糠秕在前。"范曰："洮之汰之，沙砾在后。"

【译文】

王文度于是对范荣期说："在簸箕中把米翻扬，糠和秕就会移到前面。"范文期回敬说："把米加以淘洗，沙砾就会留在最后。"

枫柳虽合抱，亦何所施。

【译文】

枫树、柳树虽然粗大，又有什么用处呢？

既有凌霄之姿，何肯为人作耳目近玩。

【译文】

既然有飞上云霄的本事，为什么会肯让人当成是供耳目观赏的玩物呢？

会心处不必在远。

【译文】

使人心领意会的东西，不一定远方才会有。

战战惶惶，汗出如浆。

【译文】

战战兢兢，汗水像水浆一样不停地流出来。

小时了了，大未必佳。

【译文】

小时候聪明伶俐，长大了未必优秀。

鼻如广莫长风，眼如悬河决溜。

【译文】

涕如大漠中刮起的北风，眼泪就像瀑布急流河流决口。形容哭得很厉害，夸张悲恸的情状。

穷猿奔林，岂暇择木。

【译文】

走投无路的猿猴逃向树林，哪里还有空闲去选择该爬的树木呢？

内举不失其子，外举不失其雠。

【译文】

对内不故意避开举荐自己的儿子，对外也不故意避开举荐自己的仇人。

蒲柳之姿，望秋而落；松柏之质，经霜弥茂。

【译文】

水杨身姿秀丽，但秋天一来就凋落了；松柏品性坚强，经历寒霜之后却更加茂盛了。人们常用“蒲柳之姿”形容体质的孱弱。

宁为兰摧玉折，不作萧敷艾荣。

【译文】

宁愿做兰草、玉器而被摧残，也不愿做旺盛的萧草、艾草。形容人宁可因为高洁死去，也不愿庸庸碌碌地过一生。

夜光之珠，不必出于孟津之河。

【译文】

发光的夜明珠，不一定是孟津旁边的黄河出产的。

何尝见明镜疲于屡照，清流惮于惠风。

【译文】

哪里见过明亮的镜子因为多次照映就疲惫不明了，清澈的流水因为风的吹拂而混浊了的！

子适知邪径之速，不虑失道之迷。

【译文】

你只知道邪魔歪道是捷径，却不想想迷途的痛苦。

覆巢之下，复有完卵乎。

【译文】

颠倒的鸟巢下面，还会存在完整的鸟蛋吗？比喻主体倾覆，依附之物不能幸免，一定会受到株连。

一饮一斛，五斗解酲。

【译文】

一饮就是一斛，饮了五斗才能解除酒瘾。

使我有身后名，不如即时一杯酒。

【译文】

让我死了以后享有盛名，还不如让我此刻就拥有一杯美酒。

胸中垒块，故须酒浇之。

【译文】

胸中抑郁不平，所以必须拿酒来浇淡它。

名士不必须奇才，但使常得无事，痛饮酒，熟读《离骚》，便可称名士。

【译文】

做名士不一定要有特殊的才能，只要能够在平时没有工作任务的时候，痛快喝酒，熟读《离骚》，就称得上是名士了。

一手持蟹螯，一手持酒栖，拍浮酒池中，便足了一生。

▲ 痛饮酒，熟读《离骚》。

【译文】

一手抓着螃蟹的脚，一手端着酒杯，浸泡在酒池——这一生就足够了。

日莫倒载归，酩酊无所知。

【译文】

太阳落下去了才醉倒在车上回来，醉得什么都不知道了。

天地为栋宇，屋室为裤衣。

【译文】

把天地当成房子，把房子当成衣裤。

丈人不悉恭，恭作人无长物。

【译文】

您老人家不了解我，我生活上是简朴得没有多余的东西的。

说苑

福生于微，祸生于忽。

【译文】

福泽来自点滴的积累，灾祸源自疏忽。

问讯者，知之本；念虑者，知之道也。

【译文】

请教，是增长智慧的根本途径；思考，是增长智慧的重要途径。

节欲而听谏，敬贤而勿慢，使能而无贱，为人君能行此三者，其国必强大。

【译文】

节制欲望而能听从劝谏，尊敬贤人而能不去怠慢，任用有才能的人而能不自轻自贱，做君主的做到了这三点，国家就必定能强大起来。

天将与之，必先苦之；天将毁之，必先累之。

【译文】

上天要给予一个人，一定会先让他受苦；上天要毁掉一个人，一定会先让他积累财富。

君子不羞学，不羞问。

【译文】

君子不把学习、请教当成是羞耻的事。

草木秋死，松柏独在。

【译文】

别的草木秋来时就枯死了，只有松柏独自存活着。

出言不当，反自伤也。

【译文】

话说不得当，反而会对自己不利。

君子之言，寡而实；小人之言，多而虚。

【译文】

君子的话，少而真实；小人的话，多却虚妄。

能言者，未必能行；能行者，未必能言。

【译文】

能说的人，未必能做；能做的人，未必能说。

蠹蝝仆柱梁，蚊虻走牛羊。

【译文】

蛀虫能使屋梁倾覆，蚊子、牛虻能把牛羊赶跑。

人才虽高，不务学问，不能致圣。

【译文】

有的人天分虽然高，但不好好学习，也是不能成才的。

一言而非，驷马不能追。

【译文】

一句话说错了，就是用四匹马拉的车也追不回了。

好称人恶，人亦道其恶；好憎人者，亦为人所憎。

【译文】

爱说别人坏话，别人也会说他的坏话；爱讨厌别人，也会被别人讨厌。

谋先事则昌，事先谋则亡。

【译文】

事先谋算好了再去做就会成功；做后才去谋算就会失败。

能勤小物，故无大患。

【译文】

能注意细微之处，所以能避免大祸。

上之变下，犹风之靡草也。

【译文】

统治者改变子民，就像风吹小草就伏倒一样。

弗备难，难必至。

【译文】

不去防备灾难，灾难就一定会来临。

水广则鱼大，君明则臣忠。

【译文】

水域深广，鱼就肥大；君主英明，臣子就忠诚。

一节见则百节知矣。

【译文】

见到局部，全局也就知道了。即见微知著。

以所见可以占未发，睹小节固足以知大体。

【译文】

依据见到的可以推测出还没有发生的；依据局部可以推知全貌。

朝无贤人，犹鸿鹄之无羽翼也，虽有千里之望，犹不能致其意之所欲至矣。

【译文】

朝中没有贤臣，就像大雁没有翅膀，纵然志在千里，也不能到达它想到达的目的地。

口锐者多诞而寡信。

【译文】

夸夸其谈的人，大多荒诞而少信用。

非其人而欲有功，譬其若夏至之日，而欲夜之长也。

【译文】

用人不当却还想成功，就像在夏至那天，却希望黑夜比白昼要长一样。

政有三而已：一曰因民；二曰择人；三曰从时。

【译文】

为政的原则有三条：一是顺从民意；二是任用贤能；三是顺应时势。

严则下喑，下喑则上聋，聋喑不能相通，何国之治也。

【译文】

上面的人太苛刻，下面的人就会变成哑巴；下面的人变成了哑巴，上面的人就成了聋子，聋子、哑巴无法互相沟通，还治理什么国家呢？

布令信而不食言。

【译文】

颁布的政令要有信用，不能说话不算数。

临官莫如平，临财莫如廉，不可攻也。

【译文】

作为一个官员，没有比公正更重要的；面对金钱，没有比廉洁更重要的，拥有这样品质的人是不可引诱的。

不偏不党，王道荡荡。

【译文】

不偏袒不结党，王道就会坦荡通畅。

文心雕龙

句有可削，足见其疏；字不得减，乃知其密。

【译文】

句子如果还有可以删减的，说明考虑得还太粗疏；如果字句不能再减省了，才算是写得周密了。

字删而意缺，则短乏而非核；辞敷而言重，则芜秽而非赡。

【译文】

字句删减了，意思却残缺了，这样是短缺，不是凝练；词句增多了，却使得语句重复，这样是繁杂，不是丰富。

规范本体谓之熔，剪截浮词谓之裁。裁则芜秽不生，熔则纲领昭畅，譬绳墨之审分，斧斤之斫削矣。

【译文】

规范文章内容，这就是熔；削减不必要的词句，这就是裁；裁剪了文句才会不杂乱；熔炼了纲领才会分明，这就像是木匠用绳墨来选择材料、用斧子来削凿材料一样。

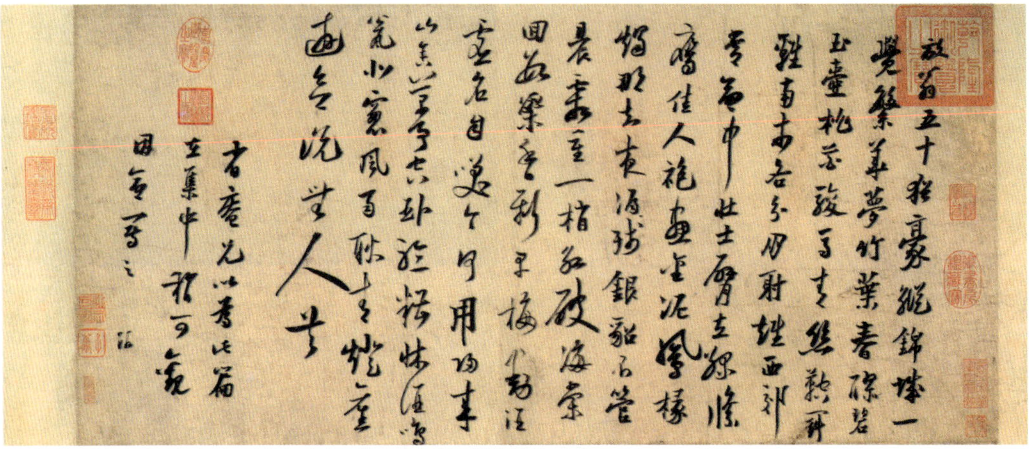

▲ 陆游手书

一意两出，义之骈枝也；同辞重句，文之肬赘也。

【译文】

同一意思再次出现，这是意思上的多余；同一词句重复出现，这是文辞上的累赘。

精论要语，极略之体；游心窜句，极繁之体。谓繁与略，适分所好。引而申之，则两句敷为一章，约以贯之，则一章删成两句。

【译文】

论点精当、语言简要，这是极其简约的风格；情思放纵、文辞铺张，这是极其繁缛的风格。是繁缛还是简约，是随作家的爱好而定的。如果铺张一下，那么两句可以敷衍成一段；如果简要一点，那么一段也可以压缩成两句。

草创鸿笔，先标三准：履端于始，则设情以位体；举正于中，则酌事以取类；归余于终，则撮辞以举要。然后舒华布实，献替节文。

【译文】

想要写好文章，先要遵循三条准则：首先，是根据所要表达的情感来确定主体；其次，选择和内容相关的素材；最后，要选用适当的语言来突出重点。然后才能去安排文辞，用上必要的而省略掉不必要的。

文之思也，其神远矣。故寂然凝虑，思接千载；悄焉动容，视通万里。

【译文】

文章在构思时，精神活动的范围是十分广阔的。所以静静地凝神思索，思绪就可以上接千年；悄悄动了容，视线好像通到了万里之外。

登山则情满于山，观海则意溢于海。

【译文】

登上了山顶，登顶的豪情也会弥满山头；观看大海，广阔的想象也会充满大海。

意授于思，言授于意，密则无际，疏则千里。

【译文】

文意来自构思，语言又受制于文意。三者结合紧密了就能天衣无缝，疏漏了就会相差千里。

意翻空而易奇，言征实而难巧。

【译文】

想象天马行空而容易出奇，但要用语言把它切实表达出来，运用巧妙，就很难了。

繁采寡情，味之必厌。

【译文】

形式华美却缺乏情思，读起来肯定会让人生厌。

夫水性虚而沦漪结，木体实而花萼振，文附质也。虎豹无文，则鞟同犬羊；犀兕有皮，而色资丹漆，质待文也。

【译文】

水性柔和，涟漪才可能产生；树木坚实，花朵才可能生出，这是辞采依附于文章的情意；虎豹没有斑纹，它的毛皮就和犬羊的毛皮没有差别；犀牛虽然有毛皮，但做成甲胄之后还需要涂上丹漆，这是文章的情意离不了辞采。

为情者要约而写真，为文者淫丽而烦滥。而后之作者，采滥忽真，远弃风雅，近师辞赋，故体情之制日疏，逐文之篇愈盛。

【译文】

为真情而写文章的人，往往能简约并能写出真情；为文章而虚造真情的人，文章往往浮华而辞采泛滥。而后世的作者，却往往效法诗人泛滥的一面，忽略了诗人真情的一面，抛弃了风雅传统，把辞赋文采当成榜样，所以寄托着真情的文章日益减少了，而追逐形式的文章却日益多起来。

夫桃李不言而成蹊，有实存也；男子树兰而不芳，无其情也。夫以草木之微，依情待实；况乎文章，述志为本。言与志反，文岂足征。

【译文】

桃李不说话，树下却一样会被人们踏出一条小路来，是因为桃李的硕果就挂在那里；相传男子种出的兰花是不香的，那是因为他们没有细腻的感情。像草木那样微小的事物，尚且要依赖感情、要有果实，何况文章是以抒情述志为根本的。写出的作品和自己的情志完全相反，这样的作品难道还值得效法吗？

情者，文之经；辞者，理之纬。经正而后纬成，理定而后辞畅，此立文之本源也。

【译文】

情思，是文章的经线；文辞，是内容的纬线；经线确定了，然后纬线才能形成。内容确定了然后文辞才能畅通，这就是文学创作的基本原则。

诗有恒裁，思无定位，随性适分，鲜能通圆。

【译文】

诗歌有一定的体裁，情思却没有固定的规矩，要按照个人性情去取用，很少有各种体裁都擅长的。

谈欢则字与笑并，论戚则声共泣偕。

【译文】

说到欢乐，字句里就仿佛都带着欢笑；谈到悲伤，字里行间都仿佛带着哭泣。说明文章的内容和形式要一致。

夸而有节，饰而不诬。

【译文】

文章可以夸张但要有节制，可以润饰但不可以违背事实。

酌奇而不失其真，玩华而不坠其实。

【译文】

选择奇伟的内容而不丧失真义，赏玩花朵但不弄毁它的果实。比喻学习古代作品要注重真义，不能只注重形式。

缀字属篇，必须练择：一避诡异，二省联边，三权重出，四调单复。

【译文】

写文章，必须对文字加以选择组合：第一要避免古怪，第二要减少联边，第三要权衡是否重出了，第四要协调简单和繁复的搭配。

▲ 缀字属篇，必须练择。